最新
刑事诉讼法司法解释
条文对照与适用要点

刘静坤／编著

法律出版社 LAW PRESS · CHINA

编者说明

2018年10月26日十三届全国人大常委会第六次会议通过《关于修改〈中华人民共和国刑事诉讼法〉的决定》，自2018年10月26日起施行。这是继1996年和2012年《刑事诉讼法》修改后，对中国特色刑事诉讼制度的又一次十分重要的改革与完善。该修改决定对《刑事诉讼法》18个条文作了修改，同时新增了18个条文，主要涉及完善监察与刑事诉讼的衔接机制、建立刑事缺席审判程序、完善认罪认罚从宽制度和增加速裁程序、为与其他法律相协调所作的修改等四方面内容。修改后的《刑事诉讼法》从原来的290条增加到308条。为确保法律准确、有效实施，早在《刑事诉讼法》修改过程中，最高人民法院便密切跟踪立法进程，同步开展修改《最高人民法院关于适用〈中华人民共和国刑事诉讼法〉的解释》（法释〔2012〕21号，以下简称2012年《刑诉法解释》）的工作。

2020年12月7日，最高人民法院院长、首席大法官周强主持召开最高人民法院审判委员会第1820次会议，审议并通过《最高人民法院关于适用〈中华人民共和国刑事诉讼法〉的解释》（法释〔2021〕1号，以下简称2021年《刑诉法解释》）。2021年《刑诉法解释》共计27章、655条，历经最高人民法院刑事审判专业委员会八次审议和最高人民法院审判委员会全体会议三次审议，是最高人民法院有史以来条文数量最多的司法解释，也是内容最为丰富、最为重要的司法解释之一。该解释坚持以习近平新时代中国特色社会主义思想为指导，认真贯彻习近平法治思想，全面总结我国刑事审判实践的新情况、新问题，对刑事审判程序的有关问题作了系统规定。该解释的公布施行，对于人民法院严格依照法定程序正确履行审判职责，规范办案活动，保障诉讼权利，确保修改后的《刑事诉讼法》准确、有效实施，实现惩罚犯罪与保障人权的有机统一，具有重要意义。

为方便广大法律工作者及法律爱好者更好地查阅、学习、研究、适用2021年《刑诉法解释》，我们编写了这本《最新刑事诉讼法司法解释条文对照与适用要点》。就本书的结构设计、特色之处等事项，说明如下：

1. 条文对照

本书围绕“条文”进行编写，通过表格的形式按照条文顺序，将2021年《刑诉法解释》与2012年《刑诉法解释》进行了对照，增、删、修改内容一目了然。为便于阅读和区分，本书在对照过程中，针对不同情况采用了特殊符号，现统一说明如下：

“**黑体**”的内容，系2021年《刑诉法解释》较2012年《刑诉法解释》所新增的内容；

“~~删除线~~”的内容，系2021年《刑诉法解释》较2012年《刑诉法解释》所删除的内容。

本书编写过程中涉及较多单行法、司法解释等法律规范性文件，为方便阅读，对于单行法均使用简称，对于部分涉及两次以上的司法解释等法律规范性文件，使用了简称，具体见缩略语表。

2. 适用要点

与2012年《刑诉法解释》相比，2021年《刑诉法解释》增加“认罪认罚案件的审理”“速裁程序”“缺席审判程序”三章，增加107条，作了实质修改的条文超过200条。故，本书特别在重点条文下方直接进行注释，帮助把握理解司法适用要点。

3. 典型案例

本书从最高人民法院指导案例、参考案例和最高人民检察院指导案例中精心梳理关于刑事诉讼的典型案例，并提炼司法裁判核心要旨，有针对性地放在相关司法解释条文或其适用要点下方，更好地实现以案释法。读者可扫描本说明下方二维码，进入“有章 · 刑审智库”，输入案例编号即可查阅相关案例。

4. 图表速查

本书特别设有“附录”部分，收录《刑事诉讼法》和相关图表，直观展现刑事诉讼程序，帮助读者速查速记。

另外，由于时间仓促与经验所限，本书疏漏之处在所难免，敬请读者指正。

编者

2021 年 2 月

有章 · 刑审智库

缩略语表

简　　称	全　　称	发文字号
2012 年《刑诉法解释》	《最高人民法院关于适用〈中华人民共和国刑事诉讼法〉的解释》	法释〔2012〕21 号
2021 年《刑诉法解释》	《最高人民法院关于适用〈中华人民共和国刑事诉讼法〉的解释》	法释〔2021〕1 号
《高检诉讼规则》	《人民检察院刑事诉讼规则》	高检发释字〔2019〕4 号
《公安程序规定》	《公安机关办理刑事案件程序规定》	公安部令第 159 号
《“六部委”规定》	《最高人民法院、最高人民检察院、公安部、国家安全部、司法部、全国人大常委会法制工作委员会关于实施刑事诉讼法若干问题的规定》	
《两个证据规定》	《最高人民法院、最高人民检察院、公安部、国家安全部、司法部关于办理死刑案件审查判断证据若干问题的规定》	法发〔2010〕20 号
	《最高人民法院、最高人民检察院、公安部、国家安全部、司法部关于办理刑事案件排除非法证据若干问题的规定》	
《防范冤假错案意见》	《最高人民法院关于建立健全防范刑事冤假错案工作机制的意见》	法发〔2013〕11 号

续表

简　　称	全　　称	发文字号
《严格排除非法证据规定》	《最高人民法院、最高人民检察院、公安部、国家安全部、司法部关于办理刑事案件严格排除非法证据若干问题的规定》	法发〔2017〕15号
《非法证据排除规程》	《人民法院办理刑事案件排除非法证据规程(试行)》	法发〔2017〕31号
《庭前会议规程》	《人民法院办理刑事案件庭前会议规程(试行)》	法发〔2017〕31号
《法庭调查规程》	《人民法院办理刑事案件第一审普通程序法庭调查规程(试行)》	法发〔2017〕31号
《电子数据规定》	《最高人民法院、最高人民检察院、公安部关于办理刑事案件收集提取和审查判断电子数据若干问题的规定》	法发〔2016〕22号
《渎职侵权案件立案标准》	《最高人民检察院关于渎职侵权犯罪案件立案标准的规定》	高检发释字〔2006〕2号
《人身损害赔偿解释》	《最高人民法院关于审理人身损害赔偿案件适用法律若干问题的解释》	法释〔2020〕17号
《认罪认罚从宽意见》	《最高人民法院、最高人民检察院、公安部、国家安全部、司法部关于适用认罪认罚从宽制度的指导意见》	高检发〔2019〕13号
《减刑假释程序规定》	《最高人民法院关于减刑、假释案件审理程序的规定》	法释〔2014〕5号

续表

简　　称	全　　称	发文字号
《涉财产执行规定》	《最高人民法院关于刑事裁判涉财产部分执行的若干规定》	法释〔2014〕13号
《违法所得没收程序规定》	《最高人民法院、最高人民检察院关于适用犯罪嫌疑人、被告人逃匿、死亡案件违法所得没收程序若干问题的规定》	法释〔2017〕1号

目　　录

最高人民法院
关于适用《中华人民共和国刑事诉讼法》的解释

（2020年12月7日最高人民法院审判委员会第1820次会议通过　2021年1月26日公布　自2021年3月1日起施行　法释〔2021〕1号）

第一章　管　　辖

2012年《刑诉法解释》	2021年《刑诉法解释》
第一章　管　　辖	**第一章　管　　辖**
第一条　人民法院直接受理的自诉案件包括： （一）告诉才处理的案件： 1. 侮辱、诽谤案（刑法第二百四十六条规定的，但严重危害社会秩序和国家利益的除外）； 2. 暴力干涉婚姻自由案（刑法第二百五十七条第一款规定的）； 3. 虐待案（刑法第二百六十条第一款规定的）； 4. 侵占案（刑法第二百七十条规定的）。 （二）人民检察院没有提起公诉，被害人有证据证明的轻微刑事案件： 1. 故意伤害案（刑法第二百三十四条第一款规定的）；	**第一条**　人民法院直接受理的自诉案件包括： （一）告诉才处理的案件： 1. 侮辱、诽谤案（刑法第二百四十六条规定的，但严重危害社会秩序和国家利益的除外）； 2. 暴力干涉婚姻自由案（刑法第二百五十七条第一款规定的）； 3. 虐待案（刑法第二百六十条第一款规定的，**但被害人没有能力告诉或者因受到强制、威吓无法告诉的除外**）； 4. 侵占案（刑法第二百七十条规定的）。 （二）人民检察院没有提起公诉，被害人有证据证明的轻微刑事案件：

续表

2012年《刑诉法解释》	2021年《刑诉法解释》
2. 非法侵入住宅案(刑法第二百四十五条规定的); 3. 侵犯通信自由案(刑法第二百五十二条规定的); 4. 重婚案(刑法第二百五十八条规定的); 5. 遗弃案(刑法第二百六十一条规定的); 6. 生产、销售伪劣商品案(刑法分则第三章第一节规定的,但严重危害社会秩序和国家利益的除外); 7. 侵犯知识产权案(刑法分则第三章第七节规定的,但严重危害社会秩序和国家利益的除外); 8. 刑法分则第四章、第五章规定的,~~对被告人~~可能判处三年有期徒刑以下刑罚的案件。 本项规定的案件,被害人直接向人民法院起诉的,人民法院应当依法受理。对其中证据不足、可以由公安机关受理的,或者认为对被告人可能判处三年有期徒刑以上刑罚的,应当告知被害人向公安机关报案,或者移送公安机关立案侦查。 (三)被害人有证据证明对被告人侵犯自己人身、财产权利的行为应当依法追究刑事责任,且有证据证明曾经提出控告,而公安机关或者人民检察院不予追究被告人刑事责任的案件。	1. 故意伤害案(刑法第二百三十四条第一款规定的); 2. 非法侵入住宅案(刑法第二百四十五条规定的); 3. 侵犯通信自由案(刑法第二百五十二条规定的); 4. 重婚案(刑法第二百五十八条规定的); 5. 遗弃案(刑法第二百六十一条规定的); 6. 生产、销售伪劣商品案(刑法分则第三章第一节规定的,但严重危害社会秩序和国家利益的除外); 7. 侵犯知识产权案(刑法分则第三章第七节规定的,但严重危害社会秩序和国家利益的除外); 8. 刑法分则第四章、第五章规定的,可能判处三年有期徒刑以下刑罚的案件。 本项规定的案件,被害人直接向人民法院起诉的,人民法院应当依法受理。对其中证据不足,可以由公安机关受理的,或者认为对被告人可能判处三年有期徒刑以上刑罚的,应当告知被害人向公安机关报案,或者移送公安机关立案侦查。 (三)被害人有证据证明对被告人侵犯自己人身、财产权利的行为应当依法追究刑事责任,且有证据证明曾经提出控告,而公安机关或者人民检察院不予追究被告人刑事责任的案件。

适用要点

2021年《刑诉法解释》第1条规定了自诉案件职能管辖的主要案件

类型。与公诉案件相对应,自诉案件是对特定类型的案件设置的专门司法救济机制。自诉案件与公诉案件并非截然独立,在特定情形下二者可以进行程序转换。

对于告诉才处理的案件,存在两种例外情形:一是侮辱、诽谤案,严重危害社会秩序和国家利益的情形。二是虐待案,被害人没有能力告诉,或者因受到强制、威吓无法告诉的情形,这是2021年《刑诉法解释》新增的规定,主要是与《刑法》关于虐待罪的规定相衔接。这两种例外情形,特别是后者,不以当事人申请为前提,属于办案机关的裁量范围。

对于人民检察院没有提起公诉,被害人有证据证明的轻微刑事案件,涉及被害人的程序选择权,即被害人可以选择向公安机关报案,由公安机关经立案后启动公诉程序,也可以选择直接向人民法院起诉。如果被害人选择自诉,法院经审查认为案件证据不足,可以由公安机关受理的,或者认为对被告人可能判处3年有期徒刑以上刑罚的,应当告知被害人向公安机关报案,或者移送公安机关立案侦查。

对于被害人有证据证明对被告人侵犯自己人身、财产权利的行为应当依法追究刑事责任,且有证据证明曾经提出控告,而公安机关或者人民检察院不予追究被告人刑事责任的案件,属于公诉不能而转为自诉的程序。这种补充性的司法救济途径,只有当公安机关或者人民检察院不予追究被告人刑事责任时,被害人才能通过自诉途径寻求司法救济。

2012年《刑诉法解释》	2021年《刑诉法解释》
第二条 犯罪地包括犯罪行为~~发生~~地和犯罪结果~~发生~~地。 针对或者利用计算机网络实施的犯罪,犯罪地包括~~犯罪行为发生地的网站服务器所在地,网络接入地,网站建立者、管理者所在地,被侵害的计算机信息系统及其管理者所在地,被告人、被害人使用的计算机信息系统所在地,以及被害人财产遭受损失地~~。	**第二条** 犯罪地包括犯罪行为地和犯罪结果地。 针对或者**主要**利用计算机网络实施的犯罪,犯罪地包括**用于实施犯罪行为的网络服务使用的服务器所在地,网络服务提供者所在地,被侵害的信息网络系统及其管理者所在地,犯罪过程中被告人、被害人使用的信息网络系统所在地,以及被害人被侵害时所在地和被害人财产遭受损失地等**。

适用要点

2021年《刑诉法解释》第2条规定了地域管辖的基本规则。刑事案件由犯罪地的人民法院管辖,这是地域管辖的基本原则。

犯罪地的认定,通常基于最低限度的关联原则。例如,《公安程序规定》第16条第1款规定,犯罪地包括犯罪行为发生地和犯罪结果发生地。犯罪行为发生地,包括犯罪行为的实施地以及预备地、开始地、途经地、结束地等与犯罪行为有关的地点;犯罪行为有连续、持续或者继续状态的,犯罪行为连续、持续或者继续实施的地方都属于犯罪行为发生地。犯罪结果发生地,包括犯罪对象被侵害地、犯罪所得的实际取得地、藏匿地、转移地、使用地、销售地。

鉴于网络犯罪具有一定的特殊性,本条对其犯罪地作出了专门规定。主要包括以下修改内容:(1)关于犯罪类型的界定,将2012年《刑诉法解释》中的"针对或者利用"计算机网络实施的犯罪,拓展为"针对或者主要利用"计算机网络实施的犯罪。(2)关于犯罪地的界定,将2012年《刑诉法解释》中的"犯罪行为发生地的网络服务器所在地",调整为"用于实施犯罪行为的网络服务使用的服务器所在地";将2012年《刑诉法解释》中的"网络接入地,网站建立者、管理者所在地",概括为"网络服务提供者所在地";将2012年《刑诉法解释》中的"被告人、被害人使用的计算机信息系统所在地",限定为"犯罪过程中被告人、被害人使用的信息网络系统所在地"。(3)在被害人财产遭受损失地基础上,增加了"被害人被侵害时所在地"。

2012年《刑诉法解释》	2021年《刑诉法解释》
第三条 被告人的户籍地为其居住地。经常居住地与户籍地不一致的,经常居住地为其居住地。经常居住地为被告人被追诉前已连续居住一年以上的地方,但住院就医的除外。 被告单位登记的住所地为其居住地。主要营业地或者主要办事机构所在地与登记的住所地不一致的,主要营业地或者主要办事机构所在地为其居住地。	**第三条** 被告人的户籍地为其居住地。经常居住地与户籍地不一致的,经常居住地为其居住地。经常居住地为被告人被追诉前已连续居住一年以上的地方,但住院就医的除外。 被告单位登记的住所地为其居住地。主要营业地或者主要办事机构所在地与登记的住所地不一致的,主要营业地或者主要办事机构所在地为其居住地。

续表

2012年《刑诉法解释》	2021年《刑诉法解释》
	第四条　在中华人民共和国内水、领海发生的刑事案件，由犯罪地或者被告人登陆地的人民法院管辖。由被告人居住地的人民法院审判更为适宜的，可以由被告人居住地的人民法院管辖。

适用要点

2021年《刑诉法解释》第4条系新增规定。对于在我国内水、领海发生的刑事案件，基于最近关联原则，在犯罪地基础上，将被告人登陆地确立为地域管辖的依据。同时，基于审判效率的考虑，也可以由被告人居住地的人民法院管辖。

2012年《刑诉法解释》	2021年《刑诉法解释》
	第五条　在列车上的犯罪，被告人在列车运行途中被抓获的，由前方停靠站所在地负责审判铁路运输刑事案件的人民法院管辖。必要时，也可以由始发站或者终点站所在地负责审判铁路运输刑事案件的人民法院管辖。 **被告人不是在列车运行途中被抓获的，由负责该列车乘务的铁路公安机关对应的审判铁路运输刑事案件的人民法院管辖；被告人在列车运行途经车站被抓获的，也可以由该车站所在地负责审判铁路运输刑事案件的人民法院管辖。**

适用要点

2021年《刑诉法解释》第5条系新增规定。《最高人民法院关于铁路运输法院案件管辖范围的若干规定》第1条第2款规定，在列车上的犯罪,由犯罪发生后该列车最初停靠的车站所在地或者目的地的铁路运输法院管辖。本条对该规定作出了调整。

(1)在列车上的犯罪,对于被告人在列车运行途中被抓获的情形,因为涉及"流动"的犯罪区域,而非静止的地点,所以基于动态关联原则,将列车前方停靠站所在地作为地域管辖的依据,同时基于专门管辖的规定,由负责审判铁路运输刑事案件的人民法院管辖。如无前方停靠站,或前方停靠站难以确定的,可以由始发站或者终点站所在地负责审判铁路运输刑事案件的人民法院管辖。

(2)对于被告人不是在列车运行途中被抓获的情形,因为脱离与车站的关联,无法适用前述原则确定管辖,所以直接规定由负责该列车乘务的铁路公安机关对应的审判铁路运输刑事案件的人民法院管辖。其中,被告人在列车运行途经车站被抓获的,基于被告人与该车站的拟制关联,可以由该车站所在地负责审判铁路运输刑事案件的人民法院管辖。

2012年《刑诉法解释》	2021年《刑诉法解释》
第六条 在国际列车上的犯罪,根据我国与相关国家签订的协定确定管辖;没有协定的,由该列车~~最初停靠~~的中国车站所在地~~或者目的地的铁路运输法院管辖~~。	**第六条** 在国际列车上的犯罪,根据我国与相关国家签订的协定确定管辖;没有协定的,由该列车**始发或者前方**停靠的中国车站所在地**负责审判铁路运输刑事案件的人民法院管辖**。

适用要点

2021年《刑诉法解释》第6条规定了在国际列车上犯罪的地域管辖原则。在协定确定管辖基础上,对于没有协定的情形,基于动态关联原则,将2012年《刑诉法解释》中的"该列车最初停靠的中国车站所在地或者目的地",扩展为"该列车始发或者前方停靠的中国车站所在地"。

2012年《刑诉法解释》	2021年《刑诉法解释》
第四条 在中华人民共和国领域外的中国船舶内的犯罪,由该船舶最初停泊的中国口岸所在地的人民法院管辖。	**第七条** 在中华人民共和国领域外的中国船舶内的犯罪,由该船舶最初停泊的中国口岸所在地**或者被告人登陆地、入境地**的人民法院管辖。

适用要点

2021年《刑诉法解释》第7条规定了在中国领域外的中国船舶内的犯罪的地域管辖原则。基于最近关联原则，因为涉及船舶和被告人的双重关联，所以在2012年《刑诉法解释》规定的“该船舶最初停泊的中国口岸所在地”之外，增加了“被告人登陆地、入境地”作为地域管辖的依据。

2012年《刑诉法解释》	2021年《刑诉法解释》
第五条 在中华人民共和国领域外的中国航空器内的犯罪，由该航空器在中国最初降落地的人民法院管辖。	**第八条** 在中华人民共和国领域外的中国航空器内的犯罪，由该航空器在中国最初降落地的人民法院管辖。
第七条 中国公民在中国驻外使、领馆内的犯罪，由其主管单位所在地或者原户籍地的人民法院管辖。	**第九条** 中国公民在中国驻外使领馆内的犯罪，由其主管单位所在地或者原户籍地的人民法院管辖。
第八条 中国公民在中华人民共和国领域外的犯罪，由其入境地或者离境前居住地的人民法院管辖；被害人是中国公民的，也可由被害人离境前居住地的人民法院管辖。	**第十条** 中国公民在中华人民共和国领域外的犯罪，由其**登陆地**、入境地、离境前居住地**或者现居住地的**人民法院管辖；被害人是中国公民的，也可以由被害人离境前居住地**或者现居住地**的人民法院管辖。

适用要点

2021年《刑诉法解释》第10条规定了中国公民在中华人民共和国领域外犯罪的地域管辖原则。从被告人角度看，除2012年《刑诉法解释》规定的入境地、离境前居住地之外，增加了登陆地和现居住地两种地域管辖的依据。从被害人角度看，除2012年《刑诉法解释》规定的“被害人离境前居住地”之外，增加了“现居住地”的地域管辖依据。

2012年《刑诉法解释》	2021年《刑诉法解释》
第九条 外国人在中华人民共和国领域外对中华人民共和国国家或者公民犯罪，根据《中华人民共和国刑法》	**第十一条** 外国人在中华人民共和国领域外对中华人民共和国国家或者公民犯罪，根据《中华人民共和国刑法》

续表

2012 年《刑诉法解释》	2021 年《刑诉法解释》
应当受处罚的，由该外国人入境地、入境后居住地~~或者被害中国公民离境前居住地的人民法院管辖~~。	应当受处罚的，由该外国人**登陆地**、入境地**或者**入境后居住地**的人民法院管辖，也可以由被害人离境前居住地或者现居住地的人民法院管辖**。

适用要点

2021 年《刑诉法解释》第 11 条规定了外国人在中国领域外对中国国家或者公民犯罪的地域管辖原则。除 2012 年《刑诉法解释》规定的“该外国人入境地、入境后居住地”之外，增加了“该外国人登陆地”的地域管辖依据。同时，将 2012 年《刑诉法解释》规定中的“被害中国公民离境前居住地”，修改为“被害人离境前居住地或者现居住地”。

2012 年《刑诉法解释》	2021 年《刑诉法解释》
第十条 对中华人民共和国缔结或者参加的国际条约所规定的罪行，中华人民共和国在所承担条约义务的范围内，行使刑事管辖权的，由被告人被抓获地的人民法院管辖。	**第十二条** 对中华人民共和国缔结或者参加的国际条约所规定的罪行，中华人民共和国在所承担条约义务的范围内行使刑事管辖权的，由被告人被抓获地、**登陆地或者入境地**的人民法院管辖。

适用要点

2021 年《刑诉法解释》第 12 条规定了普遍管辖原则的具体适用规则。除 2012 年《刑诉法解释》规定的“被告人被抓获地”之外，增加规定了“被告人登陆地或者入境地”等地域管辖依据。

☞ 典型案例

邵春天制造毒品案[1]

裁判要旨：本案被告人是中国公民，其从我国境内购买制毒所用设

〔1〕 参见《刑事审判参考》总第 75 集第 640 号案例。

备、化学配剂，从我国召集工人参与制造毒品，这些犯罪行为发生在我国境内，其所实施制造毒品的犯罪依法不属于“最高刑为三年以下有期徒刑，可以不予追究”的情况，根据我国加入的国际条约，对于毒品犯罪，犯罪发生地国、罪犯国籍国、犯罪目的所在地国等国家均有权行使管辖权。不论是根据我国刑法规定的属地管辖原则、属人管辖原则或者普遍管辖原则，我国对本案均有管辖权。虽然依据属地原则，我国与菲律宾都有管辖权，但被告人是我国公民，我国警方最先受理本案，被告人在我国境内被抓获，已被我国公安机关实际控制，本案由我国管辖更为适当。

2012年《刑诉法解释》	2021年《刑诉法解释》
第十一条 正在服刑的罪犯在判决宣告前还有其他罪没有判决的，由原审地人民法院管辖；由罪犯服刑地或者犯罪地的人民法院审判更为适宜的，可以由罪犯服刑地或者犯罪地的人民法院管辖。 罪犯在服刑期间又犯罪的，由服刑地的人民法院管辖。 罪犯在脱逃期间犯罪的，由服刑地的人民法院管辖。但是，在犯罪地抓获罪犯并发现其在脱逃期间的犯罪的，由犯罪地的人民法院管辖。	**第十三条** 正在服刑的罪犯在判决宣告前还有其他罪没有判决的，由原审地人民法院管辖；由罪犯服刑地或者犯罪地的人民法院审判更为适宜的，可以由罪犯服刑地或者犯罪地的人民法院管辖。 罪犯在服刑期间又犯罪的，由服刑地的人民法院管辖。 罪犯在脱逃期间又犯罪的，由服刑地的人民法院管辖。但是，在犯罪地抓获罪犯并发现其在脱逃期间犯罪的，由犯罪地的人民法院管辖。
第十二条 人民检察院认为可能判处无期徒刑、死刑，向中级人民法院提起公诉的案件，中级人民法院受理后，认为不需要判处无期徒刑、死刑的，应当依法审判，不再交基层人民法院审判。	**第十四条** 人民检察院认为可能判处无期徒刑、死刑，向中级人民法院提起公诉的案件，中级人民法院受理后，认为不需要判处无期徒刑、死刑的，应当依法审判，不再交基层人民法院审判。
第十三条 一人犯数罪、共同犯罪和其他需要并案审理的案件，其中一人或者一罪属于上级人民法院管辖的，全案由上级人民法院管辖。	**第十五条** 一人犯数罪、共同犯罪**或者**其他需要并案审理的案件，其中一人或者一罪属于上级人民法院管辖的，全案由上级人民法院管辖。

续表

2012 年《刑诉法解释》	2021 年《刑诉法解释》
第十四条 上级人民法院决定审判下级人民法院管辖的第一审刑事案件的，应当向下级人民法院下达改变管辖决定书，并书面通知同级人民检察院。	**第十六条** 上级人民法院决定审判下级人民法院管辖的第一审刑事案件的，应当向下级人民法院下达改变管辖决定书，并书面通知同级人民检察院。
第十五条 基层人民法院对可能判处无期徒刑、死刑的第一审刑事案件，应当移送中级人民法院审判。 基层人民法院对下列第一审刑事案件，可以请求移送中级人民法院审判： （一）重大、复杂案件； （二）新类型的疑难案件； （三）在法律适用上具有普遍指导意义的案件。 需要将案件移送中级人民法院审判的，应当在报请院长决定后，至迟于案件审理期限届满十五日前书面请求移送。中级人民法院应当在接到申请后十日内作出决定。不同意移送的，应当下达不同意移送决定书，由请求移送的人民法院依法审判；同意移送的，应当下达同意移送决定书，并书面通知同级人民检察院。	**第十七条** 基层人民法院对可能判处无期徒刑、死刑的第一审刑事案件，应当移送中级人民法院审判。 基层人民法院对下列第一审刑事案件，可以请求移送中级人民法院审判： （一）重大、复杂案件； （二）新类型的疑难案件； （三）在法律适用上具有普遍指导意义的案件。 需要将案件移送中级人民法院审判的，应当在报请院长决定后，至迟于案件审理期限届满十五日**以前**书面请求移送。中级人民法院应当在接到申请后十日**以内**作出决定。不同意移送的，应当下达不同意移送决定书，由请求移送的人民法院依法审判；同意移送的，应当下达同意移送决定书，并书面通知同级人民检察院。
第十六条 有管辖权的人民法院因案件涉及本院院长需要回避等原因，不宜行使管辖权的，可以请求移送上一级人民法院管辖。上一级人民法院可以管辖，也可以指定与提出请求的人民法院同级的其他人民法院管辖。	**第十八条** 有管辖权的人民法院因案件涉及本院院长需要回避**或者其他**原因，不宜行使管辖权的，可以请求移送上一级人民法院管辖。上一级人民法院可以管辖，也可以指定与提出请求的人民法院同级的其他人民法院管辖。

续表

2012 年《刑诉法解释》	2021 年《刑诉法解释》
第十七条 两个以上同级人民法院都有管辖权的案件，由最初受理的人民法院审判。必要时，可以移送~~被告人~~主要犯罪地的人民法院审判。 管辖权发生争议的，应当在审理期限内协商解决；协商不成的，由争议的人民法院分别层报共同的上级人民法院指定管辖。	**第十九条** 两个以上同级人民法院都有管辖权的案件，由最初受理的人民法院审判。必要时，可以移送主要犯罪地的人民法院审判。 管辖权发生争议的，应当在审理期限内协商解决；协商不成的，由争议的人民法院分别层报共同的上级人民法院指定管辖。
第十八条 上级人民法院~~在必要时，~~可以指定下级人民法院~~将其管辖的案件移送其他下级人民法院~~审判。	**第二十条** **管辖不明的案件，**上级人民法院可以指定**下级人民法院**审判。 **有关案件，由犯罪地、被告人居住地以外的人民法院审判更为适宜的，上级人民法院可以指定下级人民法院管辖。**

适用要点

2021 年《刑诉法解释》第 20 条规定了指定管辖的两种情形：(1) 对于管辖不明的案件，上级人民法院可以指定下级人民法院审判。管辖不明主要是指案件管辖缺乏法律的明确依据，或者犯罪地和被告人居住地等管辖依据无法查明。(2) 对于存在犯罪地、被告人居住地的管辖依据，但基于政策考虑，由其他法院审判更为适宜的情形，因其他法院没有管辖依据，所以上级人民法院可以指定下级人民法院管辖。

☞ 典型案例

闵光辉、马占霖、帕丽旦木·买森木贩卖毒品案[1]

裁判要旨：确定管辖权，应当以《刑事诉讼法》和最高人民法院的司法解释为依据，而不是以公安部门侦查或并案侦查地及移送起诉地为依据。

---

〔1〕 参见《刑事审判参考》总第 67 集第 551 号案例。

本案被告人闵某等人的犯罪地、户籍地、居住地均不在甘肃省；闵某系假释期间犯罪，服刑地也不在甘肃省。甘肃省兰州市中级人民法院和甘肃省高级人民法院审理本案不符合法律规定，不具有管辖权。

《全国部分法院审理毒品犯罪案件工作座谈会纪要》第11条规定："对于已进入审判程序的案件，被告人及其辩护人提出管辖异议，经审查异议成立的，或者受案法院发现没有管辖权，而案件由本院管辖更适宜的，受案法院应当报请与有管辖权的法院共同的上级法院依法指定本院管辖。"本案广东省广州市、宁夏回族自治区石嘴山市中级人民法院有管辖权，甘肃省兰州市中级人民法院如果认为案件由本院管辖更适宜，应当报请与有管辖权的法院共同的上级法院即最高人民法院依法指定其管辖。兰州市中级人民法院和甘肃省高级人民法院审理本案，违反了有关地域管辖的法律规定，最高人民法院依法裁定撤销原审裁判是正确的。

2012年《刑诉法解释》	2021年《刑诉法解释》
第十九条 上级人民法院指定管辖，应当将指定管辖决定书分别送达被指定管辖的人民法院和其他有关的人民法院。	**第二十一条** 上级人民法院指定管辖，应当将指定管辖决定书送达被指定管辖的人民法院和其他有关的人民法院。
第二十条 原受理案件的人民法院在收到上级人民法院改变管辖决定书、同意移送决定书或者指定其他人民法院管辖决定书后，对公诉案件，应当书面通知同级人民检察院，并将案卷材料退回，同时书面通知当事人；对自诉案件，应当将案卷材料移送被指定管辖的人民法院，并书面通知当事人。	**第二十二条** 原受理案件的人民法院在收到上级人民法院改变管辖决定书、同意移送决定书或者指定其他人民法院管辖**的**决定书后，对公诉案件，应当书面通知同级人民检察院，并将案卷材料退回，同时书面通知当事人；对自诉案件，应当将案卷材料移送被指定管辖的人民法院，并书面通知当事人。
第二十一条 第二审人民法院发回重新审判的案件，人民检察院撤回起诉后，又向原第一审人民法院的下级人民法院重新提起公诉的，下级人民法院应当将有关情况层报原第二审人民法院。原第二审人民法院根据具	**第二十三条** 第二审人民法院发回重新审判的案件，人民检察院撤回起诉后，又向原第一审人民法院的下级人民法院重新提起公诉的，下级人民法院应当将有关情况层报原第二审人民法院。原第二审人民法院根据具

续表

2012年《刑诉法解释》	2021年《刑诉法解释》
体情况,可以决定将案件移送原第一审人民法院或者其他人民法院审判。	体情况,可以决定将案件移送原第一审人民法院或者其他人民法院审判。
	第二十四条 人民法院发现被告人还有其他犯罪被起诉的,可以并案审理;涉及同种犯罪的,一般应当并案审理。 **人民法院发现被告人还有其他犯罪被审查起诉、立案侦查、立案调查的,可以参照前款规定协商人民检察院、公安机关、监察机关并案处理,但可能造成审判过分迟延的除外。** **根据前两款规定并案处理的案件,由最初受理地的人民法院审判。必要时,可以由主要犯罪地的人民法院审判。**

适用要点

2021年《刑诉法解释》第24条系新增规定。传统审判程序主要着眼于单个犯罪行为,对于被告人实施多项犯罪,所涉犯罪处于不同诉讼阶段的情形,基于数罪并罚和审判效率等考虑,有必要建立并案审理规则。

并案审理主要涉及两种情形:(1)人民法院受理案件后,发现被告人还有其他犯罪被起诉的,可以并案审理。其中,涉及同种犯罪的,为实现量刑均衡,一般应当并案审理。(2)人民法院受理案件后,发现被告人还有其他犯罪,但尚未被起诉,而是处于审查起诉、立案侦查、立案调查阶段的,可以协商人民检察院、公安机关、监察机关并案处理,但可能造成审判过分迟延的除外。

对于并案处理的案件,基于审判效率的考虑,通常由最初受理地的人民法院审判。但在必要时,基于审判效果的考虑,也可以由主要犯罪地的人民法院审判。

2012 年《刑诉法解释》	2021 年《刑诉法解释》
	第二十五条　第二审人民法院在审理过程中，发现被告人还有其他犯罪没有判决的，参照前条规定处理。第二审人民法院决定并案审理的，应当发回第一审人民法院，由第一审人民法院作出处理。
第二十二条　军队和地方互涉刑事案件，按照有关规定确定管辖。	**第二十六条**　军队和地方互涉刑事案件，按照有关规定确定管辖。

适用要点

2021 年《刑诉法解释》第 25 条系新增规定。并案审理规则，在第二审程序中同样适用。第二审人民法院在审理过程中，发现被告人还有其他犯罪没有判决的，需要按照并案审理的规则处理。

由于当前案件已经处于第二审程序，如果径行将其他犯罪并案审理，将会由此限制被告人对新并入案件所作判决的上诉权。鉴此，第二审人民法院决定并案审理的，应当发回第一审人民法院，由第一审人民法院作出处理。

第二章　回　　避

2012 年《刑诉法解释》	2021 年《刑诉法解释》
第二章　回　　避	**第二章　回　　避**
第二十三条　审判人员具有下列情形之一的，应当自行回避，当事人及其法定代理人有权申请其回避： （一）是本案的当事人或者是当事人的近亲属的； （二）本人或者其近亲属与本案有利害关系的； （三）担任过本案的证人、鉴定人、辩护人、诉讼代理人、翻译人员的； （四）与本案的辩护人、诉讼代理人有近亲属关系的； （五）与本案当事人有其他利害关系，可能影响公正审判的。	**第二十七条**　审判人员具有下列情形之一的，应当自行回避，当事人及其法定代理人有权申请其回避： （一）是本案的当事人或者是当事人的近亲属的； （二）本人或者其近亲属与本案有利害关系的； （三）担任过本案的证人、鉴定人、辩护人、诉讼代理人、翻译人员的； （四）与本案的辩护人、诉讼代理人有近亲属关系的； （五）与本案当事人有其他利害关系，可能影响公正审判的。
第二十四条　审判人员~~违反规定，~~具有下列情形之一的，当事人及其法定代理人有权申请其回避： （一）违反规定会见本案当事人、辩护人、诉讼代理人的； （二）为本案当事人推荐、介绍辩护人、诉讼代理人，或者为律师、其他人员介绍办理本案的； （三）索取、接受本案当事人及其委托人的财物或者其他利益的； （四）接受本案当事人及其委托人的宴请，或者参加由其支付费用的活动的； （五）向本案当事人及其委托人借用款物的； （六）有其他不正当行为，可能影响公正审判的。	**第二十八条**　审判人员具有下列情形之一的，当事人及其法定代理人有权申请其回避： （一）违反规定会见本案当事人、辩护人、诉讼代理人的； （二）为本案当事人推荐、介绍辩护人、诉讼代理人，或者为律师、其他人员介绍办理本案的； （三）索取、接受本案当事人及其委托**的**人的财物或者其他利益的； （四）接受本案当事人及其委托**的**人的宴请，或者参加由其支付费用的活动的； （五）向本案当事人及其委托**的**人借用款物的； （六）有其他不正当行为，可能影响公正审判的。

续表

2012 年《刑诉法解释》	2021 年《刑诉法解释》
第二十五条 参与过本案侦查、审查起诉工作的侦查、检察人员，调至人民法院工作的，不得担任本案的审判人员。 在一个审判程序中参与过本案审判工作的合议庭组成人员或者独任审判员，不得再参与本案其他程序的审判。但是，发回重新审判的案件，在第一审人民法院作出裁判后又进入第二审程序或者死刑复核程序的，原第二审程序或者死刑复核程序中的合议庭组成人员不受本款规定的限制。	**第二十九条** 参与过本案**调查、**侦查、审查起诉工作的**监察、**侦查、检察人员，调至人民法院工作的，不得担任本案的审判人员。 在一个审判程序中参与过本案审判工作的合议庭组成人员或者独任审判员，不得再参与本案其他程序的审判。但是，发回重新审判的案件，在第一审人民法院作出裁判后又进入第二审程序、**在法定刑以下判处刑罚的复核程序**或者死刑复核程序的，原第二审程序、**在法定刑以下判处刑罚的复核程序**或者死刑复核程序中的合议庭组成人员不受本款规定的限制。

适用要点

2021 年《刑诉法解释》第 29 条规定了特殊的程序回避事由。为避免影响审判的中立性和公正性，参与过同一案件先前诉讼程序的办案人员，包括本案调查、侦查、审查起诉工作的监察、侦查、检察人员，调至人民法院工作的，不得担任本案的审判人员。

同理，在一个审判程序中参与过本案审判工作的合议庭组成人员或者独任审判员，不得再参与本案其他程序的审判。但对于发回重审的案件，存在一些例外情形。除 2012 年《刑诉法解释》规定的“在第一审人民法院作出裁判后又进入第二审程序或者死刑复核程序”的情形外，增加了“在法定刑以下判处刑罚的复核程序”的情形，对于上述情形，原第二审程序、在法定刑以下判处刑罚的复核程序或者死刑复核程序中的合议庭组成人员不受本款规定的限制。

2012 年《刑诉法解释》	2021 年《刑诉法解释》
	第三十条 依照法律和有关规定应当实行任职回避的，不得担任案件的审判人员。

适用要点

2021年《刑诉法解释》第30条系新增规定。对于依法应当实行任职回避的情形，尽管不属于《刑事诉讼法》规定的法定回避事由，但为避免影响审判的中立性和公正性，有关人员不得担任案件的审判人员。据此，当事人及其法定代理人有权申请有关人员回避。

2012年《刑诉法解释》	2021年《刑诉法解释》
第二十六条 人民法院应当依法告知当事人及其法定代理人有权申请回避，并告知其合议庭组成人员、独任审判员、书记员等人员的名单。	**第三十一条** 人民法院应当依法告知当事人及其法定代理人有权申请回避，并告知其合议庭组成人员、独任审判员、**法官助理、**书记员等人员的名单。
第二十七条 审判人员自行申请回避，或者当事人及其法定代理人申请审判人员回避的，可以口头或者书面提出，并说明理由，由院长决定。 院长自行申请回避，或者当事人及其法定代理人申请院长回避的，由审判委员会讨论决定。审判委员会讨论时，由副院长主持，院长不得参加。	**第三十二条** 审判人员自行申请回避，或者当事人及其法定代理人申请审判人员回避的，可以口头或者书面提出，并说明理由，由院长决定。 院长自行申请回避，或者当事人及其法定代理人申请院长回避的，由审判委员会讨论决定。审判委员会讨论时，由副院长主持，院长不得参加。
第二十八条 当事人及其法定代理人依照刑事诉讼法第~~二十九~~条和本解释第~~三十四~~条规定申请回避，应当提供证明材料。	**第三十三条** 当事人及其法定代理人依照刑事诉讼法第**三十**条和本解释第**二十八**条的规定申请回避**的**，应当提供证明材料。
第二十九条 应当回避的审判人员没有自行回避，当事人及其法定代理人也没有申请其回避的，院长或者审判委员会应当决定其回避。	**第三十四条** 应当回避的审判人员没有自行回避，当事人及其法定代理人也没有申请其回避的，院长或者审判委员会应当决定其回避。
第三十条 对当事人及其法定代理人提出的回避申请，人民法院可以口头或者书面作出决定，并将决定告知申请人。 当事人及其法定代理人申请回避	**第三十五条** 对当事人及其法定代理人提出的回避申请，人民法院可以口头或者书面作出决定，并将决定告知申请人。 当事人及其法定代理人申请回避

续表

2012 年《刑诉法解释》	2021 年《刑诉法解释》
被驳回的,可以在接到决定时申请复议一次。不属于刑事诉讼法第~~二十八~~条、第~~二十九~~条规定情形的回避申请,由法庭当庭驳回,并不得申请复议。	被驳回的,可以在接到决定时申请复议一次。不属于刑事诉讼法第**二十九**条、第**三十**条规定情形的回避申请,由法庭当庭驳回,并不得申请复议。
第三十一条 当事人及其法定代理人申请出庭的检察人员回避的,人民法院应当~~决定休庭,并通知人民检察院~~。	**第三十六条** 当事人及其法定代理人申请出庭的检察人员回避的,人民法院应当**区分情况作出处理:** **(一)属于刑事诉讼法第二十九条、第三十条规定情形的回避申请,应当决定休庭,并通知人民检察院尽快作出决定;** **(二)不属于刑事诉讼法第二十九条、第三十条规定情形的回避申请,应当当庭驳回,并不得申请复议。**

适用要点

2021 年《刑诉法解释》第 36 条规定了申请出庭检察人员回避情形的处理规则。基于程序性裁判的基本原理,当事人提出程序性申请,应当说明理由和依据,人民法院经审查后,依法作出相应的处理。鉴此,对于当事人及其法定代理人申请出庭的检察人员回避的情形,法院应当进行审查,并结合当事人的申请理由和依据作出处理。具体包括两种情形:(1)符合法律规定的回避情形,人民法院应当决定休庭,并通知人民检察院尽快作出决定;(2)不符合法律规定的回避情形,人民法院应当当庭驳回,并不得申请复议。

2012 年《刑诉法解释》	2021 年《刑诉法解释》
第三十二条 本章所称的审判人员,包括人民法院院长、副院长、审判委员会委员、庭长、副庭长、审判员~~、助理审判员~~和人民陪审员。	**第三十七条** 本章所称的审判人员,包括人民法院院长、副院长、审判委员会委员、庭长、副庭长、审判员和人民陪审员。

续表

2012 年《刑诉法解释》	2021 年《刑诉法解释》
第三十三条 书记员、翻译人员和鉴定人适用审判人员回避的有关规定，其回避问题由院长决定。	**第三十八条** **法官助理、**书记员、翻译人员和鉴定人适用审判人员回避的有关规定，其回避问题由院长决定。
第三十四条 辩护人、诉讼代理人可以依照本章的有关规定要求回避、申请复议。	**第三十九条** 辩护人、诉讼代理人可以依照本章的有关规定要求回避、申请复议。

适用要点

为了与《法官法》的规定保持一致，2021 年《刑诉法解释》第 37 条将助理审判员从审判人员的范围中删去，第 38 条在院长决定回避的人员范围中增加了法官助理。

第三章　辩护与代理

2012年《刑诉法解释》	2021年《刑诉法解释》
第三章　辩护与代理	**第三章　辩护与代理**
第三十五条　人民法院审判案件,应当充分保障被告人依法享有的辩护权利。 被告人除自己行使辩护权以外,还可以委托辩护人辩护。下列人员不得担任辩护人: (一)正在被执行刑罚或者处于缓刑、假释考验期间的人; (二)依法被剥夺、限制人身自由的人; (三)无行为能力或者限制行为能力的人; (四)人民法院、人民检察院、公安机关、国家安全机关、监狱的现职人员; (五)人民陪审员; (六)与本案审理结果有利害关系的人; (七)外国人或者无国籍人。 前款第四项至第七项规定的人员,如果是被告人的监护人、近亲属,由被告人委托担任辩护人的,可以准许。	**第四十条**　人民法院审判案件,应当充分保障被告人依法享有的辩护权利。 被告人除自己行使辩护权以外,还可以委托辩护人辩护。下列人员不得担任辩护人: (一)正在被执行刑罚或者处于缓刑、假释考验期间的人; (二)依法被剥夺、限制人身自由的人; **(三)被开除公职或者被吊销律师、公证员执业证书的人;** (四)人民法院、人民检察院、**监察机关**、公安机关、国家安全机关、监狱的现职人员; (五)人民陪审员; (六)与本案审理结果有利害关系的人; (七)外国人或者无国籍人; (八)无行为能力或者限制行为能力的人。 前款第三项至第七项规定的人员,如果是被告人的监护人、近亲属,由被告人委托担任辩护人的,可以准许。

适用要点

2021年《刑诉法解释》第40条规定了被告人的辩护权以及不得担任辩护人的人员范围。在2012年《刑诉法解释》规定的7类人员基础上,根据《刑事诉讼法》第33条第3款的规定,增加了一类不得担任辩护人的人员,即被开除公职或者被吊销律师、公证员执业证书的人。

基于保护辩护权的现实需要,除正在被执行刑罚或者处于缓刑、假释考验期间的人,依法被剥夺、限制人身自由的人,以及无行为能力或者限制行为能力的人外,对于其他几类原本不得担任辩护人的人员,如果是被告人的监护人、近亲属,由被告人委托担任辩护人的,可以准许。

2012年《刑诉法解释》	2021年《刑诉法解释》
第三十六条 审判人员和人民法院其他工作人员从人民法院离任后二年内,不得以律师身份担任辩护人。 审判人员和人民法院其他工作人员从人民法院离任后,不得担任原任职法院所审理案件的辩护人,但作为被告人的监护人、近亲属进行辩护的除外。 审判人员和人民法院其他工作人员的配偶、子女或者父母不得担任其任职法院所审理案件的辩护人,但作为被告人的监护人、近亲属进行辩护的除外。	**第四十一条** 审判人员和人民法院其他工作人员从人民法院离任后二年内,不得以律师身份担任辩护人。 审判人员和人民法院其他工作人员从人民法院离任后,不得担任原任职法院所审理案件的辩护人,但**系**被告人的监护人、近亲属的除外。 审判人员和人民法院其他工作人员的配偶、子女或者父母不得担任其任职法院所审理案件的辩护人,但**系**被告人的监护人、近亲属的除外。
第三十七条 ~~律师,人民团体、被告人所在单位推荐的人,或者被告人的监护人、亲友被委托为辩护人的,~~人民法院应当核实其身份证明和授权委托书。	**第四十二条** **对接受委托担任辩护人的,**人民法院应当核实其身份证明和授权委托书。

适用要点

2021年《刑诉法解释》第42条规定了辩护委托手续的核实要求。根据2012年《刑诉法解释》的规定,律师,人民团体、被告人所在单位推荐的人,或者被告人的监护人、亲友被委托为辩护人的,人民法院应当核实其身份证明和授权委托书。实际上,无论何种情形,核实辩护人的身份及其接受委托的情况,都是保障辩护权的基本要求。鉴此,本条规定了一般性的核实程序,即对接受委托担任辩护人的,人民法院应当核实其身份证明和授权委托书。

☞ 典型案例

章来苟等聚众扰乱社会秩序案[1]

裁判要旨：虽然《刑事诉讼法》第三章与《法官法》《检察官法》规定的是不同种类的回避，但是不论是公务回避还是任职回避，都属回避制度的范畴。从广义的角度讲，刑事诉讼法不仅指《刑事诉讼法》，还包括其他一切与刑事诉讼有关的法律，虽然《刑事诉讼法》中只规定了审判人员、检察人员、侦查人员的回避制度，但是刑事诉讼中的回避制度不仅只是这些，其他法律规定的刑事诉讼中需要回避的情形同样属于回避制度的内容。《法官法》和《检察官法》对离任法官和检察官担任原任职法院、检察院办理案件的辩护人、诉讼代理人的禁止性规定，并非对不特定多数人从事律师职业予以限制，其仅仅规范了法官、检察官离职后的行为，实质属法官、检察官的离职回避问题。违反回避制度属于严重程序违法，极可能导致案件处理不公，即使未实际影响到案件的公正审理，也可因程序本身的不公令人对结果是否公正产生合理怀疑。根据《刑事诉讼法》的规定，只要违反了回避制度就应当发回重审。本案中被告人的一审辩护人系在其原任检察官职务的检察院所办理的案件中担任辩护人，属于法律规定应当回避的情形，其行为已影响到审判的公正性，二审法院应裁定发回重审。

2012年《刑诉法解释》	2021年《刑诉法解释》
第三十八条　一名被告人可以委托一至二人作为辩护人。 一名辩护人不得为两名以上的同案被告人，或者未同案处理但犯罪事实存在关联的被告人辩护。	**第四十三条**　一名被告人可以委托一至二人作为辩护人。 一名辩护人不得为两名以上的同案被告人，或者未同案处理但犯罪事实存在关联的被告人辩护。

适用要点

2021年《刑诉法解释》第43条规定了委托辩护人的数量要求。基于诉讼效率等考虑，一名被告人委托的辩护人不得超过2人。鉴于同案被告人之间存在诉讼利益冲突，基于有效辩护原则，为维护被告人的辩护

〔1〕参见《刑事审判参考》总第77集第662号案例。

权，辩护人不得为两名以上的同案被告人，或者未同案处理但犯罪事实存在关联的被告人辩护。

☞ 典型案例

刘洪高、刘开贵贩卖、运输毒品案[1]

裁判要旨："一名辩护人不得为两名以上的同案被告人辩护"，不能仅仅理解为不得"在同一案件的同一诉讼程序中同时为两名以上同案被告人辩护"，即使是在同一案件的不同审级中，这一限制性规定也同样应当适用。对于"犯罪事实存在关联的被告人"的范围，应当尽量作宽泛的理解，如恐怖组织、黑社会性质组织的参加者，其行为与集团组织指挥者实施的具体犯罪可能并无关联，但由于其系该集团的参加者，仍应当认定为"犯罪事实存在关联的被告人"。部分下游型犯罪，如洗钱，帮助毁灭、伪造证据，窝藏、包庇，掩饰、隐瞒犯罪所得、犯罪收益等犯罪，虽然与上游犯罪不构成共犯，且完全属于两种不同性质的犯罪，但犯罪事实之间仍然存在一定关联，也应当适用上述规定。

陈某贩卖、运输毒品案[2]

裁判要旨：同一律师在侦查和审判阶段先后接受同一案件中有利害关系的两名犯罪嫌疑人、被告人的委托，参与刑事诉讼活动，侵犯了犯罪嫌疑人、被告人的合法权益，可能干扰司法机关查明事实真相的正常活动，影响司法的公信力，对公正审判的影响非常明显。本案律师祁某在侦查阶段先后为有利害关系的两名同案犯罪嫌疑人提供法律服务，又在一、二审阶段继续为有利益冲突的另一被告人提供辩护，在事实上干扰了侦查、审判活动。这种做法甚至比没有辩护人辩护产生的危害还要大，被告人的辩护权没有得到充分行使。一、二审法院未能发现并予以纠正，可能影响案件的公正审判。应当以程序违法为由，撤销一、二审裁判，发回一审法院重新审判。

---

〔1〕 参见《刑事审判参考》总第96集第954号案例。

〔2〕 参见《刑事审判参考》总第82集第733号案例。

2012 年《刑诉法解释》	2021 年《刑诉法解释》
第三十九条 被告人没有委托辩护人的,人民法院自受理案件之日起三日内,应当告知其有权委托辩护人;被告人因经济困难或者其他原因没有委托辩护人的,应当告知其可以申请法律援助;被告人属于应当提供法律援助情形的,应当告知其将依法通知法律援助机构指派律师为其提供辩护。 告知可以采取口头或者书面方式。	**第四十四条** 被告人没有委托辩护人的,人民法院自受理案件之日起三日**以**内,应当告知其有权委托辩护人;被告人因经济困难或者其他原因没有委托辩护人的,应当告知其可以申请法律援助;被告人属于应当提供法律援助情形的,应当告知其将依法通知法律援助机构指派律师为其提供辩护。 **被告人没有委托辩护人,法律援助机构也没有指派律师为其提供辩护的,人民法院应当告知被告人有权约见值班律师,并为被告人约见值班律师提供便利。** 告知可以采取口头或者书面方式。

适用要点

2021 年《刑诉法解释》第 44 条规定了人民法院对被告人辩护权的权利告知义务。对辩护权的知情权,是被告人行使辩护权的前提。

为保障被告人的辩护权,对于人民法院对辩护权的告知义务,2012 年《刑诉法解释》第 39 条主要包括三种情形:(1)对于被告人没有辩护人的情形,应当告知其有委托辩护人的权利。(2)对于被告人因经济困难或者其他原因没有委托辩护人的情形,应当告知其有申请法律援助的权利。(3)对于被告人属于应当提供法律援助的情形,应当告知其将依法通知法律援助机构指派律师为其提供辩护。

根据《刑事诉讼法》第 36 条的规定,犯罪嫌疑人、被告人没有委托辩护人,法律援助机构没有指派律师为其提供辩护的,由值班律师为犯罪嫌疑人、被告人提供法律咨询、程序选择建议、申请变更强制措施、对案件处理提出意见等法律帮助。基于值班律师制度的新发展,本条规定新增了第四种情形,对于被告人没有委托辩护人,也不属于法律援助范围的情形,人民法院应当告知其有约见值班律师的权利,并为被告人约见值班律师提供便利。

2012年《刑诉法解释》	2021年《刑诉法解释》
第四十条 审判期间，在押的被告人要求委托辩护人的，人民法院应当在三日内向其监护人、近亲属或者其指定的人员转达要求。被告人应当提供有关人员的联系方式。有关人员无法通知的，应当告知被告人。	**第四十五条** 审判期间，在押的被告人要求委托辩护人的，人民法院应当在三日**以**内向其监护人、近亲属或者其指定的人员转达要求。被告人应当提供有关人员的联系方式。有关人员无法通知的，应当告知被告人。

适用要点

2021年《刑诉法解释》第45条规定了审判期间委托辩护人的程序。在押被告人自身无法委托辩护人，只能通过他人代为行使该项权利。鉴此，人民法院应当及时向被告人的监护人、近亲属或者其指定的人员转达要求。被告人委托他人代为行使自身权利，应当提供有关人员的联系方式。有关人员无法通知的，应当告知被告人，便于被告人继续寻求其他人员的帮助。

2012年《刑诉法解释》	2021年《刑诉法解释》
第四十一条 人民法院收到在押被告人提出的法律援助申请，应当在~~二十四小时内转交所在地的法律援助~~机构。	**第四十六条** 人民法院收到在押被告人提出的法律援助**或者法律帮助**申请，应当**依照有关规定及时转交法律援助机构或者通知值班律师**。

适用要点

2021年《刑诉法解释》第46条规定了法律援助或者法律帮助申请的处理程序。2012年《刑诉法解释》第41条仅规定了法律援助申请，且要求人民法院应当在24小时内将申请转交所在地的法律援助机构。《刑事诉讼法》确立值班律师制度后，本条对在押被告人提出的法律援助或者法律帮助申请一并作出规定，并不再限定具体时间，而是提出了及时性要求，即，人民法院应当依照有关规定及时转交法律援助机构或者通知值班律师。

2012 年《刑诉法解释》	2021 年《刑诉法解释》
第四十二条 对下列没有委托辩护人的被告人，人民法院应当通知法律援助机构指派律师为其提供辩护： （一）盲、聋、哑人； （二）尚未完全丧失辨认或者控制自己行为能力的精神病人； （三）可能被判处无期徒刑、死刑的人。 高级人民法院复核死刑案件，被告人没有委托辩护人的，应当通知法律援助机构指派律师为其提供辩护。	**第四十七条** 对下列没有委托辩护人的被告人，人民法院应当通知法律援助机构指派律师为其提供辩护： （一）盲、聋、哑人； （二）尚未完全丧失辨认或者控制自己行为能力的精神病人； （三）可能被判处无期徒刑、死刑的人。 高级人民法院复核死刑案件，被告人没有委托辩护人的，应当通知法律援助机构指派律师为其提供辩护。 **死刑缓期执行期间故意犯罪的案件，适用前两款规定。**

适用要点

2021 年《刑诉法解释》第 47 条规定了强制辩护的范围，体现了法律对特殊群体的特殊保护。2012 年《刑诉法解释》第 42 条主要包括两种情形：一是《刑事诉讼法》第 35 条第 2 款、第 3 款规定的特定类型的被告人，包括盲、聋、哑人，尚未完全丧失辨认或者控制自己行为能力的精神病人，可能被判处无期徒刑、死刑的人。二是基于死刑复核程序的特殊要求，高级人民法院复核死刑案件，被告人没有委托辩护人的，应当通知法律援助机构指派律师为其提供辩护。此处的死刑案件，包括死刑立即执行案件和死刑缓期执行案件。

为加强死刑案件的辩护权保障，本条规定新增一种情形，即死刑缓期执行期间故意犯罪的案件，适用前两款规定。对于死刑缓期执行期间故意犯罪的情形，因为直接影响死刑适用，实际上可被纳入可能被判处死刑的情形，所以应当提供法律援助。

2012 年《刑诉法解释》	2021 年《刑诉法解释》
第四十三条 具有下列情形之一，被告人没有委托辩护人的，人民法院可以通知法律援助机构指派律师为其提供辩护：	**第四十八条** 具有下列情形之一，被告人没有委托辩护人的，人民法院可以通知法律援助机构指派律师为其提供辩护：

续表

2012年《刑诉法解释》	2021年《刑诉法解释》
（一）共同犯罪案件中，其他被告人已经委托辩护人； （二）有重大社会影响的案件； （三）人民检察院抗诉的案件； （四）被告人的行为可能不构成犯罪； （五）有必要指派律师提供辩护的其他情形。	（一）共同犯罪案件中，其他被告人已经委托辩护人**的**； （二）**案件**有重大社会影响的； （三）人民检察院抗诉的； （四）被告人的行为可能不构成犯罪**的**； （五）有必要指派律师提供辩护的其他情形。

适用要点

2021年《刑诉法解释》第48条规定了可以提供法律援助的情形。与强制辩护相比，可以提供法律援助的情形，属于人民法院的裁量范围。本条所列情形，既有正当程序的考虑（例如共同犯罪案件中，其他被告人已经委托辩护人的，人民检察院抗诉的），也有防范冤假错案的要求（例如被告人的行为可能不构成犯罪的），还有社会效果的因素（例如案件有重大社会影响的）。其中，基于正当程序考虑的情形，有必要逐步纳入强制辩护的范围，现阶段原则上都有必要指派律师提供辩护。

2012年《刑诉法解释》	2021年《刑诉法解释》
第四十四条 人民法院通知法律援助机构指派律师提供辩护的，应当将法律援助通知书、起诉书副本或者判决书送达法律援助机构；决定开庭审理的，除适用简易程序审理的以外，应当在开庭十五日前将上述材料送达法律援助机构。 法律援助通知书应当写明案由、被告人姓名、提供法律援助的理由、审判人员的姓名和联系方式；已确定开庭审理的，应当写明开庭的时间、地点。	**第四十九条** 人民法院通知法律援助机构指派律师提供辩护的，应当将法律援助通知书、起诉书副本或者判决书送达法律援助机构；决定开庭审理的，除适用简易程序**或者速裁程序**审理的以外，应当在开庭十五日**以**前将上述材料送达法律援助机构。 法律援助通知书应当写明案由、被告人姓名、提供法律援助的理由、审判人员的姓名和联系方式；已确定开庭审理的，应当写明开庭的时间、地点。
第四十五条 被告人拒绝法律援助机构指派的律师为其辩护，坚持自	**第五十条** 被告人拒绝法律援助机构指派的律师为其辩护，坚持自己

续表

2012 年《刑诉法解释》	2021 年《刑诉法解释》
已行使辩护权的,人民法院应当准许。 属于应当提供法律援助的情形,被告人拒绝指派的律师为其辩护的,人民法院应当查明原因。理由正当的,应当准许,但被告人须另行委托辩护人;被告人未另行委托辩护人的,人民法院应当在三日内书面通知法律援助机构另行指派律师为其提供辩护。	行使辩护权的,人民法院应当准许。 属于应当提供法律援助的情形,被告人拒绝指派的律师为其辩护的,人民法院应当查明原因。理由正当的,应当准许,但被告人**应当在五日以内**另行委托辩护人;被告人未另行委托辩护人的,人民法院应当在三日**以内**通知法律援助机构另行指派律师为其提供辩护。

适用要点

2021 年《刑诉法解释》第 50 条规定了被告人拒绝法律援助律师辩护情形的处理规则。对于被告人申请法律援助或者人民法院裁量决定提供法律援助的情形,被告人的自我辩护和获得法律援助律师辩护的权利,可以一并行使,也可以选择行使。此种情形下,被告人拒绝法律援助律师辩护,坚持自行辩护的,因属于被告人选择辩护权行使方式的自主权范畴,人民法院应当准许。

对于法律规定的应当提供法律援助的情形,属于法律维护正当程序的强制性规定,被告人不得放弃强制辩护。此种情况下,如果被告人拒绝法律援助律师为其辩护,理由正当的,应当准许,但被告人须另行委托辩护人。2021 年《刑诉法解释》第 50 条新增一项时限要求,即被告人应当在 5 日以内另行委托辩护人,这主要是为了提高诉讼效率,避免被告人借此拖延诉讼。被告人未另行委托辩护人的,人民法院应当在 3 日以内通知法律援助机构另行指派律师为其提供辩护。

2012 年《刑诉法解释》	2021 年《刑诉法解释》
	第五十一条　对法律援助机构指派律师为被告人提供辩护,被告人的监护人、近亲属又代为委托辩护人的,应当听取被告人的意见,由其确定辩护人人选。

适用要点

2021年《刑诉法解释》第51条系新增规定。获得律师帮助权，是被告人辩护权的组成部分。被告人有权选定委托的辩护律师，也有权在法律援助律师和委托律师之间作出选择。通常情况下，委托辩护与法律援助辩护并不同时适用，对于被告人委托辩护的情形，法律援助机构不再指派法律援助律师。

法律援助机构指派法律援助律师，被告人的监护人、近亲属又代为委托辩护人的情形，主要是指被告人事先未明确表达委托律师的意思表示，导致人民法院和被告人的监护人、近亲属分别诉诸指派法律援助律师和委托辩护人的举措。此种情况下，对于辩护人的人选，基于辩护权的自主性原则，应当由被告人最终确定。人民法院不能径行以法律援助律师取代被告人选定的辩护人。

2012年《刑诉法解释》	2021年《刑诉法解释》
第四十六条 审判期间，辩护人接受被告人委托的，应当在接受委托之日起三日内，将委托手续提交人民法院。 ~~法律援助机构决定为被告人指派律师~~提供辩护的，~~承办律师应当在接受指派之日起三日内，将法律援助手续提交人民法院。~~	**第五十二条** 审判期间，辩护人接受被告人委托的，应当在接受委托之日起三日**以**内，将委托手续提交人民法院。 **接受法律援助机构指派为被告人**提供辩护的，**适用前款规定。**

适用要点

2021年《刑诉法解释》第52条规定了辩护人或者法律援助律师提交委托手续的时限。本条规定有两项要点：(1)限于审判期间接受委托或者指派的情形。鉴于案件已经进入审判环节，辩护人应当及时履行辩护职责，在接受委托之日起3日以内向人民法院提交委托手续，避免在审判结束、裁判作出后才向人民法院告知委托事宜。(2)法律援助律师指派律师提供辩护的情形。接受法律援助机构指派为被告人提供辩护的，适用辩护人的有关规定，即，在接受指派之日起3日以内向人民法院提交委托手续。

☞ 典型案例

谢某抢劫案[1]

裁判要旨：一审庭审结束后、审结前才委托辩护人参与一审诉讼的，人民法院依法应当准许。被告人在一审庭审结束后委托的辩护人，必须在一审审结前参与一审诉讼，否则案件已经审结，辩护人才参与诉讼就失去其应有之义，不仅会损害司法权威，而且会造成司法资源的严重浪费。是否审结有以下不同的界定：(1)当庭宣判的案件，以宣判时间为临界点；(2)开庭后定期宣判的案件，不需要审判委员会讨论的，以法律文书签发的时间为临界点；需要经审判委员会讨论的，以审判委员会研究作出决定的时间为临界点。

对于辩护人在一审庭审结束后、审结前的辩护权行使及辩护意见的具体处理如下：(1)对于没有委托辩护人的被告人，一审开庭审理时可以再次提醒，询问其是否委托辩护人。如果其当庭表示需要委托辩护人的，法庭应当宣布休庭，延期审理。(2)对于被告人在一审开庭审理结束后、审结前才委托辩护人的：①如果经合议庭评议认为，公诉机关指控的事实可能不构成犯罪或者指控事实不清、证据不足的，应当准许被告人委托的辩护人在此阶段参与诉讼。如果辩护人只是提出无罪或者罪轻辩护意见，没有提交新证据的，可以将辩护意见写入裁判文书，不必重新开庭；如果提交了证明被告人无罪或者罪轻的新证据，合议庭认为这些证据无独立证明能力或者证明力不大，且不影响认定被告人无罪的，可以征求公诉机关的意见，记录在案，不必重新开庭质证；如果提交的证据可能推翻公诉机关的指控，或者可能证明被告人无罪或者罪轻的，应当重新开庭质证、认证。②如果经合议庭评议认为，指控证据中存在疑点，可能影响到指控犯罪事实是否成立的，应当准许被告人委托辩护人并要求辩护人尽快参与一审诉讼，给辩护人一定的调查、收集证据的时间。如果辩护人在法庭指定的时间内提交了可能影响被告人定罪量刑的新证据，或者辩护人提出申请人民法院调取的证据，足以影响定罪量刑的，法庭应当重新开

[1] 参见《刑事审判参考》总第91集第845号案例。

庭对新证据进行质证。如果没有新证据,则无须重新开庭审理,但应当将辩护人的辩护意见写入裁判文书。③如果经合议庭评议认为,指控证据确实、充分,指控事实成立,辩护人在庭审结束后才参与诉讼对案件实体认定的意义不大,法庭可告知被告人最好到二审程序再委托辩护人,以保护其辩护权不受损害。但如果其仍坚持要委托辩护人的,应当准许。辩护人的辩护意见写入裁判文书,其提交的证据不影响被告人的定罪量刑的,无须重新开庭审理。

2012年《刑诉法解释》	2021年《刑诉法解释》
第四十七条 辩护律师可以查阅、摘抄、复制案卷材料。其他辩护人经人民法院许可,也可以查阅、摘抄、复制案卷材料。合议庭、审判委员会的讨论记录以及其他依法不公开的材料不得查阅、摘抄、复制。 辩护人查阅、摘抄、复制案卷材料的,人民法院应当提供~~方便~~,并保证必要的时间。 复制案卷材料可以采用复印、拍照、扫描等方式。	**第五十三条** 辩护律师可以查阅、摘抄、复制案卷材料。其他辩护人经人民法院许可,也可以查阅、摘抄、复制案卷材料。合议庭、审判委员会的讨论记录以及其他依法不公开的材料不得查阅、摘抄、复制。 辩护人查阅、摘抄、复制案卷材料的,人民法院应当提供**便利**,并保证必要的时间。 **值班律师查阅案卷材料的,适用前两款规定。** 复制案卷材料可以采用复印、拍照、扫描**、电子数据拷贝**等方式。

适用要点

2021年《刑诉法解释》第53条规定了辩护人查阅、摘抄、复制案卷材料的权利。获得案卷材料,是辩护人开展实质辩护的前提。除合议庭、审判委员会的讨论记录以及其他依法不公开的材料外,其他案卷材料,应当允许辩护人查阅、摘抄、复制。

本条规定新增以下内容:(1)值班律师查阅案卷材料的权利。值班律师查阅案卷材料,适用辩护人的有关规定。鉴于值班律师的职能限于法律帮助,故本条仅规定了查阅案卷材料,未规定摘抄、复制事宜。实践中,为有效开展法律帮助,值班律师主张摘抄、复制案卷材料的,亦应适用辩护人的有关规定。(2)复制案卷材料的方式。在传统的复印、拍照、扫描等方式的基础上，新增电子数据拷贝方式。随着办案机关逐步推行案卷材料电子化，电子数据拷贝将成为案卷材料的主要复制方式。

2012年《刑诉法解释》第59条规定，辩护人、诉讼代理人复制案卷材料的，人民法院只收取工本费；法律援助律师复制必要的案卷材料的，应当免收或者减收费用。该规定此次已被删去，这意味着，辩护人、诉讼代理人复制案卷材料的，不再收取费用。

2012年《刑诉法解释》	2021年《刑诉法解释》
	第五十四条　对作为证据材料向人民法院移送的讯问录音录像，辩护律师申请查阅的，人民法院应当准许。

适用要点

2021年《刑诉法解释》第54条系新增规定，明确了辩护律师查阅讯问录音录像的权利。从取证规则角度看，法律将书面记录和录音录像作为并行的讯问取证方式，鉴此，与讯问笔录一样，讯问录音录像同属固定被告人供述和辩解的证据载体，两者具有同等的证据资格。从司法证明角度看，与讯问笔录相比，讯问录音录像既能更为客观地展现被告人供述和辩解的内容，也能更为全面地展现讯问人员讯问的手段和方法。无论是对案件事实的证明，还是对证据收集合法性的证明，讯问录音录像都具有内在的优势。

关于讯问录音录像的属性，此前存在一定争议。有意见认为，讯问录音录像属于证明证据合法性的材料，有别于证明案件事实的证据材料，据此，办案机关无须将之作为证据材料随案移送，但可以根据需要调取。这种观点主要是担心讯问录音录像中的涉密等信息不当泄露，产生不良影响。为解决上述顾虑，《"六部委"规定》第19条提出了一种折中方案，即"人民检察院、人民法院可以根据需要调取讯问犯罪嫌疑人的录音或者录像，有关机关应当及时提供"。

关于辩护律师能否复制讯问录像，《最高人民法院刑二庭关于辩护律师能否复制侦查机关讯问录像问题的批复》规定，侦查机关对被告人的讯问录音录像已经作为证据材料向人民法院移送并已在庭审中播放，不属于依法不能公开的材料，在辩护律师提出要求复制有关录音录像的情况下，应当准许。为保障辩护律师的辩护权，本条进一步规定，对作为证据材料向人民法院移送的讯问录音录像，辩护律师申请查阅的，人民法院应当准许。

关于本条规定，需要注意以下两点：(1)查阅范围限于"作为证据材料"向人民法院移送的讯问录音录像。对于办案机关未将讯问录音录像作为证据材料移送的情形，可以适用《"六部委"规定》，即人民法院可以根据需要调取讯问录音录像，有关机关应当及时提供。(2)本条规定仅规定辩护律师申请"查阅"的情形，未对摘抄、复制作出明确规定。对于辩护律师申请复制讯问录音录像的情形，可以适用《最高人民法院刑二庭关于辩护律师能否复制侦查机关讯问录像问题的批复》，即对被告人的讯问录音录像已经作为证据材料向人民法院移送并已在庭审中播放，不属于依法不能公开的材料，在辩护律师提出要求复制有关录音录像的情况下，应当准许。

2012 年《刑诉法解释》	2021 年《刑诉法解释》
	第五十五条　查阅、摘抄、复制案卷材料，涉及国家秘密、商业秘密、个人隐私的，应当保密；对不公开审理案件的信息、材料，或者在办案过程中获悉的案件重要信息、证据材料，不得违反规定泄露、披露，不得用于办案以外的用途。人民法院可以要求相关人员出具承诺书。 **违反前款规定的，人民法院可以通报司法行政机关或者有关部门，建议给予相应处罚；构成犯罪的，依法追究刑事责任。**

适用要点

2021 年《刑诉法解释》第 55 条系新增规定，明确了查阅、摘抄、复制案卷材料的保密义务。《律师法》第 38 条规定，律师应当保守在执业活动中知悉的国家秘密、商业秘密，不得泄露当事人的隐私。律师对在执业活动中知悉的委托人和其他人不愿泄露的有关情况和信息，应当予以保密。

在此基础上,本条强调以下要求:(1)案卷材料的保密要求。摘抄、复制案卷材料,包括查阅的讯问录音录像,涉及国家秘密、商业秘密、个人隐私的,应当保密。(2)案件信息和材料的保密要求。对不公开审理案件的信息、材料,或者在办案过程中获悉的案件重要信息、证据材料,不得违反规定泄露、披露,不得用于办案以外的用途。(3)保密承诺机制。对于需要保密的案卷材料和案件信息、材料,人民法院可以要求相关人员出具承诺书。(4)违反保密义务的法律责任机制,包括行政处罚和刑事处罚。

2012年《刑诉法解释》	2021年《刑诉法解释》
第四十八条 辩护律师可以同在押的或者被监视居住的被告人会见和通信。其他辩护人经人民法院许可,也可以同在押的或者被监视居住的被告人会见和通信。	**第五十六条** 辩护律师可以同在押的或者被监视居住的被告人会见和通信。其他辩护人经人民法院许可,也可以同在押的或者被监视居住的被告人会见和通信。
第四十九条 辩护人认为在侦查、审查起诉期间公安机关、人民检察院收集的证明被告人无罪或者罪轻的证据材料未随案移送,申请人民法院调取的,应当以书面形式提出,并提供相关线索或者材料。人民法院接受申请后,应当向人民检察院调取。人民检察院移送相关证据材料后,人民法院应当及时通知辩护人。	**第五十七条** 辩护人认为在**调查**、侦查、审查起诉期间**监察机关**、公安机关、人民检察院收集的证明被告人无罪或者罪轻的证据材料未随案移送,申请人民法院调取的,应当以书面形式提出,并提供相关线索或者材料。人民法院接受申请后,应当向人民检察院调取。人民检察院移送相关证据材料后,人民法院应当及时通知辩护人。
第五十条 辩护律师申请向被害人及其近亲属、被害人提供的证人收集与本案有关的材料,人民法院认为确有必要的,应当签发准许调查书。	**第五十八条** 辩护律师申请向被害人及其近亲属、被害人提供的证人收集与本案有关的材料,人民法院认为确有必要的,应当签发准许调查书。
第五十一条 辩护律师向证人或者有关单位、个人收集、调取与本案有关的证据材料,因证人或者有关单位、个人不同意,申请人民法院收集、调取,或者申请通知证人出庭作证,人民法院认为确有必要的,应当同意。	**第五十九条** 辩护律师向证人或者有关单位、个人收集、调取与本案有关的证据材料,因证人或者有关单位、个人不同意,申请人民法院收集、调取,或者申请通知证人出庭作证,人民法院认为确有必要的,应当同意。

续表

2012 年《刑诉法解释》	2021 年《刑诉法解释》
第五十二条　辩护律师直接申请人民法院向证人或者有关单位、个人收集、调取证据材料，人民法院认为确有~~收集、调取~~必要，且不宜或者不能由辩护律师收集、调取的，应当同意。~~人民法院收集、调取证据材料时，辩护律师可以在场。~~ 人民法院向有关单位收集、调取的书面证据材料，必须由提供人签名，并加盖单位印章；向个人收集、调取的书面证据材料，必须由提供人签名。 人民法院对有关单位、个人提供的证据材料，应当出具收据，写明证据材料的名称、收到的时间、件数、页数以及是否为原件等，由书记员或者审判人员签名。 收集、调取证据材料后，应当及时通知辩护律师查阅、摘抄、复制，并告知人民检察院。	**第六十条**　辩护律师直接申请人民法院向证人或者有关单位、个人收集、调取证据材料，人民法院认为确有必要，且不宜或者不能由辩护律师收集、调取的，应当同意。 人民法院向有关单位收集、调取的书面证据材料，必须由提供人签名，并加盖单位印章；向个人收集、调取的书面证据材料，必须由提供人签名。 人民法院对有关单位、个人提供的证据材料，应当出具收据，写明证据材料的名称、收到的时间、件数、页数以及是否为原件等，由书记员**、法官助理**或者审判人员签名。 收集、调取证据材料后，应当及时通知辩护律师查阅、摘抄、复制，并告知人民检察院。

适用要点

2021 年《刑诉法解释》第 60 条规定了辩护律师申请收集、调取证据材料的程序。根据 2012 年《刑诉法解释》第 52 条的规定，人民法院收集、调取证据材料时，辩护律师可以在场。2021 年《刑诉法解释》第 60 条删除了这一规定。

人民法院根据辩护律师的申请收集、调取证据材料，不同于依职权调查核实证据，而是解决辩护律师取证不能的问题。对此，需要注意以下两点：(1)作为辩护律师取证的司法“协助”，人民法院依申请收集、调取证据材料，可以通知辩护律师到场，辩护律师也可以申请到场。(2)人民法院根据辩护律师申请收集、调取的证据材料，系“协助”辩护律师取证。鉴此，人民法院收集、调取证据材料后，应当及时通知辩护律师查阅、摘抄、复制，同时，基于证据开示的要求，人民法院应当一并将有关证据材料告知人民检察院。

2012 年《刑诉法解释》	2021 年《刑诉法解释》
第五十三条 本解释第~~五十~~条至第~~五十二~~条规定的申请，应当以书面形式提出，并说明理由，写明需要收集、调取证据材料的内容或者需要调查问题的提纲。 对辩护律师的申请，人民法院应当在五日内作出是否准许、同意的决定，并通知申请人；决定不准许、不同意的，应当说明理由。	**第六十一条** 本解释第**五十八**条至第**六十**条规定的申请，应当以书面形式提出，并说明理由，写明需要收集、调取证据材料的内容或者需要调查问题的提纲。 对辩护律师的申请，人民法院应当在五日**以**内作出是否准许、同意的决定，并通知申请人；决定不准许、不同意的，应当说明理由。
第五十四条 人民法院自受理自诉案件之日起三日内，应当告知自诉人及其法定代理人、附带民事诉讼当事人及其法定代理人，有权委托诉讼代理人，并告知如果经济困难的，可以申请法律援助。	**第六十二条** 人民法院自受理自诉案件之日起三日**以**内，应当告知自诉人及其法定代理人、附带民事诉讼当事人及其法定代理人，有权委托诉讼代理人，并告知**其**如果经济困难，可以申请法律援助。
第五十五条 当事人委托诉讼代理人的，参照适用刑事诉讼法第~~三十~~三条和本解释的有关规定。	**第六十三条** 当事人委托诉讼代理人的，参照适用刑事诉讼法第**三十**三条和本解释的有关规定。
第五十六条 诉讼代理人有权根据事实和法律，维护被害人、自诉人或者附带民事诉讼当事人的诉讼权利和其他合法权益。	**第六十四条** 诉讼代理人有权根据事实和法律，维护被害人、自诉人或者附带民事诉讼当事人的诉讼权利和其他合法权益。
第五十七条 ~~经人民法院许可，~~诉讼代理人可以查阅、摘抄、复制本案的案卷材料。 律师担任诉讼代理人，需要收集、调取与本案有关的证据材料的，参照适用本解释第~~五十一~~条至第~~五十三~~条的规定。	**第六十五条** **律师担任**诉讼代理人**的**，可以查阅、摘抄、复制案卷材料。**其他诉讼代理人经人民法院许可，也可以查阅、摘抄、复制案卷材料。** 律师担任诉讼代理人，需要收集、调取与本案有关的证据材料的，参照适用本解释第**五十九**条至第**六十一**条的规定。

适用要点

2021 年《刑诉法解释》第 65 条规定了诉讼代理人查阅、摘抄、复制案卷材料以及收集、调取证据材料的权利。在2012年《刑诉法解释》第57条规定的基础上，本条增加规定，律师担任诉讼代理人的，可以查阅、摘抄、复制案卷材料，无须经人民法院许可。

2012年《刑诉法解释》	2021年《刑诉法解释》
第五十八条　诉讼代理人接受当事人委托或者法律援助机构指派后，应当在三日内将委托手续或者法律援助手续提交人民法院。	**第六十六条**　诉讼代理人接受当事人委托或者法律援助机构指派后，应当在三日**以**内将委托手续或者法律援助手续提交人民法院。
~~**第五十九条**　辩护人、诉讼代理人复制案卷材料的，人民法院只收取工本费；法律援助律师复制必要的案卷材料的，应当免收或者减收费用。~~	
第六十条　辩护律师向人民法院告知其委托人或者其他人准备实施、正在实施危害国家安全、公共安全以及严重危害他人人身安全犯罪的，人民法院应当记录在案，立即转告主管机关依法处理，并为反映有关情况的辩护律师保密。	**第六十七条**　辩护律师向人民法院告知其委托人或者其他人准备实施、正在实施危害国家安全、公共安全以及严重危害他人人身安全犯罪的，人民法院应当记录在案，立即转告主管机关依法处理，并为反映有关情况的辩护律师保密。
	第六十八条　律师担任辩护人、诉讼代理人，经人民法院准许，可以带一名助理参加庭审。律师助理参加庭审的，可以从事辅助工作，但不得发表辩护、代理意见。

第四章　证　　据

2012 年《刑诉法解释》	2021 年《刑诉法解释》
第四章　证　　据	**第四章　证　　据**
第一节　一般规定	第一节　一般规定
第六十一条　认定案件事实,必须以证据为根据。	**第六十九条**　认定案件事实,必须以证据为根据。
第六十二条　审判人员应当依照法定程序收集、审查、核实、认定证据。	**第七十条**　审判人员应当依照法定程序收集、审查、核实、认定证据。
第六十三条　证据未经当庭出示、辨认、质证等法庭调查程序查证属实,不得作为定案的根据~~,但法律和本解释另有规定的除外~~。	**第七十一条**　证据未经当庭出示、辨认、质证等法庭调查程序查证属实,不得作为定案的根据。

适用要点

2021 年《刑诉法解释》第 71 条规定了未经质证不得认证原则。2012 年《刑诉法解释》包含一个例外条款,即“但法律和本解释另有规定的除外”。2021 年《刑诉法解释》第 71 条删除了这一例外条款,这意味着,所有证据,都要经过当庭出示、辨认、质证等法庭调查程序查证属实,才能作为定案的根据。

☞ 典型案例

范永红、韩亚飞等抢劫、盗窃枪支案〔1〕

裁判要旨:对于庭审后或者复核审阶段发现经庭审质证的证据存在问题,经补查补正后对问题予以纠正的,需要根据该证据证明的对象以及问题的性质作出相应的处理:(1)如果该证据并非关键定罪量刑证据,仅

〔1〕 参见《刑事审判参考》总第 89 集第 816 号案例。

仅是作为其他证据佐证，且缺乏该证据不影响相关事实认定的，可以基于其他证据认定相关事实，对于该证据存在的问题无须恢复法庭调查或者发回重审。(2)如果该证据系关键定罪量刑证据，但证据存在的问题并非实质性的，仅属技术性的，如记载错误或者笔误，经补正后，可以征求对方当事人的意见，无须恢复法庭调查或者发回重审。(3)如果该证据系关键定罪证据或者系不利于被告人的量刑证据，且证据存在的问题是实质性的，且足以影响到该证据的证明价值，则需要区分两种情况进行处理：①如果证据存在的错误无法进行补正或者作出合理解释的，如目击证人的辨认结论存在错误，则应当恢复法庭调查或者发回重审，对该证据的证据价值重新作出判断。②如在案其他证据能够证实该证据存在的错误，但该错误可以进行补正或者作出合理解释的，经补正或者作出合理解释后，可以征求双方当事人(部分案件中还要征求法定代理人、诉讼代理人)的意见，如果双方对此表示认可，无须恢复法庭调查或者发回重审；如果有一方对此有异议，要求开庭进行调查的，人民法院应当开庭或者发回重审。(4)如果该证据系有利于被告人的量刑证据，且证据存在的问题是实质性的，经补正或者作出合理解释后，因案件处理结果对被告人有利，可以告知对方当事人(部分案件中法定代理人、诉讼代理人)补正结果，直接采信相关证据，无须恢复法庭调查或者发回重审。

何邓平抢劫案〔1〕

裁判要旨：案件发回重审产生三种后果：(1)意味着一审法院已作出的判决被撤销，未发生法律效力，不能作为执行的依据。(2)被告人所犯罪行没有得到法律评价，未承担相应的法律责任，仍属于未决犯。(3)原审判决中认定的事实和证据均没有得到重审的确认，仍属公诉机关指控的事实和证据。本案因同案被告人存在漏罪，属于因原判事实不清或证据不足而发回重审的情况。此情况下法庭举证、质证环节就显得尤为重要。一审法院重审开庭时，未就曾经原审认定的事实进行举证、质证，不属于对全案重新审判，而是对补充起诉的一起事实进行“补充审理”，违背了重审制度设置的初衷。法律规定重审必须另行组成合议庭，对于新组成合议庭的成员而言，本案是全新的案件，要求合议庭成员在公开审理的基础

〔1〕 参见《刑事审判参考》总第79集第686号案例。

上对全案作出独立的判断。如果重审合议庭成员在仅了解补充起诉的一起事实和证据的基础上就对全案作出判决，几乎是依赖于对卷宗材料的书面审查，而不是依赖于重审时的庭审信息，违背了立法原意。重审时对原审已经庭审质证的证据，未重新举证、质证就作为定案证据实际是对被告人辩护权的一种剥夺，没有充分保障被告人法定的诉讼权利，不利于案件得到公正处理。对犯罪事实的证据虽然已经原审庭审质证，但在发回重审开庭中未经重新举证、质证，违反了法定诉讼程序，可能影响案件公正审判，应依法再发回重审。

何永国抢劫案[1]

裁判要旨：在审理后到案共同犯罪被告人时，对先到案共犯的裁判文书所采信的证据，应当重新逐项质证，否则不能作为认定在审案件被告人犯罪事实的证据使用。共犯的生效裁判文书本身是一种书证，它所证明的是共同犯罪人因共同犯罪被定罪判刑的情况，而不能直接证明后到案被告人的犯罪事实。对该文书本身的质证代替不了对其中具体证据的质证，对具体证据的质证，目的在于判断该证据能否成为后案中指控被告人犯罪的证据，它与质证该裁判文书本身的效用明显不同。如果不对具体证据进行质证，被告人及其辩护人就没有机会针对该具体证据发表意见，实际上剥夺了被告人的辩护权，也不利于全面查明被告人的犯罪事实。

2012年《刑诉法解释》	2021年《刑诉法解释》
第六十四条　应当运用证据证明的案件事实包括： （一）被告人、被害人的身份； （二）被指控的犯罪是否存在； （三）被指控的犯罪是否为被告人所实施； （四）被告人有无刑事责任能力，有无罪过，实施犯罪的动机、目的； （五）实施犯罪的时间、地点、手段、后果以及案件起因等；	**第七十二条**　应当运用证据证明的案件事实包括： （一）被告人、被害人的身份； （二）被指控的犯罪是否存在； （三）被指控的犯罪是否为被告人所实施； （四）被告人有无刑事责任能力，有无罪过，实施犯罪的动机、目的； （五）实施犯罪的时间、地点、手段、后果以及案件起因等；

[1] 参见《刑事审判参考》总第63集第497号案例。

续表

2012 年《刑诉法解释》	2021 年《刑诉法解释》
（六）被告人在共同犯罪中的地位、作用； （七）被告人有无从重、从轻、减轻、免除处罚情节； ~~（八）有关附带民事诉讼、涉案财物处理的事实；~~ （九）有关管辖、回避、延期审理等的程序事实； （十）与定罪量刑有关的其他事实。 认定被告人有罪和对被告人从重处罚，~~应当~~适用证据确实、充分的证明标准。	（六）**是否系共同犯罪或者犯罪事实存在关联，以及**被告人在犯罪中的地位、作用； （七）被告人有无从重、从轻、减轻、免除处罚情节； **（八）有关涉案财物处理的事实；** **（九）有关附带民事诉讼的事实；** （十）有关管辖、回避、延期审理等的程序事实； （十一）与定罪量刑有关的其他事实。 认定被告人有罪和对被告人从重处罚，适用证据确实、充分的证明标准。

适用要点

2021 年《刑诉法解释》第 72 条规定了作为证明对象的案件事实的范围。主要包括五类事实：（1）定罪事实，对应的是定罪程序。包括被告人、被害人的身份；被指控的犯罪是否存在；被指控的犯罪是否为被告人所实施；被告人有无刑事责任能力，有无罪过，实施犯罪的动机、目的；实施犯罪的时间、地点、手段、后果以及案件起因等。（2）量刑事实，对应的是量刑程序。包括是否系共同犯罪或者犯罪事实存在关联，以及被告人在犯罪中的地位、作用；被告人有无从重、从轻、减轻、免除处罚情节。（3）涉案财物处理的事实，对应的是对物之诉。（4）附带民事诉讼的事实，对应的是附带民事诉讼。（5）程序性事实，对应的是程序性裁判。包括管辖、回避、延期审理等的程序事实。

基于严格证明与自由证明的区分，认定被告人有罪和对被告人从重处罚，适用证据确实、充分的证明标准；对被告人从宽处罚的量刑事实，可以适用优势证据标准。

☞ 典型案例

晏朋荣故意杀人、抢劫案[1]

裁判要旨：(1)对定案证据进行综合审查是基础。对于所有的案件，都应当首先审查各个证据与案件事实是否有客观联系，是否能够形成证据链条，该链条是否完整、合理、有逻辑性，从整体上判断全案证据是否确实、充分。本案定案的关键证据是被害人的陈述、被告人的认罪供述、案发现场提取的凶器木棒以及在被告人家提取的木棒和手套。被害人陈述和被告人认罪供述是直接证明案件事实的证据材料，被害人陈述前后不一，被告人认罪后又翻供，而且被告人的认罪供述与被害人陈述之间在一些关键细节上也存在根本性的矛盾，不能据以认定基本案件事实。本案现场勘查发现的情况、尸体鉴定结论反映的被害人的伤情与被害人陈述、被告人认罪供述反映的相关情况存在矛盾。虽然以上矛盾尚不足以直接影响定案，但却导致这些证据无法与被害人陈述或被告人认罪供述形成印证，不但无法排除相关疑点，反而使这两项关键证据的客观性、证明力进一步下降。本案定案的“根基”明显欠缺。(2)审查案件侦破经过反映的取证情况、证据之间的关系，是排除或确定证据间疑点的重要手段。自然、正常的侦破经过会基本反映出证据线索的来源、证据之间的关系和证据链形成的情况，有助于对取证情况形成整体印象，为最终的内心确信打下基础。存在问题案件的侦破经过往往会出现线索脱节、内容不合情理而又无法自圆其说的情况，有助于发现全案证据链的缺陷，为判断具体证据的客观性提供参考性依据。本案被害人子女、亲友均是听被害人说被告人是凶手，相关证言均系来源单一的传来证据，并无其他证据印证，虽数量众多，仍属于一种特殊的“孤证”，而且相关证据都是在案件侦破后提取，且存在反证，证据链条表面完整却存在实质性缺陷。本案的侦破过程显得不自然，这必然会影响到对其他证据，特别是作为案件线索来源的被害人陈述客观性的认定。(3)对犯罪动机合理性、他人参与作案可能性等“干扰性”情节的审查，是排除或确定证据间疑点的辅助手段。有些案件中查不清犯罪动机是正常的，是法律事实和客观事实的差异在具体案件

[1] 参见《刑事审判参考》总第83集第738号案例。

中的体现。能否查明动机，与案件是否构成"铁案"、犯罪事实是否清楚并无直接的关系。至于动机是否合理，更是站在一般人角度分析得出的结论，主观性很强，不足以作为产生怀疑的合理依据。犯罪动机、他人参与作案的可能性等类似情节，对定案证据是否确实、充分并无直接影响。如果定案证据确实、充分，足以认定被告人犯罪事实，这些情节的干扰作用自然消失。其干扰作用更多体现在对内心确信的影响上，至多与案件事实中是否存在合理怀疑有关，对排除或确定证据间疑点只能起到辅助作用，不应夸大成影响定案的证据问题。本案指控依据的核心证据是被害人陈述和被告人认罪供述，这两项证据内容均前后不一，彼此之间在关键细节上也存在矛盾，无法形成印证。在案的其他证据反映的情况与该两项证据均存在明显矛盾，不能起到补强作用。特别是在被告人翻供后，全案证据无法形成完整的证据链，被告人无罪的可能性远大于有罪的可能性，认定被告人无罪是适当的。

卢文林盗窃案〔1〕

裁判要旨：本案被害人强烈要求以抢劫罪追究被告人的刑事责任，但被害人陈述存在疑点，也得不到其他证据的印证，而被告人的供述则较为稳定。在这种情况下，被害人的陈述难以采信。(1)被害人前后共有6次陈述，其关于其被抢劫的陈述不稳定，在关于案发地点、包是否直接被抢等事实的陈述，前后存在一些明显矛盾。(2)被害人关于其腰部、头部在本案中受伤等的陈述得不到其他证据的印证。(3)被害人陈述的部分内容不符合生活常理。本案发生在中午，地点并非偏僻之处，被害人称其被拖过马路(中间带有绿化带)，且被告人和被害人在侦查阶段均称被害人的包最后被挂在比较高的地方，没有随其他财物一起被抢走，这不符合一般抢劫犯罪的特征；另外，如果被害人是被抢劫，一般不会出现作案人称被害人的戒指里有字的情节，而该情节表明作案人说此话的目的是骗被害人将戒指从手上脱下来，这恰恰是"抛物行骗"案件的惯用伎俩。(4)被告人卢某的供述较为稳定。其所供主要内容，包括犯罪方法、作案人数、作案工具、犯罪对象、涉案财物及金额等，基本一致。且其在庭审中

〔1〕 参见《刑事审判参考》总第91集第847号案例。

对为何最后将被害人的包放在比较高的位置作了可信的解释。本案被害人陈述的可信度低于被告人的供述。在这种情况下,应当根据证据的可靠性原则采信被告人的供述,采信被告人供述更符合“存疑有利被告”原则。

黄友强贪污案[1]

裁判要旨:应用排除合理怀疑这一刑事诉讼证明标准时,需要从以下三个方面来把握:(1)强调怀疑的合理性。合理怀疑,是指一个正常人凭借理性、生活经验、常识对被告人的犯罪事实产生的怀疑。这种怀疑不是毫无根据的推测或者幻想。(2)排除合理怀疑要求法官内心确信所指控的犯罪事实成立。(3)排除合理怀疑并非要求达到绝对确定的程度。在很多情况下,即使待证事实的部分细节尚未弄清,只要对这些部分的疑问不致影响到待证事实本身的证明度,则这种疑问不属合理怀疑。

杜某故意杀人案[2]

裁判要旨:“综合全案证据,对所认定事实已排除合理怀疑”,是“证据确实、充分”的必要条件。“合理怀疑”是指以证据、逻辑和经验法则为根据的怀疑。“合理怀疑”的存在,意味着由证据得出的结论不具有唯一性,证据未能达到“证据确实、充分”的证明标准。本案关于被害人死亡原因的尸体鉴定意见系仅具推断性结论的鉴定意见,并不明确,无法对被害人的死因得出唯一结论。尸体鉴定意见与被告人无罪辩解之间的矛盾无法合理排除,被告人关于被害人系服用“性药”后猝死而非其杀害的无罪辩解存在现实的可能性,形成了“合理怀疑”。结合全案证据,对所认定事实不能排除合理怀疑得出唯一结论的,不能认定被告人有罪,应当坚持疑罪从无原则,依法作出证据不足,指控的犯罪不能成立的无罪判决。

袁某抢劫、破坏电力设备案[3]

裁判要旨:我国刑事诉讼证明标准实际上包含着主客观两个方面。

[1] 参见《刑事审判参考》总第92集第871号案例。
[2] 参见《刑事审判参考》总第93集第877号案例。
[3] 参见《刑事审判参考》总第99集第1008号案例。

法官需要以“事实清楚，证据确实、充分”为客观标准，根据控方的举证，结合自身的专业知识和经验、常识，形成主观认知和内心确信，达到“排除合理怀疑”的程度，从而作出有罪裁判。客观标准是衡量主观标准的依据，主观标准是客观标准实现的途径。审判实践中，应当坚持主客观相统一的原则，既不能机械地执行客观标准，也不能过分强调主观标准，尤其在当前配套制度尚不完备的情况下，为防范冤假错案的发生，主观标准更应受到客观标准的制约。本案证据表明，被告人袁某在被害人陈某某失踪时租住在现场旁，有便利的作案条件；无经济来源且目睹被害人炫耀财物，有抢劫作案动机；脖颈处有抓伤，有作案嫌疑；且到案后较为稳定地供认犯罪，其有罪供述在一些细节上与在案的其他证据吻合，个别证据具有先供后证的特点。根据经验法则，结合逻辑分析，从内心确信的角度看，本起犯罪系袁某所为的可能性很大。但是，从“事实清楚，证据确实、充分”这一法定证明标准的客观性看，证实该起犯罪系袁某所为的证据存在较为明显的缺陷，尚不能达到法定的证明标准：(1)现有证据不能有力地证明案件主要事实：①公安机关勘查发现的现场门闩上的痕迹等物证，虽系先供后证，但与犯罪事实的关联性不强。②尸体并非根据袁某的供述发现，尸检也在其供述之前，尸体藏匿地点、藏匿方式、现场血迹、屋内物品及陈某某向袁某展示财物等情节均属于先证后供，证明力不强。③袁某其他犯罪的同案、同监人员均系在押人员，其证言证明力受到一定影响，并在后期遭到袁某的否认。④袁某颈部的伤痕，不能排除其他原因造成的可能性。(2)未能提取到部分重要物证和证人证言。①袁某供述的用于砸房东头部的砖块、用于擦拭血迹的旧衣服等，均未能提取。②袁某供述，作案时被其朋友“邹某”看见，作案后曾告诉其女友“陈某”。但“邹某”“陈某”身份不明，未能找到二人，无法进一步印证袁某的供述。(3)作案手段、死因无法得出确切结论。①袁某在侦查阶段供述用枕头捂压陈某某的口鼻，并用身体压住陈的胸口，但在审查起诉及庭审阶段又否认使用过枕头，称用手掐扼陈某某颈部致其死亡，被害人肋骨骨折的情况得不到合理解释。②受尸体部分白骨化、鉴定条件不充分的客观条件制约，关于被害人死因、被害人是否及如何受伤流血等问题尸检鉴定不能给出确切意见、鉴定意见不具有唯一性、排他性。(4)从案发半个多月后至发现尸骨的近一年时间里，现场处于可以随意出入的状态，无法确定被害人尸骨何时被藏于水缸之内。(5)死者身份无法得到准确确认。被害人尸体被发现时已高度腐败,经两次DNA鉴定,尸体肋软骨未检出有效基因分型。如重新鉴定,需提取被害人的牙齿或长骨,但因陈某某无父母、子女,缺乏直接的亲缘关系认定对象,依现有技术,鉴定后仍不能确认死者为陈某某。与其他被告人拒不供认犯罪事实或者翻供导致事实认定困难的案件不同,本案被告人对于该起事实的供述较为稳定且有罪供述的细节化特征较为明显,认定本起事实的证据缺陷是除口供外其他证据的缺失和不足。法院在该起事实的证据审查认定上,坚持疑罪从无原则,对于虽有被告人供述,但在案证据达不到"事实清楚,证据确实、充分"这一法定证明标准从而对该起事实不予认定是正确的。

李梦杰、刘辉贩卖毒品案[1]

裁判要旨:对被告人从轻、减轻等有利于被告人的量刑事实,司法解释并未规定最严格的证明标准,从体系解释的逻辑脉络分析,可反向推论对此类事实可以不适用最严格证明标准。本着有利于被告人的原则,对于被告方提供的从轻、减轻等有利于被告人量刑事实的证明,应当允许进行自由证明。在证据种类、提出和调查方式上不应进行苛刻要求,对于用于证明有利于被告人量刑事实的证据的证明能力不应作严格的限制;在证明标准上,适用优势证明标准。司法实践中,诸如立功等有利于被告人的量刑情节,通常由被告方提出并承担主要的证明责任。被告方的这种证明责任需要达到优势证据的程度,之后将证明责任再次转移给公诉方。公诉方此时要承担证明该项量刑情节不成立的责任,并需达到优势证据的程度。在被告方与公诉方的证明势均力敌的情况下,只要其中一种事实存在的可能性具有证据上的相对优势,法庭就该确信该种事实的成立,并将其作为裁判的依据。

严静收购赃物案[2]

裁判要旨:推定,是指依照法律规定或者经验法则,基于某一已知、确定的事实(基础事实),而推知、确定另一不明的、无直接证据予以证明的

[1] 参见《刑事审判参考》总第100集第1035号案例。
[2] 参见《刑事审判参考》总第34辑第265号案例。

事实(推定事实)的存在。推定有法律推定(司法解释规定的推定也视为“法律规定”的推定)和事实推定之分。在刑事诉讼中,推定是认定某些案件事实,特别是犯罪主观要件事实的一种重要方法。在运用推定规则认定案件事实时,应当注意:(1)推定规则运用的辅助性。相对于通过证据直接证明有关案件事实的认定方法而言,推定只是认定案件事实的一种辅助方法,只能限定在特定的条件下运用。就法律推定而言,其适用必须以法律有明文规定为前提条件,对于法律未作明文规定的,绝不能“类推”适用;即便对法律明文规定的推定,其适用也应遵循严格的条件限制。就事实推定规则而言,在能够通过收集其他证据直接证明待证事实的情况下,就不允许运用推定方式认定该事实。基础事实与推定事实之间的因果联系必须是已为长期的司法实践所反复证明。无论是法律推定还是事实推定,一般仅只能用于认定案件的某一方面事实,而不能直接用来推定被告人有罪。(2)推定事实的可反驳性。推定只是对相关事实之间高度盖然性联系的一种确认,并不具有绝对性。在运用推定规则认定案件时,应当赋予被告人反驳的权利。被告人的反驳,既可以通过反证(举出证明推定事实的基础事实不真实的证据)方式提出,也可以通过反论(通过推理说明基础事实与推定事实之间的高度盖然性的因果联系并不存在或并不可靠)方式提出,但无论是反证还是反论,只有在达到可以对控方所推定的事实形成合理怀疑,从而动摇审判人员对推定事实的内心确信的程度时,方能认为是有效的、可否认推定事实的反驳。(3)基础事实的真实性、确定性。存在已有充分、确实的证据证明的真实可靠的基础事实,是进行推定的前提;如果基础事实并不存在,或者基础事实的真实性、确定性尚有难以排除的合理疑点,就不能作为推定的依据。根据基础事实推定的事实,其自身有某种不确定性,一般不能用来进行进一步推定。(4)基础事实与推定事实之间因果联系的高度盖然性。在法律推定的情况下,该种高度盖然性已为立法所确认,可以相应免除控方就此进行说明的义务;但在事实推定的情况下,控方则负有这样的义务,相关的裁判文书也必须对其作出有说服力的论证。

“两罪存疑取其轻”,是指行为人的行为有可能符合两个犯罪的构成,而现有证据不能充分、确实地证明其行为已符合其中重罪的构成,但可以充分、确实地证明其行为已符合其中轻罪的构成时,司法机关应当按照其中的轻罪,而不能按照其中的重罪追究行为人的刑事责任。“两罪存疑取其轻”,是疑罪从无原则题中的应有之义,“两罪存疑取其轻”可以相应推衍为“多罪存疑取其轻”。只有当现有证据已足可充分、确实地证明行为人的行为已符合存疑两罪中轻罪的构成时,该原则方可适用。如果连证明行为人的行为已符合存疑两罪中的轻罪构成的证据尚不充分、确实时,就谈不上“两罪存疑取其轻”,就应当依法宣告被告人无罪。

郑福田、傅兵抢劫案[1]

裁判要旨:判断证据是否已达确实、充分的方法,就是看通过在案证据形成的有罪事实是否能排除合理怀疑。达到这一标准的,可以认定被告人有罪;否则,就不能认定有罪。对共同犯罪案件也是如此。在主要依靠被告人供述等言词证据定案的情况下,应重点审查被告人的有罪供述是否稳定,其供述的作案细节与同案被告人的供述能否印证(特别是必须亲临现场才能感知的细节),是否根据被告人的有罪供述延伸收集到其他可印证的证据。

屠桂军等故意杀人案[2]

裁判要旨:被告人“零口供”,是指被告人在被立案侦查、起诉和审判的过程中只作无罪辩解,拒绝作有罪供述的情况。在有DNA鉴定等客观性证据或者目击证人、被害人指证的案件中,即使是出现“零口供”的情况也不影响犯罪事实的认定。但在缺乏有力的客观性证据,言词证据也不稳定或者不完全一致的案件中,出现“零口供”情况就认定犯罪事实存在较大难度。认定多人共同犯罪案件中“零口供”被告人的犯罪事实,关键是对在案言词证据进行综合判断、运用。(1)要对各证人证言和被告人供述进行纵向分析,如果证言、供述有变化,则须分析该言词证据改变的特点、原因,结合取证时间、环境及该人与案件是否有利害关系、是否可能受到诱导等因素,从宏观上判断该言词证据是否可信。(2)要对各证人证言和被告人供述进行横向分析,查找各言词证据之间是否有一致的内容,是否足以否定“零口供”被告人的辩解,从微观上判断哪些言词证据可采信。

---

〔1〕 参见《刑事审判参考》总第86集第779号案例。

〔2〕 参见《刑事审判参考》总第87集第789号案例。

(3)要对各证人证言和被告人供述进行反向分析,合理排除证言、供述之间的矛盾,分析证言、供述间细节不一致是由主观判断差别造成的,还是由相关人员虚假性、包庇性作证造成的,特别是要确认被告人辩解和证人证言相结合尚不足以合理证明相反事实。(4)要对各证人证言和被告人供述进行立体分析,将证人证言和被告人供述指向一致的部分,结合案件其他事实证据,如各被告人与被害人的关系、平时有无矛盾,各被告人平时表现、相互间有无"隶属"关系等,判断能否形成完整的证据链条,最终确定"零口供"被告人的犯罪事实。

王树宝危险驾驶案[1]

裁判要旨:对于未被当场查获的被告人"零口供"的危险驾驶案件,除了通过审查判断直接证据、间接证据外,还应结合现有证据对被告人的无罪辩解进行综合分析判断,从而进一步加强内心确信。

余华平、余后成被控故意杀人案[2]

裁判要旨:对证据"充分"的把握,不仅强调孤证不能定案,而且要求全案证据对于待证事实要达到"充分"的程度,以及证据之间能够互相印证,构成完整的证据体系,得出唯一的证明结论。不仅在证据的数量上,更重要的是证据的实质证明力要足以证明犯罪事实。在死刑案件中,对"证据确实、充分"的把握更要严格和慎重,既要每一个待证事实均应有相应的证据予以证实,同时,每一个待证事实的证据也均应达到确实、充分的程度。

陈某强奸案[3]

裁判要旨:二审以事实不清、证据不足的理由作出的发回重审裁定中"案件事实不清、证据不足"的结论,也是具有终审效力的结论。一审法院继续以原一审的证据作出相同的事实认定,并作出相同的判决,是对终审效力的不尊重。原审法院应当充分利用发回重审的机会,就原判决存在

[1] 参见《刑事审判参考》总第94集第901号案例。
[2] 参见《刑事审判参考》总第57集第449号案例。
[3] 参见《刑事审判参考》总第50集第396号案例。

的问题加以纠正,对事实不清的,通过诉讼程序予以查清;对证据不足的,如果经过审理,没有新的证据,则应当作出证据不足、指控的犯罪不能成立的无罪判决。在事实、证据没有变化的情况下,不应作出与第一次判决相同的判决。

强奸案件的证据具有特殊性,直接证明强奸行为是否成立的直接证据往往只有被告人供述和被害人陈述。在这种"一对一"的情况下,简单地采信被害人陈述或被告人供述都是不正确的,应当将被害人陈述和被告人供述结合其他间接证据进行分析、比较、整合,去伪存真。一是要将被告人供述与被害人陈述两者间进行比较分析,发现是否存在矛盾之处;二是将间接证据与被告人供述或被害人陈述进行比较分析,在比较分析的基础上,确定各个证据的证明力。法院认定"案件事实不清、证据不足"是客观的:(1)本案可以排除被害人酒醉导致不知反抗或不能反抗的情形,也可以排除上诉人采用胁迫手段迫使被害人不敢反抗而强行与之发生性行为的情形,无论上诉人还是被害人均无这方面的供述与陈述。现有的直接证据无法证明强奸行为。(2)被害人陈述矛盾之处很多,对一些细节无法说清,甚至对性行为到底有无完成都前后反复。而且事发前后表现反常,可信度令人怀疑,而上诉人始终坚称被害人自愿与其发生性关系。(3)现有的间接证据不能排除合理怀疑。被害人无反抗迹象,被害人身上留下的轻微伤痕也不能必然推断出系上诉人暴力所致。在被害人当时上身所穿的西服、衬衫、领花、胸罩等完好无损的情况下,其肩上的伤痕是否上诉人强行剥脱其衣服所造成令人怀疑;而且由于在事发后被害人与其男友有过推拉动作,伤痕是否因此形成的可能性也不能排除。

林求平猥亵儿童案〔1〕

裁判要旨:猥亵儿童犯罪通常隐蔽性较强,往往很难取得关联性的客观物证,基本上靠言词证据定案。由于被害人年幼,难以准确、完整陈述,加之行为人可能心存侥幸,拒不供认,导致此类案件证据往往"先天不足"。在审查判断证据时,应当特别注意把握好以下几个方面:(1)要认真审查案件的发、破案经过是否自然。(2)要慎重判断被害人陈述的客观

〔1〕 参见《刑事审判参考》总第98集第986号案例。

真实性。哪怕其陈述不尽完整或者多次表述可能在细节方面有所差异，只要被害人所陈述的基本情况是其有能力认知和表达，并且是经过合法程序收集的，应当认定其陈述具有证据资格和证明力。(3)要仔细分析供证关系。在被告人先供认犯罪后又翻供的情况下，需要重点审查被告人翻供的原因是否合理，否认犯罪的理由是否充分或者是否有证据支持。(4)要充分考察间接证据对案件事实的印证作用。如果间接证据对被害人陈述能起到补强作用，足以排除合理怀疑，即使被告人拒不供认，也不影响对猥亵犯罪事实的认定。

乔永生等组织、领导、参加黑社会性质组织案[1]

裁判要旨：黑社会性质组织必须同时具备"组织特征"、"经济特征"、"行为特征"和"危害性特征"。认定黑社会性质组织，这四个方面的特征均须得到证明。(1)组织特征的证明需要立足以下几个方面：①组织的成员。不仅需要查明黑社会性质组织的组织者、领导者、积极参加者和其他参加者，而且需要查明黑社会性质组织的骨干成员和成员数量，尤其是组建、吸收、网罗组织成员的情况。②组织的结构。不仅需要查明黑社会性质组织的领导层级和职责分工，尤其是组织者、领导者的更迭情况，而且需要查明组织成员的内部约定或行为习惯、帮规戒律，尤其是人事安排权、经营决策权、利益分配权、惩戒权等情况。③对于组织的存续时间，需要结合黑社会组织的组织者、领导者的确立以及组织涉及的违法犯罪行为加以认定。要证明黑社会性质组织的组织特征，不能仅凭黑社会性质组织实施的具体违法犯罪活动的证据，还应当提供上述黑社会性质组织结构特征方面的证据。(2)经济特征的证明需要立足以下几个方面：①组织的收入来源。需要查明黑社会性质组织通过哪些途径获取资金收入，尤其要查明那些貌似合法的非法资金来源。②组织的资金流转。需要查明组织的资金链条和资金流转情况，重点查处组织涉及的各类洗钱犯罪和职务犯罪。通过查明组织资金的分配情况，还有助于确定各组织成员在组织中的地位和作用。黑社会性质组织的经济特征体现为一定的经济实力，以支持该组织的活动，但法律并未规定具体的数额要求。(3)行为

〔1〕 参见《刑事审判参考》总第74集第628号案例。

特征需要结合黑社会性质组织实施的具体违法犯罪行为综合分析。现阶段许多黑社会性质组织都积极向基层政权渗透，寻求保护伞，导致黑社会性质组织犯罪与职务犯罪相交织，要一并予以审查。(4)黑社会性质组织的危害性特征与其行为特征密切相关，在认定该特征时，需要结合黑社会性质组织的违法犯罪行为加以分析。

2012年《刑诉法解释》	2021年《刑诉法解释》
	第七十三条　对提起公诉的案件，人民法院应当审查证明被告人有罪、无罪、罪重、罪轻的证据材料是否全部随案移送；未随案移送的，应当通知人民检察院在指定时间内移送。人民检察院未移送的，人民法院应当根据在案证据对案件事实作出认定。

适用要点

2021年《刑诉法解释》第73条系新增规定。办案机关依法全面收集和移送证明被告人有罪、无罪、罪重、罪轻的证据材料，是准确查明案件事实，确保定罪准确、量刑适当，防范冤假错案、司法不公的基本要求。本条规定赋予人民法院审查公诉案件案卷材料是否全部随案移送的法律职责，重点关注的是证明被告人无罪、罪轻的证据材料。

人民法院审查公诉案件案卷材料是否全部随案移送，包括两种情形：(1)依申请进行审查。《刑事诉讼法》第41条规定，辩护人认为在侦查、审查起诉期间公安机关、人民检察院收集的证明犯罪嫌疑人、被告人无罪或者罪轻的证据材料未提交的，有权申请人民检察院、人民法院调取。对于辩护人申请调取有关证据的情形，人民法院应当审查案卷材料是否全部随案移送。(2)依职权进行审查。1996年《刑事诉讼法》修改将立案审查由实质性审查调整为程序性审查，但对于证据材料是否全部随案移送的审查，并非对案件事实的实体性审查，仍然属于程序性审查范畴。

关于人民法院的审查处理结果，需要注意以下两点：(1)移送时间。对于有关证据未随案移送的情形，应当通知人民检察院在指定时间内移送。所谓指定时间，虽未规定具体时间节点，但应符合及时性原则的要求,并充分考虑在开庭之前给辩护人预留辩护准备的时间。(2)未移送的法律后果。根据本条规定,人民检察院未移送有关证据材料的,人民法院应当根据在案证据对案件事实作出认定。需要指出的是,对于人民检察院未移送证明被告人有罪、罪重的证据材料的情形,人民法院应当按照存疑有利于被告人的原则依法作出裁判。对于人民检察院未移送证明被告人无罪、罪轻的证据材料的情形,通常是指辩护人申请调取无罪、罪轻证据,或者案情或在案证据显示,案件存在无罪、罪轻证据。对于此种情形,人民法院应当依法调取无罪、罪轻证据,或者在案件事实存在疑问的情况下,按照存疑有利于被告人的原则依法作出裁判。

2012 年《刑诉法解释》	2021 年《刑诉法解释》
	第七十四条　依法应当对讯问过程录音录像的案件,相关录音录像未随案移送的,必要时,人民法院可以通知人民检察院在指定时间内移送。人民检察院未移送,导致不能排除属于刑事诉讼法第五十六条规定的以非法方法收集证据情形的,对有关证据应当依法排除;导致有关证据的真实性无法确认的,不得作为定案的根据。

适用要点

2021 年《刑诉法解释》第 74 条系新增规定。讯问录音录像是证明有关证据特别是供述合法性和真实性的关键证据,应当随案移送。特别是在庭前程序中供述合法性面临争议的情形,如果不移送讯问录音录像,公诉机关难以有效证明供述合法性,人民法院也难以核实供述的合法性。

关于本条规定,需要注意以下几点:(1)移送讯问录音录像的案件范围。《刑事诉讼法》第 123 条第 1 款规定,侦查人员在讯问犯罪嫌疑人的时候,可以对讯问过程进行录音或者录像;对于可能判处无期徒刑、死刑的案件或者其他重大犯罪案件,应当对讯问过程进行录音或者录像。本条规定的移送讯问录音录像的要求,主要是指依法应当对讯问过程录音录像的案件。(2)移送讯问录音录像的情形。本条所指的“必要时”,主要是指被告人在开庭审理前已经对有关证据的合法性或者真实性提出异议，其他证据不足以证明争议证据的合法性或者真实性，且争议证据属于案件中关键的指控证据。此种情况下，人民法院可以依职权，或者根据辩护方的申请，通知人民检察院在指定时间内移送讯问录音录像。(3)不移送讯问录音录像的法律后果。如果人民检察院不移送讯问录音录像，其他证据不足以证明有关证据的合法性或者真实性的，人民法院应当依法作出相应处理。对于不能排除非法取证情形的，对有关证据应当依法排除；导致有关证据的真实性无法确认的，不得作为定案的根据。

2012年《刑诉法解释》	2021年《刑诉法解释》
第六十五条　行政机关在行政执法和查办案件过程中收集的物证、书证、视听资料、电子数据等证据材料，~~在刑事诉讼中可以作为证据使用；~~经法庭查证属实，且收集程序符合有关法律、行政法规规定的，可以作为定案的根据。 根据法律、行政法规规定行使国家行政管理职权的组织，在行政执法和查办案件过程中收集的证据材料，视为行政机关收集的证据材料。	**第七十五条**　行政机关在行政执法和查办案件过程中收集的物证、书证、视听资料、电子数据等证据材料，经法庭查证属实，且收集程序符合有关法律、行政法规规定的，可以作为定案的根据。 根据法律、行政法规规定行使国家行政管理职权的组织，在行政执法和查办案件过程中收集的证据材料，视为行政机关收集的证据材料。

适用要点

2021年《刑诉法解释》第75条规定了行政执法证据的采信规则。根据2012年《刑诉法解释》，行政机关在行政执法和查办案件过程中收集的物证、书证、视听资料、电子数据等证据材料，在刑事诉讼中可以作为证据使用。本条规定删去了“在刑事诉讼中可以作为证据使用”的表述，这并不意味着否定此类证据在刑事诉讼中的证据资格，而是结合下文的法庭采信规则，默示此类证据在刑事诉讼中的证据资格。同时，行政执法证据在刑事诉讼中的准用，主要限于“物证、书证、视听资料、电子数据”等客观证据。对于证人证言等言词证据，原则上应当重新依法收集。

此类证据材料作为定案的根据，需要具备两个方面的条件：(1)经法庭查证属实。这是未经质证不得认证原则的基本要求。(2)收集程序符合有关法律、行政法规规定。这表明将法律、行政法规规定的收集程序，作为此类证据材料具有证据资格的必要条件。从证据资格(或证据能力)与证明力的关系角度看,通常要先审查此类证据的收集程序是否符合有关法律、行政法规规定(即证据资格审查),再审查此类证据是否能够查证属实(即证明力评估)。

☞ 典型案例

王志余、秦群英容留卖淫案[1]

裁判要旨:根据2012年《刑事诉讼法》第52条第2款[2]的规定,行政执法机关收集的言词证据不具有刑事诉讼证据资格。公安机关查办卖淫嫖娼等行政违法案件,发现有犯罪线索,在刑事立案后,对行政执法中收集的言词证据,认为确有必要作为刑事证据使用的,应当由侦查人员重新取证。不能因其职权的双重性,混淆行政处罚与刑事诉讼程序,任意转换。未经重新收集、制作的言词证据,不能作为刑事诉讼证据使用。重新收集的言词证据,应按照刑事诉讼法而非治安管理处罚法规定的程序提取,且需经庭审质证、查证属实方可作为刑事定案证据使用。

2012年《刑诉法解释》	2021年《刑诉法解释》
	第七十六条　监察机关依法收集的证据材料,在刑事诉讼中可以作为证据使用。 **对前款规定证据的审查判断,适用刑事审判关于证据的要求和标准。**

适用要点

2021年《刑诉法解释》第76条系新增规定。《监察法》第33条第1、2款规定,监察机关依照本法规定收集的物证、书证、证人证言、被调查人供述和辩解、视听资料、电子数据等证据材料,在刑事诉讼中可以作为证据适用。监察机关在收集、固定、审查、运用证据时,应当与刑事审判关于证

〔1〕参见《刑事审判参考》总第97集第970号案例。
〔2〕对应2018年《刑事诉讼法》第54条第2款。

据的要求和标准相一致。本条重申了《监察法》的规定。

需要指出的是,与行政执法证据不同,监察机关依法收集的各类证据材料,包括言词证据,也可以在刑事诉讼中可以作为证据使用。当然,对于监察机关收集的证据材料,只有经过审查判断,确认具有证据资格和证明力的,才能在刑事诉讼中作为定案的根据。

2012 年《刑诉法解释》	2021 年《刑诉法解释》
	第七十七条　对来自境外的证据材料,人民检察院应当随案移送有关材料来源、提供人、提取人、提取时间等情况的说明。经人民法院审查,相关证据材料能够证明案件事实且符合刑事诉讼法规定的,可以作为证据使用,但提供人或者我国与有关国家签订的双边条约对材料的使用范围有明确限制的除外;材料来源不明或者真实性无法确认的,不得作为定案的根据。 **当事人及其辩护人、诉讼代理人提供来自境外的证据材料的,该证据材料应当经所在国公证机关证明,所在国中央外交主管机关或者其授权机关认证,并经中华人民共和国驻该国使领馆认证,或者履行中华人民共和国与该所在国订立的有关条约中规定的证明手续,但我国与该国之间有互免认证协定的除外。**

适用要点

2021 年《刑诉法解释》第 77 条将 2012 年《刑诉法解释》第 405 条关于境外证据材料的规定,移至“证据”一章,强调对境外证据材料审查判断的重要性。实践中,控辩双方都可以提交境外证据材料,本条规定了针对性的审查要求。

关于人民检察院提供的境外证据材料,需要注意以下几点:(1)人民检察院应当移送对境外证据材料的说明,这是本条规定的新增要求。对于来自境外的证据材料,因为并非本国执法机关收集,涉及额外的证据资格要求,所以人民检察院应当随案移送有关材料来源、提供人、提取人、提取时间等情况的说明。(2)人民法院对境外证据材料证据资格和证明力的审查要求。关于证据资格的审查,相关证据材料能够证明案件事实且符合《刑事诉讼法》规定的,可以作为证据使用,但提供人或者我国与有关国家签订的双边条约对材料的使用范围有明确限制的除外。关于证明力的审查,材料来源不明或者真实性无法确认的,不得作为定案的根据。关于辩护方提交的境外证据材料,本条第2款主要规定了公证、认证等要求。

☞ 典型案例

邵春天制造毒品案〔1〕

裁判要旨:对跨国犯罪案件的证据,要重点审查证据的来源是否正当、合法,尤其是相关国家提供的证据材料。对于通过司法协助渠道由被请求国提供的证据材料,可以作为定案的证据使用。本案证人证言、书证、被告人供述等部分证据是在我国境内由我国司法机关收集的,而查获的物品清单、毒品性质鉴定等部分证据则由菲律宾警方提供。根据菲律宾毒品法执行署向我国公安机关出具的函件,该部分证据材料是菲律宾警方应我国公安部禁毒局去函提供的,而我国公安机关也出具材料证实,这些材料是菲律宾毒品法执行署当场交付我国公安人员的。这些证据材料来源正当、合法,可以作为本案的证据使用。

自诉人桥本郁子诉被告人桥本浩重婚案〔2〕

裁判要旨:对于中国司法机关通过刑事司法协助请求外国司法机关调查取得的证据,法院无须就该证据本身在程序及手续上进行限制,只要其具备了完整的证据属性,即可以认定。判断域外证据是否需要适用公证认证程序,既要维护我国的国家主权,也要根据不同的证据类型,从刑事诉讼的基本原则、证据合法性及真实性的判断标准等上位原则及制度出发,不应一概而论。域外证据通常使用涉外公证、领事认证的方式,其

〔1〕 参见《刑事审判参考》总第75集第640号案例。
〔2〕 参见《刑事审判参考》总第84集第748号案例。

针对的仅是涉外书证，特别是公文书。公文书，是指外国有关权力机关颁布的具有明确法律意义的文书，其形式上的真实性应当根据证据形成国的法律加以判定，内国法院囿于司法权的限制无法判断文书的真伪，由证据形成国有关机关对公文书形式的真实性予以证明，有利于诉讼的便捷和公正。书证以外的其他证据，有的因为无法公证认证，有的因为公证认证没有实际意义，而未被要求必须公证认证。在涉外司法实践中，出于本国审判的需要，对于并非承认身份关系、无给付内容或者不需要执行的外国法院民商事判决，适用公证认证程序证明其真实性，可视正在审理的案件具体情况，作为证据中的书证，其所查明的事实在我国刑事判决中予以确认。

沈容焕合同诈骗案[1]

裁判要旨：对境外证据的审查与认定，应根据提供证据的主体不同而加以区分：(1)对于我国司法机关通过刑事司法协助获取的境外证据，人民法院在审理案件中应当审查公安、检察机关是否遵守法定程序请求国际刑事司法协助。对于由外国司法机关进行的调查取证，只要其具备了完整的证据属性，即客观性、关联性和合法性，即可对该证据进行认定。但是对该证据的证明内容是否采纳，人民法院应当结合案件的其他证据作出判断，不能因为该证据是外国司法机关提供的就直接确认其效力。(2)刑事诉讼中，对于当事人、辩护人、诉讼代理人提供的在我国领域外形成的证据，由于该证据不是通过国际刑事司法协助途径取得，存在法院确认这些证据的有效性、真实性问题，法院对这些证据的审查与认定可以借鉴《最高人民法院关于民事诉讼证据的若干规定》中的相关规定，同时也要充分注意到刑事诉讼的证明标准要求高于民事诉讼的证明标准的问题。当事人、辩护人、诉讼代理人向法院提供的在我国领域外形成的证据应经所在国公证机关证明、所在国外交部或者其授权机关认证，并经我国驻该国使、领馆认证。对履行了上述证明手续的证据，法院才能予以认定。但并不是说只要经过了公证、认证手续的证据材料，其真实效力即得到了确认，其证明力相等于公证文件，对该证据的证明内容是否采纳，人民法院仍应当结合案件的其他证据进行审查后才能作出判断。无论是公

[1] 参见《刑事审判参考》总第70集第578号案例。

安、检察机关通过司法协助取得的外文书证，还是当事人、辩护人、诉讼代理人提供的外文书证，都应由证据提供者将外文书证交有资质的翻译机构进行翻译。在翻译无误的情况下，法院只需对中文译文进行审查，控、辩双方只需对中文译文进行质证即可，而不必引用外文书证的原文。如果控辩双方对译文的用词产生争议，而关键词语的翻译对案件处理结果有影响，法院还是应当慎重审查外文书证原件，并作出正确认定。

张凯闵等52人电信网络诈骗案[1]

要旨：跨境电信网络诈骗犯罪往往涉及大量的境外证据和庞杂的电子数据。对境外获取的证据应着重审查合法性，对电子数据应着重审查客观性。

2012年《刑诉法解释》	2021年《刑诉法解释》
	第七十八条　控辩双方提供的证据材料涉及外国语言、文字的，应当附中文译本。

适用要点

2021年《刑诉法解释》第78条系新增规定。根据2021年《刑诉法解释》第484条规定，人民法院审判涉外刑事案件，使用中华人民共和国通用的语言、文字。根据该要求，控辩双方提供的证据材料涉及外国语言、文字的，应当附中文译本。必要时，人民法院应当对中文译本的准确性进行核实。

2012年《刑诉法解释》	2021年《刑诉法解释》
第六十六条　人民法院依照刑事诉讼法第~~一百九十一~~条的规定调查核实证据，必要时，可以通知检察人员、辩护人、自诉人及其法定代理人到场。上述人员未到场的，应当记录在案。	**第七十九条**　人民法院依照刑事诉讼法第**一百九十六**条的规定调查核实证据，必要时，可以通知检察人员、辩护人、自诉人及其法定代理人到场。上述人员未到场的，应当记录在案。

〔1〕参见最高人民检察院检例第67号。

续表

2012 年《刑诉法解释》	2021 年《刑诉法解释》
人民法院调查核实证据时，发现对定罪量刑有重大影响的新的证据材料的，应当告知检察人员、辩护人、自诉人及其法定代理人。必要时，也可以直接提取，并及时通知检察人员、辩护人、自诉人及其法定代理人查阅、摘抄、复制。	人民法院调查核实证据时，发现对定罪量刑有重大影响的新的证据材料的，应当告知检察人员、辩护人、自诉人及其法定代理人。必要时，也可以直接提取，并及时通知检察人员、辩护人、自诉人及其法定代理人查阅、摘抄、复制。
第六十七条　下列人员不得担任~~刑事诉讼活动的~~见证人： （一）生理上、精神上有缺陷或者年幼，不具有相应辨别能力或者不能正确表达的人； （二）与案件有利害关系，可能影响案件公正处理的人； （三）行使勘验、检查、搜查、扣押等刑事诉讼职权的公安、司法机关的工作人员或者其聘用的人员。 由于客观原因无法由符合条件的人员担任见证人的，应当在笔录材料中注明情况，并对相关活动进行录像。	**第八十条**　下列人员不得担任见证人： （一）生理上、精神上有缺陷或者年幼，不具有相应辨别能力或者不能正确表达的人； （二）与案件有利害关系，可能影响案件公正处理的人； （三）行使勘验、检查、搜查、扣押、**组织辨认**等**监察调查**、刑事诉讼职权的**监察**、公安、司法机关的工作人员或者其聘用的人员。 **对见证人是否属于前款规定的人员，人民法院可以通过相关笔录载明的见证人的姓名、身份证件种类及号码、联系方式以及常住人口信息登记表等材料进行审查。** 由于客观原因无法由符合条件的人员担任见证人的，应当在笔录材料中注明情况，并对相关活动进行**全程录音**录像。

适用要点

2021 年《刑诉法解释》第 80 条规定了见证人制度。见证人在场，对于确保取证活动的合法性、客观性具有重要意义。关于见证人制度，需要注意以下事项：(1) 不得担任见证人的情形。主要包括不具备见证能力（生理上、精神上有缺陷或者年幼，不具有相应辨别能力或者不能正确表达的人），与案件存在利害关系（与案件有利害关系，可能影响案件公正处理的人），以及回避事由（行使勘验、检查、搜查、扣押、组织辨认等监察调查、刑事诉讼职权的监察、公安、司法机关的工作人员或者其聘用的人员）等情形。(2)见证人资质的审查程序，这是本条新增的规定。对见证人是否属于前款规定的人员，人民法院可以通过相关笔录载明的见证人的姓名、身份证件种类及号码、联系方式以及常住人口信息登记表等材料进行审查。(3)例外情形的补救措施。对于因客观原因无法由符合条件的人员担任见证人的情形，应当在笔录材料中注明情况；同时，本条将2012年《刑诉法解释》中对相关活动进行"录像"的要求，进一步强化为"全程录音录像"。

2012年《刑诉法解释》	2021年《刑诉法解释》
第六十八条　公开审理案件时，公诉人、诉讼参与人提出涉及国家秘密、商业秘密或者个人隐私的证据的，法庭应当制止。~~有关证据~~确与本案有关的，可以根据具体情况，决定将案件转为不公开审理，或者对相关证据的法庭调查不公开进行。	**第八十一条**　公开审理案件时，公诉人、诉讼参与人提出涉及国家秘密、商业秘密或者个人隐私的证据的，法庭应当制止；确与本案有关的，可以根据具体情况，决定将案件转为不公开审理，或者对相关证据的法庭调查不公开进行。
第二节　物证、书证的审查与认定	第二节　物证、书证的审查与认定
第六十九条　对物证、书证应当着重审查以下内容： （一）物证、书证是否为原物、原件，是否经过辨认、鉴定；物证的照片、录像、复制品或者书证的副本、复制件是否与原物、原件相符，是否由二人以上制作，有无制作人关于制作过程以及原物、原件存放于何处的文字说明和签名； （二）物证、书证的收集程序、方式是否符合法律、有关规定；经勘验、检查、搜查提取、扣押的物证、书证，是否附有相关笔录、清单，笔录、清单是否经侦查人员、物品持有人、见证人签名，没有~~物品持有人~~签名的，是否注明原因；物品的名称、特征、数量、质量等	**第八十二条**　对物证、书证应当着重审查以下内容： （一）物证、书证是否为原物、原件，是否经过辨认、鉴定；物证的照片、录像、复制品或者书证的副本、复制件是否与原物、原件相符，是否由二人以上制作，有无制作人关于制作过程以及原物、原件存放于何处的文字说明和签名； （二）物证、书证的收集程序、方式是否符合法律、有关规定；经勘验、检查、搜查提取、扣押的物证、书证，是否附有相关笔录、清单，笔录、清单是否经**调查人员或者**侦查人员、物品持有人、见证人签名，没有签名的，是否注明原因；物品的名称、特征、数量、质

续表

2012 年《刑诉法解释》	2021 年《刑诉法解释》
是否注明清楚； （三）物证、书证在收集、保管、鉴定过程中是否受损或者改变； （四）物证、书证与案件事实有无关联；对现场遗留与犯罪有关的具备鉴定条件的血迹、体液、毛发、指纹等生物样本、痕迹、物品，是否已作 DNA 鉴定、指纹鉴定等，并与被告人或者被害人的相应~~生物检材、~~生物特征、物品等比对； （五）与案件事实有关联的物证、书证是否全面收集。	量等是否注明清楚； （三）物证、书证在收集、保管、鉴定过程中是否受损或者改变； （四）物证、书证与案件事实有无关联；对现场遗留与犯罪有关的具备鉴定条件的血迹、体液、毛发、指纹等生物样本、痕迹、物品，是否已作 DNA 鉴定、指纹鉴定等，并与被告人或者被害人的相应生物特征、物品等比对； （五）与案件事实有关联的物证、书证是否全面收集。
第七十条　据以定案的物证应当是原物。原物不便搬运，不易保存~~，~~依法应当由有关部门保管、处理，~~或者依法应当返还的，~~可以拍摄、制作足以反映原物外形和特征的照片、录像、复制品。 物证的照片、录像、复制品，不能反映原物的外形和特征的，不得作为定案的根据。 物证的照片、录像、复制品，经与原物核对无误、经鉴定~~为真实~~或者以其他方式确认为真实的，可以作为定案的根据。	**第八十三条**　据以定案的物证应当是原物。原物不便搬运、不易保存、**依法应当返还或者**依法应当由有关部门保管、处理的，可以拍摄、制作足以反映原物外形和特征的照片、录像、复制品。**必要时，审判人员可以前往保管场所查看原物。** 物证的照片、录像、复制品，不能反映原物的外形和特征的，不得作为定案的根据。 物证的照片、录像、复制品，经与原物核对无误、经鉴定或者以其他方式确认真实的，可以作为定案的根据。

适用要点

2021 年《刑诉法解释》第 83 条规定了最佳证据规则。在 2012 年《刑诉法解释》规定的基础上，本条增加"必要时，审判人员可以前往保管场所查看原物"的规定。

2012年《刑诉法解释》	2021年《刑诉法解释》
第七十一条 据以定案的书证应当是原件。取得原件确有困难的，可以使用副本、复制件。 书证有更改或者更改迹象不能作出合理解释，或者书证的副本、复制件不能反映原件及其内容的，不得作为定案的根据。 书证的副本、复制件，经与原件核对无误、经鉴定~~为真实~~或者以其他方式确认为真实的，可以作为定案的根据。	**第八十四条** 据以定案的书证应当是原件。取得原件确有困难的，可以使用副本、复制件。 对书证的更改或者更改迹象不能作出合理解释，或者书证的副本、复制件不能反映原件及其内容的，不得作为定案的根据。 书证的副本、复制件，经与原件核对无误、经鉴定或者以其他方式确认真实的，可以作为定案的根据。
第七十二条 对与案件事实可能有关联的血迹、体液、毛发、人体组织、指纹、足迹、字迹等生物样本、痕迹和物品，应当提取而没有提取，应当~~检验而没有检验，~~导致案件事实存疑的，人民法院应当~~向人民检察院说明情况，由人民检察院依法补充收集、调取证据或者作出合理说明~~。	**第八十五条** 对与案件事实可能有关联的血迹、体液、毛发、人体组织、指纹、足迹、字迹等生物样本、痕迹和物品，应当提取而没有提取，应当**鉴定而没有鉴定，应当移送鉴定意见而没有移送**，导致案件事实存疑的，人民法院应当**通知人民检察院依法补充收集、调取、移送证据**。

适用要点

2021年《刑诉法解释》第85条规定了生物证据的取证和移送规则。犯罪现场等处与案件事实可能有关联的血迹、体液、毛发、人体组织、指纹、足迹、字迹等生物样本、痕迹和物品，通常是认定案件事实的关键证据。

对于生物证据，应当规范取证、鉴定和移送等程序。本条在2012年《刑诉法解释》第72条规定的“应当提取而没有提取，应当检验而没有检验”的基础上，进一步强调“应当提取而没有提取，应当鉴定而没有鉴定，应当移送鉴定意见而没有移送”等问题，并强调对于导致案件事实存疑的情形，人民法院应当“通知人民检察院依法补充收集、调取、移送证据”。

对于生物证据应当提取而没有提取，应当鉴定而没有鉴定，应当移送鉴定意见而没有移送等情形，辩护方也可以申请人民法院通知人民检察院依法补充收集、调取、移送证据。

2012年《刑诉法解释》	2021年《刑诉法解释》
第七十三条 在勘验、检查、搜查过程中提取、扣押的物证、书证,未附笔录或者清单,不能证明物证、书证来源的,不得作为定案的根据。 物证、书证的收集程序、方式有下列瑕疵,经补正或者作出合理解释的,可以采用: (一)勘验、检查、搜查、提取笔录或者扣押清单上没有侦查人员、物品持有人、见证人签名,或者对物品的名称、特征、数量、质量等注明不详的; (二)物证的照片、录像、复制品,书证的副本、复制件未注明与原件核对无异,无复制时间,或者无被收集、调取人签名、盖章的; (三)物证的照片、录像、复制品,书证的副本、复制件没有制作人关于制作过程和原物、原件存放地点的说明,或者说明中无签名的; (四)有其他瑕疵的。 对物证、书证的来源、收集程序有疑问,不能作出合理解释的,该物证、书证不得作为定案的根据。	**第八十六条** 在勘验、检查、搜查过程中提取、扣押的物证、书证,未附笔录或者清单,不能证明物证、书证来源的,不得作为定案的根据。 物证、书证的收集程序、方式有下列瑕疵,经补正或者作出合理解释的,可以采用: (一)勘验、检查、搜查、提取笔录或者扣押清单上没有**调查人员或者**侦查人员、物品持有人、见证人签名,或者对物品的名称、特征、数量、质量等注明不详的; (二)物证的照片、录像、复制品,书证的副本、复制件未注明与原件核对无异,无复制时间,或者无被收集、调取人签名的; (三)物证的照片、录像、复制品,书证的副本、复制件没有制作人关于制作过程和原物、原件存放地点的说明,或者说明中无签名的; (四)有其他瑕疵的。 物证、书证的来源、收集程序有疑问,不能作出合理解释的,不得作为定案的根据。
第三节 证人证言、被害人陈述的审查与认定	第三节 证人证言、被害人陈述的审查与认定
第七十四条 对证人证言应当着重审查以下内容: (一)证言的内容是否为证人直接感知; (二)证人作证时的年龄,认知、记忆和表达能力,生理和精神状态是否影响作证; (三)证人与案件当事人、案件处理结果有无利害关系;	**第八十七条** 对证人证言应当着重审查以下内容: (一)证言的内容是否为证人直接感知; (二)证人作证时的年龄,认知、记忆和表达能力,生理和精神状态是否影响作证; (三)证人与案件当事人、案件处理结果有无利害关系;

续表

2012年《刑诉法解释》	2021年《刑诉法解释》
（四）询问证人是否个别进行； （五）询问笔录的制作、修改是否符合法律、有关规定，是否注明询问的起止时间和地点，首次询问时是否告知证人有关~~作证~~的权利义务和法律责任，证人对询问笔录是否核对确认； （六）询问未成年证人时，是否通知其法定代理人或者~~有关人员~~到场，~~其法定代理人或者~~有关人员是否到场； （七）~~证人证言~~有无以暴力、威胁等非法方法收集的情形； （八）证言之间以及与其他证据之间能否相互印证，有无矛盾。	（四）询问证人是否个别进行； （五）询问笔录的制作、修改是否符合法律、有关规定，是否注明询问的起止时间和地点，首次询问时是否告知证人有关权利义务和法律责任，证人对询问笔录是否核对确认； （六）询问未成年证人时，是否通知其法定代理人或者**刑事诉讼法第二百八十一条第一款规定的合适成年人到场**，有关人员是否到场； （七）有无以暴力、威胁等非法方法收集**证人证言**的情形； （八）证言之间以及与其他证据之间能否相互印证，有无矛盾；**存在矛盾的，能否得到合理解释**。

适用要点

2021年《刑诉法解释》第87条规定了证人证言的审查要点。本条在2012年《刑诉法解释》规定的基础上，主要有两处细节修改：一是询问未成年证人时，除审查是否通知其法定代理人外，进一步强调是否通知《刑事诉讼法》第281条第1款规定的合适成年人到场。二是在审查证言之间以及与其他证据之间能否相互印证、有无矛盾的基础上，对于存在矛盾的情形，审查有关矛盾能否得到合理解释。

☞ 典型案例

王维喜强奸案[1]

裁判要旨：本案对强奸被害人孙某内裤的收集、复制、保管工作存在多处违反法律规定的地方：（1）侦查人员在提取内裤时没有制作提取笔录，或者通过扣押物品清单客观记录提取情况，导致有关内裤来源的证据

〔1〕 参见《刑事审判参考》总第85集第763号案例。

不充分。(2)起诉书的证据目录虽然记载提取了被害人孙某的内裤,但未将该内裤随案移送。考虑到该物证的特殊性,且所附生物检材易污染,需要特殊条件保存,可采用照片形式对该内裤予以复制移送,但相关机关均未做此项工作。三是由于该起犯罪久未侦破,其间办案人员更换,加之移交、登记、保管等环节存在疏漏,被害人孙某的内裤已遗失,导致出现疑问后相关复核工作无法进行。由于孙某的内裤已遗失,即使通过询问被害人、被害人亲属,重现提取过程,也无法通过辨认、质证等方式确认被害人、被害人亲属所述的内裤与侦查机关曾经提取的内裤的关联关系,被害人孙某的内裤来源存疑问题无法解决,被害人孙某的内裤不能作为定案的根据。被害人孙某的内裤是生物物证鉴定意见和DNA鉴定意见能够作为证据的基础,不能作为定案的根据,上述鉴定意见也不能作为定案的根据。本案的言词证据非但不能证实王维喜对孙某实施了强奸,反而否定被告人对孙某实施了强奸行为。一是被告人本人一直否认强奸过孙某,孙某的陈述以及相关证人的证言均未提及孙某遭到强奸;二是孙某的父亲还作证,其妻在案发后问过女儿阴部是否被侵犯,孙某讲当时内裤没被脱下来,后经查看,其妻没有发现女儿阴部有被侵犯的痕迹。根据本案证据,法院认定被告人强奸被害人孙某的事实不清,证据不足,不予认定该起犯罪事实是正确的。

2012年《刑诉法解释》	2021年《刑诉法解释》
第七十五条 处于明显醉酒、中毒或者麻醉等状态,不能正常感知或者正确表达的证人所提供的证言,不得作为证据使用。 证人的猜测性、评论性、推断性的证言,不得作为证据使用,但根据一般生活经验判断符合事实的除外。	**第八十八条** 处于明显醉酒、中毒或者麻醉等状态,不能正常感知或者正确表达的证人所提供的证言,不得作为证据使用。 证人的猜测性、评论性、推断性的证言,不得作为证据使用,但根据一般生活经验判断符合事实的除外。
第七十六条 证人证言具有下列情形之一的,不得作为定案的根据: (一)询问证人没有个别进行的; (二)书面证言没有经证人核对确认的; (三)询问聋、哑人,应当提供通晓聋、哑手势的人员而未提供的;	**第八十九条** 证人证言具有下列情形之一的,不得作为定案的根据: (一)询问证人没有个别进行的; (二)书面证言没有经证人核对确认的; (三)询问聋、哑人,应当提供通晓聋、哑手势的人员而未提供的;

续表

2012年《刑诉法解释》	2021年《刑诉法解释》
(四)询问不通晓当地通用语言、文字的证人,应当提供翻译人员而未提供的。	(四)询问不通晓当地通用语言、文字的证人,应当提供翻译人员而未提供的。
第七十七条 证人证言的收集程序、方式有下列瑕疵,经补正或者作出合理解释的,可以采用;不能补正或者作出合理解释的,不得作为定案的根据: (一)询问笔录没有填写询问人、记录人、法定代理人姓名以及询问的起止时间、地点的; (二)询问地点不符合规定的; (三)询问笔录没有记录告知证人有关作证的权利义务和法律责任的; (四)询问笔录反映出在同一时段,同一询问人员询问不同证人的。	**第九十条** 证人证言的收集程序、方式有下列瑕疵,经补正或者作出合理解释的,可以采用;不能补正或者作出合理解释的,不得作为定案的根据: (一)询问笔录没有填写询问人、记录人、法定代理人姓名以及询问的起止时间、地点的; (二)询问地点不符合规定的; (三)询问笔录没有记录告知证人有关权利义务和法律责任的; (四)询问笔录反映出在同一时段,同一询问人员询问不同证人的; **(五)询问未成年人,其法定代理人或者合适成年人不在场的。**

适用要点

2021年《刑诉法解释》第90条规定了瑕疵证人证言的排除规则。本条在2012年《刑诉法解释》第77条规定的基础上,增加最后一项,即"询问未成年人,其法定代理人或者合适成年人不在场的"情形,有关证人证言不能补正或者作出合理解释的,不得作为定案的根据。

2012年《刑诉法解释》	2021年《刑诉法解释》
第七十八条 证人当庭作出的证言,经控辩双方质证、法庭查证属实的,应当作为定案的根据。 证人当庭作出的证言与其庭前证言矛盾,证人能够作出合理解释,并有相关证据印证的,应当采信其庭审证	**第九十一条** 证人当庭作出的证言,经控辩双方质证、法庭查证属实的,应当作为定案的根据。 证人当庭作出的证言与其庭前证言矛盾,证人能够作出合理解释,并有**其他**证据印证的,应当采信其庭审证

续表

2012 年《刑诉法解释》	2021 年《刑诉法解释》
言;不能作出合理解释,而其庭前证言有相关证据印证的,可以采信其庭前证言。 经人民法院通知,证人没有正当理由拒绝出庭或者出庭后拒绝作证,法庭对其证言的真实性无法确认的,该证人证言不得作为定案的根据。	言;不能作出合理解释,而其庭前证言有**其他**证据印证的,可以采信其庭前证言。 经人民法院通知,证人没有正当理由拒绝出庭或者出庭后拒绝作证,法庭对其证言的真实性无法确认的,该证人证言不得作为定案的根据。
第七十九条 对被害人陈述的审查与认定,参照适用本节的有关规定。	**第九十二条** 对被害人陈述的审查与认定,参照适用本节的有关规定。
第四节 被告人供述和辩解的审查与认定	第四节 被告人供述和辩解的审查与认定
第八十条 对被告人供述和辩解应当着重审查以下内容: (一)讯问的时间、地点,讯问人的身份、人数以及讯问方式等是否符合法律、有关规定; (二)讯问笔录的制作、修改是否符合法律、有关规定,是否注明讯问的具体起止时间和地点,首次讯问时是否告知被告人~~相关~~权利和法律规定,被告人是否核对确认; (三)讯问未成年被告人时,是否通知其法定代理人或者~~有关人员到场,其法定代理人或者~~有关人员是否到场; ~~(四)被告人的供述有无以刑讯逼供等非法方法收集的情形;~~ (五)被告人的供述是否前后一致,有无反复以及出现反复的原因;~~被告人的所有供述和辩解是否均已随案移送;~~ (六)被告人的辩解内容是否符合案情和常理,有无矛盾;	**第九十三条** 对被告人供述和辩解应当着重审查以下内容: (一)讯问的时间、地点,讯问人的身份、人数以及讯问方式等是否符合法律、有关规定; (二)讯问笔录的制作、修改是否符合法律、有关规定,是否注明讯问的具体起止时间和地点,首次讯问时是否告知被告人**有关**权利和法律规定,被告人是否核对确认; (三)讯问未成年被告人时,是否通知其法定代理人或者**合适成年人到场,**有关人员是否到场; **(四)讯问女性未成年被告人时,是否有女性工作人员在场;** **(五)有无以刑讯逼供等非法方法收集被告人供述的情形;** (六)被告人的供述是否前后一致,有无反复以及出现反复的原因; **(七)被告人的供述和辩解是否全部随案移送;** (八)被告人的辩解内容是否符合

续表

2012 年《刑诉法解释》	2021 年《刑诉法解释》
（七）被告人的供述和辩解与同案被告人的供述和辩解以及其他证据能否相互印证，有无矛盾。 必要时，可以~~调取讯问过程的录音录像~~、被告人进出看守所的健康检查记录、笔录，~~并结合录音录像、记录、笔录对上述内容~~进行审查。	案情和常理，有无矛盾； （九）被告人的供述和辩解与同案被告人的供述和辩解以及其他证据能否相互印证，有无矛盾；**存在矛盾的，能否得到合理解释**。 必要时，可以**结合现场执法音视频记录、讯问录音录像**、被告人进出看守所的健康检查记录、笔录**等，对被告人的供述和辩解**进行审查。

适用要点

2021 年《刑诉法解释》第 93 条规定了被告人供述和辩解的审查要点。本条在 2012 年《刑诉法解释》规定的基础上，主要有四处细节修改：（1）讯问未成年被告人时，除审查是否通知其法定代理人到场外，进一步强调是否通知合适成年人到场。（2）新增一项审查要求，即“讯问女性未成年被告人时，是否有女性工作人员在场”。（3）除审查被告人的供述和辩解与同案被告人的供述和辩解以及其他证据能否相互印证、有无矛盾之外，对于存在矛盾的情形，进一步审查有关矛盾能否得到合理解释。（4）在对被告人的供述和辩解进行审查的过程中，在必要时，除 2012 年《刑诉法解释》第 80 条规定的“调取讯问过程的录音录像”之外，进一步增加“现场执法音视频记录”等参考依据。

☞ 典型案例

陈亚军故意伤害案〔1〕

裁判要旨：对证人证言的审查包括对证据能力和证明力的认证，然后决定采信与否。对证人证言的证据能力的审查主要包括审查证人证言的来源是否真实，证人是否有作证能力，证言的取得程序、方式是否合法。

〔1〕 参见《刑事审判参考》总第 77 集第 656 号案例。

对证人证言证明力的审查,主要包括审查证人与案件有无利害关系,证人证言与其他证据之间能否印证、有无矛盾。本案有多名证人,但只有一名证人刘某作证称看到被告人持镐把击打被害人,其他都属于间接证据,其证言对被告人是否有罪具有重大影响。刘某的证言系其直接感知,具有作证能力,且没有证据表明其证言的取得程序违法,其证言具有证据能力。但其证言的证明力很弱,不足采信,理由是:(1)刘某是除被告人之外犯罪嫌疑最大的人,与本案有利害关系。(2)刘某的证言与其他证据之间存在矛盾。也得不到其他在场证人的证言的印证。(3)刘某的证言前后不一致。其在侦查期间从第4次证言才开始称看见被告人用镐把打一个人头部,且描述得越来越详细,不符合先清晰后模糊的记忆规律。

本案除刘某之外的证据均是间接证据,但这些间接证据无法形成完整的证据链,所得出的结论不具有唯一性、排他性:(1)第一作案现场不能确定;(2)作案工具无法确认;(3)有一些疑点尚未得到合理解释。现场勘查发现,被害人的足印在西边第二列纸箱顶部及下层纸箱上,但其为何要去西边库房,为何要爬上叠放的纸箱子?被害人的尸体在仓库内西侧靠墙处,为何其手机在院内矮墙处被发现?现场仓库有很多灰尘,为何除被害人的足迹外,没有其他人的足迹?这些疑问都没有得到合理的解释和排除。现有证据无法锁定系被告人实施了故意伤害被害人的行为,证据达不到定罪所要求的确实、充分的程度。法院应当作出证据不足、指控的犯罪不能成立的无罪判决。

顾娟、张立峰销售假冒注册商标的商品案[1]

裁判要旨:侵犯商标权刑事犯罪对商标权利人的利益造成侵害,商标权利人在侵犯商标权刑事犯罪案件中,处于被害人地位。在单位是被害人的情况下,其法定代表人或者其他相关人员代替单位向司法机关所作的陈述属被害人陈述。在侵犯商标权刑事犯罪案件中,商标权利人就诉讼中公安机关查扣的假冒商品所作的真伪辨别属于被害人陈述而非鉴定意见,无须鉴定资质的要求。

[1] 参见《刑事审判参考》总第92集第860号案例。

2012年《刑诉法解释》	2021年《刑诉法解释》
第八十一条 被告人供述具有下列情形之一的,不得作为定案的根据: (一)讯问笔录没有经被告人核对确认的; (二)讯问聋、哑人,应当提供通晓聋、哑手势的人员而未提供的; (三)讯问不通晓当地通用语言、文字的被告人,应当提供翻译人员而未提供的。	**第九十四条** 被告人供述具有下列情形之一的,不得作为定案的根据: (一)讯问笔录没有经被告人核对确认的; (二)讯问聋、哑人,应当提供通晓聋、哑手势的人员而未提供的; (三)讯问不通晓当地通用语言、文字的被告人,应当提供翻译人员而未提供的; **(四)讯问未成年人,其法定代理人或者合适成年人不在场的。**

适用要点

2021年《刑诉法解释》第94条规定了被告人供述的排除规则。本条在2012年《刑诉法解释》规定的基础上,增加最后一项,即"讯问未成年人,其法定代理人或者合适成年人不在场的",被告人供述不得作为定案的根据。

2012年《刑诉法解释》	2021年《刑诉法解释》
第八十二条 讯问笔录有下列瑕疵,经补正或者作出合理解释的,可以采用;不能补正或者作出合理解释的,不得作为定案的根据: (一)讯问笔录填写的讯问时间、讯问人、记录人、法定代理人等有误或者存在矛盾的; (二)讯问人没有签名的; (三)首次讯问笔录没有记录告知被讯问人相关权利和法律规定的。	**第九十五条** 讯问笔录有下列瑕疵,经补正或者作出合理解释的,可以采用;不能补正或者作出合理解释的,不得作为定案的根据: (一)讯问笔录填写的讯问时间、**讯问地点**、讯问人、记录人、法定代理人等有误或者存在矛盾的; (二)讯问人没有签名的; (三)首次讯问笔录没有记录告知被讯问人**有关**权利和法律规定的。

适用要点

2021年《刑诉法解释》第95条规定了瑕疵讯问笔录的排除规则。在

2012年《刑诉法解释》规定的基础上，对第1项中增加“讯问地点”的要素，即，讯问笔录填写的讯问地点有误或者存在矛盾，经补正或者作出合理解释的，可以采用；不能补正或者作出合理解释的，不得作为定案的根据。

《刑事诉讼法》第118条第2款规定，犯罪嫌疑人被送交看守所羁押以后，侦查人员对其讯问，应当在看守所内进行。为防止看守所外讯问发生刑讯逼供等情形，《中央政法委关于切实防止冤假错案的规定》第1条规定：“讯问犯罪嫌疑人、被告人，除情况紧急必须现场讯问外，应当在规定的办案场所进行；犯罪嫌疑人被送交看守所羁押后，讯问应当在看守所讯问室进行并全程同步录音或者录像。侦查机关不得以起赃、辨认等为由将犯罪嫌疑人提出看守所外进行讯问。”鉴此，对于讯问地点的审查，有助于核实讯问的合法性以及讯问笔录的真实性。

2012年《刑诉法解释》	2021年《刑诉法解释》
第八十三条　审查被告人供述和辩解，应当结合控辩双方提供的所有证据以及被告人的全部供述和辩解进行。 被告人庭审中翻供，但不能合理说明翻供原因或者其辩解与全案证据矛盾，而其庭前供述与其他证据相互印证的，可以采信其庭前供述。 被告人庭前供述和辩解存在反复，但庭审中供认，且与其他证据相互印证的，可以采信其庭审供述；被告人庭前供述和辩解存在反复，庭审中不供认，且无其他证据与庭前供述印证的，不得采信其庭前供述。	**第九十六条**　审查被告人供述和辩解，应当结合控辩双方提供的所有证据以及被告人的全部供述和辩解进行。 被告人庭审中翻供，但不能合理说明翻供原因或者其辩解与全案证据矛盾，而其庭前供述与其他证据相互印证的，可以采信其庭前供述。 被告人庭前供述和辩解存在反复，但庭审中供认，且与其他证据相互印证的，可以采信其庭审供述；被告人庭前供述和辩解存在反复，庭审中不供认，且无其他证据与庭前供述印证的，不得采信其庭前供述。
第五节　鉴定意见的审查与认定	第五节　鉴定意见的审查与认定
第八十四条　对鉴定意见应当着重审查以下内容： （一）鉴定机构和鉴定人是否具有法定资质； （二）鉴定人是否存在应当回避的情形；	**第九十七条**　对鉴定意见应当着重审查以下内容： （一）鉴定机构和鉴定人是否具有法定资质； （二）鉴定人是否存在应当回避的情形；

续表

2012年《刑诉法解释》	2021年《刑诉法解释》
（三）检材的来源、取得、保管、送检是否符合法律、有关规定，与相关提取笔录、扣押物品清单等记载的内容是否相符，检材是否~~充足、~~可靠； （四）鉴定意见的形式要件是否完备，是否注明提起鉴定的事由、鉴定委托人、鉴定机构、鉴定要求、鉴定过程、鉴定方法、鉴定日期等相关内容，是否由鉴定机构~~加盖司法鉴定专用章~~并由鉴定人签名~~、盖章~~； （五）鉴定程序是否符合法律、有关规定； （六）鉴定的过程和方法是否符合相关专业的规范要求； （七）鉴定意见是否明确； （八）鉴定意见与案件~~待证~~事实有无关联； （九）鉴定意见与勘验、检查笔录及相关照片等其他证据是否矛盾； （十）鉴定意见是否依法及时告知相关人员，当事人对鉴定意见有无异议。	（三）检材的来源、取得、保管、送检是否符合法律、有关规定，与相关提取笔录、扣押清单等记载的内容是否相符，检材是否可靠； （四）鉴定意见的形式要件是否完备，是否注明提起鉴定的事由、鉴定委托人、鉴定机构、鉴定要求、鉴定过程、鉴定方法、鉴定日期等相关内容，是否由鉴定机构**盖章**并由鉴定人签名； （五）鉴定程序是否符合法律、有关规定； （六）鉴定的过程和方法是否符合相关专业的规范要求； （七）鉴定意见是否明确； （八）鉴定意见与案件事实有无关联； （九）鉴定意见与勘验、检查笔录及相关照片等其他证据是否矛盾；**存在矛盾的，能否得到合理解释；** （十）鉴定意见是否依法及时告知相关人员，当事人对鉴定意见有无异议。

适用要点

2021年《刑诉法解释》第97条规定了鉴定意见的审查要点。本条在2012年《刑诉法解释》规定的基础上，主要有四处细节修改：(1)本条第3项对检材的审查，除关注检材是否“可靠”之外，还要审查检材是否“充足”。对于鉴定意见存疑，需要重新鉴定或者复核鉴定的情形，检材充足性的审查就显得非常重要。(2)本条第4项对鉴定意见的盖章要求，由2012年《刑诉法解释》规定的“鉴定机构加盖司法鉴定专用章”调整为“鉴定机构盖章”。(3)将第8项中的“案件待证事实”调整为“案件事实”。(4)对于第9项，在审查鉴定意见与勘验、检查笔录及相关照片等其他证据是否矛盾的基础上进一步要求,对于存在矛盾的,能否得到合理解释。

☞ 典型案例

王胜平抢劫、强奸、盗窃案[1]

裁判要旨:本案控方试图将凶器特征的认定作为联结法医鉴定、被告人供述、证人证言之间相互关联一致的连结点,以通过证明作案凶器的真实性印证被告人实施抢劫行为的客观性。但由于存在案发后侦查机关提取实物证据方面的困难、法医鉴定实际未能根据被害人致伤刀口创缘推断出凶器的刀刃特征等先天不足的问题,加之不能排除侦查人员对被告人、证人在刀刃特征问题上分别有诱供、诱证的可能,通过对本案作案凶器特征的审查,不仅不能得出控方据以证明的事实结论,相反产生了对控方个别举证是否具有事实依据和对侦查机关相关取证行为合法性的质疑。现有证据不能证实被告人使用了公诉机关所指控的单刃刀具。被告人被提出看守所审讯 11 天、看守所对其的体检实施于其被提出看守所审讯之前,两同号房证人在二审庭审中所作与此前侦查机关向其二人取证所作笔录内容相反的证言,以及对被告人被审讯还押后身体状况的描述等证据,即使尚不足以确认侦查机关对被告人有刑讯逼供之行为,亦足以排除控方证明被告人刑讯逼供翻供理由不存在的意见。侦查机关是在掌握案发现场相关细节后,又在审讯中取得被告人对案发现场细节一致的口供,控方关于被告人对抢劫犯罪某些细节的供述非其亲身经历不能作出,进而证明侦查机关对其无诱供的可能,排除被告人关于诱供翻供理由的意见与事实不符。认定被告人到过抢劫杀人现场的证据,仅有证人一人的证言,尚不足以证明被告人到过抢劫案件发生时的案发现场。本案证人系与被告人多次合伙盗窃的同案犯,在其因盗窃犯罪被逮捕后,主动供述其与被告人分别强奸妇女的事实并查证属实,同时揭发被告人在与其共同盗窃中实施抢劫致人死亡犯罪事实的证言虽属传来证据,仍然具有相当的可信性,不能排除被告人确有实施抢劫致人死亡行为的重大嫌疑。但在现有证据尚不能完全、合理地排除抢劫致人死亡的行为系他人所为的情况下,对控方指控的被告人抢劫犯罪事实不予认定,不仅是对刑

[1] 参见《刑事审判参考》总第 41 集第 324 号案例。

事诉讼证据规则的合理运用，也是惩罚和保障并重的刑事司法理念的要求。

卞修柱抢劫案〔1〕

裁判要旨：被告人翻供的内容越具体，细节越多，且能够自圆其说，越能得到其他证据的印证，就越能引起司法人员对原来认定事实的合理怀疑，建立起对被告人有利的内心确信。推卸责任型翻供的具体情形不同，在审查判断案件中所引起的法律效果也有很大不同：(1)对于被告人到案前期作过有罪供述，后期单纯否认有罪，或者辩称自己与他人共同作案且责任较小，但不能提供他人任何具体情况的，这种翻供因“空口无凭”，一般不会对已经认定的犯罪事实产生影响，翻供内容不会被采信，翻供反映出被告人“认罪态度不好”。(2)对于被告人将主要责任推卸到某个具体的“他人”身上，能够提供“他人”的部分自然情况，但不足以确定此人是否存在，或者经查确有此人存在，但无法找到的，被告人的翻供会具有不同程度的可信度。在其能够叙述案件细节，“他人”参与作案与在案证据并无明显矛盾时，司法人员对被告人的犯罪事实容易产生一定疑问，会对被告人作出一定有利认定。(3)对于被告人将主要责任推卸到在逃的共同犯罪人身上，而在案证据表明案件确属共同犯罪，且有部分犯罪嫌疑人未归案，现有证据又不足以否定其翻供内容的，一般应当作出有利于被告人的判决，尤其是命案判决时应当留有余地。(4)对于被告人翻供将主要责任推卸到被害人、证人等与案件有密切联系的人身上时，其可信程度根据案件类型和具体情况而不同。要看被告人翻供理由是否成立，是否符合情理，翻供内容能否自圆其说，是否能得到鉴定结论的支持，是否与其他证据相契合。被告人称某一证人系教唆者、指使者甚至作案人的，因该证人存在着向犯罪人转化的可能，要按照有罪判决的要求来审查判断证据，如没有确实充分的证据证明该证人系被告人所称的教唆者、指使者或者参与者的，被告人的翻供内容不成立。即使根据实践经验认为被告人的翻供内容有一定可信度，在没有确实充分证据的条件下，也不能使该证人向犯罪人的角色转化。

---

〔1〕 参见《刑事审判参考》总第63集第498号案例。

杨淑敏故意杀人案[1]

裁判要旨：本案没有目击证人，也缺乏足以锁定被告人杨淑敏作案的强有力的客观证据，而被告人自审查起诉阶段起翻供，需综合全案证据特别是被告人的有罪供述、无罪辩解与其他证据之间的关系进行分析，才能准确认定案件事实。被告人供述的作案动机、时间、地点、工具、手段、放置被害人尸体的位置和姿势、作案时听见摩托车声音、作案后从东面院墙跳出逃走、藏匿银行卡、焚烧闭路电视线并予以丢弃等内容自然、合理，其供述详细、完整再现了其作案的过程，各个环节均得到相关证据的印证，形成了完整的证据链条，能够成立有罪事实。其关于案发当日没有去过被害人家的翻供与其他证据相矛盾，不能成立。综合在案证据，足以认定杨某实施故意杀人行为的事实清楚，证据确实、充分。

徐科故意杀人、强奸案[2]

裁判要旨：司法实践中，应当坚持证实与证伪并重的理念，对被告人认罪供述和翻供理由或辩解的审查判断给予同等重视。对被告人供述和辩解的审查，应当结合控辩双方提供的所有证据以及被告人本人的全部供述和辩解。被告人庭前供述一致，庭审中翻供，但被告人不能合理说明翻供理由或者其辩解与全案证据相矛盾，而庭前供述与其他证据能够相互印证的，可以采信被告人的庭前供述。对于被告人称其因遭到刑讯逼供而作出庭前认罪供述的情况，还要审查其供述是否属于非法证据。在被告人的翻供理由或者辩解不成立的情况下，则要审查被告人的庭前认罪供述与其他证据能否相互印证并形成完整的证据体系。

本案被告人在归案之初多次作出认罪供述，此后又翻供称其认罪供述系刑讯逼供所致，并辩解被害人死于交通事故。但：(1)被告人未能提供非法取证的人员、时间、地点、内容等相关线索或者证据。(2)看守所出具的健康检查表证实，被告人入所时未见明显异常。(3)侦查人员出庭证实，被害人失踪后，被告人主动到派出所帮助公安人员寻找被害人，此后随着公安机关不断获取新的线索，其开始对本案事实作出有罪供述，公安

---

[1] 参见《刑事审判参考》总第72集第599号案例。

[2] 参见《刑事审判参考》总第82集第729号案例。

人员并未对其非法取证。(4)全程同步录音录像显示,被告人指认现场的整个过程均是主动进行的,没有受到任何暗示,其神色坦然,体态正常,无任何异常表现。被告人作出认罪供述的过程自然,供述的内容能够与在案证据相互印证,该案侦查人员亦出庭证实讯问过程合法,故能够认定其庭前认罪供述具有自愿性和合法性,并非刑讯逼供所得。其关于被害人死于交通事故的辩解与尸体检验结论、法医鉴定意见、现场勘查及侦查实验情况不符,不能成立。其所提出的驾驶摩托车将已死亡的被害人带至抛尸现场的说法亦不能成立。

本案被告人的庭前认罪供述具有自愿性和合法性,能够排除系刑讯逼供所得,且经过当庭出示、质证等法庭调查程序查证属实,具有真实性,并能够与尸检报告、现场勘查笔录等证据相互印证,具有证据能力和证明力,能够作为定案的根据使用。公安机关还根据被告人的自愿供述、指认提取到隐蔽性很强的物证,该证据能够与其他证明犯罪事实发生的证据相互印证。全案证据足以认定被告人有罪,并且达到了"证据确实、充分"的证明标准。

胡建明抢劫案〔1〕

裁判要旨:对于翻供案件,应当兼顾正向的证实与反向的证伪。对那些基于法律常识、生活经验或职业直觉产生的合理怀疑,要从有罪供述的真实性、翻供后无罪辩解的可信性、有利证据的可采性等方面入手,逐一排除疑点,最终形成对案件事实的准确认定。对于本案被告人实施的三起抢劫事实,在案证据指向明确,能够相互印证,能形成完整证据体系,证据采信和事实认定上的疑问能得到排除,完全可以认定。(1)关于被告人是否被刑讯逼供。经查被告人头部的少许伤痕(硬币大小)系其在被抓捕过程中因激烈反抗形成。审讯录像经当庭播放,没有发现刑讯逼供迹象。可以认定被告人系自愿作出有罪供述,其提出受到刑讯逼供的翻供理由不成立。(2)关于被告人无罪的辩解。被告人先是辩称其所抢的被害人罗某的汽车系从初次识的王斌(音)处购买,未涉及其他事实,以后又称抢车是王所为。但被告人翻供主要是针对本案侦查工作中的疏漏,如未组

〔1〕 参见《刑事审判参考》总第86集第778号案例。

织辨认、指认，抛尸现场也未留下痕迹等，并未着力证实自己没有作案时间，也说不清楚其在相关涉案时间段内的行踪，无法提供不在场的证据，反而刻意回避此问题。被告人关于与王斌的认识、交往过程、两辆汽车的性质、接车地点的供述极不稳定，多次反复且相互矛盾，王斌是否真实存在值得怀疑。被告人自称与王斌交往不深，王斌不太可能主动对其讲述杀人劫车事实，其更不可能甘愿替王斌承担命案的罪责。这表明被告人关于王实施抢劫作案后将车交与其保管的供述系编造的，其翻供内容不可信。(3)关于被告人的有罪供述的真实性。被告人在被抓获后不久作了两次有罪供述。第一次供述非常详细，供认其抢劫作案四次。第二次供述相对简单，所供内容与第一次一致。在这两次供述中，其所供作案过程连贯、渐进，细节突出，一些情节系先供后证，证明力强。其中，其主动供述的抢劫段某的事实是公安机关本不掌握的。其还主动供述了第一次实施的抢劫出租车未遂的事实，公安机关也未掌握。该起抢劫事实与本案认定的三起抢劫事实在作案工具、作案手段、作案对象上均有相似之处，可以看出其在抢劫对象的选择、作案手法的熟练程度上有所渐进，符合作案规律。被告人的有罪供述自然、可信。(4)关于被告人妻子对被告人没有作案时间的证言，由于与被告人的起居作息、接触人员情况本身存在矛盾，与被告人的供述不符，其作证后的行踪也违背常理，不具有可采信。

汪久胜抢劫案〔1〕

裁判要旨：一般而言，被告人供述的犯罪动机若与在案其他证据相印证并符合常理，其供述可以采信；若与在案其他证据存在矛盾或者明显与常理不符，则其供述不可采信。在被告人不如实供述的情况下，可以依据在案其他证据，认定被告人的犯罪动机。本案被告人虽然始终否认有抢劫的动机，但其所供的杀人动机及部分情节与在案其他证据不但存在矛盾，而且明显不符合情理，不可采信，不能作为定案的证据。结合在案的通话记录、证人证言、现场勘查笔录、尸体鉴定意见等其他证据，通过逻辑分析，足以认定被告人有抢劫的犯罪动机，对其以劫财为目的杀害二被害

〔1〕 参见《刑事审判参考》总第89集第817号案例。

人的行为,应以抢劫罪定罪处罚。

曲振武、胡英辉故意杀人案[1]

裁判要旨:雇凶杀人案件,应当从证实受雇者与犯罪事实之间的关联、雇凶者与受雇者之间的关联、雇凶者及受雇者与被害人之间的关联等方面的证据入手,探寻雇凶者与犯罪事实之间的关联。对于雇凶者翻供否认参与犯罪的,应当注重对雇凶者的有罪供述与其他证据在取证时间、逻辑关系、内容一致性上的审查,并认真分析雇凶者的翻供理由及翻供内容是否符合情理、能否成立。

胡某故意杀人、强奸案[2]

裁判要旨:除供述外没有指向明确的证据,且供述不稳定、与其他证据相矛盾的案件,不能作出有罪判决。本案除被告人曾作的有罪供述外,没有指向性明确的实物证据、言词证据,没有其他证据可以将被告人与本案联系起来。被告人的有罪供述虽然与现场方位、现场遗留的部分物品、被害人的衣着以及尸体状态等情况吻合,但被告人始终未供述侦查机关掌握之外的隐蔽性情节,且有些细节的供述前后不一,并且被告人的有罪供述与现场勘查笔录、尸体鉴定意见存在诸多矛盾,存在诸多疑点。而被告人在庭审中翻供,所提受到非法逼供的辩解不能完全排除。本案证据属于不能排除合理怀疑情形,未达到事实不清、证据不足的定案标准。

付代林故意伤害案[3]

裁判要旨:对于人身伤害鉴定的审查,主要包括以下几个方面:(1)鉴定机构和鉴定人是否合法;(2)送交的鉴定材料是否齐全正确;(3)鉴定方法是否科学准确;(4)鉴定结论与在案证据是否一致;(5)鉴定意见是否符合法定标准。《最高人民法院、最高人民检察院、公安部、国家安全部、司法部关于办理死刑案件审查判断证据若干问题的规定》关于鉴定意见审查内容方面的规定,可作为人身伤害鉴定意见审查的参考。本案中,

---

[1] 参见《刑事审判参考》总第95集第921号案例。

[2] 参见《刑事审判参考》总第95集第927号案例。

[3] 参见《刑事审判参考》总第95集第928号案例。

浙江省人身伤害鉴定委员会的鉴定在鉴定主体和鉴定人员资质上符合法律规定,鉴定时提交鉴定的材料更为全面,鉴定人的专业知识与技能较强且更具中立性,鉴定意见能与在案的其他证据相互印证。与本案其他三份鉴定意见相比,该鉴定意见的证明力更强,对该鉴定意见的采信也符合疑罪从无原则。法院从证据本身的证明力出发,结合在案其他证据,采信该鉴定意见是正确的。同时,文证审查是实践中司法鉴定的方式之一,本案鉴定采用文证审查的方式具有充足理由,可以认定本案采用文证审查意见方式鉴定被害人的伤情是合法有效的鉴定形式,被害人未到场并不影响鉴定意见的采信。

王逸故意伤害案[1]

裁判要旨:鉴定意见的审查一般主要包括对鉴定人资格、鉴定材料、鉴定过程、鉴定依据、鉴定结果与全案其他证据的一致性等项内容的审查。准确确定被鉴定人行为时的实际精神状态,鉴定人必须掌握真实、全面的鉴定资料,需要鉴定人去现场、走访证人、询问有关当事人、检查被害人。本案对于被告人是否患有精神病以及患病程度问题,前后出现了5份相互冲突矛盾的鉴定意见。审判人员审查认为,与前几次鉴定意见相比,最后一次的鉴定所依据的材料极其全面、丰富和客观,结论相对比较合理且与本案的实际情况比较吻合,能与本案的其他证据相印证,可以获得一致性解释,故予以采信。

2012年《刑诉法解释》	2021年《刑诉法解释》
第八十五条 鉴定意见具有下列情形之一的,不得作为定案的根据: (一)鉴定机构不具备法定资质,或者鉴定事项超出该鉴定机构业务范围、技术条件的; (二)鉴定人不具备法定资质,不具有相关专业技术或者职称,或者违反回避规定的;	**第九十八条** 鉴定意见具有下列情形之一的,不得作为定案的根据: (一)鉴定机构不具备法定资质,或者鉴定事项超出该鉴定机构业务范围、技术条件的; (二)鉴定人不具备法定资质,不具有相关专业技术或者职称,或者违反回避规定的;

[1] 参见《刑事审判参考》总第26辑第177号案例。

续表

2012年《刑诉法解释》	2021年《刑诉法解释》
（三）送检材料、样本来源不明，或者因污染不具备鉴定条件的； （四）鉴定对象与送检材料、样本不一致的； （五）鉴定程序违反规定的； （六）鉴定过程和方法不符合相关专业的规范要求的； （七）鉴定文书缺少签名、盖章的； （八）鉴定意见与案件~~待证~~事实没有关联的； （九）违反有关规定的其他情形。	（三）送检材料、样本来源不明，或者因污染不具备鉴定条件的； （四）鉴定对象与送检材料、样本不一致的； （五）鉴定程序违反规定的； （六）鉴定过程和方法不符合相关专业的规范要求的； （七）鉴定文书缺少签名、盖章的； （八）鉴定意见与**案件**事实没有关联的； （九）违反有关规定的其他情形。
第八十六条　经人民法院通知，鉴定人拒不出庭作证的，鉴定意见不得作为定案的根据。 鉴定人由于不能抗拒的原因或者有其他正当理由无法出庭的，人民法院可以根据情况决定延期审理或者重新鉴定。 ~~对没有正当理由拒不出庭作证的鉴定人，~~人民法院应当通报司法行政机关或者有关部门。	**第九十九条**　经人民法院通知，鉴定人拒不出庭作证的，鉴定意见不得作为定案的根据。 鉴定人由于不能抗拒的原因或者有其他正当理由无法出庭的，人民法院可以根据情况决定延期审理或者重新鉴定。 **鉴定人无正当理由拒不出庭作证的，**人民法院应当通报司法行政机关或者有关部门。
第八十七条　~~对案件中的专门性问题需要鉴定，但没有法定司法鉴定机构，或者法律、司法解释规定可以进行检验的，可以指派、聘请有专门知识的人进行检验，检验报告可以作为定罪量刑的参考。~~ 对~~检验报告~~的审查与认定，参照适用本节的有关规定。 经人民法院通知，~~检验人~~拒不出庭作证的，检验报告不得作为~~定罪量刑~~的~~参考~~。	**第一百条　因无鉴定机构，或者根据法律、司法解释的规定，指派、聘请有专门知识的人就案件的专门性问题出具的报告，可以作为证据使用。** 对**前款规定的报告**的审查与认定，参照适用本节的有关规定。 经人民法院通知，**出具报告的人**拒不出庭作证的，**有关**报告不得作为**定案**的**根据**。

适用要点

2021年《刑诉法解释》第100条规定了专业报告的证据资格和排除规则。2012年《刑诉法解释》第87条第1款规定，对案件中的专门性问题需要鉴定，但没有法定司法鉴定机构，或者法律、司法解释规定可以进行检验的，可以指派、聘请有专门知识的人进行检验，检验报告可以作为定罪量刑的参考。

相较2012年《刑诉法解释》第87条规定，本条规定有三处重要修改：(1)不再专门强调"没有法定司法鉴定机构"的要求，而是更为宽泛的"因无鉴定机构"。这意味着实践中不再刻意区分法定司法鉴定机构和普通鉴定机构。只要是有资质的鉴定机构，所作的鉴定意见都具有证据资格。(2)不再仅将专业报告作为"定罪量刑的参考"，而是可以"作为证据使用"。这意味着在鉴定意见之外，专业报告亦成为适格的诉讼证据。这与国外的专家证据制度具有更大的近似度。实际上，无论是鉴定意见，还是专业报告，都是具有专门知识的人对案件的专门性问题作出的专业分析判断结论。两者的主要区别不在于实质内容，而是在于外在形式以及隐含的行业领域发展状况。对于纳入法定鉴定门类，具有鉴定机构的鉴定事项，所涉的行业领域通常已经形成较为成熟的原理和规范，或者如同美国科学证据领域的弗赖依普遍接受标准或道伯特四要素标准，因此能够为审查判断鉴定意见提供可行的参考。对于尚未纳入法定鉴定门类，或者没有鉴定机构的情形，通常意味着所涉的行业判断领域尚未形成司法领域普遍接受的标准，鉴于此，对于专业报告，应当严格进行审查。(3)对于出具报告的人拒不出庭作证的情形，有关报告不得作为定案的根据。这与鉴定人出庭作证的规则保持一致。

2012年《刑诉法解释》	2021年《刑诉法解释》
	第一百零一条　有关部门对事故进行调查形成的报告，在刑事诉讼中可以作为证据使用；报告中涉及专门性问题的意见，经法庭查证属实，且调查程序符合法律、有关规定的，可以作为定案的根据。

适用要点

2021年《刑诉法解释》第101条系新增规定。与专业报告类似,在一些案件中,例如涉及火灾事故的案件,相关的事故报告对于认定案件事实具有重要作用。尽管目前法律并未专门规定此种证据形式,此类证据材料也不同于鉴定意见,但基于《刑事诉讼法》对证据含义的界定,可以证明案件事实的一切材料都是证据,因此,对案件事实证明具有重要作用的事故报告,有必要赋予其证据资格。

关于事故调查报告,需要注意以下事项:(1)有关部门的资质。根据本条规定,有关部门对事故进行调查形成的报告,在刑事诉讼中可以作为证据使用。需要指出的是,与鉴定意见不同,事故调查报告不是特定个体作出的专业意见,而是有关部门制作的专业报告。因此,有关部门的资质,是认定事故调查报告的关键所在。(2)事故调查报告的内容。一些事故调查报告,可能既包括与案件事实有关的内容,也包括有关部门对相关行为法律性质的判断。基于诉讼证据的内在要求,只有证明案件事实的材料,才是证据;对于事故调查报告中与案件事实无关的内容,特别是涉及相关行为法律性质的判断,不能作为证据使用,也不能作为司法机关认定案件性质的依据。质言之,只有事故调查报告中涉及专门性问题的意见,才可以在刑事诉讼中作为证据使用。(3)事故调查报告的采信标准。根据本条规定,只有当事故调查程序符合法律、有关规定(即具有证据资格),并经法庭查证属实(即具有证明力),才能作为定案的根据。

2012年《刑诉法解释》	2021年《刑诉法解释》
第六节　勘验、检查、辨认、侦查实验等笔录的审查与认定	第六节　勘验、检查、辨认、侦查实验等笔录的审查与认定
第八十八条　对勘验、检查笔录应当着重审查以下内容: (一)勘验、检查是否依法进行,笔录的制作是否符合法律、有关规定,勘验、检查人员和见证人是否签名或者盖章; (二)勘验、检查笔录是否记录了提起勘验、检查的事由,勘验、检查的	**第一百零二条**　对勘验、检查笔录应当着重审查以下内容: (一)勘验、检查是否依法进行,笔录制作是否符合法律、有关规定,勘验、检查人员和见证人是否签名或者盖章; (二)勘验、检查笔录是否记录了提起勘验、检查的事由,勘验、检查的

续表

2012年《刑诉法解释》	2021年《刑诉法解释》
时间、地点，在场人员、现场方位、周围环境等，现场的物品、人身、尸体等的位置、特征等情况，以及勘验、~~检查、搜查~~的过程；文字记录与实物或者绘图、照片、录像是否相符；现场、物品、痕迹等是否伪造、有无破坏；人身特征、伤害情况、生理状态有无伪装或者变化等； （三）补充进行勘验、检查的，是否说明了再次勘验、检查的原由，前后勘验、检查的情况是否矛盾。	时间、地点，在场人员、现场方位、周围环境等，现场的物品、人身、尸体等的位置、特征等情况，以及勘验、检查的过程；文字记录与实物或者绘图、照片、录像是否相符；现场、物品、痕迹等是否伪造、有无破坏；人身特征、伤害情况、生理状态有无伪装或者变化等； （三）补充进行勘验、检查的，是否说明了再次勘验、检查的原由，前后勘验、检查的情况是否矛盾。
第八十九条 勘验、检查笔录存在明显不符合法律、有关规定的情形，不能作出合理解释~~或者说明~~的，不得作为定案的根据。	**第一百零三条** 勘验、检查笔录存在明显不符合法律、有关规定的情形，不能作出合理解释的，不得作为定案的根据。
第九十条第一款 对辨认笔录应当着重审查辨认的过程、方法，以及辨认笔录的制作是否符合有关规定。	**第一百零四条** 对辨认笔录应当着重审查辨认的过程、方法，以及辨认笔录的制作是否符合有关规定。
第九十条第二款 辨认笔录具有下列情形之一的，不得作为定案的根据： （一）辨认不是在侦查人员主持下进行的； （二）辨认前使辨认人见到辨认对象的； （三）辨认活动没有个别进行的； （四）辨认对象没有混杂在具有类似特征的其他对象中，或者供辨认的对象数量不符合规定的； （五）辨认中给辨认人明显暗示或者明显有指认嫌疑的； （六）违反有关规定、不能确定辨认笔录真实性的其他情形。	**第一百零五条** 辨认笔录具有下列情形之一的，不得作为定案的根据： （一）辨认不是在**调查人员、**侦查人员主持下进行的； （二）辨认前使辨认人见到辨认对象的； （三）辨认活动没有个别进行的； （四）辨认对象没有混杂在具有类似特征的其他对象中，或者供辨认的对象数量不符合规定的； （五）辨认中给辨认人明显暗示或者明显有指认嫌疑的； （六）违反有关规定，不能确定辨认笔录真实性的其他情形。

续表

2012年《刑诉法解释》	2021年《刑诉法解释》
第九十一条第一款 对侦查实验笔录应当着重审查实验的过程、方法，以及笔录的制作是否符合有关规定。	**第一百零六条** 对侦查实验笔录应当着重审查实验的过程、方法，以及笔录的制作是否符合有关规定。
第九十一条第二款 侦查实验的条件与事件发生时的条件有明显差异，或者存在影响实验结论科学性的其他情形的，侦查实验笔录不得作为定案的根据。	**第一百零七条** 侦查实验的条件与事件发生时的条件有明显差异，或者存在影响实验结论科学性的其他情形的，侦查实验笔录不得作为定案的根据。
第七节 视听资料、电子数据的审查与认定	第七节 视听资料、电子数据的审查与认定
第九十二条 对视听资料应当着重审查以下内容： （一）是否附有提取过程的说明，来源是否合法； （二）是否为原件，有无复制及复制份数；是复制件的，是否附有无法调取原件的原因、复制件制作过程和原件存放地点的说明，制作人、原视听资料持有人是否签名或者盖章； （三）制作过程中是否存在威胁、引诱当事人等违反法律、有关规定的情形； （四）是否写明制作人、持有人的身份，制作的时间、地点、条件和方法； （五）内容和制作过程是否真实，有无剪辑、增加、删改等情形； （六）内容与案件事实有无关联。 对视听资料有疑问的，应当进行鉴定。	**第一百零八条** 对视听资料应当着重审查以下内容： （一）是否附有提取过程的说明，来源是否合法； （二）是否为原件，有无复制及复制份数；是复制件的，是否附有无法调取原件的原因、复制件制作过程和原件存放地点的说明，制作人、原视听资料持有人是否签名； （三）制作过程中是否存在威胁、引诱当事人等违反法律、有关规定的情形； （四）是否写明制作人、持有人的身份，制作的时间、地点、条件和方法； （五）内容和制作过程是否真实，有无剪辑、增加、删改等情形； （六）内容与案件事实有无关联。 对视听资料有疑问的，应当进行鉴定。
第九十四条 视听资料**、电子数据**具有下列情形之一的，不得作为定案的根据： （一）**经审查**无法确定真伪的；	**第一百零九条** 视听资料具有下列情形之一的，不得作为定案的根据： **（一）系篡改、伪造或者**无法确定真伪的；

续表

2012年《刑诉法解释》	2021年《刑诉法解释》
(二)制作、取得的时间、地点、方式等有疑问,不能~~提供必要证明或者~~作出合理解释的。	(二)制作、取得的时间、地点、方式等有疑问,不能作出合理解释的。

适用要点

2021年《刑诉法解释》第109条规定了视听资料的排除规则。本条在2012年《刑诉法解释》第94条规定的基础上,将其第1项"经审查无法确定真伪的",调整为"系篡改、伪造或者无法确定真伪的",进一步强调对"篡改、伪造"等情形的审查。

2012年《刑诉法解释》	2021年《刑诉法解释》
第九十三条 对~~电子邮件、电子数据交换、网上聊天记录、博客、微博客、手机短信、电子签名、域名~~等电子数据,应当着重审查以下内容: (一)是否随原始存储介质~~移送~~;在原始存储介质无法封存、不便移动~~或者依法应当由有关部门保管、处理、返还~~时,~~提取、复制电子数据是否由二人以上进行,是否足以保证电子数据的完整性,有无提取、复制过程及原始存储介质存放地点的文字说明和签名;~~ ~~(二)收集程序、方式是否符合法律及有关技术规范;经勘验、检查、搜查等侦查活动收集的电子数据,是否附有笔录、清单,并经侦查人员、电子数据持有人、见证人签名;没有持有人签名的,是否注明原因;远程调取境外或者异地的电子数据的,是否注明相关情况;对电子数据的规格、类别、文件格式等注明是否清楚;~~ ~~(三)电子数据内容是否真实,有无删除、修改、增加等情形;~~	**第一百一十条** 对电子数据**是否真实**,应当着重审查以下内容: (一)是否**移送**原始存储介质;在原始存储介质无法封存、不便移动时,**有无说明原因,并注明收集、提取过程及原始存储介质的存放地点或者电子数据的来源等情况;** **(二)是否具有数字签名、数字证书等特殊标识;** **(三)收集、提取的过程是否可以重现;** **(四)如有增加、删除、修改等情形的,是否附有说明;** **(五)完整性是否可以保证。**

续表

2012年《刑诉法解释》	2021年《刑诉法解释》
~~（四）电子数据与案件事实有无关联；~~ ~~（五）与案件事实有关联的电子数据是否全面收集。~~ ~~对电子数据有疑问的，应当进行鉴定或者检验。~~	

适用要点

2012年《刑诉法解释》第93条对电子数据的审查判断作出概括性指引，《电子数据规定》对电子数据的审查判断作出了系统性的规定，建立了包括真实性、完整性、合法性和关联性在内的新型证据分析框架。

《电子数据规定》第22条规定，对电子数据是否真实，应当着重审查以下内容：(1)是否移送原始存储介质；在原始存储介质无法封存、不便移动时，有无说明原因，并注明收集、提取过程及原始存储介质的存放地点或者电子数据的来源等情况；(2)电子数据是否具有数字签名、数字证书等特殊标识；(3)电子数据的收集、提取过程是否可以重现；(4)电子数据如有增加、删除、修改等情形的，是否附有说明；(5)电子数据的完整性是否可以保证。2021年《刑诉法解释》第110条规定吸收了上述规定的内容，确立了电子数据真实性的审查规则。需要指出的是，本条最后一项"完整性是否可以保证"，与本解释第111条的完整性审查存在紧密关联，这意味着，电子数据的真实性与完整性审查密不可分。

☞ 典型案例

孟动、何立康盗窃案[1]

裁判要旨：判断电子文件能否作为刑事诉讼中的证据使用，应当对其可采性和证明力进行审查判断，审查其来源是否属实、合法。判断某一电

〔1〕 参见《刑事审判参考》总第53集第420号案例。

子证据是否被采纳时，首先应审查它是否属实，其生成、取证等环节是否合法，包括：(1)审查电子证据的来源、电子证据生成的时间、地点以及所使用的程序系统和录入方法；(2)审查司法机关在收集、提取电子证据的过程中是否遵守了法定的程序；(3)审查电子证据内容是否被伪造或篡改、电子证据之间以及与其他证据内容上是否有矛盾之处。证据的证明力，基本上取决于该证据是属于原始证据还是传来证据，是直接证据还是间接证据两大因素。电子证据也不例外。由于电脑终端与电脑用户并不一定一致，不能单独证明案件事实，需要将它们与其他证据相互印证。只有形成证据锁链，达到排除合理怀疑的程度，才能认定案件事实。

2012年《刑诉法解释》	2021年《刑诉法解释》
	第一百一十一条　对电子数据是否完整，应当根据保护电子数据完整性的相应方法进行审查、验证： **（一）审查原始存储介质的扣押、封存状态；** **（二）审查电子数据的收集、提取过程，查看录像；** **（三）比对电子数据完整性校验值；** **（四）与备份的电子数据进行比较；** **（五）审查冻结后的访问操作日志；** **（六）其他方法。**

适用要点

2021年《刑诉法解释》第111条系新增规定。《电子数据规定》第23条规定，对电子数据是否完整，应当根据保护电子数据完整性的相应方法进行验证：(1)审查原始存储介质的扣押、封存状态；(2)审查电子数据的收集、提取过程，查看录像；(3)比对电子数据完整性校验值；(4)与备份的电子数据进行比较；(5)审查冻结后的访问操作日志；(6)其他方法。本条规定吸收了上述规定的内容，确立了电子数据完整性的审查规则。

2012 年《刑诉法解释》	2021 年《刑诉法解释》
	第一百一十二条　对收集、提取电子数据是否合法，应当着重审查以下内容： **（一）收集、提取电子数据是否由二名以上调查人员、侦查人员进行，取证方法是否符合相关技术标准；** **（二）收集、提取电子数据，是否附有笔录、清单，并经调查人员、侦查人员、电子数据持有人、提供人、见证人签名或者盖章；没有签名或者盖章的，是否注明原因；对电子数据的类别、文件格式等是否注明清楚；** **（三）是否依照有关规定由符合条件的人员担任见证人，是否对相关活动进行录像；** **（四）采用技术调查、侦查措施收集、提取电子数据的，是否依法经过严格的批准手续；** **（五）进行电子数据检查的，检查程序是否符合有关规定。**

适用要点

2021 年《刑诉法解释》第 112 条系新增规定。《电子数据规定》第 24 条规定，对收集、提取电子数据是否合法，应当着重审查以下内容：(1) 收集、提取电子数据是否由 2 名以上侦查人员进行，取证方法是否符合相关技术标准；(2) 收集、提取电子数据，是否附有笔录、清单，并经侦查人员、电子数据持有人（提供人）、见证人签名或者盖章；没有持有人（提供人）签名或者盖章的，是否注明原因；对电子数据的类别、文件格式等是否注明清楚；(3) 是否依照有关规定由符合条件的人员担任见证人，是否对相关活动进行录像；(4) 电子数据检查是否将电子数据存储介质通过写保护设备接入到检查设备；有条件的，是否制作电子数据备份，并对备份进行检查；无法制作备份且无法使用写保护设备的，是否附有录像。

本条规定吸收了上述规定的主要内容，确立了电子数据合法性的审查规则，另有两点修改：(1)增加了采用技术调查、侦查措施收集、提取电子数据的规定。《电子数据规定》第9条第3款规定，为进一步查明有关情况，必要时，可以对远程计算机信息系统进行网络远程勘验。进行网络远程勘验，需要采取技术侦查措施的，应当依法经过严格的批准手续。鉴于此种情形下涉及技术调查、侦查措施的适用，审查是否依法需要经过严格的审批手续。(2)简化了电子数据审查程序的规定，实践中应当按照《电子数据规定》进行。

2012年《刑诉法解释》	2021年《刑诉法解释》
	第一百一十三条　电子数据的收集、提取程序有下列瑕疵，经补正或者作出合理解释的，可以采用；不能补正或者作出合理解释的，不得作为定案的根据： **（一）未以封存状态移送的；** **（二）笔录或者清单上没有调查人员或者侦查人员、电子数据持有人、提供人、见证人签名或者盖章的；** **（三）对电子数据的名称、类别、格式等注明不清的；** **（四）有其他瑕疵的。**

适用要点

2021年《刑诉法解释》第113条系新增规定。《电子数据规定》第27条规定，电子数据的收集、提取程序有下列瑕疵，经补正或者作出合理解释的，可以采用；不能补正或者作出合理解释的，不得作为定案的根据：(1)未以封存状态移送的；(2)笔录或者清单上没有侦查人员、电子数据持有人（提供人）、见证人签名或者盖章的；(3)对电子数据的名称、类别、格式等注明不清的；(4)有其他瑕疵的。本条规定吸收了上述规定的内容，确立了瑕疵电子数据的补正和排除规则。

2012 年《刑诉法解释》	2021 年《刑诉法解释》
第九十四条 ~~视听资料、~~电子数据具有下列情形之一的，不得作为定案的根据： （一）经~~审查~~无法确定真伪的； ~~（二）制作、取得的时间、地点、方式等有疑问，不能提供必要证明或者作出合理解释的。~~	**第一百一十四条** 电子数据具有下列情形之一的，不得作为定案的根据： （一）**系篡改、伪造或者**无法确定真伪的； **（二）有增加、删除、修改等情形，影响电子数据真实性的；** **（三）其他无法保证电子数据真实性的情形。**

适用要点

《电子数据规定》第 28 条规定，电子数据具有下列情形之一的，不得作为定案的根据：(1)电子数据系篡改、伪造或者无法确定真伪的；(2)电子数据有增加、删除、修改等情形，影响电子数据真实性的；(3)其他无法保证电子数据真实性的情形。2021 年《刑诉法解释》第 114 条规定在 2012 年《刑诉法解释》的基础上，吸收了《电子数据规定》的内容，确立了存疑电子数据的排除规则。

2012 年《刑诉法解释》	2021 年《刑诉法解释》
	第一百一十五条 对视听资料、电子数据，还应当审查是否移送文字抄清材料以及对绰号、暗语、俗语、方言等不易理解内容的说明。未移送的，必要时，可以要求人民检察院移送。

适用要点

2021 年《刑诉法解释》第 115 条系新增规定。对于一些视听资料、电子数据，可能涉及绰号、暗语、俗语、方言等不易理解内容，为便于准确审查判断，参照有关规定，办案机关应当制作并移送文字抄清材料以及对绰号、暗语、俗语、方言等不易理解内容的说明。对于未移送此类材料的情形，必要时可以要求人民检察院移送。对于办案机关制作的有关说明，如有疑问的，人民法院应当调查核实。

2012 年《刑诉法解释》	2021 年《刑诉法解释》
	第八节 技术调查、侦查证据的审查与认定
	第一百一十六条 依法采取技术调查、侦查措施收集的材料在刑事诉讼中可以作为证据使用。 **采取技术调查、侦查措施收集的材料，作为证据使用的，应当随案移送。**

适用要点

2021 年《刑诉法解释》第 116 条系新增规定。根据《刑事诉讼法》第 154 条规定，依照该法第 2 章第 8 节规定采取侦查措施收集的材料在刑事诉讼中可以作为证据使用。据此，本条规定确立了技术调查、侦查措施收集的材料的诉讼证据资格。

为解决一些案件中技术调查、侦查证据未随案移送的问题，本条第 2 款专门规定了随案移送的程序要求。关于这一规定，需要注意以下事项：(1)移送材料的范围。对于采取技术调查、侦查措施收集的材料，只有“作为证据使用”的，才应当随案移送。这意味着，办案机关采取技术调查、侦查措施收集的材料，如果不作为证据使用，可以不随案移送。(2)不移送材料的法律后果。对于未作为证据随案移送的技术调查、侦查材料，不能作为证据使用，更不能作为定案的根据。(3)人民法院的调查核实职责。对于作为证据随案移送的技术调查、侦查材料，如果人民法院在审查技术调查、侦查证据的过程中，对该类证据完整性、真实性存在疑问，也可以对办案机关未随案移送的关联材料进行调查核实。

2012 年《刑诉法解释》	2021 年《刑诉法解释》
	第一百一十七条 使用采取技术调查、侦查措施收集的证据材料可能危及有关人员的人身安全，或者可能产生其他严重后果的，可以采取下列保护措施：

续表

2012年《刑诉法解释》	2021年《刑诉法解释》
	（一）使用化名等代替调查、侦查人员及有关人员的个人信息； **（二）不具体写明技术调查、侦查措施使用的技术设备和技术方法；** **（三）其他必要的保护措施。**

适用要点

2021年《刑诉法解释》第117条系新增规定。《刑事诉讼法》第154条规定，如果使用采取侦查措施收集的证据可能危及有关人员的人身安全，或者可能产生其他严重后果的，应当采取不暴露有关人员身份、技术方法等保护措施，必要的时候，可以由审判人员在庭外对证据进行核实。据此，本条规定了保护措施的具体方式，主要包括两类：（1）隐去有关人员的个人信息，即，使用化名等代替调查、侦查人员及有关人员的个人信息。此处的个人信息，实际上不仅包括姓名，还包括其他可能显示有关人员身份的独特信息。（2）隐去有关技术设备和技术方法，即，不具体写明技术调查、侦查措施使用的技术设备和技术方法。质言之，对于技术侦查证据，在证据使用方面应当侧重体现有关信息的内容。对于该类措施所涉的主体回避、措施适用合法性等问题，可以结合有关法律文书予以审查。

2012年《刑诉法解释》	2021年《刑诉法解释》
	第一百一十八条　移送技术调查、侦查证据材料的，应当附采取技术调查、侦查措施的法律文书、技术调查、侦查证据材料清单和有关说明材料。 **移送采用技术调查、侦查措施收集的视听资料、电子数据的，应当制作新的存储介质，并附制作说明，写明原始证据材料、原始存储介质的存放地点等信息，由制作人签名，并加盖单位印章。**

适用要点

2021年《刑诉法解释》第118条系新增规定。为审查判断技术调查、侦查证据的合法性和真实性，应当要求办案机关随案移送有关法律文书和证明材料。关于本条规定，需要注意以下事项：(1)关于技术调查、侦查证据的法律文书及附属材料。鉴于技术调查、侦查措施有严格的适用程序要求，办案机关应当随案移送采取技术调查、侦查措施的法律文书。《"六部委"规定》第20条亦明确规定，采取技术侦查措施收集的材料作为证据使用的，批准采取技术侦查措施的法律文书应当附卷，辩护律师可以依法查阅、摘抄、复制，在审判过程中可以向法庭出示。同时，为证明技术调查、侦查证据的关联性和真实性，办案机关应当随案移送采取技术调查、侦查措施的法律文书、技术调查、侦查证据材料清单和有关说明材料。(2)关于有关视听资料、电子数据的附属材料。对于采用技术调查、侦查措施收集的视听资料、电子数据，为核实证据的来源和真实性，办案机关应当制作新的存储介质，并附制作说明，写明原始证据材料、原始存储介质的存放地点等信息，由制作人签名，并加盖单位印章。

2012年《刑诉法解释》	2021年《刑诉法解释》
	第一百一十九条　对采取技术调查、侦查措施收集的证据材料，除根据相关证据材料所属的证据种类，依照本章第二节至第七节的相应规定进行审查外，还应当着重审查以下内容： **（一）技术调查、侦查措施所针对的案件是否符合法律规定；** **（二）技术调查措施是否经过严格的批准手续，按照规定交有关机关执行；技术侦查措施是否在刑事立案后，经过严格的批准手续；** **（三）采取技术调查、侦查措施的种类、适用对象和期限是否按照批准决定载明的内容执行；** **（四）采取技术调查、侦查措施收集的证据材料与其他证据是否矛盾；存在矛盾的，能否得到合理解释。**

适用要点

2021年《刑诉法解释》第119条系新增规定。技术调查、侦查措施作为一类特殊取证措施，由此收集的证据材料并非单独的证据种类，而是涉及不同的证据类型，通常体现为视听资料、电子数据等。鉴于此，作为通过特殊取证措施收集的证据材料，对技术调查、侦查证据的审查，需要从取证程序和证据类型两个方面进行。本解释第118条的规定已经体现了这一要求。

本条规定对技术调查、侦查措施合法性（证据资格）及其真实性（证明力）的审查判断要点作出进一步的提示性规定。具体包括以下事项：（1）适用的案件类型。《刑事诉讼法》第150条规定，公安机关在立案后，对于危害国家安全犯罪、恐怖活动犯罪、黑社会性质的组织犯罪、重大毒品犯罪或者其他严重危害社会的犯罪案件，根据侦查犯罪的需要，经过严格的批准手续，可以采取技术侦查措施。人民检察院在立案后，对于利用职权实施的严重侵犯公民人身权利的重大犯罪案件，根据侦查犯罪的需要，经过严格的批准手续，可以采取技术侦查措施，按照规定交有关机关执行。据此，人民法院应当审查技术调查、侦查措施所针对的案件是否符合法律规定。（2）批准手续。根据《刑事诉讼法》第150条的规定，技术侦查措施的适用，应当经过严格的批准手续，由公安机关执行，或由人民检察院按照规定交有关机关执行。据此，人民法院应当审查技术调查措施是否经过严格的批准手续，按照规定交有关机关执行；技术侦查措施是否在刑事立案后，经过严格的批准手续。（3）具体适用程序。《刑事诉讼法》第151条规定，批准决定应当根据侦查犯罪的需要，确定采取技术侦查措施的种类和适用对象。批准决定自签发之日起3个月以内有效。对于不需要继续采取技术侦查措施的，应当及时解除；对于复杂、疑难案件，期限届满仍有必要继续采取技术侦查措施的，经过批准，有效期可以延长，每次不得超过3个月。第152条第1款规定，采取技术侦查措施，必须严格按照批准的措施种类、适用对象和期限执行。据此，人民法院应当审查采取技术调查、侦查措施的种类、适用对象和期限是否按照批准决定载明的内容执行。（4）证据材料的真实性。人民法院需要审查采取技术调查、侦查措施收集的证据材料与其他证据是否矛盾；存在矛盾的，能否得到合理解释。

2012 年《刑诉法解释》	2021 年《刑诉法解释》
第一百零七条 采取技术侦查措施收集的证据材料，经当庭出示、辨认、质证等法庭调查程序查证~~属实的，可以作为定案的根据~~。 ~~使用前款规定的证据~~可能危及有关人员的人身安全，或者可能产生其他严重后果的，法庭应当采取不暴露有关人员身份、技术方法等保护措施~~，~~必要时，审判人员可以在庭外核实。	**第一百二十条** 采取技术**调查、**侦查措施收集的证据材料，应当经过当庭出示、辨认、质证等法庭调查程序查证。 **当庭调查技术调查、侦查证据材料**可能危及有关人员的人身安全，或者可能产生其他严重后果的，法庭应当采取不暴露有关人员身份**和技术调查、侦查措施使用的技术设备**、技术方法等保护措施。必要时，审判人员可以在庭外**对证据进行**核实。

适用要点

2021 年《刑诉法解释》第 120 条规定了技术侦查证据的法庭调查和庭外核实程序。采取技术调查、侦查措施取得的证据，并非创设新的证据种类，而是仍然归属于法定的各类证据范畴，因此，应当按照各类证据的审查判断规则，通过法庭调查程序予以调查核实。2021 年《刑诉法解释》第 119 条规定，对采取技术调查、侦查措施收集的证据材料，根据相关证据材料所属的证据种类，依照第 4 章第 2 节至第 7 节的相应规定进行审查。这一规定表明，对技术调查、侦查措施所涉证据材料的审查，应当适用各类证据的审查规则。技术调查、侦查证据的特殊性，主要在于所涉人员的安全风险，以及所涉技术设备和技术方法的泄露风险。鉴此，2021 年《刑诉法解释》第 120 条在 2012 年《刑诉法解释》第 107 条规定的基础上，进一步强调对技术调查、侦查证据材料进行当庭调查的要求。

关于本条规定，需要注意以下事项：(1) 法庭调查的统一要求。《刑事诉讼法》第 50 条第 3 款规定，证据必须经过查证属实，才能作为定案的根据。关于技术侦查证据的法庭调查，《法庭调查规程》第 35 条规定，采用技术侦查措施收集的证据，应当当庭出示。本条第 1 款规定进一步强调指出，采取技术调查、侦查措施收集的证据材料，应当经过当庭出示、辨认、质证等法庭调查程序查证。据此，对于技术调查、侦查证据，应当适用统一的法庭调查要求。基于未经质证不得认证原则，技术调查、侦查证据未经当庭出示、辨认、质证等法庭调查程序查证，不得作为定案的根据。(2)特殊的法庭调查安排。《法庭调查规程》第35条规定，当庭出示、辨认、质证可能危及有关人员的人身安全，或者可能产生其他严重后果的，应当采取不暴露有关人员身份、不公开技术侦查措施和方法等保护措施。本条第2款吸收该条规定，建立了避免有关风险的特殊安排。基于这一特殊安排，如果当庭调查技术调查、侦查证据材料可能存在相关风险，法庭可以采取相应的保护措施，但并不影响相关证据的当庭调查。例如，在该证据的当庭调查环节，隐去证据材料中的相关人员身份信息或者技术设备、技术方法信息。或者在原本公开进行的法庭调查过程中，对该证据的当庭调查可以转为不公开方式进行。(3)庭外核实程序。《刑事诉讼法》第154条规定，对于技术侦查证据，必要的时候，可以由审判人员在庭外对证据进行核实。《法庭调查规程》第35条规定，法庭决定在庭外对技术侦查证据进行核实的，可以召集公诉人和辩护律师到场。本条第2款沿用了《刑事诉讼法》的表述。此处所指的庭外核实，不是取代对技术调查、侦查证据的当庭调查，而是指对技术调查、侦查证据的当庭调查结束后，审判人员仍然对技术调查、侦查证据的来源、真实性和合法性存在疑问的，有必要在庭外对证据进行核实。对于对技术调查、侦查证据当庭调查后仍然存在疑问的情形，辩护方也可以申请法庭进行庭外核实。法庭决定对技术调查、侦查证据进行庭外核实的，可以通知控辩双方到场。

2012年《刑诉法解释》	2021年《刑诉法解释》
	第一百二十一条　采用技术调查、侦查证据作为定案根据的，人民法院在裁判文书中可以表述相关证据的名称、证据种类和证明对象，但不得表述有关人员身份和技术调查、侦查措施使用的技术设备、技术方法等。

适用要点

2021年《刑诉法解释》第121条系新增规定。参考有关规定，对技术调查、侦查证据所涉风险的防范，应当贯彻刑事诉讼始终，包括裁判文书的制作环节。据此，本条规定了裁判文书对技术调查、侦查证据的表述规则。关于具体的表述方式，可以使用化名等代替有关人员身份，隐去技术调查、侦查措施使用的技术设备、技术方法等信息。

2012年《刑诉法解释》	2021年《刑诉法解释》
	第一百二十二条　人民法院认为应当移送的技术调查、侦查证据材料未随案移送的，应当通知人民检察院在指定时间内移送。人民检察院未移送的，人民法院应当根据在案证据对案件事实作出认定。

适用要点

2021年《刑诉法解释》第122条系新增规定。该解释第116条第2款规定，采取技术调查、侦查措施收集的材料，作为证据使用的，应当随案移送。作为该条规定的后续要求，人民法院认为应当移送的技术调查、侦查证据材料未随案移送的，应当通知人民检察院在指定时间内移送。所谓指定时间，应当是指开庭审理之前的合理时间，并应考虑为辩护方准备必要的辩护准备时间。

基于证据裁判原则，对于人民检察院未移送有关材料的情形，因上述材料并未作为证据使用，人民法院应当根据在案证据对案件事实作出认定。如果因有关技术调查、侦查证据材料未随案移送，导致案件事实存在疑问，应当按照存疑有利于被告人的原则作出裁判。

2012年《刑诉法解释》	2021年《刑诉法解释》
第八节　非法证据排除	第九节　非法证据排除
~~**第九十五条**　使用肉刑~~或者变相肉刑~~，或者采用其他使被告人在肉体上或者精神上遭受剧烈疼痛或者痛苦的方法，~~迫使被告人违背意愿供述的~~，应当认定为刑事诉讼法第五十四条规定的“刑讯逼供等非法方法”。~~ ~~认定刑事诉讼法第五十四条规定~~	**第一百二十三条　采用下列非法方法收集的被告人供述，应当予以排除：** **（一）采用殴打、违法使用戒具等暴力方法**或者变相肉刑**的恶劣手段，**使被告人**遭受难以忍受的痛苦而**违背意愿**作出**的供述；

续表

2012 年《刑诉法解释》	2021 年《刑诉法解释》
的~~“可能严重影响司法公正”，应当综合考虑收集物证、书证违反法定程序以及所造成后果的严重程度等情况~~。	**（二）采用以暴力或者严重损害本人及其近亲属合法权益等相威胁的方法，使被告人遭受难以忍受的痛苦而违背意愿作出的供述；** **（三）采用非法拘禁等非法限制人身自由的方法收集的被告人供述。**

适用要点

2021 年《刑诉法解释》第 123 条规定了非法供述的范围和认定标准。首先需要强调的是，《刑事诉讼法》第 52 条规定，严禁刑讯逼供和以威胁、引诱、欺骗以及其他非法方法收集证据，不得强迫任何人证实自己有罪。这一规定是非法证据排除规则总的规范依据。从 2010 年《两个证据规定》出台以来，非法证据排除规则不断改革完善，主要是逐步落实上述规定的要求，针对违反上述规定的行为设定相应的法律后果。

《刑事诉讼法》第 56 条第 1 款规定，采用刑讯逼供等非法方法收集的犯罪嫌疑人、被告人供述，应当予以排除。2012 年《刑诉法解释》第 95 条第 1 款对刑讯逼供等非法方法作出了界定，即，使用肉刑或者变相肉刑，或者采用其他使被告人在肉体上或者精神上遭受剧烈疼痛或者痛苦的方法，迫使被告人违背意愿供述的，应当认定为《刑事诉讼法》第 54 条规定的“刑讯逼供等非法方法”。《严格排除非法证据规定》和《非法证据排除规程》进一步明确了刑讯逼供的认定标准，并在法律规定基础上，确立了威胁、非法限制人身自由方法取得供述的排除规则。

关于本条规定，需要注意以下事项：(1) 刑讯逼供的认定标准。《严格排除非法证据规定》第 2 条规定，采取殴打、违法使用戒具等暴力方法或者变相肉刑的恶劣手段，使犯罪嫌疑人、被告人遭受难以忍受的痛苦而违背意愿作出的供述，应当予以排除。《非法证据排除规程》第 1 条重申这一规定。本条第 1 项再次重申这一规定。据此，刑讯逼供主要包括两类情形：①暴力方法，主要是指殴打、违法使用戒具等暴力方法；②变相肉刑的恶劣手段，可被视为《反酷刑公约》所指的虐待方法。关于变相肉刑的恶劣手段，可以参考有关规定的界定标准。《渎职侵权案件立案标准》

关于刑讯逼供案所列的具体情形，其中第 2 项“以较长时间冻、饿、晒、烤等手段逼取口供，严重损害犯罪嫌疑人、被告人身体健康”，可以被视为变相肉刑的恶劣手段。《防范冤假错案意见》第 8 条第 2 款规定，采用刑讯逼供或者冻、饿、晒、烤、疲劳审讯等非法方法收集的被告人供述，应当排除。该规定所列的“冻、饿、晒、烤、疲劳审讯等非法方法”，也可被视为变相肉刑的恶劣手段。同时，采用刑讯逼供方法收集供述，要求达到相应的程度要求，即，使被告人遭受难以忍受的痛苦而违背意愿作出的供述。对于程度要求的认定，可以结合暴力方法或者恶劣手段的具体方式、次数、持续时间等要素，以及被告人供述的变化等情况，综合作出判断。

(2)威胁的认定标准。《严格排除非法证据规定》第 3 条规定，采用以暴力或者严重损害本人及其近亲属合法权益等进行威胁的方法，使犯罪嫌疑人、被告人遭受难以忍受的痛苦而违背意愿作出的供述，应当予以排除。《非法证据排除规程》第 1 条重申这一规定。本条第 2 项再次重申这一规定。据此，采用威胁方法收集的供述被纳入非法证据排除规则的范畴。关于威胁方法的认定，需要注意两点：①威胁与刑讯逼供的类似性。威胁是《刑事诉讼法》明确禁止的非法取证方法，在侵犯人权的程度上接近刑讯逼供，两者均属强迫方法。②威胁的限定标准。为了对合理的讯问压力与非法的威胁方法作出区分，本条将非法的威胁限定为“暴力”或者“严重损害本人及其近亲属合法权益”等情形。所谓以严重损害近亲属合法权益相威胁，主要是指在近亲属与案件无涉的情形下，以之为要挟迫使被告人认罪。

(3)非法限制人身自由的认定标准。《严格排除非法证据规定》第 4 条规定，采用非法拘禁等非法限制人身自由的方法收集的犯罪嫌疑人、被告人供述，应当予以排除。《非法证据排除规程》第 1 条重申这一规定。本条第 3 项再次重申这一规定。据此，采用非法拘禁等非法限制人身自由的方法，既侵犯人权，又违反正当程序，应当被视为《刑事诉讼法》禁止的“其他方法”，由此收集的供述应当纳入非法证据排除规则的范畴。与刑讯逼供、威胁方法相比，非法限制人身自由是一种持续性非法行为，因此，尽管并未强调程度要求，但通过非法限制人身自由而强迫被告人认罪，是该类非法方法的应有之义。

(4)引诱、欺骗取证情形的处理。与刑讯逼供和威胁相比，引诱、欺骗并不属于强迫方法，而且在侦查实践中，引诱、欺骗与合法侦查策略的边界较为模糊。但是，在《刑事诉讼法》明确禁止引诱、欺骗方法的前提下，设定引诱、欺骗取证的排除规则，在法律依据层面并不存在障碍。同时，一些突破法律底线的引诱、欺骗方法极易导致虚假供述，特别是在刑讯逼供、威胁与引诱、欺骗组合使用的情形下，极易引发冤假错案。尽管目前在规范层面尚未确立引诱、欺骗取证的排除规则，但实践中遇有引诱、欺骗取证情形，也需要审慎评估此类证据的证据能力。对于采用以非法利益进行引诱的方法或者以严重违背社会公德的方式进行欺骗的方法取得的被告人供述，可能严重影响司法公正的，对有关供述应当予以排除。

2012年《刑诉法解释》	2021年《刑诉法解释》
	第一百二十四条　采用刑讯逼供方法使被告人作出供述，之后被告人受该刑讯逼供行为影响而作出的与该供述相同的重复性供述，应当一并排除，但下列情形除外： **（一）调查、侦查期间，监察机关、侦查机关根据控告、举报或者自己发现等，确认或者不能排除以非法方法收集证据而更换调查、侦查人员，其他调查、侦查人员再次讯问时告知有关权利和认罪的法律后果，被告人自愿供述的；** **（二）审查逮捕、审查起诉和审判期间，检察人员、审判人员讯问时告知诉讼权利和认罪的法律后果，被告人自愿供述的。**

适用要点

2021年《刑诉法解释》第124条系新增规定。《严格排除非法证据规定》第5条规定，采用刑讯逼供方法使犯罪嫌疑人、被告人作出供述，之后犯罪嫌疑人、被告人受该刑讯逼供行为影响而作出的与该供述相同的重复性供述，应当一并排除，但下列情形除外：(1)侦查期间，根据控告、举报或者自己发现等，侦查机关确认或者不能排除以非法方法收集证据而更换侦查人员，其他侦查人员再次讯问时告知诉讼权利和认罪的法律后果，犯罪嫌疑人自愿供述的;(2)审查逮捕、审查起诉和审判期间,检察人员、审判人员讯问时告知诉讼权利和认罪的法律后果,犯罪嫌疑人、被告人自愿供述的。《非法证据排除规程》第1条重申了这一规定。2021年《刑诉法解释》第124条再次重申这一规定。采用刑讯逼供等非法方法收集供述后,后续重复性供述是否排除,法律并未作出明确规定。立足司法实践,如果仅排除刑讯逼供取得的当次供述,对后续重复性供述不予排除,无异于变相默许刑讯逼供。

关于本条规定,需要注意以下事项:(1)更换办案人员的例外。对于办案机关在调查、侦查期间,根据控告、举报或者主动发现等途径,确认或者不能排除办案人员以非法方法收集证据的情形,此类证据应当予以排除,不得用于后续讯问等诉讼活动。在此基础上,办案机关更换办案人员,办案人员再次讯问时告知有关权利和认罪的法律后果,被告人自愿供述的,后续供述可以作为证据使用。如果更换的办案人员并未按照法定程序开展讯问,被告人供述的自愿性缺乏保障,即便后续讯问并未采取刑讯逼供方法,有关供述也应适用重复性供述排除规则。(2)诉讼阶段变更的例外。审查逮捕、审查起诉和审判期间,检察人员、审判人员讯问时告知诉讼权利和认罪的法律后果,属于法律的基本要求。检察人员、审判人员在上述阶段开展讯问,主要是为了核实被告人是否认罪,并非专门意在获取供述,因此,法律推定检察人员、审判人员在上述阶段的讯问能够消除先前刑讯逼供的心理影响。相应地,被告人自愿供述的,有关供述可以作为证据使用。如果检察人员、审判人员并未按照法定程序开展讯问,被告人供述的自愿性缺乏保障,即便后续讯问并未采取刑讯逼供方法,有关供述也应适用重复性供述排除规则。同时,如果在审查逮捕、审查起诉环节,先前刑讯逼供的侦查人员参与检察人员主持的讯问,被告人因该侦查人员在场而不得不继续作出认罪供述,那么,此类供述的自愿性仍然缺乏保障,不能被视为诉讼阶段变更的例外情形。

2012年《刑诉法解释》	2021年《刑诉法解释》
	第一百二十五条　采用暴力、威胁以及非法限制人身自由等非法方法收集的证人证言、被害人陈述,应当予以排除。

适用要点

2021年《刑诉法解释》第125条系新增规定，规定了非法证人证言、被害人陈述的排除规则。《刑事诉讼法》第56条第1款规定，采用暴力、威胁等非法方法收集的证人证言、被害人陈述，应当予以排除。在法律规定的基础上，《严格排除非法证据规定》第6条规定，采用暴力、威胁以及非法限制人身自由等非法方法收集的证人证言、被害人陈述，应当予以排除。《非法证据排除规程》第2条重申这一规定。本条再次重申这一规定，将"非法限制人身自由等非法方法"收集的证人证言、被害人陈述纳入非法证据排除规则的范畴。实践中，为核实证人证言、被害人陈述是否存在非法取证情形，辩护方可以申请法庭通知证人、被害人出庭作证。

2012年《刑诉法解释》	2021年《刑诉法解释》
	第一百二十六条　收集物证、书证不符合法定程序，可能严重影响司法公正的，应当予以补正或者作出合理解释；不能补正或者作出合理解释的，对该证据应当予以排除。 **认定"可能严重影响司法公正"，应当综合考虑收集证据违反法定程序以及所造成后果的严重程度等情况。**

适用要点

2021年《刑诉法解释》第126条系新增规定，规定了非法实物证据的排除规则。《刑事诉讼法》第56条第1款规定，收集物证、书证不符合法定程序，可能严重影响司法公正的，应当予以补正或者作出合理解释；不能补正或者作出合理解释的，对该证据应当予以排除。本条对"可能严重影响司法公正"作出了解释，即，应当综合考虑收集证据违反法定程序以及所造成后果的严重程度等情况。需要指出的是，《非法证据排除规程》第3条对非法实物证据排除规则作出了提示性规定，将"采用非法搜查、扣押等违反法定程序的方法收集物证、书证"，作为收集物证、书证不符合法定程序的典型情况，实践中可以参考。

为严格实行非法证据排除规则，需要慎重对待“毒树之果”问题。如果仅排除刑讯逼供取得的供述，办案人员可能先采用刑讯逼供方法取得供述，再据此收集其他实物证据来证明犯罪事实，这不仅意味着刑讯逼供仍然难以杜绝，而且会变相架空非法证据排除规则。虽然法律并未对此作出规定，但在现有制度框架下，可考虑参照非法实物证据的排除规则，基于公正审判权的考量对“毒树之果”实行裁量排除。

2012年《刑诉法解释》	2021年《刑诉法解释》
第九十六条 当事人及其辩护人、诉讼代理人申请人民法院排除以非法方法收集的证据的，应当提供涉嫌非法取证的人员、时间、地点、方式、内容等相关线索或者材料。	**第一百二十七条** 当事人及其辩护人、诉讼代理人申请人民法院排除以非法方法收集的证据的，应当提供涉嫌非法取证的人员、时间、地点、方式、内容等相关线索或者材料。
第九十七条 人民法院向被告人及其辩护人送达起诉书副本时，应当告知其申请排除非法证据的，应当在开庭审理前提出，但在庭审期间才发现相关线索或者材料的除外。	**第一百二十八条** 人民法院向被告人及其辩护人送达起诉书副本时，应当告知其申请排除非法证据的，应当在开庭审理前提出，但庭审期间才发现相关线索或者材料的除外。
第九十八条 开庭审理前，当事人及其辩护人、诉讼代理人申请人民法院排除非法证据的，人民法院应当在开庭前及时将申请书或者申请笔录及相关线索、材料的复制件送交人民检察院。	**第一百二十九条** 开庭审理前，当事人及其辩护人、诉讼代理人申请人民法院排除非法证据的，人民法院应当在开庭前及时将申请书或者申请笔录及相关线索、材料的复制件送交人民检察院。
第九十九条 开庭审理前，~~当事人及其辩护人、诉讼代理人申请排除非法证据，人民法院经审查，对证据收集的合法性有疑问的，应当依照刑事诉讼法第一百八十二条第二款的规定~~召开庭前会议，就非法证据排除等问题了解情况，听取意见。人民检察院可以通过出示有关证据材料等方式，对证据收集的合法性加以说明。	**第一百三十条** 开庭审理前，**人民法院可以**召开庭前会议，就非法证据排除等问题了解情况，听取意见。 **在庭前会议中，**人民检察院可以通过出示有关证据材料等方式，对证据收集的合法性加以说明。**必要时，可以通知调查人员、侦查人员或者其他人员参加庭前会议，说明情况。**

适用要点

2021年《刑诉法解释》第130条规定了庭前会议中对非法证据排除问题的处理机制。关于本条规定，需要注意以下事项：

(1)庭前会议的启动条件。根据2012年《刑诉法解释》第99条的规定，针对证据合法性争议是否召开庭前会议，取决于人民法院是否对证据合法性存在疑问。2012年《刑诉法解释》第99条规定，开庭审理前，当事人及其辩护人、诉讼代理人申请排除非法证据，人民法院经审查，对证据收集的合法性有疑问的，应当依照《刑事诉讼法》的规定召开庭前会议，就非法证据排除等问题了解情况，听取意见。为严格实行非法证据排除规则，《严格排除非法证据规定》第25条规定，被告人及其辩护人在开庭审理前申请排除非法证据，按照法律规定提供相关线索或者材料的，人民法院应当召开庭前会议。《非法证据排除规程》第10条重申这一规定。据此，是否召开庭前会议，以辩护方是否提出适格申请为前提；只要辩护方提出排除非法证据的申请，并按照法律规定提供相关线索或者材料，就应当召开庭前会议。本条规定确立了人民法院裁量召开庭前会议的原则，即，不再设定具体条件，而是由人民法院根据案件需要召开庭前会议，就非法证据排除等问题了解情况，听取意见。实践中，辩护方在开庭审理前申请排除非法证据的，也可以申请人民法院召开庭前会议。

(2)检察机关在庭前会议中对证据合法性的说明。在2012年《刑诉法解释》第99条规定的基础上，本条新增规定，必要时，可以通知调查人员、侦查人员或者其他人员参加庭前会议，说明情况。

2012年《刑诉法解释》	2021年《刑诉法解释》·
	第一百三十一条　在庭前会议中，人民检察院可以撤回有关证据。撤回的证据，没有新的理由，不得在庭审中出示。 **当事人及其辩护人、诉讼代理人可以撤回排除非法证据的申请。撤回申请后，没有新的线索或者材料，不得再次对有关证据提出排除申请。**

适用要点

2021年《刑诉法解释》第131条系新增规定。《严格排除非法证据规定》第25条第2、3款规定，在庭前会议中，人民检察院可以决定撤回有关证据，撤回的证据，没有新的理由，不得在庭审中出示。被告人及其辩护人可以撤回排除非法证据的申请。撤回申请后，没有新的线索或者材料，不得再次对有关证据提出排除申请。《非法证据排除规程》第14条重申这一规定。本条再次重申这一规定。据此，在庭前会议中，控辩双方可以对非法证据排除争议交换意见，并协商达成一致处理意见。庭前会议中控辩双方针对非法证据排除争议作出的协商决定，具有法律效力。

2012年《刑诉法解释》	2021年《刑诉法解释》
第一百条第一款 ~~法庭审理过程中，~~当事人及其辩护人、诉讼代理人~~申请排除非法证据的，法庭应当进行审查。~~经审查，对证据收集的合法性有疑问的，应当进行调查；没有疑问的，~~应当当庭说明情况和理由，继续法庭审理。~~当事人及其辩护人、诉讼代理人以相同理由再次~~申请排除非法证据的，法庭~~不再~~进行~~审查。 **第三款** ~~法庭审理过程中，当事人及其辩护人、诉讼代理人申请排除非法证据，人民法院经审查，不符合本解释第九十七条规定的，应当在法庭调查结束前一并进行审查，并决定是否进行证据收集合法性的调查。~~	**第一百三十二条** 当事人及其辩护人、诉讼代理人**在开庭审理前未申请排除非法证据，在庭审过程中提出申请的，应当说明理由。人民法院**经审查，对证据收集的合法性有疑问的，应当进行调查；没有疑问的，**驳回申请**。 **驳回排除非法证据的申请后，**当事人及其辩护人、诉讼代理人**没有新的线索或者材料，**以相同理由再次**提出申请的，人民法院**不再审查。

适用要点

2021年《刑诉法解释》第132条规定了庭审过程中提出排除非法证据申请的处理规则。《非法证据排除规程》第17条规定，被告人及其辩护人在开庭审理前未申请排除非法证据，在庭审过程中提出申请的，应当说明理由。人民法院经审查,对证据收集的合法性有疑问的,应当进行调查;没有疑问的,应当驳回申请。人民法院驳回排除非法证据的申请后,被告人及其辩护人没有新的线索或者材料,以相同理由再次提出申请的,人民法院不再审查。本条重申了这一规定。

对于辩护方在庭审过程中提出的排除非法证据申请,需要注意以下事项:(1)辩护方说明理由。鉴于当庭提出非法证据排除申请可能导致庭审中断,本解释强调在开庭审理前提出申请,以便给人民检察院必要的准备时间,保证庭审持续顺利进行。不过,在有的案件中辩护方可能直至开庭审理后才收集到有关非法取证的线索或者材料,进而只能在庭审过程中提出排除非法证据的申请。在此种情况下,人民法院显然不能以辩护方拖延提出申请为由径行驳回申请。同时,法律亦未禁止辩护方在庭审过程中提出排除非法证据的申请。对于辩护方在庭审过程中提出申请的情形,应当说明理由,进而避免辩护方无故拖延提出申请。(2)法庭的审查处理。对于辩护方在庭审过程中提出的排除非法证据申请,人民法院应当进行审查,确定是否符合启动证据合法性调查程序的条件。对于法庭对证据合法性没有疑问的情形,即,辩护方未能提供有关非法取证的线索或者材料,或者提供的线索材料不能促使法庭对证据合法性产生疑问的,法庭可以驳回申请。(3)驳回申请的法律效力。法庭驳回非法证据的申请后,辩护方没有新的线索或者材料,以相同理由再次提出申请的,因不符合法定的申请条件,法庭不再予以审查。如果辩护方提出新的线索或者材料,促使法庭对证据合法性产生疑问的,法庭应当对证据合法性进行调查。

☞ 典型案例

褚明剑受贿案[1]

裁判要旨:被告人提出非法证据申请的,必须提出相关线索或材料,并且要达到使法庭对取证行为合法性存在疑问的程度,才需要启动调查程序。

---

〔1〕 参见《刑事审判参考》总第89集第823号案例。

2012 年《刑诉法解释》	2021 年《刑诉法解释》
	第一百三十三条　控辩双方在庭前会议中对证据收集是否合法未达成一致意见,人民法院对证据收集的合法性有疑问的,应当在庭审中进行调查;对证据收集的合法性没有疑问,且无新的线索或者材料表明可能存在非法取证的,可以决定不再进行调查并说明理由。

适用要点

2021 年《刑诉法解释》第 133 条系新增规定。《严格排除非法证据规定》第 26 条规定,公诉人、被告人及其辩护人在庭前会议中对证据收集是否合法未达成一致意见,人民法院对证据收集的合法性有疑问的,应当在庭审中进行调查;人民法院对证据收集的合法性没有疑问,且没有新的线索或者材料表明可能存在非法取证的,可以决定不再进行调查。本条重申这一规定。据此,对于控辩双方在庭前会议中未能就证据合法性争议协商一致的情形,法庭需要进行审查,经审查对证据合法性存在疑问的情形,应当在庭审中进行调查。换言之,法庭是否在庭审中对证据合法性进行调查,不以控辩双方存在争议为前提,而是以法庭是否对证据合法性存在疑问为前提。

需要指出的是,《非法证据排除规程》第 15 条规定了庭前会议和庭审程序对证据合法性争议的衔接机制,可在实践中继续适用。控辩双方在庭前会议中对证据收集的合法性达成一致意见的,法庭应当在庭审中向控辩双方核实并当庭予以确认。对于一方在庭审中反悔的,除有正当理由外,法庭一般不再进行审查。控辩双方在庭前会议中对证据收集的合法性未达成一致意见,人民法院应当在庭审中进行调查,但公诉人提供的相关证据材料确实、充分,能够排除非法取证情形,且没有新的线索或者材料表明可能存在非法取证的,庭审调查举证、质证可以简化。

2012年《刑诉法解释》	2021年《刑诉法解释》
第一百条第二款 对证据收集合法性的调查，~~根据具体情况，可以在当事人及其辩护人、诉讼代理人提出排除非法证据的申请后进行~~，也可以在法庭调查结束前~~一并进行~~。	**第一百三十四条 庭审期间，法庭决定**对证据收集**的**合法性**进行**调查**的，应当先行当庭调查。但为防止庭审过分迟延**，也可以在法庭调查结束前调查。

适用要点

2021年《刑诉法解释》第134条规定了证据合法性的先行当庭调查规则。根据2012年《刑诉法解释》第100条的规定，对证据收集合法性的调查，根据具体情况，可以在当事人及其辩护人、诉讼代理人提出排除非法证据的申请后进行，也可以在法庭调查结束前一并进行。为严格实行非法证据排除规则，《严格排除非法证据规定》第30条规定，庭审期间，法庭决定对证据收集的合法性进行调查的，应当先行当庭调查。但为防止庭审过分迟延，也可以在法庭调查结束前进行调查。《非法证据排除规程》第18条重申这一规定。本条再次重申这一规定。鉴此，基于证据能力与证明力的区分，对于证据合法性的争议，法庭应当先行当庭调查。只有为防止庭审过分拖延，才可以先调查其他犯罪事实，再对证据收集的合法性进行调查。

需要指出的是，《严格排除非法证据规定》第33条规定，法庭对证据收集的合法性进行调查后，应当当庭作出是否排除有关证据的决定。必要时，可以宣布休庭，由合议庭评议或者提交审判委员会讨论，再次开庭时宣布决定。在法庭作出是否排除有关证据的决定前，不得对有关证据宣读、质证。这一规定是先行当庭调查原则的必然要求，应当严格执行。否则，如果将证据合法性（证据能力）和证据真实性（证明力）混为一谈，以证据具有真实性为由采纳非法证据，将违反非法证据排除规则的内在要求。

2012年《刑诉法解释》	2021年《刑诉法解释》
第一百零一条 法庭决定对证据收集的合法性进行调查的，~~可以~~由公诉人通过~~出示、~~宣读讯问笔录~~或者其他证据~~，有针对性地播放讯问~~过程的~~	**第一百三十五条** 法庭决定对证据收集的合法性进行调查的，由公诉人通过宣读**调查、侦查**讯问笔录**、出示提讯登记、体检记录、对讯问合法性的**

续表

2012 年《刑诉法解释》	2021 年《刑诉法解释》
录音录像,提请法庭通知有关侦查人员或者其他人员出庭说明情况等方式,证明证据收集的合法性。 公诉人提交的取证过程合法的说明材料,应当经有关侦查人员签名,并加盖公章。未经~~有关侦查人员~~签名的,不得作为证据使用。上述说明材料不能单独作为证明取证过程合法的根据。	**核查材料等**证据**材料**,有针对性地播放讯问录音录像,提请法庭通知有关**调查人员**、侦查人员或者其他人员出庭说明情况等方式,证明证据收集的合法性。 **讯问录音录像涉及国家秘密、商业秘密、个人隐私或者其他不宜公开内容的,法庭可以决定对讯问录音录像不公开播放、质证。** 公诉人提交的取证过程合法的说明材料,应当经有关**调查人员**、侦查人员签名,并加盖**单位印章**。未经签名**或者盖章**的,不得作为证据使用。上述说明材料不能单独作为证明取证过程合法的根据。

适用要点

2021 年《刑诉法解释》第 135 条规定了证据合法性的调查程序。在 2012 年《刑诉法解释》第 101 条规定的基础上,2021 年《刑诉法解释》第 135 条进一步细化了法庭对证据合法性进行调查的要求,需要注意以下事项:(1)证据材料的出示、宣读。关于公诉人对证据合法性的证明方法,2021 年《刑诉法解释》第 135 条将 2012 年《刑诉法解释》第 101 条规定中的"出示、宣读讯问笔录或者其他证据",调整为"宣读调查、侦查讯问笔录、出示提讯登记、体检记录、对讯问合法性的核查材料等证据材料"。这一修改,专门强调了"宣读"调查、侦查讯问笔录的要求。需要指出的是,关于供述合法性的调查,不同于供述证明力的调查,在证据合法性调查环节,出示调查、侦查讯问笔录的目的,不是核实有关笔录的内容真伪,而是核实有关笔录所记载的讯问时间、地点是否符合法律规定,以及讯问语言是否存在威胁等情形。至于调查、侦查讯问笔录所记载的供述内容是否真实,则是在证据合法性争议解决之后,在后续法庭证据调查环节需要解决的问题。鉴此,在这一环节,宣读调查、侦查讯问笔录旨在解决证据合法性争议,不能变相成为证据证明力的举证、质证。(2)证据合法性的证明方法。除宣读调查、侦查讯问笔录外，公诉人还可以出示提讯登记、体检记录、对讯问合法性的核查材料等证据材料，有针对性地播放讯问录音录像，提请法庭通知有关调查人员、侦查人员或者其他人员出庭说明情况。(3)讯问录音录像的播放要求。这是本条新增的规定，讯问录音录像涉及国家秘密、商业秘密、个人隐私或者其他不宜公开内容的，法庭可以决定对讯问录音录像不公开播放、质证。据此，辩护方可以申请法庭有针对性地播放讯问合法性存在争议的内容，如果法庭认为有关内容不宜公开播放，可以对该证据的播放、质证转为不公开进行。(4)说明材料的签名盖章要求。对于公诉人提交的取证过程合法的说明材料，2021 年《刑诉法解释》第 135 条将 2012 年《刑诉法解释》第 101 条规定中的“未经有关侦查人员签名的”，调整为“未经签名或者盖章的”。据此，如果有关说明材料未经调查人员、侦查人员签名，或者未经单位盖章，均不得作为证据使用。

2012 年《刑诉法解释》	2021 年《刑诉法解释》
	第一百三十六条　控辩双方申请法庭通知调查人员、侦查人员或者其他人员出庭说明情况，法庭认为有必要的，应当通知有关人员出庭。 **根据案件情况，法庭可以依职权通知调查人员、侦查人员或者其他人员出庭说明情况。** **调查人员、侦查人员或者其他人员出庭的，应当向法庭说明证据收集过程，并就相关情况接受控辩双方和法庭的询问。**

适用要点

2021 年《刑诉法解释》第 136 条系新增规定。《严格排除非法证据规定》第 31 条第 3 款规定，侦查人员或者其他人员出庭，应当向法庭说明证据收集过程，并就相关情况接受发问。对发问方式不当或者内容与证据收集的合法性无关的，法庭应当制止。《非法证据排除规程》第 23 条第 1 款重申了这一规定。2021 年《刑诉法解释》第 136 条再次重申这一规定，并进一步明确了询问的主体。关于本条规定，需要注意以下事项：(1)通知有关人员出庭的程序。对于控辩双方申请法庭通知调查人员、侦查人员或者其他人员出庭说明情况的情形，法庭可以裁量决定是否通知有关人员出庭。所谓"有必要的"，主要是指公诉人提供的其他证据不足以证明证据合法性，为解决证据合法性存在的疑问，法庭应当通知有关人员出庭。同时，即便控辩双方未申请有关人员出庭，法庭经审查对证据合法性存在疑问的，也可以依职权通知有关人员出庭说明情况。(2)有关人员出庭接受询问的要求。调查人员、侦查人员或者其他人员出庭，主要职责是解决证据合法性存在的疑问。特别是公诉人申请出庭的有关人员，需要对辩护方提出的有关材料作出合理解释。据此，有关人员出庭后，首先应当向法庭说明证据收集过程，解决法庭对证据合法性存在的疑问。同时，有关人员还需就相关情况接受控辩双方和法庭的询问。

2012年《刑诉法解释》	2021年《刑诉法解释》
第一百零二条 ~~经审理，~~确认或者不能排除存在刑事诉讼法第~~五十四~~条规定的以非法方法收集证据情形的，对有关证据应当排除。 ~~人民法院对证据收集的合法性进行调查后，应当将调查结论告知公诉人、当事人和辩护人、诉讼代理人。~~	**第一百三十七条　法庭对证据收集的合法性进行调查后，**确认或者不能排除存在刑事诉讼法第**五十六**条规定的以非法方法收集证据情形的，对有关证据应当排除。
第一百零三条　具有下列情形之一的，第二审人民法院应当对证据收集的合法性进行审查，并根据刑事诉讼法和本解释的有关规定作出处理： （一）第一审人民法院对当事人及其辩护人、诉讼代理人排除非法证据的申请没有审查，且以该证据作为定案根据的； （二）人民检察院或者被告人、自诉人及其法定代理人不服第一审人民法院作出的有关证据收集合法性的调查结论，提出抗诉、上诉的； （三）当事人及其辩护人、诉讼代理人在第一审结束后才发现相关线索或者材料，申请人民法院排除非法证据的。	**第一百三十八条**　具有下列情形之一的，第二审人民法院应当对证据收集的合法性进行审查，并根据刑事诉讼法和本解释的有关规定作出处理： （一）第一审人民法院对当事人及其辩护人、诉讼代理人排除非法证据的申请没有审查，且以该证据作为定案根据的； （二）人民检察院或者被告人、自诉人及其法定代理人不服第一审人民法院作出的有关证据收集合法性的调查结论，提出抗诉、上诉的； （三）当事人及其辩护人、诉讼代理人在第一审结束后才发现相关线索或者材料，申请人民法院排除非法证据的。

续表

2012 年《刑诉法解释》	2021 年《刑诉法解释》
第九节　证据的综合审查与运用	第十节　证据的综合审查与运用
第一百零四条　对证据的真实性,应当综合全案证据进行审查。 对证据的证明力,应当根据具体情况,从证据与待证事实的关联程度、证据之间的联系等方面进行审查判断。 ~~证据之间具有内在联系,共同指向同一待证事实,不存在无法排除的矛盾和无法解释的疑问的,才能作为定案的根据。~~	**第一百三十九条**　对证据的真实性,应当综合全案证据进行审查。 对证据的证明力,应当根据具体情况,从证据与**案件**事实的关联程度、证据之间的联系等方面进行审查判断。

适用要点

2021 年《刑诉法解释》第 139 条规定了证据真实性和证明力的审查规则。2012 年《刑诉法解释》第 104 条第 3 款规定:“证据之间具有内在联系,共同指向同一待证事实,不存在无法排除的矛盾和无法解释的疑问的,才能作为定案的根据。”2021 年《刑诉法解释》修正时将其予以删除。实践中,关于证据证明力的分析,可以综合运用关联分析、印证分析、系统分析等证据分析方法。

☞ 典型案例

李刚、李飞贩卖毒品案[1]

裁判要旨:(1)对于公诉机关指控的未查获毒品实物的犯罪事实,只有依法取得的被告人供述与其他证据能够相互印证,且不存在合理怀疑时,才能依法认定。本案中公诉机关指控被告人三次将海洛因贩卖给韦某,但被告人始终否认前两起贩卖毒品事实。公诉机关主要根据韦某的指供和二人的通话记录指控被告人实施了前两起毒品犯罪。通话记录虽能够印证被告人与韦某关于第三起贩卖毒品事前电话联系的供述,却并

[1] 参见《刑事审判参考》总第 97 集第 969 号案例。

不能证明两人的通话内容就是联系毒品交易，更无法作为独立证据印证韦某关于被告人前两次贩卖的供述。通话记录与韦某的指供在被告人前两次贩卖毒品事实的证明方向上仍属单向证明，没有得到被告人供述或者在案其他证据的相互印证，并不能必然得出被告人前两次贩卖海洛因的结论。指控被告人前两次贩卖毒品的证据不足，不能认定。(2)审判工作中对于非法证据排除需要把握以下环节：①当事人及其辩护人、诉讼代理人申请排除非法证据，法院对证据收集的合法性有疑问的，应当召开庭前会议，听取意见。控辩双方存在较大争议，无法在庭前会议协商解决的，法院应当归纳争议焦点，通过法庭调查程序对相关证据的合法性进行审查，并决定是否排除相关证据。②法院决定对相关证据的合法性进行法庭调查，应当根据申请人提供的线索、材料，结合侦查机关的讯问笔录、讯问过程的录音录像、看守所管教人员的谈话笔录、驻所检察员的记录、同监室人员的证言、被告人出入看守所的身体检查记录、医院检查病历、侦查机关出具的说明等材料，综合审查判断被申请排除的证据是否合法收集。③现有证据材料不能证明证据收集合法性的，法院可以通知有关侦查人员出庭说明情况。

邢某、吴某故意杀人案[1]

裁判要旨：对于所要排除的证据，只要公诉机关未能提供确实、充分的证据证明其合法性，就应当对该证据予以排除，而无须证明其“确系非法”。侦查机关对取证行为是否合法出具说明必须综合全案证据予以审查，不能仅凭该说明就认为取证合法。对讯问同步录音、录像要审查其形成的全部经过，特别是要审查形成的背景。

刘晓鹏、罗永全贩卖毒品案[2]

裁判要旨：对于2012年《刑事诉讼法》第58条[3]规定的“不能排除以非法方法收集证据情形”的具体认定，一般可从以下几个方面着手：(1)从取证人员、时间、地点、方式、内容入手进行判断。以下情形应予以

---

〔1〕 参见《刑事审判参考》总第95集第924号案例。

〔2〕 参见《刑事审判参考》总第92集第869号案例。

〔3〕 对应2018年《刑事诉讼法》第60条。

注意:①本地公安人员讯问取证的,如果取证人员是异地公安人员,如被告人是因为被网上追逃而被异地公安机关抓获的,异地公安机关在不负责侦办案件的情况下第一次讯问被告人的,通常可以排除公安机关采取了非法方法;②讯问时间异常,如讯问持续时间长而笔录内容简短、讯问时间在深夜等;③讯问地点在法定羁押场所之外的,如有罪供述发生在刑侦大队的、在提出看守所外期间的;④讯问笔录中供述细节与其他证据具有不寻常的高度吻合,或者细节在侦查人员的提示下由不吻合到吻合等情形;⑤对于被告人翻供比较突兀,前后供述无理由出现截然不同的情形。对上述情形,应当结合被告人提出刑讯逼供的具体线索,审查被告人翻供的时间和前后供述的变化内容,进行综合认定,判断被告人供述是否属于非法证据。(2)对重大案件,应当结合同步录音录像进行判断。由于设备、技术以及侦查人员的记录习惯等原因,要求录音录像与讯问笔录完全一致并不现实,但是如果录音录像存在剪辑、关键问题处不清晰或者与讯问笔录存在出入的地方应当予以注意;特别是讯问笔录记载与录音录像显示的时间长短、内容繁简等明显不符的,应当结合其他证据进行认真审查。证据收集合法性的证明标准需要达到“证据确实、充分”的证明标准。如果人民检察院无法提供确实、充分的证据证明取证的合法性,如对于重大犯罪案件,侦查机关未进行全程同步录音录像,讯问又未按照法律规定在看守所内进行,且没有其他证据能够证明讯问的合法性,此种情况就属于“不能排除以非法方法收集证据情形”。

张世明抢劫案〔1〕

裁判要旨:非同案共犯的证言与普通证人证言相比,从证明主体与案件的利害关系、证明内容的范围、证明内容的真实性等方面看,二者都有差异。无论是形式上还是实质上,将非同案共犯的供述界定为被告人的供述这一证据种类更为合适。考虑到非同案共犯毕竟具有一定的“旁观者”“局外人”色彩,在对已经过庭审质证确认的被告人供述的判断和运用方面,相对于同案共犯的供述要更灵活一些,允许在一定前提下据此对被告人定罪判刑,甚至判处死刑。本案被告人被公安机关抓获前,其他四

〔1〕 参见《刑事审判参考》总第71集第590号案例。

名被告人已被法院判刑，对于本案而言，该四名被告人的供述属于非同案共犯的供述。本案虽然没有客观证据，被告人也完全否认，但公安机关对其他四名被告人的讯问是分别进行的，他们当时不可能知道其他被告人的供述或者被告人张世明是否尚在逃的情况，能够排除串供的可能性；四名被告人的口供的取得程序合法，能够排除刑讯逼供或引诱、欺骗的情形。非同案共犯一共四名，各被告人对犯罪事实和具体分工的供述及相关细节印证一致，没有将全部责任推卸给本案被告人，四人供述的可信性、证明力较强。本案被告人虽辩解其罪行是其他被告人实施的，但其在被抓获时很可能已经知道其他被告人被判刑特别其他被告人被判处死刑的情况，其辩解具有明显的推卸责任的嫌疑。其关于手指有残疾行为能力受影响的辩解也与其前科事实不符，其辩解不能成立。本案法院根据其他四名被告人的供述确认由本案被告人实施了分工及掐死被害人的行为，并进而根据其罪行判处其死刑是慎重适当的。

2012年《刑诉法解释》	2021年《刑诉法解释》
第一百零五条 没有直接证据，但间接证据同时符合下列条件的，可以认定被告人有罪： （一）证据已经查证属实； （二）证据之间相互印证，不存在无法排除的矛盾和无法解释的疑问； （三）全案证据已经形成完整的~~证明体系~~； （四）根据证据认定案件事实足以排除合理怀疑，结论具有唯一性； （五）运用证据进行的推理符合逻辑和经验。	**第一百四十条** 没有直接证据，但间接证据同时符合下列条件的，可以认定被告人有罪： （一）证据已经查证属实； （二）证据之间相互印证，不存在无法排除的矛盾和无法解释的疑问； （三）全案证据形成完整的**证据链**； （四）根据证据认定案件事实足以排除合理怀疑，结论具有唯一性； （五）运用证据进行的推理符合逻辑和经验。
第一百零六条 根据被告人的供述、指认提取到了隐蔽性很强的物证、书证，且被告人的供述与其他证明犯罪事实发生的证据相互印证，并排除串供、逼供、诱供等可能性的，可以认定被告人有罪。	**第一百四十一条** 根据被告人的供述、指认提取到了隐蔽性很强的物证、书证，且被告人的供述与其他证明犯罪事实发生的证据相互印证，并排除串供、逼供、诱供等可能性的，可以认定被告人有罪。

续表

2012年《刑诉法解释》	2021年《刑诉法解释》
第一百零七条 采取技术侦查措施收集的证据材料，经当庭出示、辨认、质证等法庭调查程序查证属实的，可以作为定案的根据。 使用前款规定的证据可能危及有关人员的人身安全，或者可能产生其他严重后果的，法庭应当采取不暴露有关人员身份、技术方法等保护措施，必要时，审判人员可以在庭外核实。	
第一百零八条 对侦查机关出具的被告人到案经过、抓获经过等材料，应当审查是否有出具该说明材料的办案人、办案机关的签名、盖章。 对到案经过、抓获经过或者确定被告人有重大嫌疑的根据有疑问的，应当要求侦查机关补充说明。	**第一百四十二条** 对**监察机关、**侦查机关出具的被告人到案经过、抓获经过等材料，应当审查是否有出具该说明材料的办案人**员**、办案机关的签名、盖章。 对到案经过、抓获经过或者确定被告人有重大嫌疑的根据有疑问的，应当**通知人民检察院**补充说明。

适用要点

2021年《刑诉法解释》第142条规定了对到案经过、抓获经过等材料的审查和补正规则。鉴于到案经过、抓获经过是能够证明认定犯罪嫌疑人犯罪嫌疑的证据依据，以及相应的量刑情节，法庭应当认真审查。关于补充说明的主体，本条将2012年《刑诉法解释》第108条规定中的“侦查机关”调整为“人民检察院”，这体现了人民检察院的证明责任要求。

☞ 典型案例

杨飞故意杀人案[1]

裁判要旨：完全运用间接证据定案与有直接证据时的定案存在一定

[1] 参见《刑事审判参考》总第65集第512号案例。

区别,应严格遵循以下规则:(1)每一间接证据须查证属实,不存疑问;(2)每一间接证据确与案件事实均有客观联系,能够证明案件事实的某一方面或者环节;(3)各间接证据之间须协调一致,没有矛盾;(4)各个间接证据必须形成一个完整的证据体系,足以得出唯一的、排他的肯定结论。本案被告人拒不认罪,在案所有有罪证据都是间接证据。但经审查,所有的间接证据经查证都是客观真实的。这些间接证据分别证实本案事实的某一方面,相互结合,共同证明一个完整的事实。这些间接证据综合起来形成的唯一的、排他性结论是被告人故意杀害被害人,本案指控的罪名可以成立。

没有直接证据的情况下,单纯运用间接证据定案需要注意把握以下几个方面:(1)没有任何一个间接证据能直接证明案件的主要事实,每个证据须同其他证据相结合才具有证明作用。(2)任何一个间接证据的证明意义,都是由间接证据与案件事实之间的客观联系及与其他证据的相互结合所决定的。(3)所有间接证据形成证据链条后可得出唯一的、排他的结论。(4)在完全依靠间接证据定案时,其中任何一个间接证据被推翻,必须重新审视整个证据链条,如果在同一案件中存在两种以上的可能性,并且各有一些证据支持,就要重新调查,直到排除其他可能性,才能作出正确的结论。

胡元忠运输毒品案[1]

裁判要旨:毒品犯罪中如果案件并非人赃俱获,而是人“货”分离,定案的关键就在于如何审查、认定在案间接证据的证据能力、证明力及相关的逻辑联系,判断在案证据能否形成证据锁链,达到排除合理怀疑的证明标准。本案被告人并不否认其在该火车站候车室被检查且逃跑的事实,但拒绝承认与装有毒品的蓝色塑料盒之间的联系,定案的关键在于能否认定公安人员从现场提取的装有毒品的蓝色塑料盒,就是被告人逃跑时丢弃的。首先,民警马某的证言在本案的证据中起着至关重要的作用,体现在:(1)只有其一个人见到被告人有丢东西的动作,且听到“唰唰”和“啪”的声音。“唰唰”是跑动状态下药片在塑料盒中发出的声音,“啪”是

〔1〕 参见《刑事审判参考》总第67集第552号案例。

塑料盒被扔在路上的声音。(2)马某与联防队员田某返回后发现毒品、塑料盒等物品,此内容得到田某证言的印证。(3)马某在发现路边物品后,闻了气味,证实纸盒和药片的香味相同,这与公安机关出具的“实验笔录”证明能将彩红色纸盒完全放进蓝白色塑料盒里的情节相互印证。(4)马某证实有人在他后面追上来,他让继续追,自己返回,此内容得到民警徐某、王某某、肖某等人证言的印证。马某的证言中的两个疑点,即以现场的光线强度其能否看清距其6米远的被告人丢东西,以及其停止追击并返回,其间有没有其他人往路上扔毒品的可能,也为后来的现场勘查和调查所排除。马某的证言已经在相当高的程度上证实公安人员起获的毒品就是被告人在逃跑途中抛弃的。其次,证人肖某的证言对证实被告人随身携带毒品也有十分重要的作用,体现在:肖某最先看见塑料盒从被告人携带的包里掉出来,被告人从其手中拿过该盒子逃走,肖某对盒子的形状、颜色等特征作了描述,并作了辨认。其证言与案发现场旁的小卖部店主何某的证言能够相印证。其证言中的矛盾通过实验和调查所排除,其证言可以采信。本案虽然没有直接证据据以定案,但根据对这两份主要证人证言的审查、判断,并结合其他相关证据进行比较分析,各证据在细节上能够形成一致,且自然、合理,可以排除其他人作案的合理怀疑,形成完整的证据链,被告人胡元忠犯有运输毒品罪的事实足以认定。

陈乃东故意杀人案[1]

裁判要旨:对于“零口供”案件,需要结合被告人的辩解,认真审查在案其他证据是否可以形成完整的证据体系,锁定系被告人作案。对于被告人的辩解具有合理性,足以使在案证据体系形成疑点的,要慎重决定能否定案。对于被告人的辩解前后矛盾,不能自圆其说,且其他证据确实、充分的,可以定案。侦查机关出具的破案经过属于重要的案卷材料。客观、翔实的破案经过材料有助于审查判断证据,增强内心确信,进而确认案件事实。本案破案经过客观、自然,公安机关锁定被告人为犯罪嫌疑人的过程,符合逻辑推理和经验法则,体现出客观、自然的特点。物证、书证、DNA鉴定等客观性证据,受主观因素影响较少,具有较高的证明力。对于“零口供”案件,又没有目击证人等直接证据的,客观性证据的指向性

[1] 参见《刑事审判参考》总第77集第654号案例。

越明确,越有利于定案。本案有四个重要的鉴定结论:(1)证明从案发现场提取的血指纹系被告人所留的指纹鉴定结论;(2)证明该血指纹系沾附被害人李某的血迹形成的DNA鉴定结论;(3)证明从案发现场提取的2处血迹系被告人所留的DNA鉴定结论;(4)证明从被告人家提取到的棉布条上检出被害人李某的基因分型且不排除含有被告人罗某基因分型的DNA鉴定结论。这四个鉴定结论充分证实,被告人去过案发现场,手上沾附过被害人李某的血迹,还在案发现场受伤。本案虽然没有提取到被告人作案所穿的皮鞋或者胶鞋,但根据DNA鉴定、足迹鉴定结合现场勘查材料等证据,可以确定现场所留皮鞋和胶鞋形成的不同血足迹系被告人所留。对被告人无罪辩解的审查,是准确认定案件事实的重要方面。被告人的无罪辩解若有合理根据,能对现有证据提出反证,如有证据证实其确无作案时间等,对于查明案件事实会有很大作用。若被告人的无罪辩解不合常理、自相矛盾,或者与其他已查明的客观事实和证据相矛盾,反而可以增强认定其作案的内心确信。本案被告人关于其没有作案时间、与被害人夫妇无矛盾、其手伤形成原因以及现场发现的其血迹和指纹系"莫名其妙"的辩解与查证的事实不符,得不到其他证据的印证,均不能成立。本案被告人虽始终作无罪辩解,但认定其作案的间接证据均已查证属实,且间接证据之间亦能够相互印证,形成完整的证明体系,得出的结论也是唯一的,不存在无法排除的矛盾和无法解释的疑问,达到了死刑案件证明标准。可以认定其犯故意杀人罪的事实清楚,证据确实、充分。

2012年《刑诉法解释》	2021年《刑诉法解释》
第一百零九条 下列证据应当慎重使用,有其他证据印证的,可以采信: (一)生理上、精神上有缺陷,对案件事实的认知和表达存在一定困难,但尚未丧失正确认知、表达能力的被害人、证人和被告人所作的陈述、证言和供述; (二)与被告人有亲属关系或者其他密切关系的证人所作的有利被告人的证言,或者与被告人有利害冲突的证人所作的不利被告人的证言。	**第一百四十三条** 下列证据应当慎重使用,有其他证据印证的,可以采信: (一)生理上、精神上有缺陷,对案件事实的认知和表达存在一定困难,但尚未丧失正确认知、表达能力的被害人、证人和被告人所作的陈述、证言和供述; (二)与被告人有亲属关系或者其他密切关系的证人所作的有利**于**被告人的证言,或者与被告人有利害冲突的证人所作的不利**于**被告人的证言。

续表

2012年《刑诉法解释》	2021年《刑诉法解释》
第一百一十条 证明被告人自首、坦白、立功的证据材料，没有加盖接受被告人投案、坦白、检举揭发等的单位的印章，或者接受人员没有签名的，不得作为定案的根据。 对被告人及其辩护人提出有自首、坦白、立功的事实和理由，有关机关未予认定，或者有关机关提出被告人有自首、坦白、立功表现，但证据材料不全的，人民法院应当要求有关机关提供证明材料，或者要求相关人员作证，并结合其他证据作出认定。	**第一百四十四条** 证明被告人自首、坦白、立功的证据材料，没有加盖接受被告人投案、坦白、检举揭发等的单位的印章，或者接受人员没有签名的，不得作为定案的根据。 对被告人及其辩护人提出有自首、坦白、立功的事实和理由，有关机关未予认定，或者有关机关提出被告人有自首、坦白、立功表现，但证据材料不全的，人民法院应当要求有关机关提供证明材料，或者要求有关人员作证，并结合其他证据作出认定。
第一百一十一条 证明被告人构成累犯、毒品再犯的证据材料，应当包括前罪的裁判文书、释放证明等材料；材料不全的，应当~~要求有关机关~~提供。	**第一百四十五条** 证明被告人具有累犯、毒品再犯**情节等**的证据材料，应当包括前罪的裁判文书、释放证明等材料；材料不全的，应当**通知人民检察院**提供。

适用要点

2021年《刑诉法解释》第145条规定了量刑证据的补正规则。关于补充材料的主体，本条将2012年《刑诉法解释》第111条规定的“有关机关”调整为“人民检察院”，体现了人民检察院的证明责任要求。

2012年《刑诉法解释》	2021年《刑诉法解释》
第一百一十二条 审查被告人实施被指控的犯罪时或者审判时是否达到相应法定责任年龄，应当根据户籍证明、出生证明文件、学籍卡、人口普查登记、无利害关系人的证言等证据综合判断。 证明被告人已满十四周岁、十六周岁、十八周岁或者不满七十五周岁	**第一百四十六条** 审查被告人实施被指控的犯罪时或者审判时是否达到相应法定责任年龄，应当根据户籍证明、出生证明文件、学籍卡、人口普查登记、无利害关系人的证言等证据综合判断。 证明被告人已满**十二周岁**、十四周岁、十六周岁、十八周岁或者不满七

续表

2012年《刑诉法解释》	2021年《刑诉法解释》
的证据不足的，应当~~认定被告人不满十四周岁、不满十六周岁、不满十八周岁或者已满七十五周岁~~。	十五周岁的证据不足的，应当**作出有利于被告人的认定**。

适用要点

2021年《刑诉法解释》第146条规定了法定责任年龄的证据要求。本条在2012年《刑诉法解释》第112条规定的基础上，增加了“十二周岁”的证明要求，以与《刑法》的规定相适应。同时，对于证明被告人达到特定责任年龄的证据不足的情形，增加规定了处理原则，即“应当作出有利于被告人的认定”。

☞ 典型案例

伍金洪、黄南燕绑架案[1]

裁判要旨：户籍证明是有权机关依据法律授权按照法定程序或方式制作出具的、具有较强的规范性，是认定被告人刑事责任年龄的首要依据。户籍证明应当由犯罪嫌疑人原籍派出所出具，对于公安机关从其内网上下载的户籍信息材料，必须经犯罪嫌疑人所在地公安机关核实，并加盖公章认可。当户籍证明与被告人供述的年龄出现矛盾，且涉及被告人刑事责任年龄时，应当收集其他证据，以确定被告人的真实年龄。这些证据材料包括：(1)书证。主要包括出生证明、医院分娩记录、计生办证明、学籍证明、家谱族谱等，这些材料反映出生情况的原始记录信息，往往能够有效证明被告人年龄。(2)证人证言。是指被告人的父母、亲戚、朋友、邻居、接生员等证人就其出生、年龄等情况所作的证词。(3)骨龄鉴定。但不能把骨龄鉴定作为认定年龄的唯一证据，尤其是对涉及刑事责任年龄14周岁、16周岁、18周岁“临界点”的案件，如果被告人到案时间与作案时间间隔较长，根据到案后作的骨龄鉴定来推断其作案时的年龄，准确

[1] 参见《刑事审判参考》总第77集第659号案例。

率不会很高。如果其他证据材料能够相互印证,经审查能够证明被告人真实年龄的,可以排除户籍证明等法定证据,以其他证据来认定年龄。当户籍证明与其他证据材料的矛盾无法得到排除时,应正确贯彻"有利于被告人"原则,准确认定被告人的年龄:(1)当被告人的出生时间涉及是否追究其刑事责任时,户籍证明证实被告人作案时已经达到指控罪名的刑事责任年龄,但被告人提出相反意见时,其应当承担举证责任,向法庭提交有关证据。在被告方没有提供足够证据推翻的情况下,应当维护户籍证明的证明价值,以此来认定被告人的出生时间。(2)当被告人的出生时间涉及是否对其适用死刑时,对被告人的举证责任要求可相对宽松一些。如果被告人辩解其作案时不满18周岁并提出了一定证据,即使控方已经提出了户籍证明或其他相关证据,但只要其中某项证据存在疑问,或者在被告人及其辩护人提出的相反证据不能被完全否定的情况下,法庭应当尽最大努力仔细核查(包括请专家鉴定等),经核查后仍不能达到上述的证明标准时,应当不适用死刑立即执行。(3)被告人的出生时间不影响对被告人的定罪、量刑时,一般情况下采用控方提交的户籍证明等书面法定证据。当被告方提出的否定证据足以推翻控方提交的证据时,经法庭质证,控方对这些证据的合法性、真实性、关联性不持异议时,可以采信被告方提供的证据。

郭永明等绑架案[1]

裁判要旨:被告人犯罪时是否年满18周岁的证据存疑,应当按照"存疑有利于被告人"的原则掌握。审查被告人实施犯罪时是否已满18周岁,一般应当以户籍证明为依据;对户籍证明有异议,并有经查证属实的出生证明文件、无利害关系人的证言等证据证明被告人不满18周岁的,应认定被告人不满18周岁;没有户籍证明以及出生证明文件的,应当根据人口普查登记、无利害关系人的证言等证据综合进行判断,必要时,可以进行骨龄鉴定,并将结果作为判断被告人年龄的参考。未排除证据之间的矛盾,无充分证据证明被告人实施被指控的犯罪时已满18周岁且确实无法查明的,不能认定其已满18周岁。

---

〔1〕 参见《刑事审判参考》总第79集第684号案例。

乔某诈骗案[1]

裁判要旨：审查判断被告人年龄证据的一般原则：(1)穷尽原则。对被告人年龄证据的审查一般要穷尽一切司法调查取证手段，最大限度查明被告人实施犯罪行为时的真实年龄。(2)公文性书证优先原则。如果案件中存在多份内容不一致的公文性书证，则应当视具体情况予以认定：①以认定户籍登记信息为原则，以不采信户籍登记信息为例外。②医院的出生证明与户籍登记信息不一致的，如能作出合理解释，则出生证明的效力高于户籍登记信息。③在没有出生证明的情况下，户籍登记信息与医院的分娩病例或者被告人案发前的学籍信息、疫苗注射登记等原始信息不一致的，应当结合被告人的供述及家属证言，在能够得到合理解释的前提下，作出有利于被告人的认定。④公安机关出具的证明材料与户籍登记信息不一致的，原则应当按照原始户籍登记信息来认定被告人的年龄，在公安机关能说明理由，并对被告人的户籍登记信息依法作出修改后，可以结合在案证据，依照变更后的年龄予以认定。⑤村(居)委会、乡(镇)人民政府出具的证明材料如果没有加盖公安机关的户籍专用章，其证明力要低于公安机关出具的证明材料及户籍登记信息，且一般要与其他证据结合起来判定其证明效力。(3)原始书证优先原则。有关年龄认定的原始证据，一般形成于案发之前，且直接来源于客观事实，具有较强的证明力。但原始证据中的言词证据的效力要低于原始书证。(4)言词证据与其他类型证据结合判断的原则。言词证据具有易变、模糊等特征，如果与其他类型的证据存在不一致之处，原则上应当以其他类型的年龄证据为准。但如果结合其他类型证据，能够相互印证补强，对户籍登记信息形成合理质疑，那么就可以采纳补强的言词证据作为裁判依据。(5)存疑有利于被告人的原则。对于没有充分证据证明被告人实施被指控的犯罪时已经达到法定刑事责任年龄且确实无法查明的，应当推定其没有达到相应法定刑事责任年龄。相关证据足以证明被告人实施被指控的犯罪时已经达到法定刑事责任年龄，但是无法准确查明被告人具体出生日期的，应当认定其达到相应法定刑事责任年龄。

---

〔1〕 参见《刑事审判参考》总第91集第851号案例。

公安机关无正当理由变更原始户籍登记中的出生日期,且变更后的信息与在案证据存在冲突的,应从证据合法性和有利于被告人的角度,严格进行审查判断。本案被告人户籍地的公安机关无法提供对被告人年龄进行变更的合法依据及原始档案资料,亦不能进行合理说明,变更后的户籍登记信息存在重大瑕疵。二审法院在穷尽各种调查手段后,综合在案证据,无法准确判断被告人的出生日期。二审法院根据存疑有利于被告人的原则及相关司法解释,认定被告人实施全部犯罪时已达到法定责任年龄但属于减轻刑事责任年龄阶段是妥当的。

第五章　强 制 措 施

2012年《刑诉法解释》	2021年《刑诉法解释》
第五章　强 制 措 施	**第五章　强 制 措 施**
第一百一十三条　~~人民法院审判案件，根据情况，对被告人可以决定~~拘传、取保候审、监视居住或者逮捕。 对被告人采取、撤销或者变更强制措施的，由院长决定。	**第一百四十七条　人民法院根据案件情况，可以决定对被告人**拘传、取保候审、监视居住或者逮捕。 对被告人采取、撤销或者变更强制措施的，由院长决定**；决定继续取保候审、监视居住的，可以由合议庭或者独任审判员决定**。

适用要点

2021年《刑诉法解释》第147条规定了人民法院采取强制措施的决定主体。在2012年《刑诉法解释》第113条规定的基础上，本条确定了两种决定模式：(1)院长决定。对被告人采取、撤销或者变更强制措施的，由院长决定。这一规定体现了强制措施适用的慎重性。(2)决定继续取保候审、监视居住的，可以由合议庭或者独任审判员决定。这是本条新增的规定，限于“取保候审、监视居住”措施，体现了非羁押性强制措施适用的便捷性。

2012年《刑诉法解释》	2021年《刑诉法解释》
第一百一十四条　对经依法传唤拒不到庭的被告人，或者根据案件情况有必要拘传的被告人，可以拘传。 拘传被告人，应当由院长签发拘传票，由司法警察执行，执行人员不得少于二人。 拘传被告人，应当出示拘传票。对抗拒拘传的被告人，可以使用戒具。	**第一百四十八条**　对经依法传唤拒不到庭的被告人，或者根据案件情况有必要拘传的被告人，可以拘传。 拘传被告人，应当由院长签发拘传票，由司法警察执行，执行人员不得少于二人。 拘传被告人，应当出示拘传票。对抗拒拘传的被告人，可以使用戒具。

续表

2012年《刑诉法解释》	2021年《刑诉法解释》
第一百一十五条　拘传被告人，持续的时间不得超过十二小时；案情特别重大、复杂，需要采取逮捕措施的，持续的时间不得超过二十四小时。不得以连续拘传的形式变相拘禁被告人。应当保证被拘传人的饮食和必要的休息时间。	**第一百四十九条**　拘传被告人，持续的时间不得超过十二小时；案情特别重大、复杂，需要采取逮捕措施的，持续的时间不得超过二十四小时。不得以连续拘传的形式变相拘禁被告人。应当保证被拘传人的饮食和必要的休息时间。
第一百一十六条　被告人具有刑事诉讼法第六十五条第一款规定情形之一的，人民法院可以决定取保候审。 对被告人决定取保候审的，应当责令其提出保证人或者交纳保证金，不得同时使用保证人保证与保证金保证。	**第一百五十条**　被告人具有刑事诉讼法第**六十七**条第一款规定情形之一的，人民法院可以决定取保候审。 对被告人决定取保候审的，应当责令其提出保证人或者交纳保证金，不得同时使用保证人保证与保证金保证。
第一百一十七条　对下列被告人决定取保候审的，可以责令其提出一至二名保证人： （一）无力交纳保证金的； （二）未成年或者已满七十五周岁的； （三）不宜收取保证金的其他被告人。	**第一百五十一条**　对下列被告人决定取保候审的，可以责令其提出一至二名保证人： （一）无力交纳保证金的； （二）未成年或者已满七十五周岁的； （三）不宜收取保证金的其他被告人。
第一百一十八条　人民法院应当审查保证人是否符合法定条件。符合条件的，应当告知其必须履行的义务，并由其出具保证书。	**第一百五十二条**　人民法院应当审查保证人是否符合法定条件。符合条件的，应当告知其必须履行的**保证**义务**，以及不履行义务的法律后果**，并由其出具保证书。
第一百一十九条　对决定取保候审的被告人使用保证金保证的，应当依照刑事诉讼法第七十条第一款的规定确定保证金的具体数额，并责令被告人或者为其提供保证金的单位、个人将保证金一次性存入公安机关指定银行的专门账户。	**第一百五十三条**　对决定取保候审的被告人使用保证金保证的，应当依照刑事诉讼法第**七十二**条第一款的规定确定保证金的具体数额，并责令被告人或者为其提供保证金的单位、个人将保证金一次性存入公安机关指定银行的专门账户。

续表

2012 年《刑诉法解释》	2021 年《刑诉法解释》
第一百二十条 人民法院向被告人宣布取保候审决定后，应当将取保候审决定书等相关材料送交当地~~同级~~公安机关~~执行；被告人不在本地居住的，~~送交~~其居住地~~公安机关~~执行~~。 对被告人使用保证金保证的，应当在核实保证金已经存入公安机关指定银行的专门账户后，将银行出具的收款凭证一并送交公安机关。	**第一百五十四条** 人民法院向被告人宣布取保候审决定后，应当将取保候审决定书等相关材料送交当地公安机关。 对被告人使用保证金保证的，应当在核实保证金已经存入公安机关指定银行的专门账户后，将银行出具的收款凭证一并送交公安机关。

适用要点

2021 年《刑诉法解释》第 154 条规定了取保候审决定书等材料送交当地公安机关的要求。为便于工作衔接，本条规定将 2012 年《刑诉法解释》第 120 条规定中的"送交当地同级公安机关执行；被告人不在本地居住的，送交其居住地公安机关执行"调整为"送交当地公安机关"。

2012 年《刑诉法解释》	2021 年《刑诉法解释》
第一百二十一条 被告人被取保候审期间，保证人不愿继续履行保证义务或者丧失履行保证义务能力的，人民法院应当在收到保证人的申请或者公安机关的书面通知后三日内，责令被告人重新提出保证人或者交纳保证金，或者变更强制措施，并通知公安机关。	**第一百五十五条** 被告人被取保候审期间，保证人不愿继续履行保证义务或者丧失履行保证义务能力的，人民法院应当在收到保证人的申请或者公安机关的书面通知后三日**以**内，责令被告人重新提出保证人或者交纳保证金，或者变更强制措施，并通知公安机关。
	第一百五十六条 人民法院发现保证人未履行保证义务的，应当书面通知公安机关依法处理。

适用要点

2021 年《刑诉法解释》第 156 条系新增规定。为确保取保候审依法适用,避免产生法律风险,人民法院发现保证人未履行保证义务的,应当书面通知公安机关依法处理。

2012年《刑诉法解释》	2021年《刑诉法解释》
第一百二十二条 根据案件事实和法律规定,认为已经构成犯罪的被告人在取保候审期间逃匿的,如果系保证人协助被告人逃匿,或者保证人明知被告人藏匿地点但拒绝向司法机关提供,对保证人应当依法追究~~刑事~~责任。	**第一百五十七条** 根据案件事实和法律规定,认为已经构成犯罪的被告人在取保候审期间逃匿的,如果系保证人协助被告人逃匿,或者保证人明知被告人藏匿地点但拒绝向司法机关提供,对保证人应当依法追究责任。
第一百二十三条 人民法院发现使用保证金保证的被取保候审人违反刑事诉讼法第~~六十九~~条第一款、第二款规定的,应当~~提出没收部分或者全部保证金的书面意见,连同有关材料一并送交负责执行的~~公安机关~~处理~~。 人民法院收到公安机关已经没收保证金的书面通知或者变更强制措施的建议后,应当区别情形,在五日内责令被告人具结悔过,重新交纳保证金或者提出保证人,或者变更强制措施,并通知公安机关。 人民法院决定对被依法没收保证金的被告人继续取保候审的,取保候审的期限连续计算。	**第一百五十八条** 人民法院发现使用保证金保证的被取保候审人违反刑事诉讼法第**七十一**条第一款、第二款规定的,应当**书面通知**公安机关**依法**处理。 人民法院收到公安机关已经没收保证金的书面通知或者变更强制措施的建议后,应当区别情形,在五日**以**内责令被告人具结悔过,重新交纳保证金或者提出保证人,或者变更强制措施,并通知公安机关。 人民法院决定对被依法没收保证金的被告人继续取保候审的,取保候审的期限连续计算。

适用要点

2021年《刑诉法解释》第158条规定了被取保候审人违反法律规定情形的处理规则。对于使用保证金保证的被取保候审人,存在违反法定要求的情形,本条规定将2012年《刑诉法解释》第123条规定中的"应当提出没收部分或者全部保证金的书面意见,连同有关材料一并送交负责执行的公安机关处理",调整为"应当书面通知公安机关依法处理",据此将处理方式交由公安机关具体裁量。

2012 年《刑诉法解释》	2021 年《刑诉法解释》
第一百二十四条 对被取保候审的被告人的判决、裁定生效后，~~应当解除取保候审、退还保证金的，~~如果保证金属于其个人财产，人民法院可以书面通知公安机关~~将保证金移交人民法院，用以退赔被害人、履行附带民事赔偿义务或者执行财产刑，~~剩余部分应当退还被告人。	**第一百五十九条** 对被取保候审的被告人的判决、裁定生效后，如果保证金属于其个人财产，**且需要用以退赔被害人、履行附带民事赔偿义务或者执行财产刑的，**人民法院可以书面通知公安机关**移交全部保证金，由人民法院作出处理，**剩余部分退还被告人。

适用要点

2021 年《刑诉法解释》第 159 条规定了取保候审对象保证金的处理规则。在 2012 年《刑诉法解释》第 124 条规定的基础上，本条规定对被取保候审人的保证金提出以下处理原则：(1) 确定保证金是否属于其个人财产；(2) 如果属于其个人财产，且需要用以退赔被害人、履行附带民事赔偿义务或者执行财产刑的，人民法院可以书面通知公安机关移交全部保证金，由人民法院作出处理；(3) 将处理后的剩余部分退还被告人。

2012 年《刑诉法解释》	2021 年《刑诉法解释》
第一百二十五条 对具有刑事诉讼法第~~七十三~~条第一款、第二款规定情形的被告人，人民法院可以决定监视居住。 人民法院决定对被告人监视居住的，应当核实其住处；没有固定住处的，应当为其指定居所。	**第一百六十条** 对具有刑事诉讼法第**七十四**条第一款、第二款规定情形的被告人，人民法院可以决定监视居住。 人民法院决定对被告人监视居住的，应当核实其住处；没有固定住处的，应当为其指定居所。
第一百二十六条 人民法院向被告人宣布监视居住决定后，应当将监视居住决定书等相关材料送交被告人住处或者指定居所所在地的~~同级~~公安机关执行。 对被告人指定居所监视居住后，人民法院应当在二十四小时内，将监视居住的原因和处所通知其家属；确实无法通知的，应当记录在案。	**第一百六十一条** 人民法院向被告人宣布监视居住决定后，应当将监视居住决定书等相关材料送交被告人住处或者指定居所所在地的公安机关执行。 对被告人指定居所监视居住后，人民法院应当在二十四小时**以**内，将监视居住的原因和处所通知其家属；确实无法通知的，应当记录在案。

续表

2012 年《刑诉法解释》	2021 年《刑诉法解释》
第一百二十七条　人民检察院、公安机关已经对犯罪嫌疑人取保候审、监视居住，案件起诉至人民法院后，需要继续取保候审、监视居住或者变更强制措施的，人民法院应当在七日内作出决定，并通知人民检察院、公安机关。 决定继续取保候审、监视居住的，应当重新办理手续，期限重新计算；继续使用保证金保证的，不再收取保证金。 ~~人民法院不得对被告人重复采取取保候审、监视居住措施。~~	**第一百六十二条**　人民检察院、公安机关已经对犯罪嫌疑人取保候审、监视居住，案件起诉至人民法院后，需要继续取保候审、监视居住或者变更强制措施的，人民法院应当在七日**以**内作出决定，并通知人民检察院、公安机关。 决定继续取保候审、监视居住的，应当重新办理手续，期限重新计算；继续使用保证金保证的，不再收取保证金。

适用要点

2021 年《刑诉法解释》第 162 条规定了继续取保候审、监视居住的期限。2012 年《刑诉法解释》第 127 条第 3 款规定，人民法院不得对被告人重复采取取保候审、监视居住措施。本条删去了这一要求，主要考虑是，司法实践反映上述规定存在歧义。例如，一审法院对于取保候审的被告人决定逮捕，逮捕后因患病等原因不能羁押的，仍然只能取保候审，此种情况是否属于“重复取保候审”？实践中存在不同认识，鉴此，删去该款规定。实际上，重复采取取保候审、监视居住措施，主要是指在原取保候审、监视居住期限届满后，再次采取相应的措施。

需要指出的是，对于不同诉讼阶段，能否重复或者继续适用取保候审、监视居住措施，本解释未作出明确规定。基于现有法律和司法解释的规定，随着诉讼阶段变更，例如由侦查阶段进入审查起诉阶段，或者由起诉阶段进入审判阶段，相应的办案机关需要继续采取取保候审、监视居住或者变更强制措施的，应当依法作出决定并重新办理手续，期限重新计算。同理，当案件从一审程序进入二审程序后，二审法院需要继续采取取保候审、监视居住或者变更强制措施的，也应当依法作出决定并重新办理手续，期限重新计算。换言之，在不同的审判程序中，强制措施的适用应当独立进行。《刑事诉讼法》第79条第1款规定,人民法院对犯罪嫌疑人、被告人取保候审最长不得超过12个月,监视居住最长不得超过6个月。但该规定中的"人民法院",是与侦查机关、检察机关相对应的范畴,并非是指同一案件不同诉讼阶段的"所有人民法院",而是应当理解为特定审判程序中的人民法院。据此,随着审判程序变更,后续审判程序中的法院应当决定继续采取取保候审、监视居住或者变更强制措施,并重新计算相应的强制措施期限。

2012年《刑诉法解释》	2021年《刑诉法解释》
第一百二十八条 对具有刑事诉讼法第~~七十九~~条第一款、第二款规定情形的被告人,人民法院应当决定逮捕。	**第一百六十三条** 对具有刑事诉讼法第**八十一**条第一款、第**三**款规定情形的被告人,人民法院应当决定逮捕。
第一百二十九条 被取保候审的被告人具有下列情形之一的,人民法院应当决定逮捕: (一)故意实施新的犯罪的; (二)企图自杀、逃跑的; (三)毁灭、伪造证据,干扰证人作证或者串供的; ~~(四)对被害人、举报人、控告人实施打击报复的;~~ (五)经传唤,无正当理由不到案,影响审判活动正常进行的; (六)擅自改变联系方式或者居住地,导致无法传唤,影响审判活动正常进行的; (七)未经批准,擅自离开所居住的市、县,影响审判活动正常进行,或者两次未经批准,擅自离开所居住的市、县的; (八)违反规定进入特定场所、与特定人员会见或者通信、从事特定活动,影响审判活动正常进行,或者两次违反有关规定的; (九)依法应当决定逮捕的其他情形。	**第一百六十四条** 被取保候审的被告人具有下列情形之一的,人民法院应当决定逮捕: (一)故意实施新的犯罪的; (二)企图自杀**或者**逃跑的; (三)毁灭、伪造证据,干扰证人作证或者串供的; **(四)打击报复、恐吓滋扰被害人、证人、鉴定人、举报人、控告人等的;** (五)经传唤,无正当理由不到案,影响审判活动正常进行的; (六)擅自改变联系方式或者居住地,导致无法传唤,影响审判活动正常进行的; (七)未经批准,擅自离开所居住的市、县,影响审判活动正常进行,或者两次未经批准,擅自离开所居住的市、县的; (八)违反规定进入特定场所、与特定人员会见或者通信、从事特定活动,影响审判活动正常进行,或者两次违反有关规定的; (九)依法应当决定逮捕的其他情形。

续表

2012 年《刑诉法解释》	2021 年《刑诉法解释》
第一百三十条　被监视居住的被告人具有下列情形之一的，人民法院应当决定逮捕： （一）具有前条第一项至第五项规定情形之一的； （二）未经批准，擅自离开执行监视居住的处所，影响审判活动正常进行，或者两次未经批准，擅自离开执行监视居住的处所的； （三）未经批准，擅自会见他人或者通信，影响审判活动正常进行，或者两次未经批准，擅自会见他人或者通信的； （四）对因患有严重疾病、生活不能自理，或者因怀孕、正在哺乳自己婴儿而未予逮捕的被告人，疾病痊愈或者哺乳期已满的； （五）依法应当决定逮捕的其他情形。	**第一百六十五条**　被监视居住的被告人具有下列情形之一的，人民法院应当决定逮捕： （一）具有前条第一项至第五项规定情形之一的； （二）未经批准，擅自离开执行监视居住的处所，影响审判活动正常进行，或者两次未经批准，擅自离开执行监视居住的处所的； （三）未经批准，擅自会见他人或者通信，影响审判活动正常进行，或者两次未经批准，擅自会见他人或者通信的； （四）对因患有严重疾病、生活不能自理，或者因怀孕、正在哺乳自己婴儿而未予逮捕的被告人，疾病痊愈或者哺乳期已满的； （五）依法应当决定逮捕的其他情形。
	第一百六十六条　对可能判处徒刑以下刑罚的被告人，违反取保候审、监视居住规定，严重影响诉讼活动正常进行的，可以决定逮捕。

适用要点

2021 年《刑诉法解释》第 166 条系新增规定。《刑事诉讼法》第 81 条第 4 款规定，被取保候审、监视居住的犯罪嫌疑人、被告人违反取保候审、监视居住规定，情节严重的，可以予以逮捕。据此，本条规定对于严重影响诉讼活动正常进行的情形，人民法院可以决定逮捕。

☞ 典型案例

孟令悟危险驾驶案[1]

裁判要旨：“可能判处徒刑以上刑罚”是对犯罪嫌疑人、被告人直接采取逮捕措施的必要条件。危险驾驶罪的最高法定刑是拘役，对涉嫌危险驾驶罪的犯罪嫌疑人、被告人不能直接采取逮捕强制措施；但涉嫌犯危险驾驶罪的犯罪嫌疑人、被告人违反取保候审规定，或者违反监视居住规定情节严重的，均可对其予以逮捕。

2012 年《刑诉法解释》	2021 年《刑诉法解释》
第一百三十一条 人民法院作出逮捕决定后，应当将逮捕决定书等相关材料送交~~同级~~公安机关执行，并将逮捕决定书抄送人民检察院。逮捕被告人后，人民法院应当将逮捕的原因和羁押的处所，在二十四小时内通知其家属；确实无法通知的，应当记录在案。	**第一百六十七条** 人民法院作出逮捕决定后，应当将逮捕决定书等相关材料送交公安机关执行，并将逮捕决定书抄送人民检察院。逮捕被告人后，人民法院应当将逮捕的原因和羁押的处所，在二十四小时**以**内通知其家属；确实无法通知的，应当记录在案。
第一百三十二条 人民法院对决定逮捕的被告人，应当在逮捕后二十四小时内讯问。发现不应当逮捕的，应当~~变更强制措施或者~~立即释放。	**第一百六十八条** 人民法院对决定逮捕的被告人，应当在逮捕后二十四小时**以**内讯问。发现不应当逮捕的，应当立即释放。**必要时，可以依法变更强制措施。**

适用要点

2021 年《刑诉法解释》第 168 条规定了不应当逮捕情形的处理规则。根据 2012 年《刑诉法解释》第 132 条的规定，人民法院对决定逮捕的被告人，发现不应当逮捕的，应当变更强制措施或者立即释放。为加强人权保障，对于不应当逮捕的情形，本条规定将 2012 年《刑诉法解释》的选择性处理模式，调整为“以立即释放为原则，以变更强制措施为例外”的处理模式，即，发现不应当逮捕的，应当立即释放；必要时，可以依法变更强制措

[1] 参见《刑事审判参考》总第 94 集第 903 号案例。

施。据此，对于不应当逮捕的情形，如果人民法院决定变更强制措施，而不是立即释放，应当说明理由。

2012年《刑诉法解释》	2021年《刑诉法解释》
第一百三十三条　被逮捕的被告人具有下列情形之一的，人民法院可以变更强制措施： （一）患有严重疾病、生活不能自理的； （二）怀孕或者正在哺乳自己婴儿的； （三）系生活不能自理的人的唯一扶养人。	**第一百六十九条**　被逮捕的被告人具有下列情形之一的，人民法院可以变更强制措施： （一）患有严重疾病、生活不能自理的； （二）怀孕或者正在哺乳自己婴儿的； （三）系生活不能自理的人的唯一扶养人。
第一百三十四条　~~第一审人民法院判决被告人无罪、不负刑事责任或者免除刑事处罚，被告人在押的，应当在宣判后立即释放。~~ 被逮捕的被告人具有下列情形之一的，人民法院应当~~变更强制措施或者予以释放~~： （一）第一审人民法院判处管制、宣告缓刑、单独适用附加刑，判决尚未发生法律效力的； （二）被告人被羁押的时间已到第一审人民法院对其判处的刑期期限的； （三）案件不能在法律规定的期限内审结的。	**第一百七十条**　被逮捕的被告人具有下列情形之一的，人民法院应当**立即释放；必要时，可以依法变更强制措施**： **（一）第一审人民法院判决被告人无罪、不负刑事责任或者免予刑事处罚的；** （二）第一审人民法院判处管制、宣告缓刑、单独适用附加刑，判决尚未发生法律效力的； （三）被告人被羁押的时间已到第一审人民法院对其判处的刑期期限的； （四）案件不能在法律规定的期限内审结的。

适用要点

2021年《刑诉法解释》第170条规定了不应当继续适用逮捕措施情形的处理规则。根据2012年《刑诉法解释》第134条的规定，对于一审法院判决被告人无罪、不负刑事责任或者免除刑事处罚，被告人在押的情形，应当在宣判后立即释放；对于第一审人民法院判处管制、宣告缓刑、单独适用附加刑，判决尚未发生法律效力等情形，则应当变更强制措施或者予以释放。

对于不应当继续适用逮捕措施的情形，基于“以立即释放为原则，以变更强制措施为例外”的处理模式，本条作出了统一的处理，即，人民法院应当立即释放；必要时，可以依法变更强制措施。据此，对于一审法院判决被告人无罪、不负刑事责任或者免除刑事处罚的情形，不再一律在宣判后立即释放，而是可以根据情况，例如检察机关在一审判决后抗诉的情形，在必要时依法变更强制措施。对于其余几种情形，则不再选择性适用变更强制措施或者释放，而是以立即释放为原则，只有在必要时才可以依法变更强制措施。

2012 年《刑诉法解释》	2021 年《刑诉法解释》
第一百三十五条 人民法院决定~~变更强制措施或者~~释放被告人的，应当立即将~~变更强制措施决定书或者~~释放通知书送交公安机关执行。	**第一百七十一条** 人民法院决定释放被告人的，应当立即将释放通知书送交公安机关执行。
	第一百七十二条 被采取强制措施的被告人，被判处管制、缓刑的，在社区矫正开始后，强制措施自动解除；被单处附加刑的，在判决、裁定发生法律效力后，强制措施自动解除；被判处监禁刑的，在刑罚开始执行后，强制措施自动解除。

适用要点

2021 年《刑诉法解释》第 172 条系新增规定。对于交付执行刑罚的罪犯，因诉讼程序已经结束，此前采取的强制措施不再继续适用，人民法院也不再出具解除强制措施文书。据此，本条规定确立了交付执行罪犯的强制措施自动解除制度。对于本条规定，需要注意以下事项：(1)强制措施自动解除的时间节点。被采取强制措施的被告人，被判处管制、缓刑的，在社区矫正开始后，强制措施自动解除；被单处附加刑的，在判决、裁定发生法律效力后，强制措施自动解除；被判处监禁刑的，在刑罚开始执行后，强制措施自动解除。(2)时间节点的认定标准。本条规定中的“社区矫正开始”“刑罚开始执行”，是指已经实际开始执行刑罚或者缓刑，而非送交执行手续。换言之,在判决实际执行之前,强制措施仍在继续适用,只有当判决实际开始执行,强制措施才自动解除。

2012 年《刑诉法解释》	2021 年《刑诉法解释》
第一百三十六条 对人民法院决定逮捕的被告人,人民检察院建议释放或者变更强制措施的,人民法院应当在收到建议后十日内将处理情况通知人民检察院。	**第一百七十三条** 对人民法院决定逮捕的被告人,人民检察院建议释放或者变更强制措施的,人民法院应当在收到建议后十日**以**内将处理情况通知人民检察院。
第一百三十七条 被告人及其法定代理人、近亲属或者辩护人申请变更强制措施的,应当说明理由。人民法院收到申请后,应当在三日内作出决定。同意变更强制措施的,应当依照本解释规定处理;不同意的,应当告知申请人,并说明理由。	**第一百七十四条** 被告人及其法定代理人、近亲属或者辩护人申请变更**、解除**强制措施的,应当说明理由。人民法院收到申请后,应当在三日**以**内作出决定。同意变更**、解除**强制措施的,应当依照本解释规定处理;不同意的,应当告知申请人,并说明理由。

适用要点

2021 年《刑诉法解释》第 174 条规定了辩护方申请变更、解除强制措施的程序。在 2012 年《刑诉法解释》第 137 条规定的申请变更强制措施基础上,本条增加了辩护方申请解除强制措施的内容。

第六章　附带民事诉讼

2012年《刑诉法解释》	2021年《刑诉法解释》
第六章　附带民事诉讼	**第六章　附带民事诉讼**
第一百三十八条　被害人因人身权利受到犯罪侵犯或者财物被犯罪分子毁坏而遭受物质损失的，有权在刑事诉讼过程中提起附带民事诉讼；被害人死亡或者丧失行为能力的，其法定代理人、近亲属有权提起附带民事诉讼。 因受到犯罪侵犯，提起附带民事诉讼或者单独提起民事诉讼要求赔偿精神损失的，人民法院不予受理。	**第一百七十五条**　被害人因人身权利受到犯罪侵犯或者财物被犯罪分子毁坏而遭受物质损失的，有权在刑事诉讼过程中提起附带民事诉讼；被害人死亡或者丧失行为能力的，其法定代理人、近亲属有权提起附带民事诉讼。 因受到犯罪侵犯，提起附带民事诉讼或者单独提起民事诉讼要求赔偿精神损失的，人民法院**一般**不予受理。

适用要点

2021年《刑诉法解释》第175条规定了被害人提起附带民事诉讼的权利以及具体的请求范围。对于被害人申请赔偿精神损失的情形，本条将2012年《刑诉法解释》第137条规定的人民法院“不予受理”调整为“一般不予受理”。《刑事诉讼法》第101条规定，被害人由于被告人的犯罪行为而遭受物质损失的，在刑事诉讼过程中，有权提起附带民事诉讼。《刑事诉讼法》第103条规定，人民法院审理附带民事诉讼案件，可以进行调解，或者根据物质损失情况作出判决、裁定。

据此，《刑事诉讼法》并未对被害人能否申请精神损害赔偿作出明确规定，对此可有三种理解：(1)将现有法律规定视为提示性规定，即，被害人因犯罪遭受物质损失的，有权提起附带民事诉讼，同时，法律并未禁止被害人因遭受精神损害而提起精神损害赔偿，故被害人也可在附带民事诉讼中申请精神损害赔偿。(2)将现有法律规定视为对附带民事诉讼对象的限制性规定，即，附带民事诉讼的对象限于物质损失，被害人提起附带民事诉讼，只能主张物质损失的赔偿，但是，对于被害人遭到严重精神损害的情形,可以另行提起民事诉讼请求精神损害赔偿。(3)对被害人的赔偿请求作出限制性解释,即,被害人对于犯罪造成的损害,只能申请赔偿物质损失,精神损害不属于赔偿范围,被害人既不能在附带民事诉讼中申请精神损害赔偿,也不能另行提起民事诉讼申请精神损害赔偿。从法条表述看,法律并未禁止被害人申请精神损害赔偿,现有条文也不能解读为对被害人的赔偿请求作出限制性解释。从附带民事诉讼制度的立法目的看,附带民事诉讼应当着眼于维护被害人的诉权和救济权,为被害人申请赔偿提供程序便利,尽量减少被害人的讼累。此外,如果将附带民事诉讼视为特殊的民事诉讼,《民法典》的有关规定也可作参考。《民法典》第1183条第1款规定,侵害自然人人身权益造成严重精神损害的,被侵权人有权请求精神损害赔偿。特别是对于强奸案件等给被害人造成严重精神损害的案件,如果附带民事诉讼限于物质损失,又不允许被害人申请精神损害赔偿,似乎并不符合司法公正的要求。鉴此,不应对法律规定持第三种理解,即,不应将法律规定视为对被害人赔偿请求的限制性解释。换言之,无论是第一种理解(将现有法律规定视为提示性规定),还是第二种理解(将现有法律规定视为对附带民事诉讼对象的限制性规定),都不影响被害人申请精神损害赔偿。

鉴于物质损失赔偿之诉与精神损害赔偿之诉并非同一诉讼主张,如果不考虑因精神损害赔偿难以执行导致的"空判"问题,那么,从法律角度看,没有理由禁止被害人申请精神损害赔偿。当然,参考《民法典》的规定,在附带民事诉讼中申请精神损害赔偿,可以限于"严重"精神损害。鉴此,本条规定将2012年《刑诉法解释》第138条规定的"不予受理"调整为"一般不予受理",具有一定的积极意义。这一修改并非技术性修改,而是制度性调整。据此,被害人可以提起附带民事诉讼或者单独提起民事诉讼要求赔偿精神损失,不过,人民法院要依法进行审查,对于被害人遭到"严重"精神损害的情形,可以受理;对于被害人遭到"一般"精神损害的情形,则可以不予受理。

2012年《刑诉法解释》	2021年《刑诉法解释》
第一百三十九条　被告人非法占有、处置被害人财产的,应当依法予以追缴或者责令退赔。被害人提起附带	**第一百七十六条**　被告人非法占有、处置被害人财产的,应当依法予以追缴或者责令退赔。被害人提起附带

续表

2012 年《刑诉法解释》	2021 年《刑诉法解释》
民事诉讼的,人民法院不予受理。追缴、退赔的情况,可以作为量刑情节考虑。	民事诉讼的,人民法院不予受理。追缴、退赔的情况,可以作为量刑情节考虑。
第一百四十条　国家机关工作人员在行使职权时,侵犯他人人身、财产权利构成犯罪,被害人或者其法定代理人、近亲属提起附带民事诉讼的,人民法院不予受理,但应当告知其可以依法申请国家赔偿。	**第一百七十七条**　国家机关工作人员在行使职权时,侵犯他人人身、财产权利构成犯罪,被害人或者其法定代理人、近亲属提起附带民事诉讼的,人民法院不予受理,但应当告知其可以依法申请国家赔偿。
第一百四十一条　人民法院受理刑事案件后,对符合刑事诉讼法第~~九十九~~条和本解释第~~一百三十六~~条第一款规定的,可以告知被害人或者其法定代理人、近亲属有权提起附带民事诉讼。 有权提起附带民事诉讼的人放弃诉讼权利的,应当准许,并记录在案。	**第一百七十八条**　人民法院受理刑事案件后,对符合刑事诉讼法第**一百零一**条和本解释第**一百七十五**条第一款规定的,可以告知被害人或者其法定代理人、近亲属有权提起附带民事诉讼。 有权提起附带民事诉讼的人放弃诉讼权利的,应当准许,并记录在案。
第一百四十二条　国家财产、集体财产遭受损失,受损失的单位未提起附带民事诉讼,人民检察院在提起公诉时提起附带民事诉讼的,人民法院应当受理。 人民检察院提起附带民事诉讼的,应当列为附带民事诉讼原告人。 被告人非法占有、处置国家财产、集体财产的,依照本解释第~~一百三十九~~条的规定处理。	**第一百七十九条**　国家财产、集体财产遭受损失,受损失的单位未提起附带民事诉讼,人民检察院在提起公诉时提起附带民事诉讼的,人民法院应当受理。 人民检察院提起附带民事诉讼的,应当列为附带民事诉讼原告人。 被告人非法占有、处置国家财产、集体财产的,依照本解释第**一百七十六**条的规定处理。
第一百四十三条　附带民事诉讼中依法负有赔偿责任的人包括: (一)刑事被告人以及未被追究刑事责任的其他共同侵害人; (二)刑事被告人的监护人; (三)死刑罪犯的遗产继承人;	**第一百八十条**　附带民事诉讼中依法负有赔偿责任的人包括: (一)刑事被告人以及未被追究刑事责任的其他共同侵害人; (二)刑事被告人的监护人; (三)死刑罪犯的遗产继承人;

续表

2012年《刑诉法解释》	2021年《刑诉法解释》
(四)共同犯罪案件中,案件审结前死亡的被告人的遗产继承人; (五)对被害人的物质损失依法应当承担赔偿责任的其他单位和个人。 附带民事诉讼被告人的亲友自愿代为赔偿的,应当准许。	(四)共同犯罪案件中,案件审结前死亡的被告人的遗产继承人; (五)对被害人的物质损失依法应当承担赔偿责任的其他单位和个人。 附带民事诉讼被告人的亲友自愿代为赔偿的,**可以**准许。
第一百四十四条 被害人或者其法定代理人、近亲属仅对部分共同侵害人提起附带民事诉讼的,人民法院应当告知其可以对其他共同侵害人,包括没有被追究刑事责任的共同侵害人,一并提起附带民事诉讼,但共同犯罪案件中同案犯在逃的除外。 被害人或者其法定代理人、近亲属放弃对其他共同侵害人的诉讼权利的,人民法院应当告知其相应法律后果,并在裁判文书中说明其放弃诉讼请求的情况。	**第一百八十一条** 被害人或者其法定代理人、近亲属仅对部分共同侵害人提起附带民事诉讼的,人民法院应当告知其可以对其他共同侵害人,包括没有被追究刑事责任的共同侵害人,一并提起附带民事诉讼,但共同犯罪案件中同案犯在逃的除外。 被害人或者其法定代理人、近亲属放弃对其他共同侵害人的诉讼权利的,人民法院应当告知其相应法律后果,并在裁判文书中说明其放弃诉讼请求的情况。
第一百四十五条 附带民事诉讼的起诉条件是: (一)起诉人符合法定条件; (二)有明确的被告人; (三)有请求赔偿的具体要求和事实、理由; (四)属于人民法院受理附带民事诉讼的范围。	**第一百八十二条** 附带民事诉讼的起诉条件是: (一)起诉人符合法定条件; (二)有明确的被告人; (三)有请求赔偿的具体要求和事实、理由; (四)属于人民法院受理附带民事诉讼的范围。
第一百四十六条 共同犯罪案件,同案犯在逃的,不应列为附带民事诉讼被告人。逃跑的同案犯到案后,被害人或者其法定代理人、近亲属可以对其提起附带民事诉讼,但已经从其他共同犯罪人处获得足额赔偿的除外。	**第一百八十三条** 共同犯罪案件,同案犯在逃的,不应列为附带民事诉讼被告人。逃跑的同案犯到案后,被害人或者其法定代理人、近亲属可以对其提起附带民事诉讼,但已经从其他共同犯罪人处获得足额赔偿的除外。

续表

2012年《刑诉法解释》	2021年《刑诉法解释》
第一百四十七条 附带民事诉讼应当在刑事案件立案后及时提起。 提起附带民事诉讼应当提交附带民事起诉状。	**第一百八十四条** 附带民事诉讼应当在刑事案件立案后及时提起。 提起附带民事诉讼应当提交附带民事起诉状。
第一百四十八条 侦查、审查起诉期间，有权提起附带民事诉讼的人提出赔偿要求，经公安机关、人民检察院调解，当事人双方已经达成协议并全部履行，被害人或者其法定代理人、近亲属又提起附带民事诉讼的，人民法院不予受理，但有证据证明调解违反自愿、合法原则的除外。	**第一百八十五条** 侦查、审查起诉期间，有权提起附带民事诉讼的人提出赔偿要求，经公安机关、人民检察院调解，当事人双方已经达成协议并全部履行，被害人或者其法定代理人、近亲属又提起附带民事诉讼的，人民法院不予受理，但有证据证明调解违反自愿、合法原则的除外。
第一百四十九条 被害人或者其法定代理人、近亲属提起附带民事诉讼的，人民法院应当在七日内决定是否~~立案~~。符合刑事诉讼法第~~九十九~~条以及本解释有关规定的，应当受理；不符合的，裁定不予受理。	**第一百八十六条** 被害人或者其法定代理人、近亲属提起附带民事诉讼的，人民法院应当在七日**以**内决定是否**受理**。符合刑事诉讼法第**一百零一**条以及本解释有关规定的，应当受理；不符合的，裁定不予受理。

适用要点

2021年《刑诉法解释》第186条规定了附带民事诉讼的受理程序。本条将2012年《刑诉法解释》第149条规定的7日以内决定是否“立案”，调整为是否“受理”，以便与下文的受理程序保持衔接。

2012年《刑诉法解释》	2021年《刑诉法解释》
第一百五十条 人民法院受理附带民事诉讼后，应当在五日内将附带民事起诉状副本送达附带民事诉讼被告人及其法定代理人，或者将口头起诉的内容及时通知附带民事诉讼被告人及其法定代理人，并制作笔录。 人民法院送达附带民事起诉状副	**第一百八十七条** 人民法院受理附带民事诉讼后，应当在五日**以**内将附带民事起诉状副本送达附带民事诉讼被告人及其法定代理人，或者将口头起诉的内容及时通知附带民事诉讼被告人及其法定代理人，并制作笔录。 人民法院送达附带民事起诉状副

续表

2012 年《刑诉法解释》	2021 年《刑诉法解释》
本时，应当根据刑事案件的审理期限，确定被告人及其法定代理人提~~交附带民事答辩状的~~时间。	本时，应当根据刑事案件的审理期限，确定被告人及其法定代理人**的答辩准备**时间。
第一百五十一条　附带民事诉讼当事人对自己提出的主张，有责任提供证据。	**第一百八十八条**　附带民事诉讼当事人对自己提出的主张，有责任提供证据。
第一百五十二条　人民法院对可能因被告人的行为或者其他原因，使附带民事判决难以执行的案件，根据附带民事诉讼原告人的申请，可以裁定采取保全措施，查封、扣押或者冻结被告人的财产；附带民事诉讼原告人未提出申请的，必要时，人民法院也可以采取保全措施。 有权提起附带民事诉讼的人因情况紧急，不立即申请保全将会使其合法权益受到难以弥补的损害的，可以在提起附带民事诉讼前，向被保全财产所在地、被申请人居住地或者对案件有管辖权的人民法院申请采取保全措施。申请人在人民法院受理刑事案件后十五日内未提起附带民事诉讼的，人民法院应当解除保全措施。 人民法院采取保全措施，适用民事诉讼法第一百条至第一百零五条的有关规定，但民事诉讼法第一百零一条第三款的规定除外。	**第一百八十九条**　人民法院对可能因被告人的行为或者其他原因，使附带民事判决难以执行的案件，根据附带民事诉讼原告人的申请，可以裁定采取保全措施，查封、扣押或者冻结被告人的财产；附带民事诉讼原告人未提出申请的，必要时，人民法院也可以采取保全措施。 有权提起附带民事诉讼的人因情况紧急，不立即申请保全将会使其合法权益受到难以弥补的损害的，可以在提起附带民事诉讼前，向被保全财产所在地、被申请人居住地或者对案件有管辖权的人民法院申请采取保全措施。申请人在人民法院受理刑事案件后十五日**以**内未提起附带民事诉讼的，人民法院应当解除保全措施。 人民法院采取保全措施，适用民事诉讼法第一百条至第一百零五条的有关规定，但民事诉讼法第一百零一条第三款的规定除外。
第一百五十三条　人民法院审理附带民事诉讼案件，可以根据自愿、合法的原则进行调解。经调解达成协议的，应当制作调解书。调解书经双方当事人签收后，即具有法律效力。	**第一百九十条**　人民法院审理附带民事诉讼案件，可以根据自愿、合法的原则进行调解。经调解达成协议的，应当制作调解书。调解书经双方当事人签收后即具有法律效力。

续表

2012 年《刑诉法解释》	2021 年《刑诉法解释》
调解达成协议并即时履行完毕的，可以不制作调解书，但应当制作笔录，经双方当事人、审判人员、书记员签名或者盖章后即发生法律效力。	调解达成协议并即时履行完毕的，可以不制作调解书，但应当制作笔录，经双方当事人、审判人员、书记员签名后即发生法律效力。
第一百五十四条 调解未达成协议或者调解书签收前当事人反悔的，附带民事诉讼应当同刑事诉讼一并判决。	**第一百九十一条** 调解未达成协议或者调解书签收前当事人反悔的，附带民事诉讼应当同刑事诉讼一并判决。
第一百五十五条 对附带民事诉讼作出判决，应当根据犯罪行为造成的物质损失，结合案件具体情况，确定被告人应当赔偿的数额。 犯罪行为造成被害人人身损害的，应当赔偿医疗费、护理费、交通费等为治疗和康复支付的合理费用，以及因误工减少的收入。造成被害人残疾的，还应当赔偿残疾生活辅助具费等费用；造成被害人死亡的，还应当赔偿丧葬费等费用。 驾驶机动车致人伤亡或者造成公私财产重大损失，构成犯罪的，依照《中华人民共和国道路交通安全法》第七十六条的规定确定赔偿责任。 附带民事诉讼当事人就民事赔偿问题达成调解、和解协议的，赔偿范围、数额不受第二款、第三款规定的限制。	**第一百九十二条** 对附带民事诉讼作出判决，应当根据犯罪行为造成的物质损失，结合案件具体情况，确定被告人应当赔偿的数额。 犯罪行为造成被害人人身损害的，应当赔偿医疗费、护理费、交通费等为治疗和康复支付的合理费用，以及因误工减少的收入。造成被害人残疾的，还应当赔偿残疾生活辅助器具费等费用；造成被害人死亡的，还应当赔偿丧葬费等费用。 驾驶机动车致人伤亡或者造成公私财产重大损失，构成犯罪的，依照《中华人民共和国道路交通安全法》第七十六条的规定确定赔偿责任。 附带民事诉讼当事人就民事赔偿问题达成调解、和解协议的，赔偿范围、数额不受第二款、第三款规定的限制。

适用要点

2021 年《刑诉法解释》第 192 条规定了附带民事诉讼的赔偿标准，继续沿用 2012 年《刑诉法解释》的规定。2003 年之前，法院系统通常将“死亡赔偿金、残疾赔偿金”理解为精神损失，未将之纳入附带民事诉讼赔偿范围。《人身损害赔偿解释》首次明确“死亡赔偿金、残疾赔偿金”属于物质损失。但是,该规定是否适用于刑事附带民事诉讼案件,存在一定争议。2012年《刑诉法解释》制定时,最高人民法院审判委员会经研究认为,"死亡赔偿金、残疾赔偿金"不属于附带民事诉讼的赔偿范围,但调解、和解的,赔偿范围、数额不受限制。鉴于本解释第175条第2款对精神损害赔偿申请的处理规则作出调整,将2012年《刑诉法解释》第138条规定的"不予受理"调整为"一般不予受理",这意味着,被害人可以在特定情形下申请精神损害赔偿。据此,即便将"死亡赔偿金、残疾赔偿金"视为精神损害赔偿的范畴,也不排除被害人在申请精神损害赔偿时,将之作为索赔依据。

☞ 典型案例

程文岗故意伤害案[1]

裁判要旨:本着切实保障原告人权利的原则,可以允许原告人与部分有赔偿能力的被告人达成赔偿协议。附带民事诉讼原告人与部分被告人达成调解协议的,宜以原告人对部分被告人撤诉的方式进行处理。原告人与部分被告人达成调解后,双方应签订调解协议,写明被告人向原告人赔偿的数额、方式以及原告人申请向法院撤回对该被告人的附带民事诉讼等内容。对于附带民事诉讼原告人的撤诉申请,法院应当对撤诉是否自愿、合法进行审查。对于准许撤诉的裁定,可以口头或者书面形式作出,口头裁定的,应当记录在案。考虑到部分被告人在判决前作出的赔偿通常不是足额赔偿,原告人仍希望通过法院的判决从其他被告人处获得进一步赔偿,法院对调解不成的其他被告人应当按照其应承担的赔偿份额依法作出判决。

李广欣以危险方法危害公共安全案[2]

裁判要旨:交强险是由国家以法律形式强制推行,由公安机关交通管理部门监督执行,具有社会保障性质和公益性质的强制性险种。在行为人因醉驾、毒驾等原因发生交通事故的刑事案件中,被害方向相关保险公

---

〔1〕 参见《刑事审判参考》总第65集第513号案例。

〔2〕 参见《刑事审判参考》总第94集第913号案例。

司在交强险责任范围内主张人身损害赔偿的，人民法院应予支持。根据保险制度的损害填补原则，保险人给予被保险人经济赔偿应当恰好填补被保险人因遭受保险事故所造成的经济损害。保险公司承担赔偿责任，只是为了保障受害人能够得到及时、充分的救济。如果致害人已经及时、全额赔偿受害人，受害人的利益已有保障，保险公司就无须再作赔偿。

2012 年《刑诉法解释》	2021 年《刑诉法解释》
第一百五十六条 人民检察院提起附带民事诉讼的，人民法院经审理，认为附带民事诉讼被告人依法应当承担赔偿责任的，应当判令附带民事诉讼被告人直接向遭受损失的单位作出赔偿；遭受损失的单位已经终止，有权利义务继受人的，应当判令其向继受人作出赔偿；没有权利义务继受人的，应当判令其向人民检察院交付赔偿款，由人民检察院上缴国库。	**第一百九十三条** 人民检察院提起附带民事诉讼的，人民法院经审理，认为附带民事诉讼被告人依法应当承担赔偿责任的，应当判令附带民事诉讼被告人直接向遭受损失的单位作出赔偿；遭受损失的单位已经终止，有权利义务继受人的，应当判令其向继受人作出赔偿；没有权利义务继受人的，应当判令其向人民检察院交付赔偿款，由人民检察院上缴国库。
第一百五十七条 审理刑事附带民事诉讼案件，人民法院应当结合被告人赔偿被害人物质损失的情况认定其悔罪表现，并在量刑时予以考虑。	**第一百九十四条** 审理刑事附带民事诉讼案件，人民法院应当结合被告人赔偿被害人物质损失的情况认定其悔罪表现，并在量刑时予以考虑。
第一百五十八条 附带民事诉讼原告人经传唤，无正当理由拒不到庭，或者未经法庭许可中途退庭的，应当按撤诉处理。 刑事被告人以外的附带民事诉讼被告人经传唤，无正当理由拒不到庭，或者未经法庭许可中途退庭的，附带民事部分可以缺席判决。	**第一百九十五条** 附带民事诉讼原告人经传唤，无正当理由拒不到庭，或者未经法庭许可中途退庭的，应当按撤诉处理。 刑事被告人以外的附带民事诉讼被告人经传唤，无正当理由拒不到庭，或者未经法庭许可中途退庭的，附带民事部分可以缺席判决。 **刑事被告人以外的附带民事诉讼被告人下落不明，或者用公告送达以外的其他方式无法送达，可能导致刑事案件审判过分迟延的，可以不将其列为附带民事诉讼被告人，告知附带民事诉讼原告人另行提起民事诉讼。**

适用要点

2021年《刑诉法解释》第195条规定了附带民事诉讼原告人未能参与庭审的处理规则。在2012年《刑诉法解释》第158条规定的基础上，本条新增了第3款规定，主要解决的是除刑事被告人之外的附带民事诉讼被告人不在案情形的处理规则。为避免刑事案件审判过于拖延，对于此种情形，可以对案件进行分案处理，即，可以不将其列为附带民事诉讼被告人，告知附带民事诉讼原告人另行提起民事诉讼。

2012年《刑诉法解释》	2021年《刑诉法解释》
第一百五十九条　附带民事诉讼应当同刑事案件一并审判，只有为了防止刑事案件审判的过分迟延，才可以在刑事案件审判后，由同一审判组织继续审理附带民事诉讼；同一审判组织的成员确实不能继续参与审判的，可以更换。	**第一百九十六条**　附带民事诉讼应当同刑事案件一并审判，只有为了防止刑事案件审判的过分迟延，才可以在刑事案件审判后，由同一审判组织继续审理附带民事诉讼；同一审判组织的成员确实不能继续参与审判的，可以更换。
第一百六十条　人民法院认定公诉案件被告人的行为不构成犯罪，对已经提起的附带民事诉讼，经调解不能达成协议的，应当一并作出刑事附带民事判决。 人民法院准许人民检察院撤回起诉的公诉案件，对已经提起的附带民事诉讼，可以进行调解；不宜调解或者经调解不能达成协议的，应当裁定驳回起诉，并告知附带民事诉讼原告人可以另行提起民事诉讼。	**第一百九十七条**　人民法院认定公诉案件被告人的行为不构成犯罪，对已经提起的附带民事诉讼，经调解不能达成协议的，**可以**一并作出刑事附带民事判决，**也可以告知附带民事原告人另行提起民事诉讼**。 人民法院准许人民检察院撤回起诉的公诉案件，对已经提起的附带民事诉讼，可以进行调解；不宜调解或者经调解不能达成协议的，应当裁定驳回起诉，并告知附带民事诉讼原告人可以另行提起民事诉讼。

适用要点

2021年《刑诉法解释》第197条规定了被告人的行为不构成犯罪，或者检察机关撤回起诉情形下附带民事诉讼的处理规则。在2012年《刑诉法解释》第160条规定的基础上，对于被告人的行为不构成犯罪，对已经提起的附带民事诉讼，经调解不能达成协议的情形，本条规定将2012年

《刑诉法解释》第160条规定中的"应当一并作出刑事附带民事判决",调整为"可以一并作出刑事附带民事判决,也可以告知附带民事原告人另行提起民事诉讼"。据此,人民法院可以赋予附带民事原告人程序选择权,如果其选择另行提起民事诉讼,人民法院应当准许。

2012年《刑诉法解释》	2021年《刑诉法解释》
第一百六十一条 第一审期间未提起附带民事诉讼,在第二审期间提起的,第二审人民法院可以依法进行调解;调解不成的,告知当事人可以在刑事判决、裁定生效后另行提起民事诉讼。	**第一百九十八条** 第一审期间未提起附带民事诉讼,在第二审期间提起的,第二审人民法院可以依法进行调解;调解不成的,告知当事人可以在刑事判决、裁定生效后另行提起民事诉讼。
第一百六十二条 人民法院审理附带民事诉讼案件,不收取诉讼费。	**第一百九十九条** 人民法院审理附带民事诉讼案件,不收取诉讼费。
第一百六十四条 被害人或者其法定代理人、近亲属在刑事诉讼过程中未提起附带民事诉讼,另行提起民事诉讼的,人民法院可以进行调解,或者根据~~物质损失情况作出判决~~。	**第二百条** 被害人或者其法定代理人、近亲属在刑事诉讼过程中未提起附带民事诉讼,另行提起民事诉讼的,人民法院可以进行调解,或者根据**本解释第一百九十二条第二款、第三款的规定作出判决**。
第一百六十三条 人民法院审理附带民事诉讼案件,除刑法、刑事诉讼法以及刑事司法解释已有规定的以外,适用民事法律的有关规定。	**第二百零一条** 人民法院审理附带民事诉讼案件,除刑法、刑事诉讼法以及刑事司法解释已有规定的以外,适用民事法律的有关规定。

第七章　期间、送达、审理期限

2012 年《刑诉法解释》	2021 年《刑诉法解释》
第七章　期间、送达、审理期限	**第七章　期间、送达、审理期限**
第一百六十五条　以月计算的期限，自本月某日至下月同日为一个月。期限起算日为本月最后一日的，至下月最后一日为一个月。下月同日不存在的，自本月某日至下月最后一日为一个月。半个月一律按十五日计算。	**第二百零二条**　以月计算的**期间**，自本月某日至下月同日为一个月；期限起算日为本月最后一日的，至下月最后一日为一个月；下月同日不存在的，自本月某日至下月最后一日为一个月；半个月一律按十五日计算。 **以年计算的刑期，自本年本月某日至次年同月同日的前一日为一年；次年同月同日不存在的，自本年本月某日至次年同月最后一日的前一日为一年。以月计算的刑期，自本月某日至下月同日的前一日为一个月；刑期起算日为本月最后一日的，至下月最后一日的前一日为一个月；下月同日不存在的，自本月某日至下月最后一日的前一日为一个月；半个月一律按十五日计算。**
第一百六十六条　当事人由于不能抗拒的原因或者有其他正当理由而耽误期限，依法申请继续进行应当在期满前完成的诉讼活动的，人民法院查证属实后，应当裁定准许。	**第二百零三条**　当事人由于不能抗拒的原因或者有其他正当理由而耽误期限，依法申请继续进行应当在期满前完成的诉讼活动的，人民法院查证属实后，应当裁定准许。
第一百六十七条　送达诉讼文书，应当由收件人签收。收件人不在的，可以由其成年家属或者所在单位负责收件的人员代收。 收件人或者代收人在送达回证上签收的日期为送达日期。 收件人或者代收人拒绝签收的，送达人可以邀请见证人到场，说明情	**第二百零四条**　送达诉讼文书，应当由收件人签收。收件人不在的，可以由其成年家属或者所在单位负责收件的人员代收。收件人或者代收人在送达回证上签收的日期为送达日期。 收件人或者代收人拒绝签收的，送达人可以邀请见证人到场，说明情

续表

2012 年《刑诉法解释》	2021 年《刑诉法解释》
况，在送达回证上注明拒收的事由和日期，由送达人、见证人签名或者盖章，将诉讼文书留在收件人、代收人的住处或者单位；也可以把诉讼文书留在受送达人的住处，并采用拍照、录像等方式记录送达过程，即视为送达。	况，在送达回证上注明拒收的事由和日期，由送达人、见证人签名或者盖章，将诉讼文书留在收件人、代收人的住处或者单位；也可以把诉讼文书留在受送达人的住处，并采用拍照、录像等方式记录送达过程，即视为送达。
第一百六十八条　直接送达诉讼文书有困难的，可以委托收件人所在地的人民法院代为送达，或者邮寄送达。	**第二百零五条**　直接送达诉讼文书有困难的，可以委托收件人所在地的人民法院代为送达或者邮寄送达。
第一百六十九条　委托送达的，应当将委托函、委托送达的诉讼文书及送达回证寄送受托法院。受托法院收到后，应当登记，在十日内送达收件人，并将送达回证寄送委托法院；无法送达的，应当告知委托法院，并将诉讼文书及送达回证退回。	**第二百零六条**　委托送达的，应当将委托函、委托送达的诉讼文书及送达回证寄送受托法院。受托法院收到后，应当登记，在十日**以**内送达收件人，并将送达回证寄送委托法院；无法送达的，应当告知委托法院，并将诉讼文书及送达回证退回。
第一百七十条　邮寄送达的，应当将诉讼文书、送达回证~~挂号~~邮寄给收件人。~~挂号回执上注明的日期~~为送达日期。	**第二百零七条**　邮寄送达的，应当将诉讼文书、送达回证邮寄给收件人。**签收日期**为送达日期。
第一百七十一条　诉讼文书的收件人是军人的，可以通过其所在部队团级以上单位的政治部门转交。 收件人正在服刑的，可以通过执行机关转交。 ~~收件人正在被采取强制性教育措施的，可以通过强制性教育机构转交。~~ 由有关部门、单位代为转交诉讼文书的，应当请有关部门、单位收到后立即交收件人签收，并将送达回证及时寄送人民法院。	**第二百零八条**　诉讼文书的收件人是军人的，可以通过其所在部队团级以上单位的政治部门转交。 收件人正在服刑的，可以通过执行机关转交。 **收件人正在接受专门矫治教育等的，可以通过相关机构转交。** 由有关部门、单位代为转交诉讼文书的，应当请有关部门、单位收到后立即交收件人签收，并将送达回证及时寄送人民法院。

续表

2012 年《刑诉法解释》	2021 年《刑诉法解释》
第一百七十二条　指定管辖案件的审理期限，自被指定管辖的人民法院收到指定管辖决定书和~~有关~~案卷、证据材料之日起计算。	**第二百零九条**　指定管辖案件的审理期限，自被指定管辖的人民法院收到指定管辖决定书和案卷、证据材料之日起计算。
第一百七十三条　~~申请上级人民法院批准延长审理期限，~~应当在期限届满十五日前层报。有权决定的人民法院不同意~~延长~~的，应当在审理期限届满五日前作出决定。 因特殊情况申请最高人民法院批准延长审理期限，最高人民法院经审查，予以批准的，可以延长审理期限一至三个月。期限届满案件仍然不能审结的，可以再次提出申请。	**第二百一十条**　**对可能判处死刑的案件或者附带民事诉讼的案件，以及有刑事诉讼法第一百五十八条规定情形之一的案件，上一级人民法院可以批准延长审理期限一次，期限为三个月。因特殊情况还需要延长的，应当报请最高人民法院批准。** **申请批准延长审理期限的，**应当在期限届满十五日**以**前层报。有权决定的人民法院不同意的，应当在审理期限届满五日**以**前作出决定。 因特殊情况报请最高人民法院批准延长审理期限，最高人民法院经审查，予以批准的，可以延长审理期限一至三个月。期限届满案件仍然不能审结的，可以再次提出申请。
第一百七十四条　审判期间，对被告人作精神病鉴定的时间不计入审理期限。	**第二百一十一条**　审判期间，对被告人作精神病鉴定的时间不计入审理期限。

适用要点

2021 年《刑诉法解释》第 210 条规定了申请批准延长审理期限的程序。在 2012 年《刑诉法解释》的基础上，本条规定新增第 1 款，即，对可能判处死刑的案件或者附带民事诉讼的案件，以及有《刑事诉讼法》第 158 条规定情形之一的案件，上一级人民法院可以批准延长审理期限 1 次，期限为 3 个月。因特殊情况还需要延长的，应当报请最高人民法院批准。据此，上一级人民法院只能批准延长审理期限 1 次，如果因案件需要还需要延长审理期限，则需要报请最高人民法院批准。

第八章　审 判 组 织

2012 年《刑诉法解释》	2021 年《刑诉法解释》
第八章　审 判 组 织	**第八章　审 判 组 织**
~~**第一百七十五条**　审判长由审判员担任。助理审判员由本院院长提出，经审判委员会通过，可以临时代行审判员职务，并可以担任审判长。~~	**第二百一十二条　合议庭由审判员担任审判长。院长或者庭长参加审理案件时，由其本人担任审判长。** **审判员依法独任审判时，行使与审判长相同的职权。**

适用要点

2021 年《刑诉法解释》第 212 条规定了审判长的人选，删去了 2012 年《刑诉法解释》中助理审判员可以担任审判长的规定。同时，本条新增规定，审判员依法独任审判时，行使与审判长相同的职权。

2012 年《刑诉法解释》	2021 年《刑诉法解释》
	第二百一十三条　基层人民法院、中级人民法院、高级人民法院审判下列第一审刑事案件，由审判员和人民陪审员组成合议庭进行： **（一）涉及群体利益、公共利益的；** **（二）人民群众广泛关注或者其他社会影响较大的；** **（三）案情复杂或者有其他情形，需要由人民陪审员参加审判的。** **基层人民法院、中级人民法院、高级人民法院审判下列第一审刑事案件，由审判员和人民陪审员组成七人合议庭进行：** **（一）可能判处十年以上有期徒刑、无期徒刑、死刑，且社会影响重大的；**

续表

2012年《刑诉法解释》	2021年《刑诉法解释》
	（二）涉及征地拆迁、生态环境保护、食品药品安全，且社会影响重大的； **（三）其他社会影响重大的。**

适用要点

2021年《刑诉法解释》第213条系新增规定，规定了审判员和人民陪审员组成合议庭的具体情形。《人民陪审员法》第14条规定，人民陪审员和法官组成合议庭审判案件，由法官担任审判长，可以组成三人合议庭，也可以由法官3人与人民陪审员4人组成七人合议庭。第15条第1款规定，人民法院审判第一审刑事、民事、行政案件，有下列情形之一的，由人民陪审员和法官组成合议庭进行：(1)涉及群体利益、公共利益的；(2)人民群众广泛关注或者其他社会影响较大的；(3)案情复杂或者有其他情形，需要由人民陪审员参加审判的。第16条规定，人民法院审判下列第一审案件，由人民陪审员和法官组成七人合议庭进行：(1)可能判处10年以上有期徒刑、无期徒刑、死刑，社会影响重大的刑事案件；(2)根据《民事诉讼法》《行政诉讼法》提起的公益诉讼案件；(3)涉及征地拆迁、生态环境保护、食品药品安全，社会影响重大的案件；(4)其他社会影响重大的案件。本条规定整合了《人民陪审员法》的上述规定。需要指出的是，对于由审判员和人民陪审员组成七人合议庭进行审判的情形，本条规定确定了组合式条件，即，除了要符合可能判处10年以上有期徒刑、无期徒刑、死刑，或者涉及征地拆迁、生态环境保护、食品药品安全等条件外，还要求具备“社会影响重大”的条件。这意味着，人民法院对于第一审刑事案件是否组成七人混合合议庭审判，拥有一定的裁量权。如果辩护方希望接受混合合议庭审判，也可以向人民法院提出申请。

2012年《刑诉法解释》	2021年《刑诉法解释》
第一百七十六条 开庭审理和评议案件，应当由同一合议庭进行。合议	**第二百一十四条** 开庭审理和评议案件，应当由同一合议庭进行。合议

续表

2012 年《刑诉法解释》	2021 年《刑诉法解释》
庭成员在评议案件时,应当独立表达意见并说明理由。意见分歧的,应当按多数意见作出决定,但少数意见应当记入笔录。评议笔录由合议庭的组成人员在审阅确认无误后签名。评议情况应当保密。	庭成员在评议案件时,应当独立发表意见并说明理由。意见分歧的,应当按多数意见作出决定,但少数意见应当记入笔录。评议笔录由合议庭的组成人员在审阅确认无误后签名。评议情况应当保密。
~~**第一百七十七条** 审判员依法独任审判时,行使与审判长相同的职权。~~	
	第二百一十五条　人民陪审员参加三人合议庭审判案件,应当对事实认定、法律适用独立发表意见,行使表决权。 **人民陪审员参加七人合议庭审判案件,应当对事实认定独立发表意见,并与审判员共同表决;对法律适用可以发表意见,但不参加表决。**

适用要点

2021 年《刑诉法解释》第 215 条系新增规定,规定了人民陪审员参与审判的职责。2018 年《人民陪审员法》第 21 条规定,人民陪审员参加三人合议庭审判案件,对事实认定、法律适用,独立发表意见,行使表决权。第 22 条规定,人民陪审员参加七人合议庭审判案件,对事实认定,独立发表意见,并与法官共同表决;对法律适用,可以发表意见,但不参加表决。本条规定整合了上述规定的内容。理解本条规定,需要注意以下事项:(1)陪审员的职责差异。对于三人混合合议庭的情形,陪审员和审判员履行相同的职责,对事实认定、法律适用独立发表法律意见,行使表决权。对于七人混合合议庭的情形,基于事实认定和法律适用的区分,陪审员仅在事实认定领域实质性参与审判。具体言之,陪审员应当对事实认定独立发表意见,并与审判员共同表决;对法律适用可以发表意见,但不参加表决。(2)事实认定和法律适用的区分。《人民陪审员法》和相关司法解释并未对此作出规定。一般认为,所谓事实认定,主要涉及本解释第 72

条规定的,应当运用证据证明的案件事实,包括:(1)被告人、被害人的身份;(2)被指控的犯罪是否存在;(3)被指控的犯罪是否为被告人所实施;(4)被告人有无刑事责任能力,有无罪过,实施犯罪的动机、目的;(5)实施犯罪的时间、地点、手段、后果以及案件起因等;(6)是否系共同犯罪或者犯罪事实存在关联,以及被告人在犯罪中的地位、作用;(7)被告人有无从重、从轻、减轻、免除处罚情节;(8)有关涉案财物处理的事实;(9)有关附带民事诉讼的事实;(10)有关管辖、回避、延期审理等的程序事实;(11)与定罪量刑有关的其他事实。所谓法律适用,则主要涉及罪与非罪的认定、此罪与彼罪的认定、刑罚的裁量等法律问题。为强化人民陪审员对审判的参与,当事实认定问题与法律适用问题难以区分时,可以视为事实认定问题。

2012 年《刑诉法解释》	2021 年《刑诉法解释》
第一百七十八条　合议庭审理、评议后,应当及时作出判决、裁定。 ~~拟判处死刑的案件、人民检察院抗诉的案件,合议庭应当提请院长决定提交审判委员会讨论决定。~~ 对合议庭成员意见有重大分歧的案件、新类型案件、社会影响重大的案件以及其他疑难、复杂、重大的案件,合议庭认为难以作出决定的,可以提请院长决定提交审判委员会讨论决定。 人民陪审员可以要求合议庭将案件提请院长决定是否提交审判委员会讨论决定。 对提请院长决定提交审判委员会讨论决定的案件,院长认为不必要的,可以建议合议庭复议一次。 独任审判的案件,审判员认为有必要的,也可以提请院长决定提交审判委员会讨论决定。	**第二百一十六条**　合议庭审理、评议后,应当及时作出判决、裁定。 **对下列案件,合议庭应当提请院长决定提交审判委员会讨论决定:** **(一)高级人民法院、中级人民法院拟判处死刑立即执行的案件,以及中级人民法院拟判处死刑缓期执行的案件;** **(二)本院已经发生法律效力的判决、裁定确有错误需要再审的案件;** **(三)人民检察院依照审判监督程序提出抗诉的案件。** 对合议庭成员意见有重大分歧的案件、新类型案件、社会影响重大的案件以及其他疑难、复杂、重大的案件,合议庭认为难以作出决定的,可以提请院长决定提交审判委员会讨论决定。 人民陪审员可以要求合议庭将案件提请院长决定是否提交审判委员会讨论决定。 对提请院长决定提交审判委员会讨论决定的案件,院长认为不必要的,可以建议合议庭复议一次。

续表

2012年《刑诉法解释》	2021年《刑诉法解释》
	独任审判的案件，审判员认为有必要的，也可以提请院长决定提交审判委员会讨论决定。
第一百七十九条 审判委员会的决定，合议庭、独任审判员应当执行；有不同意见的，可以建议院长提交审判委员会复议。	**第二百一十七条** 审判委员会的决定，合议庭、独任审判员应当执行；有不同意见的，可以建议院长提交审判委员会复议。

适用要点

2021年《刑诉法解释》第216条规定了提交审判委员会讨论决定的案件范围。在2012年《刑事诉讼法》的基础上，第216条规定对应当提交审判委员会讨论决定的案件范围作出了调整。主要包括以下情形：

（1）高级人民法院、中级人民法院拟判处死刑立即执行的案件，以及中级人民法院拟判处死刑缓期执行的案件。根据2012年《刑诉法解释》规定，拟判处死刑的案件，应当提交审判委员会讨论决定。《最高人民法院关于健全完善人民法院审判委员会工作机制的意见》第8条规定，高级人民法院、中级人民法院拟判处死刑的案件，应当提交本院审判委员会讨论决定。根据上述意见的精神，拟判处死刑的案件，既包括拟判处死刑立即执行的案件，也包括拟判处死刑缓期2年执行的案件。考虑到死刑缓期2年执行的案件数量较多，难以做到一律提请审判委员会讨论决定，加上此前死缓案件不提交审判委员会讨论亦未发现存在问题，第216条规定将拟判处死刑缓期执行的案件限定为中级人民法院拟判处死刑缓期执行的案件。

（2）本院已经发生法律效力的判决、裁定确有错误需要再审的案件。这是本条新增的案件类型，吸收了《最高人民法院关于健全完善人民法院审判委员会工作机制的意见》第8条的规定。

（3）人民检察院依照审判监督程序提出抗诉的案件。该项规定将2012年《刑诉法解释》规定的“人民检察院抗诉的案件”限定为“人民检察院依照审判监督程序提出抗诉的案件”，吸收了《最高人民法院关于健全完善人民法院审判委员会工作机制的意见》第8条的规定。

此外，《最高人民法院关于健全完善人民法院审判委员会工作机制的意见》第8条还规定了其他几种应当提交审判委员会讨论决定的情形，包括涉及国家安全、外交、社会稳定等敏感案件和重大、疑难、复杂案件，法律适用规则不明的新类型案件，拟宣告被告人无罪的案件，以及拟在法定刑以下判处刑罚或者免予刑事处罚的案件等。本条未将这些情形一并吸收，主要是为了避免影响合议庭独立审理案件。

第九章　公诉案件第一审普通程序

2012 年《刑诉法解释》	2021 年《刑诉法解释》
第九章　公诉案件第一审普通程序	**第九章　公诉案件第一审普通程序**
第一节　审查受理与庭前准备	第一节　审查受理与庭前准备
第一百八十条　对提起公诉的案件,人民法院应当在收到起诉书(一式八份,每增加一名被告人,增加起诉书五份)和案卷、证据后,~~指定审判人员~~审查以下内容: (一)是否属于本院管辖; (二)起诉书是否写明被告人的身份,是否受过或者正在接受刑事处罚,被采取强制措施的种类、羁押地点,犯罪的时间、地点、手段、后果以及其他可能影响定罪量刑的情节; (三)是否移送证明指控犯罪事实的证据材料,包括采取技术侦查措施的~~批准决定~~和所收集的证据材料; (四)是否查封、扣押、冻结被告人的违法所得或者其他涉案财物,并~~附证明相关财物依法应当追缴的~~证据材料; (五)是否列明被害人的姓名、住址、联系方式;是否附有证人、鉴定人名单;是否申请法庭通知证人、鉴定人、有专门知识的人出庭,并列明有关人员的姓名、性别、年龄、职业、住址、联系方式;是否附有需要保护的证人、鉴定人、被害人名单; (六)当事人已委托辩护人、诉讼代理人,或者已接受法律援助的,是否列明辩护人、诉讼代理人的姓名、住址、联系方式;	**第二百一十八条**　对提起公诉的案件,人民法院应当在收到起诉书(一式八份,每增加一名被告人,增加起诉书五份)和案卷、证据后,审查以下内容: (一)是否属于本院管辖; (二)起诉书是否写明被告人的身份,是否受过或者正在接受刑事处罚**、行政处罚、处分,被采取留置措施的情况**,被采取强制措施的**时间、**种类、羁押地点,犯罪的时间、地点、手段、后果以及其他可能影响定罪量刑的情节;**有多起犯罪事实的,是否在起诉书中将事实分别列明;** (三)是否移送证明指控犯罪事实**及影响量刑**的证据材料,包括采取技术**调查、**侦查措施的**法律文书**和所收集的证据材料; (四)是否查封、扣押、冻结被告人的违法所得或者其他涉案财物,**查封、扣押、冻结是否逾期;是否随案移送涉案财物、附涉案财物清单;是否列明涉案财物权属情况;是否就涉案财物处理提供相关**证据材料; (五)是否列明被害人的姓名、住址、联系方式;是否附有证人、鉴定人名单;是否申请法庭通知证人、鉴定人、有专门知识的人出庭,并列明有关人员的姓名、性别、年龄、职业、住址、

续表

2012年《刑诉法解释》	2021年《刑诉法解释》
（七）是否提起附带民事诉讼；提起附带民事诉讼的，是否列明附带民事诉讼当事人的姓名、住址、联系方式，是否附有相关证据材料； （八）侦查、审查起诉程序的各种法律手续和诉讼文书是否齐全； （九）有无刑事诉讼法第~~十五~~条第二项至第六项规定的不追究刑事责任的情形。	联系方式；是否附有需要保护的证人、鉴定人、被害人名单； （六）当事人已委托辩护人、诉讼代理人或者已接受法律援助的，是否列明辩护人、诉讼代理人的姓名、住址、联系方式； （七）是否提起附带民事诉讼；提起附带民事诉讼的，是否列明附带民事诉讼当事人的姓名、住址、联系方式**等**，是否附有相关证据材料； （八）**监察调查**、侦查、审查起诉程序的各种法律手续和诉讼文书是否齐全； **（九）被告人认罪认罚的，是否提出量刑建议、移送认罪认罚具结书等材料；** （十）有无刑事诉讼法第**十六**条第二项至第六项规定的不追究刑事责任的情形。

适用要点

2021年《刑诉法解释》第218条规定了公诉案件的立案审查程序。1996年《刑事诉讼法》修改，将公诉案件的立案审查由实体性审查调整为程序性审查。本条所列事项，是立案审查的主要内容。主要包括以下修改：(1)被告人基本情况。在刑事处罚基础上，增加"行政处罚、处分，被采取留置措施的情况"。对于被采取强制措施的情形，增加时间要素。对于有多起犯罪事实的情形，增加"在起诉书中将事实分别列明"的要求。(2)证据材料。在犯罪事实基础上，增加影响量刑的证据材料。同时，将采取技术侦查措施的批准决定，调整为"采取技术调查、侦查措施的法律文书"。(3)涉案财物。删去2012年《刑诉法解释》规定的证明相关财物依法应当追缴的证据材料，增加规定了诸多细节要求，包括"查封、扣押、冻结是否逾期；是否随案移送涉案财物、附涉案财物清单；是否列明涉案财物权属情况；是否就涉案财物处理提供相关证据材料”。（4）认罪认罚程序。对于被告人认罪认罚的情形，审查内容新增“是否提出量刑建议、移送认罪认罚具结书等材料”。

2012年《刑诉法解释》	2021年《刑诉法解释》
第一百八十一条　人民法院对提起公诉的案件审查后，应当按照下列情形分别处理： ~~（一）属于告诉才处理的案件，应当退回人民检察院，并告知被害人有权提起自诉；~~ ~~（二）不属于本院管辖或者被告人不在案的，~~应当退回人民检察院； （三）不符合前条第二项至第~~六~~项规定之一，需要补充材料的，应当通知人民检察院在三日内补送； （四）依照刑事诉讼法第~~一百九十五~~条第三项规定~~宣告被告人无罪后，人民检察院根据新的事实、证据重新起诉的，应当依法受理~~； （五）依照本解释第~~二百四十二~~条规定裁定准许撤诉的案件，~~没有新~~的事实、证据，重新起诉的，应当退回人民检察院； ~~（六）符合刑事诉讼法第十五条第二项至第六项规定情形的，应当裁定终止审理或者退回人民检察院；~~ （七）被告人真实身份不明，但符合刑事诉讼法第~~一百五十八~~条第二款规定的，应当依法受理。 对公诉案件是否受理，应当在七日内审查完毕。	**第二百一十九条**　人民法院对提起公诉的案件审查后，应当按照下列情形分别处理： **（一）不属于本院管辖的，**应当退回人民检察院； **（二）属于刑事诉讼法第十六条第二项至第六项规定情形的，应当退回人民检察院；属于告诉才处理的案件，应当同时告知被害人有权提起自诉；** **（三）被告人不在案的，应当退回人民检察院；但是，对人民检察院按照缺席审判程序提起公诉的，应当依照本解释第二十四章的规定作出处理；** （四）不符合前条第二项至第**九**项规定之一，需要补充材料的，应当通知人民检察院在三日以内补送； （五）依照刑事诉讼法第**二百**条第三项规定宣告被告人无罪后，人民检察院根据新的事实、证据重新起诉的，应当依法受理； （六）依照本解释第**二百九十六**条规定裁定准许撤诉的案件，**没有新的影响定罪量刑的**事实、证据，重新起诉的，应当退回人民检察院； （七）被告人真实身份不明，但符合刑事诉讼法第**一百六十**条第二款规定的，应当依法受理。 对公诉案件是否受理，应当在七日**以**内审查完毕。

适用要点

2021年《刑诉法解释》第219条规定了公诉案件立案审查后的处理方式。在2012年《刑诉法解释》的基础上,本条规定主要包括以下修改:(1)属于《刑事诉讼法》第16条第2项至第6项规定情形的,2012年《刑诉法解释》要求"应当裁定终止审理或者退回人民检察院",但鉴于在立案审查阶段,案件尚未进入审理程序,所以,本条将处理方式调整为"应当退回人民检察院"。(2)对于被告人不在案的情形,通常应当退回人民检察院,但鉴于2018年《刑事诉讼法》修改确立了缺席审判程序,本条新增规定,"对人民检察院按照缺席审判程序提起公诉的,应当依照本解释第二十四章的规定作出处理"。(3)对于依照2021年《刑诉法解释》第296条规定裁定准许撤诉的案件,2012年《刑诉法解释》要求"没有新的事实、证据,重新起诉的,应当退回人民检察院",基于严谨起见,本条将处理方式调整为"没有新的影响定罪量刑的事实、证据,重新起诉的,应当退回人民检察院"。同理,本条第5项所涉情形,即,"依照刑事诉讼法第二百条第三项规定宣告被告人无罪后,人民检察院根据新的事实、证据重新起诉的,应当依法受理",其中的"新的事实、证据"也应当是指"新的影响定罪量刑的事实、证据"。

2012年《刑诉法解释》	2021年《刑诉法解释》
	第二百二十条　对一案起诉的共同犯罪或者关联犯罪案件,被告人人数众多、案情复杂,人民法院经审查认为,分案审理更有利于保障庭审质量和效率的,可以分案审理。分案审理不得影响当事人质证权等诉讼权利的行使。 **对分案起诉的共同犯罪或者关联犯罪案件,人民法院经审查认为,合并审理更有利于查明案件事实、保障诉讼权利、准确定罪量刑的,可以并案审理。**

适用要点

2021年《刑诉法解释》第220条系新增规定。对于共同犯罪或者关联犯罪案件,由法院一并审理,有助于全面查清事实,保障当事人的质证权等诉讼权利,确保准确定罪量刑。不过,基于审判质量和效率等考虑,对此类案件也可以分案审理。简言之,此类案件的并案或者分案审理方式,属于法院的裁量范畴。关于本条规定,需要注意以下事项:(1)可以分案审理的情形。对一案起诉的共同犯罪或者关联犯罪案件,被告人人数众多、案情复杂,人民法院经审查认为,分案审理更有利于保障庭审质量和效率的,可以分案审理。(2)分案审理的程序。基于人民法院的裁量权,基于审判质量和效率的考虑,可以依职权决定分案审理,必要时,可以征求控辩双方的意见。作为一项基本原则,分案审理不得影响当事人质证权等诉讼权利的行使。(3)并案审理的规则。对于检察机关基于追诉策略等考虑,对共同犯罪或者关联犯罪案件分案起诉的情形,人民法院经审查认为,合并审理更有利于查明案件事实、保障诉讼权利、准确定罪量刑的,可以并案审理。鉴于分案审理可能影响被告人的质证权等权利,因此,对于检察机关分案审理的情形,辩护方可以提出异议,并申请人民法院并案审理。

2012年《刑诉法解释》	2021年《刑诉法解释》
第一百八十二条 开庭审理前,人民法院应当进行下列工作: (一)确定审判长及合议庭组成人员; (二)开庭十日前将起诉书副本送达被告人、辩护人; (三)通知当事人、法定代理人、辩护人、诉讼代理人在开庭五日前提供证人、鉴定人名单,以及拟当庭出示的证据;申请证人、鉴定人、有专门知识的人出庭的,应当列明有关人员的姓名、性别、年龄、职业、住址、联系方式; (四)开庭三日前将开庭的时间、地点通知人民检察院; (五)开庭三日前将传唤当事人的传票和通知辩护人、诉讼代理人、法定代理人、证人、鉴定人等出庭的通知	**第二百二十一条** 开庭审理前,人民法院应当进行下列工作: (一)确定审判长及合议庭组成人员; (二)开庭十日以前将起诉书副本送达被告人、辩护人; (三)通知当事人、法定代理人、辩护人、诉讼代理人在开庭五日**以**前提供证人、鉴定人名单,以及拟当庭出示的证据;申请证人、鉴定人、有专门知识的人出庭的,应当列明有关人员的姓名、性别、年龄、职业、住址、联系方式; (四)开庭三日**以**前将开庭的时间、地点通知人民检察院; (五)开庭三日**以**前将传唤当事人的传票和通知辩护人、诉讼代理人、法定代理人、证人、鉴定人等出庭的通

续表

2012年《刑诉法解释》	2021年《刑诉法解释》
书送达；~~通知有关人员出庭，也可以采取电话、短信、传真、电子邮件等能够确认对方收悉的方式；~~ （六）公开审理的案件，在开庭三日前公布案由、被告人姓名、开庭时间和地点。 上述工作情况应当记录在案。	知书送达；**通知有关人员出庭，也可以采取电话、短信、传真、电子邮件、即时通讯等能够确认对方收悉的方式；对被害人人数众多的涉众型犯罪案件，可以通过互联网公布相关文书，通知有关人员出庭；** （六）公开审理的案件，在开庭三日**以**前公布案由、被告人姓名、开庭时间和地点。 上述工作情况应当记录在案。

适用要点

2021年《刑诉法解释》第221条规定了开庭审理前人民法院的准备工作。在2012年《刑诉法解释》的基础上，本条对通知有关人员出庭的程序作出了补充完善。(1)在电话、短信、传真、电子邮件的基础上，增加了即时通讯方式。需要指出的是，无论被告人是否处于羁押状态，人民法院都应当通知其到庭，这是确保被告人出庭接受审判的基本要求。(2)增加"对被害人人数众多的涉众型犯罪案件，可以通过互联网公布相关文书，通知有关人员出庭"。这是针对涉众型案件的特殊规定，主要针对的是被害人人数众多，出于审判效率等因素考虑，无法逐一通知的情形。

2012年《刑诉法解释》	2021年《刑诉法解释》
第一百八十六条　审判案件应当公开进行。 案件涉及国家秘密或者个人隐私的，不公开审理；涉及商业秘密，当事人提出申请的，法庭可以决定不公开审理。 不公开审理的案件，任何人不得旁听，但~~法律另有规定~~的除外。	**第二百二十二条**　审判案件应当公开进行。 案件涉及国家秘密或者个人隐私的，不公开审理；涉及商业秘密，当事人提出申请的，法庭可以决定不公开审理。 不公开审理的案件，任何人不得旁听，但**具有刑事诉讼法第二百八十五条规定情形**的除外。

适用要点

2021年《刑诉法解释》第222条规定了公开审判原则和不公开审理的情形。《刑事诉讼法》第188条第1款规定,有关国家秘密或者个人隐私的案件,不公开审理。从条文表述看,涉及个人隐私的案件不公开审理,属于法律的强制性规定,不以当事人申请为前提。该条规定中的“个人隐私”,并未明确限于被告人或者被害人的隐私,而是在原则上强调案件涉及个人隐私,进而基于隐私权保护这一重要利益的考虑,规定此类案件不公开审理。

根据《刑事诉讼法》第285条的规定,审判的时候被告人不满18周岁的案件,不公开审理。但是,经未成年被告人及其法定代理人同意,未成年被告人所在学校和未成年人保护组织可以派代表到场。据此,本条新增规定,将之作为不公开审理案件任何人不得旁听原则的例外情形。

2012年《刑诉法解释》	2021年《刑诉法解释》
第一百八十七条 精神病人、醉酒的人、未经人民法院批准的未成年人以及其他不宜旁听的人不得旁听案件审理。	**第二百二十三条** 精神病人、醉酒的人、未经人民法院批准的未成年人以及其他不宜旁听的人不得旁听案件审理。
	第二百二十四条 被害人人数众多,且案件不属于附带民事诉讼范围的,被害人可以推选若干代表人参加庭审。

适用要点

2021年《刑诉法解释》第224条系新增规定,规定了被害人推选代表人参加庭审的规则。《法庭调查规程》第9条第1款规定,申请参加庭审的被害人众多,且案件不属于附带民事诉讼范围的,被害人可以推选若干代表人参加或者旁听庭审,人民法院也可以指定若干代表人。本条吸收了这一规定的主要内容。基于庭审实际的考虑,对于被害人人数众多的案件,无法保证所有被害人参与庭审,且《刑事诉讼法》尚未规定代表人诉讼制度。鉴此,《民事诉讼法》第53条的规定可资参考,即,当事人一方人数众多的共同诉讼,可以由当事人推选代表人进行诉讼。相应地,对于被害人人数众多，且案件不属于附带民事诉讼范围的情形，被害人可以推选若干代表人参与诉讼。实践中，可能存在被害人推选不出代表人的情形，对此，可以参考《民事诉讼法》第54条第2款的规定，即，推选不出代表人的，人民法院可以与参加登记的权利人商定代表人。具体到刑事诉讼领域，对于被害人无法全部参与庭审，又推选不出代表人的情形，人民法院可以与参与诉讼的被害人商定参加庭审的代表人。

2012年《刑诉法解释》	2021年《刑诉法解释》
第一百八十八条　被害人、诉讼代理人经传唤或者通知未到庭，不影响开庭审理的，人民法院可以开庭审理。 辩护人经通知未到庭，被告人同意的，人民法院可以开庭审理，但被告人属于应当提供法律援助情形的除外。	**第二百二十五条**　被害人、诉讼代理人经传唤或者通知未到庭，不影响开庭审理的，人民法院可以开庭审理。 辩护人经通知未到庭，被告人同意的，人民法院可以开庭审理，但被告人属于应当提供法律援助情形的除外。
	第二节　庭前会议与庭审衔接
第一百八十三条　案件具有下列情形之一的，审判人员可以召开庭前会议： （一）当事人及其辩护人、诉讼代理人申请排除非法证据的； （二）证据材料较多、案情重大复杂的； （三）社会影响重大的； （四）需要召开庭前会议的其他情形。 ~~召开庭前会议，根据案件情况，可以通知被告人参加。~~	**第二百二十六条**　案件具有下列情形之一的，人民法院可以决定召开庭前会议： （一）证据材料较多、案情重大复杂的； （二）控辩双方对事实、证据存在较大争议的； （三）社会影响重大的； （四）需要召开庭前会议的其他情形。

适用要点

2021年《刑诉法解释》第226条规定了庭前会议的召开情形。《庭前会议规程》第1条第1款规定，人民法院适用普通程序审理刑事案件，对于证据材料较多、案情疑难复杂、社会影响重大或者控辩双方对事实证据存在较大争议等情形的，可以决定在开庭审理前召开庭前会议。本条吸收了这一规定。

同时，2012 年《刑诉法解释》第 183 条规定，当事人及其辩护人、诉讼代理人申请排除非法证据的，可以召开庭前会议。鉴于本解释第 130 条已经规定，“开庭审理前，人民法院可以召开庭前会议，就非法证据排除等问题了解情况，听取意见”，故可以将该规定视为对非法证据排除申请召开庭前会议的特别规定。需要指出的是，《庭前会议规程》第 1 条第 3 款规定，被告人及其辩护人在开庭审理前申请排除非法证据，并依照法律规定提供相关线索或者材料的，人民法院应当召开庭前会议。《排非规程》第 10 条第 1 款规定，被告人及其辩护人申请排除非法证据，并提供相关线索或者材料的，人民法院应当召开庭前会议，并在召开庭前会议 3 日前将申请书和相关线索或者材料的复制件送交人民检察院。从本解释的立场看，对于辩护方申请排除非法证据的情形，是否召开庭前会议，属于人民法院的裁量范畴。不过，对于辩护方在开庭审理前申请排除非法证据，并依照法律规定提供相关线索或者材料，特别是据此申请人民法院召开庭前会议的，如果人民法院不召开庭前会议进行初步处理，就可能影响庭审顺利进行，甚至导致庭审中断。据此，为确保庭审质量和效率，对于上述情形，人民法院有必要召开庭前会议。

2012 年《刑诉法解释》	2021 年《刑诉法解释》
	第二百二十七条　控辩双方可以申请人民法院召开庭前会议，提出申请应当说明理由。人民法院经审查认为有必要的，应当召开庭前会议；决定不召开的，应当告知申请人。

适用要点

2021 年《刑诉法解释》第 227 条系新增规定。《庭前会议规程》第 1 条第 2 款规定，控辩双方可以申请人民法院召开庭前会议。申请召开庭前会议的，应当说明需要处理的事项。人民法院经审查认为有必要的，应当决定召开庭前会议；决定不召开庭前会议的，应当告知申请人。本条吸收了这一规定的内容。据此，庭前会议的召开，分为依职权和依申请两种方式。对于控辩双方申请人民法院召开庭前会议的，应当说明理由。对于人民法院依职权召开庭前会议的，应当通知控辩双方参加。

2012 年《刑诉法解释》	2021 年《刑诉法解释》
第一百八十四条　召开庭前会议，审判人员可以就下列问题向控辩双方了解情况，听取意见： （一）是否对案件管辖有异议； （二）是否申请有关人员回避； （三）是否申请调取~~在侦查、审查起诉期间公安机关、人民检察院收集但未随案移送的~~证明被告人无罪或者罪轻的证据材料； （四）是否提供新的证据； ~~（五）是否对出庭证人、鉴定人、有专门知识的人的名单有异议；~~ （六）是否申请排除非法证据； （七）是否申请不公开审理； （八）与审判相关的其他问题。 审判人员可以询问控辩双方对证据材料有无异议，对有异议的证据，应当在庭审时重点调查；无异议的，庭审时举证、质证可以简化。 被害人或者其法定代理人、近亲属提起附带民事诉讼的，可以调解。 庭前会议情况应当制作笔录。	**第二百二十八条**　庭前会议可以就下列事项向控辩双方了解情况，听取意见： （一）是否对案件管辖有异议； （二）是否申请有关人员回避； （三）是否申请不公开审理； （四）是否申请排除非法证据； （五）是否提供新的证据**材料**； **（六）是否申请重新鉴定或者勘验；** （七）是否申请**收集**、调取证明被告人无罪或者罪轻的证据材料； **（八）是否申请证人、鉴定人、有专门知识的人、调查人员、侦查人员或者其他人员出庭，是否对出庭人员名单有异议；** **（九）是否对涉案财物的权属情况和人民检察院的处理建议有异议；** （十）与审判相关的其他问题。 庭前会议中，人民法院可以开展附带民事调解。 **对第一款规定中可能导致庭审中断的程序性事项，人民法院可以在庭前会议后依法作出处理，并在庭审中说明处理决定和理由。控辩双方没有新的理由，在庭审中再次提出有关申请或者异议的，法庭可以在说明庭前会议情况和处理决定理由后，依法予以驳回。** **庭前会议情况应当制作笔录，由参会人员核对后签名。**

适用要点

2021 年《刑诉法解释》第 228 条规定了庭前会议的处理事项和处理

方式。《庭前会议规程》第2条规定,庭前会议中,人民法院可以就与审判相关的问题了解情况,听取意见,依法处理回避、出庭证人名单、非法证据排除等可能导致庭审中断的事项,组织控辩双方展示证据,归纳争议焦点,开展附带民事调解。第10条规定,庭前会议中,主持人可以就下列事项向控辩双方了解情况,听取意见:(1)是否对案件管辖有异议;(2)是否申请有关人员回避;(3)是否申请不公开审理;(4)是否申请排除非法证据;(5)是否申请提供新的证据材料;(6)是否申请重新鉴定或者勘验;(7)是否申请调取在侦查、审查起诉期间公安机关、人民检察院收集但未随案移送的证明被告人无罪或者罪轻的证据材料;(8)是否申请向证人或有关单位、个人收集、调取证据材料;(9)是否申请证人、鉴定人、侦查人员、有专门知识的人出庭,是否对出庭人员名单有异议;(10)与审判相关的其他问题。对于前款规定中可能导致庭审中断的事项,人民法院应当依法作出处理,在开庭审理前告知处理决定,并说明理由。控辩双方没有新的理由,在庭审中再次提出有关申请或者异议的,法庭应当依法予以驳回。第23条第1款规定,庭前会议情况应当制作笔录,由参会人员核对后签名。庭前会议结束后应当制作庭前会议报告,说明庭前会议的基本情况、与审判相关的问题的处理结果、控辩双方的争议焦点以及就相关事项达成的一致意见等。

本条吸收了上述规定的主要内容,并有以下调整:(1)庭前会议的处理事项。在《庭前会议规程》所列清单基础上,本条规定删去了"是否申请向证人或有关单位、个人收集、调取证据材料"的规定,增加了"是否对涉案财物的权属情况和人民检察院的处理建议有异议"的规定。总体上讲,庭前会议作为庭审准备程序,有必要对影响庭审质量和效率的事项听取控辩双方意见。(2)庭前会议的处理方式。对于可能导致庭审中断的程序性事项,《庭前会议规程》要求人民法院"应当"依法作出处理,并在"开庭审理前"告知处理决定并说明理由,本条规定将之调整为人民法院"可以"作出处理,并在"庭审中"说明处理决定和理由。这表明,是否在庭前会议中对可能导致庭审中断的程序性事项作出处理,属于人民法院的裁量范畴。不过,对于管辖、回避等问题,因直接影响案件能否开庭审判,人民法院有必要尽早作出处理,避免因有关争议悬而未决影响庭审顺利进行。

2012 年《刑诉法解释》	2021 年《刑诉法解释》
~~**第一百八十五条**　开庭审理前，合议庭可以拟出法庭审理提纲，提纲一般包括下列内容：~~ ~~（一）合议庭成员在庭审中的分工；~~ ~~（二）起诉书指控的犯罪事实的重点和认定案件性质的要点；~~ ~~（三）讯问被告人时需了解的案情要点；~~ ~~（四）出庭的证人、鉴定人、有专门知识的人、侦查人员的名单；~~ ~~（五）控辩双方申请当庭出示的证据的目录；~~ ~~（六）庭审中可能出现的问题及应对措施。~~	
	第二百二十九条　庭前会议中，审判人员可以询问控辩双方对证据材料有无异议，对有异议的证据，应当在庭审时重点调查；无异议的，庭审时举证、质证可以简化。
	第二百三十条　庭前会议由审判长主持，合议庭其他审判员也可以主持庭前会议。 **召开庭前会议应当通知公诉人、辩护人到场。** **庭前会议准备就非法证据排除了解情况、听取意见，或者准备询问控辩双方对证据材料的意见的，应当通知被告人到场。有多名被告人的案件，可以根据情况确定参加庭前会议的被告人。**

适用要点

2021 年《刑诉法解释》第 230 条系新增规定。《庭前会议规程》第 3

条第1款、第2款规定,庭前会议由承办法官主持,其他合议庭成员也可以主持或者参加庭前会议。根据案件情况,承办法官可以指导法官助理主持庭前会议。公诉人、辩护人应当参加庭前会议。根据案件情况,被告人可以参加庭前会议;被告人申请参加庭前会议或者申请排除非法证据等情形的,人民法院应当通知被告人到场;有多名被告人的案件,主持人可以根据案件情况确定参加庭前会议的被告人。本条吸收了上述规定的主要内容,并有以下调整:(1)庭前会议的主持者。根据《庭前会议规程》的规定,承办法官、其他合议庭成员和法官助理均可主持庭前会议。但本条规定提出了更加严格的要求,原则上由审判长主持庭前会议,合议庭其他审判员也可以主持庭前会议,进一步明确人民陪审员和法官助理不能主持庭前会议,但可以参加庭前会议,这有助于提高庭前会议的正式性和权威性,便于在庭前会议中解决相关的争议事项。(2)通知被告人到场的情形。《庭前会议规程》规定,被告人申请参加庭前会议或者申请排除非法证据等情形的,人民法院应当通知被告人到场,本条规定调整为,庭前会议准备就非法证据排除了解情况、听取意见,或者准备询问控辩双方对证据材料的意见的,应当通知被告人到场,这一调整有助于强调人民法院对庭前会议的主导性。(3)被告人的权利保障。《庭前会议规程》第3条第3款规定,被告人申请排除非法证据,但没有辩护人的,人民法院应当通知法律援助机构指派律师为被告人提供帮助。第4条规定,被告人不参加庭前会议的,辩护人应当在召开庭前会议前就庭前会议处理事项听取被告人意见。此类规定有助于维护被告人合法权益,并保障庭前会议顺利实现归纳争议焦点、解决程序争议等目标。这两条规定虽然没有直接被本条吸收,但鉴于这些规定有助于维护被告人合法权益,并保障庭前会议顺利实现归纳争议焦点、解决程序争议等目标,在实践中可以继续参照执行。

2012年《刑诉法解释》	2021年《刑诉法解释》
	第二百三十一条　庭前会议一般不公开进行。 **根据案件情况,庭前会议可以采用视频等方式进行。**

适用要点

2021年《刑诉法解释》第231条系新增规定。《庭前会议规程》第5条规定，庭前会议一般不公开进行。根据案件情况，庭前会议可以采用视频会议等方式进行。本条吸收了这一规定的内容，明确了庭前会议的召开方式。

2012年《刑诉法解释》	2021年《刑诉法解释》
	第二百三十二条　人民法院在庭前会议中听取控辩双方对案件事实、证据材料的意见后，对明显事实不清、证据不足的案件，可以建议人民检察院补充材料或者撤回起诉。建议撤回起诉的案件，人民检察院不同意的，开庭审理后，没有新的事实和理由，一般不准许撤回起诉。

适用要点

2021年《刑诉法解释》第232条系新增规定。《庭前会议规程》第22条规定，人民法院在庭前会议中听取控辩双方对案件事实证据的意见后，对于明显事实不清、证据不足的案件，可以建议人民检察院补充材料或者撤回起诉。建议撤回起诉的案件，人民检察院不同意的，人民法院开庭审理后，没有新的事实和理由，一般不准许撤回起诉。本条吸收了上述规定的内容，旨在进一步规范撤回起诉程序，避免明显事实不清、证据不足的案件轻易进入审判程序。辩护方在庭前会议中，可以针对案件事实、证据材料提出异议，主张案件明显事实不清、证据不足，并建议人民检察院撤回起诉，或者建议人民法院建议人民检察院撤回起诉。

2012年《刑诉法解释》	2021年《刑诉法解释》
	第二百三十三条　对召开庭前会议的案件，可以在开庭时告知庭前会议情况。对庭前会议中达成一致意见的事项，法庭在向控辩双方核实后，可

续表

2012年《刑诉法解释》	2021年《刑诉法解释》
	以当庭予以确认；未达成一致意见的事项，法庭可以归纳控辩双方争议焦点，听取控辩双方意见，依法作出处理。 **控辩双方在庭前会议中就有关事项达成一致意见，在庭审中反悔的，除有正当理由外，法庭一般不再进行处理。**

适用要点

2021年《刑诉法解释》第233条系新增规定。《庭前会议规程》第24条规定，对于召开庭前会议的案件，在宣读起诉书后，法庭应当宣布庭前会议报告的主要内容；有多起犯罪事实的案件，可以在有关犯罪事实的法庭调查开始前，分别宣布庭前会议报告的相关内容；对庭前会议处理管辖异议、申请回避、申请不公开审理等事项的，法庭可以在告知当事人诉讼权利后宣布庭前会议报告的相关内容。第25条规定，宣布庭前会议报告后，对于庭前会议中达成一致意见的事项，法庭向控辩双方核实后当庭予以确认；对于未达成一致意见的事项，法庭可以归纳控辩双方争议焦点，听取控辩双方意见，依法作出处理。控辩双方在庭前会议中就有关事项达成一致意见，在庭审中反悔的，除有正当理由外，法庭一般不再进行处理。本条吸收了上述规定的内容，旨在促进庭前会议和庭审的顺利衔接，并强调控辩双方在庭前会议中所作合意决定的法律效力。

2012年《刑诉法解释》	2021年《刑诉法解释》
	第三节　宣布开庭与法庭调查
第一百八十九条　开庭审理前，书记员应当依次进行下列工作： （一）受审判长委托，查明公诉人、当事人、证人及其他诉讼参与人是否到庭；	**第二百三十四条**　开庭审理前，书记员应当依次进行下列工作： （一）受审判长委托，查明公诉人、当事人、**辩护人、诉讼代理人**、证人及其他诉讼参与人是否到庭；

续表

2012年《刑诉法解释》	2021年《刑诉法解释》
（二）宣读法庭规则； （三）请公诉人~~及相关诉讼参与人~~入庭； （四）请审判长、审判员~~（人民陪审员）~~入庭； （五）审判人员就座后，向审判长报告开庭前的准备工作已经就绪。	**（二）核实旁听人员中是否有证人、鉴定人、有专门知识的人；** （三）请公诉人、**辩护人、诉讼代理人及其他诉讼参与人**入庭； （四）宣读法庭规则； （五）请审判长、审判员、**人民陪审员**入庭； （六）审判人员就座后，向审判长报告开庭前的准备工作已经就绪。

适用要点

2021年《刑诉法解释》第234条规定了开庭审理前书记员的工作事项。在2012年《刑诉法解释》的基础上，本条新增一项内容，即"核实旁听人员中是否有证人、鉴定人、有专门知识的人"，这主要是为了落实证人、鉴定人、有专门知识的人不得旁听庭审的有关规定。同时，基于控辩双方诉讼地位平等的考虑，本规定将2012年《刑诉法解释》规定的"请公诉人及相关诉讼参与人入庭"，调整为"请公诉人、辩护人、诉讼代理人及其他诉讼参与人入庭"。此外，本条规定将书记员宣读法庭规则的顺序，调整到请公诉人、辩护人、诉讼代理人及其他诉讼参与人入庭之后进行。

2012年《刑诉法解释》	2021年《刑诉法解释》
第二节　宣布开庭与法庭调查	
第一百九十条　审判长宣布开庭，传被告人到庭后，应当查明被告人的下列情况： （一）姓名、出生日期、民族、出生地、文化程度、职业、住址，或者被告单位的名称、住所地、诉讼代表人的姓名、职务； （二）是否受过~~法律处分及处分~~的种类、时间；	**第二百三十五条**　审判长宣布开庭，传被告人到庭后，应当查明被告人的下列情况： （一）姓名、出生日期、民族、出生地、文化程度、职业、住址，或者被告单位的名称、住所地、**法定代表人、实际控制人以及**诉讼代表人的姓名、职务； （二）是否受过**刑事处罚、行政处罚、处分及其**种类、时间；

续表

2012 年《刑诉法解释》	2021 年《刑诉法解释》
（三）是~~否被采取强制措施及强制措施的种类、时间；~~ （四）收到起诉书副本的日期；有附带民事诉讼的，附带民事诉讼被告人收到附带民事起诉状的日期。 被告人较多的，可以在开庭前查明上述情况，但开庭时审判长应当作出说明。	（三）**是否被采取留置措施及留置的时间**，是否被采取强制措施及强制措施的种类、时间； （四）收到起诉书副本的日期；有附带民事诉讼的，附带民事诉讼被告人收到附带民事起诉状的日期。 被告人较多的，可以在开庭前查明上述情况，但开庭时审判长应当作出说明。

适用要点

2021 年《刑诉法解释》第 235 条规定了审判长宣布开庭核实被告人情况的内容。在 2012 年《刑诉法解释》的基础上，增加了一些细节要求：（1）增加了被告单位法定代表人、实际控制人的信息；（2）将“法律处分”细化为刑事处罚、行政处罚和处分；（3）增加了“是否被采取留置措施及留置的时间”。

2012 年《刑诉法解释》	2021 年《刑诉法解释》
第一百九十一条　审判长宣布案件的来源、起诉的案由、附带民事诉讼当事人的姓名及是否公开审理；不公开审理的，应当宣布理由。	**第二百三十六条**　审判长宣布案件的来源、起诉的案由、附带民事诉讼当事人的姓名及是否公开审理；不公开审理的，应当宣布理由。
第一百九十二条　审判长宣布合议庭组成人员、书记员、公诉人名单及辩护人、鉴定人、翻译人员等诉讼参与人的名单。	**第二百三十七条**　审判长宣布合议庭组成人员、**法官助理、**书记员、公诉人的名单，以及辩护人、**诉讼代理人**、鉴定人、翻译人员等诉讼参与人的名单。
第一百九十三条　审判长应当告知当事人及其法定代理人、辩护人、诉讼代理人在法庭审理过程中依法享有下列诉讼权利：	**第二百三十八条**　审判长应当告知当事人及其法定代理人、辩护人、诉讼代理人在法庭审理过程中依法享有下列诉讼权利：

续表

2012 年《刑诉法解释》	2021 年《刑诉法解释》
(一)可以申请合议庭组成人员、书记员、公诉人、鉴定人和翻译人员回避; (二)可以提出证据,申请通知新的证人到庭、调取新的证据,申请重新鉴定或者勘验~~、检查~~; (三)被告人可以自行辩护; (四)被告人可以在法庭辩论终结后作最后陈述。	(一)可以申请合议庭组成人员、**法官助理**、书记员、公诉人、鉴定人和翻译人员回避; (二)可以提出证据,申请通知新的证人到庭、调取新的证据,申请重新鉴定或者勘验; (三)被告人可以自行辩护; (四)被告人可以在法庭辩论终结后作最后陈述。
第一百九十四条　审判长应当询问当事人及其法定代理人、辩护人、诉讼代理人是否申请回避、申请何人回避和申请回避的理由。 当事人及其法定代理人、辩护人、诉讼代理人申请回避的,依照刑事诉讼法及本解释的有关规定处理。 同意或者驳回回避申请的决定及复议决定,由审判长宣布,并说明理由。必要时,也可以由院长到庭宣布。	**第二百三十九条**　审判长应当询问当事人及其法定代理人、辩护人、诉讼代理人是否申请回避、申请何人回避和申请回避的理由。 当事人及其法定代理人、辩护人、诉讼代理人申请回避的,依照刑事诉讼法及本解释的有关规定处理。 同意或者驳回回避申请的决定及复议决定,由审判长宣布,并说明理由。必要时,也可以由院长到庭宣布。
第一百九十五条　审判长宣布法庭调查开始后,应当先由公诉人宣读起诉书;有附带民事诉讼的,再由附带民事诉讼原告人或者其法定代理人、诉讼代理人宣读附带民事起诉状。	**第二百四十条**　审判长宣布法庭调查开始后,应当先由公诉人宣读起诉书;**公诉人宣读起诉书后,审判长应当询问被告人对起诉书指控的犯罪事实和罪名有无异议。** 有附带民事诉讼的,**公诉人宣读起诉书后,**由附带民事诉讼原告人或者其法定代理人、诉讼代理人宣读附带民事起诉状。

适用要点

2021 年《刑诉法解释》第 240 条规定了开庭的起始程序。《法庭调查规程》第 7 条第 1 款规定,公诉人宣读起诉书后,审判长应当询问被告人对起诉书指控的犯罪事实是否有异议,听取被告人的供述和辩解。对于被告人当庭认罪的案件，应当核实被告人认罪的自愿性和真实性，听取其供述和辩解。本条吸收了这一规定的主要内容。在开庭发问环节，审判长核实被告人对起诉书指控的犯罪事实和罪名有无异议，是核实案件争议事项，决定是否适用简化审理的基本前提。审判长在这一环节对被告人的核实询问，在性质上属于程序性发问，不是为了通过讯问获取被告人的当庭供述。

2012 年《刑诉法解释》	2021 年《刑诉法解释》
~~**第一百九十六条** 起诉书指控的被告人的犯罪事实为两起以上的，法庭调查一般应当分别进行。~~	
第一百九十七条 在审判长主持下，被告人、被害人可以就起诉书指控的犯罪事实分别陈述。	**第二百四十一条** 在审判长主持下，被告人、被害人可以就起诉书指控的犯罪事实分别陈述。
第一百九十八条 在审判长主持下，公诉人可以就起诉书指控的犯罪事实讯问被告人。 经审判长准许，被害人及其法定代理人、诉讼代理人可以就公诉人讯问的犯罪事实补充发问；附带民事诉讼原告人及其法定代理人、诉讼代理人可以就附带民事部分的事实向被告人发问；被告人的法定代理人、辩护人，附带民事诉讼被告人及其法定代理人、诉讼代理人可以在控诉~~一方~~就某一问题讯问完毕后向被告人发问。	**第二百四十二条** 在审判长主持下，公诉人可以就起诉书指控的犯罪事实讯问被告人。 经审判长准许，被害人及其法定代理人、诉讼代理人可以就公诉人讯问的犯罪事实补充发问；附带民事诉讼原告人及其法定代理人、诉讼代理人可以就附带民事部分的事实向被告人发问；被告人的法定代理人、辩护人，附带民事诉讼被告人及其法定代理人、诉讼代理人可以在控诉**方、附带民事诉讼原告方**就某一问题讯问、**发问**完毕后向被告人发问。 **根据案件情况，就证据问题对被告人的讯问、发问可以在举证、质证环节进行。**

适用要点

2021 年《刑诉法解释》第 242 条规定了开庭讯问、发问的基本要求。《法庭调查规程》第 7 条第 2 款规定，在审判长主持下，公诉人可以就起诉书指控的犯罪事实讯问被告人,为防止庭审过分迟延,就证据问题向被告人的讯问可在举证、质证环节进行。本条吸收了这一规定的主要内容,考虑到其他诉讼参与人对被告人的发问也有此类考虑,故单列一款专门加以规定。在开庭讯问、发问环节,各方向被告人发问主要是为了核实被告人是否认罪,并让其陈述主要的犯罪事实。针对案件所涉证据对被告人的讯问、发问,因涉及证据细节的审查判断,为防止庭审过分延迟,可以在举证、质证环节进行。

2012年《刑诉法解释》	2021年《刑诉法解释》
第一百九十九条 讯问同案审理的被告人,应当分别进行。**必要时,可以传唤同案被告人等到庭对质。**	**第二百四十三条** 讯问同案审理的被告人,应当分别进行。
第二百条 经审判长准许,控辩双方可以向被害人、附带民事诉讼原告人发问。	**第二百四十四条** 经审判长准许,控辩双方可以向被害人、附带民事诉讼原告人发问。
第二百零一条 ~~审判人员可以讯问被告人。~~必要时,可以向被害人、附带民事诉讼当事人发问。	**第二百四十五条** 必要时,**审判人员可以讯问被告人,也**可以向被害人、附带民事诉讼当事人发问。
第二百零二条 公诉人可以提请~~审判长~~通知证人、鉴定人出庭~~作证~~,或者出示证据。被害人及其法定代理人、诉讼代理人,附带民事诉讼原告人及其诉讼代理人也可以提出申请。 在控诉一方举证后,被告人及其法定代理人、辩护人可以提请审判长通知证人、鉴定人出庭~~作证~~,或者出示证据。	**第二百四十六条** 公诉人可以提请**法庭**通知证人、鉴定人、**有专门知识的人、调查人员、侦查人员或者其他人员**出庭,或者出示证据。被害人及其法定代理人、诉讼代理人,附带民事诉讼原告人及其诉讼代理人也可以提出申请。 在控诉方举证后,被告人及其法定代理人、辩护人可以提请法庭通知证人、鉴定人、**有专门知识的人、调查人员、侦查人员或者其他人员**出庭,或者出示证据。
第二百零三条 控辩双方申请证人出庭作证,出示证据,应当说明证据的名称、来源和拟证明的事实。法庭认为有必要的,应当准许;对方提出异议,认为有关证据与案件无关或者明	**第二百四十七条** 控辩双方申请证人出庭作证,出示证据,应当说明证据的名称、来源和拟证明的事实。法庭认为有必要的,应当准许;对方提出异议,认为有关证据与案件无关或者

续表

2012 年《刑诉法解释》	2021 年《刑诉法解释》
显重复、不必要,法庭经审查异议成立的,可以不予准许。	明显重复、不必要,法庭经审查异议成立的,可以不予准许。
第二百零四条 已经移送人民法院的证据,控辩双方需要出示的,可以向法庭提出申请。法庭~~同意的,应当指令值庭法警出示、播放;需要宣读的,由值庭法警交由申请人宣读。~~	**第二百四十八条** 已经移送人民法院的**案卷和**证据**材料**,控辩双方需要出示的,可以向法庭提出申请,**法庭可以准许。案卷和证据材料应当在质证后当庭归还。** **需要播放录音录像或者需要将证据材料交由法庭、公诉人或者诉讼参与人查看的,法庭可以指令值庭法警或者相关人员予以协助。**

适用要点

2021 年《刑诉法解释》第 248 条规定了当庭出示案卷和证据材料的程序。2012 年《刑事诉讼法》修改,恢复了全部案卷材料移送制度。2018 年《刑事诉讼法》第 176 条第 1 款规定,人民检察院认为犯罪嫌疑人的犯罪事实已经查清,证据确实、充分,依法应当追究刑事责任的,应当作出起诉决定,按照审判管辖的规定,向人民法院提起公诉,并将案卷材料、证据移送人民法院。为有效指控犯罪,公诉人需要借助案卷材料当庭证明案件事实。鉴此,《"六部委"规定》第 26 条规定,人民法院开庭审理公诉案件时,出庭的检察人员和辩护人需要出示、宣读、播放已移交人民法院的证据的,可以申请法庭出示、宣读、播放。为保证案卷材料的安全管理,同时兼顾当庭出示证据的现实需要,本条对当庭出示案卷和证据材料的程序作出专门规定:(1)控辩双方需要出示有关案卷和证据材料,法庭可以准许,案卷和证据材料应当在质证后当庭归还。(2)需要播放录音录像或者需要将证据材料交由法庭、公诉人或者诉讼参与人查看的,法庭可以指令值庭法警或者相关人员予以协助。据此,对于控辩双方庭前移送给人民法院的案卷和证据材料,应当由人民法院统一保管,并在裁判生效后依法作出处理。控辩双方可以当庭申请法庭出示、播放案卷和证据材料,但不得取回。

2012年《刑诉法解释》	2021年《刑诉法解释》
第二百零五条 公诉人、当事人或者辩护人、诉讼代理人对证人证言有异议，且该证人证言对定罪量刑有重大影响，或者对鉴定意见有异议，申~~请法庭通知证人、鉴定人出庭作证，人民法院认为有必要的，应当通知证人、鉴定人出庭；无法通知或者证人、鉴定人拒绝出庭的，应当及时告知申请人。~~	**第二百四十九条** 公诉人、当事人或者辩护人、诉讼代理人对证人证言有异议，且该证人证言对定罪量刑有重大影响，或者对鉴定意见有异议，**人民法院认为证人、鉴定人有必要出庭作证的，应当通知证人、鉴定人出庭。** **控辩双方对侦破经过、证据来源、证据真实性或者合法性等有异议，申请调查人员、侦查人员或者有关人员出庭，人民法院认为有必要的，应当通知调查人员、侦查人员或者有关人员出庭。**

适用要点

2021年《刑诉法解释》第249条规定了通知证人、鉴定人等有关人员出庭的程序。《法庭调查规程》第13条第3款规定，控辩双方对侦破经过、证据来源、证据真实性或者证据收集合法性等有异议，申请侦查人员或者有关人员出庭，人民法院经审查认为有必要的，应当通知侦查人员或者有关人员出庭。本条在2012年《刑诉法解释》的基础上，吸收了这一规定的主要内容。基于梯次证明原理，证据的来源、真实性和合法性需要有关证据予以证明，为了实现此种证明，通常需要由证据的持有者、保管者、收集者等出庭作证。相应地，辩护方对有关证据的来源、真实性和合法性存在异议的，可以申请有关人员出庭作证。

2012年《刑诉法解释》	2021年《刑诉法解释》
	第二百五十条 公诉人、当事人及其辩护人、诉讼代理人申请法庭通知有专门知识的人出庭，就鉴定意见提出意见的，应当说明理由。法庭认为有必要的，应当通知有专门知识的人出庭。 **申请有专门知识的人出庭，不得超过二人。有多种类鉴定意见的，可以相应增加人数。**

续表

2012年《刑诉法解释》	2021年《刑诉法解释》
	第二百五十一条　为查明案件事实、调查核实证据,人民法院可以依职权通知证人、鉴定人、有专门知识的人、调查人员、侦查人员或者其他人员出庭。
	第二百五十二条　人民法院通知有关人员出庭的,可以要求控辩双方予以协助。

适用要点

2021年《刑诉法解释》第250~252条系新增规定。《法庭调查规程》第13条第5款规定,人民法院通知证人、被害人、鉴定人、侦查人员、有专门知识的人等出庭的,控辩双方协助有关人员到庭。2021年《刑诉法解释》第252条吸收了这一规定的主要内容。据此,证人出庭形成了三种基本的模式:(1)人民法院通知证人到庭,证人主动到庭;(2)人民法院通知证人到庭,因面临各种妨碍,控辩双方协助证人到庭;(3)对于应当出庭而不出庭的证人,人民法院可以强制证人到庭。

2012年《刑诉法解释》	2021年《刑诉法解释》
第二百零六条　证人具有下列情形之一,无法出庭作证的,人民法院可以准许其不出庭: (一)在庭审期间身患严重疾病或者行动极为不便的; (二)居所远离开庭地点且交通极为不便的; (三)身处国外短期无法回国的; (四)有其他客观原因,确实无法出庭的。 具有前款规定情形的,可以通过视频等方式作证。	**第二百五十三条**　证人具有下列情形之一,无法出庭作证的,人民法院可以准许其不出庭: (一)庭审期间身患严重疾病或者行动极为不便的; (二)居所远离开庭地点且交通极为不便的; (三)身处国外短期无法回国的; (四)有其他客观原因,确实无法出庭的。 具有前款规定情形的,可以通过视频等方式作证。

续表

2012 年《刑诉法解释》	2021 年《刑诉法解释》
第二百零七条　证人出庭作证所支出的交通、住宿、就餐等费用，人民法院应当给予补助。	**第二百五十四条**　证人出庭作证所支出的交通、住宿、就餐等费用，人民法院应当给予补助。
第二百零八条　强制证人出庭的，应当由院长签发强制证人出庭令。	**第二百五十五条**　强制证人出庭的，应当由院长签发强制证人出庭令，**由法警执行。必要时，可以商请公安机关协助**。

适用要点

2021 年《刑诉法解释》第 255 条规定了强制证人出庭的执行程序。在 2012 年《刑诉法解释》规定的基础上，《法庭调查规程》第 15 条第 2 款规定，强制证人出庭的，应当由院长签发强制证人出庭令，并由法警执行。必要时，可以商请公安机关协助执行。本条吸收了这一规定的主要内容。

2012 年《刑诉法解释》	2021 年《刑诉法解释》
第二百零九条　~~审判危害国家安全犯罪、恐怖活动犯罪、黑社会性质的组织犯罪、毒品犯罪等案件，~~证人、鉴定人、被害人因出庭作证，本人或者其近亲属的人身安全面临危险的，人民法院应当采取不公开其真实姓名、住址和工作单位等个人信息，或者不暴露其外貌、真实声音等保护措施。 审判期间，证人、鉴定人、被害人提出保护请求的，人民法院应当立即审查；认为确有保护必要的，应当及时决定采取相应保护措施。	**第二百五十六条**　证人、鉴定人、被害人因出庭作证，本人或者其近亲属的人身安全面临危险的，人民法院应当采取不公开其真实姓名、住址和工作单位等个人信息，或者不暴露其外貌、真实声音等保护措施。**辩护律师经法庭许可，查阅对证人、鉴定人、被害人使用化名情况的，应当签署保密承诺书。** 审判期间，证人、鉴定人、被害人提出保护请求的，人民法院应当立即审查；认为确有保护必要的，应当及时决定采取相应保护措施。**必要时，可以商请公安机关协助。**

适用要点

2021 年《刑诉法解释》第 256 条规定了专门性保护措施的基本要求。

在2012年《刑诉法解释》规定的基础上,《法庭调查规程》第16条第3款规定,审判期间,证人、鉴定人、被害人提出保护请求的,人民法院应当立即审查,确有必要的,应当及时决定采取相应的保护措施。必要时,可以商请公安机关采取专门性保护措施。本条吸收了上述规定的主要内容,另增加一项要求,即“辩护律师经法庭许可,查阅对证人、鉴定人、被害人使用化名情况的,应当签署保密承诺书”。基于专门性保护措施的基本要求,在法庭审判的各个环节,都要避免泄露保护对象的个人信息;因工作需要接触有关信息的人员应当保守秘密。

2012年《刑诉法解释》	2021年《刑诉法解释》
第二百一十条 决定对出庭作证的证人、鉴定人、被害人采取不公开个人信息的保护措施的,审判人员应当在开庭前核实其身份,对证人、鉴定人如实作证的保证书不得公开,在判决书、裁定书等法律文书中可以使用化名等代替其个人信息。	**第二百五十七条** 决定对出庭作证的证人、鉴定人、被害人采取不公开个人信息的保护措施的,审判人员应当在开庭前核实其身份,对证人、鉴定人如实作证的保证书不得公开,在判决书、裁定书等法律文书中可以使用化名等代替其个人信息。
第二百一十一条 证人~~、鉴定人到庭后~~,~~审判人员~~应当核实其身份、与当事人以及本案的关系,并告知其有关作证的权利义务和法律责任。 证人~~、鉴定人作证前,~~应当保证向法庭如实提供证言~~、说明鉴定意见~~,并在保证书上签名。	**第二百五十八条** 证人**出庭的,法庭**应当核实其身份、与当事人以及本案的关系,并告知其有关权利义务和法律责任。证人应当保证向法庭如实提供证言,并在保证书上签名。
第二百一十二条 ~~向证人、鉴定人发问,应当先由提~~请通知的一方进行;发问完毕后,经审判长~~准许~~,对方也可以发问。	**第二百五十九条** **证人出庭后,一般先向法庭陈述证言;其后,**经审判长**许可,由申**请通知证人出庭的一方发问,发问完毕后,对方也可以发问。 **法庭依职权通知证人出庭的,发问顺序由审判长根据案件情况确定。**

适用要点

2021年《刑诉法解释》第259条规定了证人出庭接受发问的程序。在2012年《刑诉法解释》的基础上,《法庭调查规程》第19条第1款规定,证人出庭后,先向法庭陈述证言,然后先由举证方发问;发问完毕后,对方也可以发问。根据案件审理需要,也可以先由申请方发问。本条部分吸收了这一规定的内容。关于证人出庭接受发问的程序,需要关注以下事项:(1)证人首先是法庭的证人。为避免证人当庭受控辩双方干扰或影响,证人出庭后,先向法庭陈述证言。本条规定增加了"一般"的限定,这意味着,在特定情形下,也可直接由控辩双方向证人发问。(2)区分控方证人和辩方证人的必要性。基于司法证明的基本原理,控辩双方在法庭上围绕各自的诉讼主张出示证据,努力说服法庭作出有利于己方的裁判。鉴此,由举证方先对证人发问,再由对方作为质证方进行交叉询问,既符合交叉询问的基本原理,也契合证明责任的内在要求。不过,考虑到实践中通常是由辩护方申请控方证人出庭,本条规定要求由申请通知证人出庭的一方发问,亦能更加充分地体现证据质证的需要。鉴此,如果控诉方想要主导对控方证人的发问程序,可以申请法庭通知本方证人出庭。(3)对于法庭依职权通知证人出庭的情形,发问顺序由审判长根据案件情况确定。《法庭调查规程》第19条第3款规定,法庭依职权通知证人出庭的情形,审判人员应当主导对证人的询问。对于此种情形,审判长主导对证人的询问,主要体现为确定发问顺序。同时,为核实法庭对证人证言以及有关证据的疑问,审判长有必要主导对证人的发问过程。

2012年《刑诉法解释》	2021年《刑诉法解释》
第二百一十七条　~~公诉人、当事人及其辩护人、诉讼代理人申请法庭通知有专门知识的人出庭,就鉴定意见提出意见的,应当说明理由。法庭认为有必要的,应当通知有专门知识的人出庭。~~ ~~申请有专门知识的人出庭,不得超过二人。有多种类鉴定意见的,可以相应增加人数。~~ ~~有专门知识的人出庭,适用鉴定人出庭的有关规定。~~	**第二百六十条　鉴定人、有专门知识的人、调查人员、侦查人员或者其他人员出庭的,参照适用前两条规定。**
第二百一十三条　向证人发问应当遵循以下规则:	**第二百六十一条**　向证人发问应当遵循以下规则:

续表

2012 年《刑诉法解释》	2021 年《刑诉法解释》
（一）发问的内容应当与本案事实有关； （二）不得以诱导方式发问； （三）不得威胁证人； （四）不得损害证人的人格尊严。 前款规定适用于对被告人、被害人、附带民事诉讼当事人、鉴定人、有专门知识的人的讯问、发问。	（一）发问的内容应当与本案事实有关； （二）不得以诱导方式发问； （三）不得威胁证人； （四）不得损害证人的人格尊严。 对被告人、被害人、附带民事诉讼当事人、鉴定人、有专门知识的人**、调查人员、侦查人员或者其他人员**的讯问、发问**，适用前款规定**。
第二百一十四条　控辩双方的讯问、发问方式不当或者内容与本案无关的，对方可以提出异议，申请审判长制止，审判长应当判明情况予以支持或者驳回；对方未提出异议的，审判长也可以根据情况予以制止。	**第二百六十二条**　控辩双方的讯问、发问方式不当或者内容与本案无关的，对方可以提出异议，申请审判长制止，审判长应当判明情况予以支持或者驳回；对方未提出异议的，审判长也可以根据情况予以制止。
第二百一十五条　审判人员认为必要时，可以询问证人、鉴定人、有专门知识的人。	**第二百六十三条**　审判人员认为必要时，可以询问证人、鉴定人、有专门知识的人**、调查人员、侦查人员或者其他人员**。
第二百一十六条第一款　向证人~~、鉴定人、有专门知识的人~~发问应当分别进行。证人、鉴定人、有专门知识的人~~经控辩双方发问或者审判人员询问后，~~审判长应当告知其退庭。	**第二百六十四条**　向证人**、调查人员、侦查人员**发问应当分别进行。

适用要点

2021 年《刑诉法解释》第 264 条规定了分别发问原则。根据 2012 年《刑诉法解释》第 216 条的规定，向证人、鉴定人、有专门知识的人发问应当分别进行。有的案件，鉴定人、有专门知识的人共同参与有关专门性问题的专业分析判断，有必要同时出庭接受发问。鉴此，本条删去了对鉴定人、有专门知识的人发问应当分别进行的规定，实践中对此类人员的发问无须分别进行。同时，为证明证据的来源、真实性和合法性，需要通知调查人员、侦查人员出庭；为避免调查人员、侦查人员出庭后互相影响，对此类人员的发问应当分别进行。

2012 年《刑诉法解释》	2021 年《刑诉法解释》
第二百一十六条第二款　证人、鉴定人、有专门知识的人不得旁听对本案的审理。	**第二百六十五条**　证人、鉴定人、有专门知识的人、**调查人员、侦查人员或者其他人员**不得旁听对本案的审理。**有关人员作证或者发表意见后，**审判长应当告知其退庭。

适用要点

2021 年《刑诉法解释》第 265 条规定了作证后退庭的要求。在 2012 年《刑诉法解释》的基础上，本条规定将调查人员、侦查人员一并纳入不得旁听法庭审理的范围。

2012 年《刑诉法解释》	2021 年《刑诉法解释》
	第二百六十六条　审理涉及未成年人的刑事案件，询问未成年被害人、证人，通知未成年被害人、证人出庭作证，适用本解释第二十二章的有关规定。
第二百一十八条　举证方当庭出示证据后，由对方~~**进行辨认并**~~发表意见。~~**控辩双方可以互相质问、辩论。**~~	**第二百六十七条**　举证方当庭出示证据后，由对方发表**质证**意见。

适用要点

2021 年《刑诉法解释》第 267 条规定了证据质证的基本要求。《刑事诉讼法》第 195 条规定，公诉人、辩护人应当向法庭出示物证，让当事人辨认，对未到庭的证人的证言笔录、鉴定人的鉴定意见、勘验笔录和其他作为证据的文书，应当当庭宣读。审判人员应当听取公诉人、当事人和辩护人、诉讼代理人的意见。在 2012 年《刑诉法解释》的基础上，本条规定将该程序简化为“由对方发表质证意见”。所谓“发表质证意见”，包括对证据的来源、合法性、真实性和证明力等发表质证意见。

2012 年《刑诉法解释》	2021 年《刑诉法解释》
	第二百六十八条　对可能影响定罪量刑的关键证据和控辩双方存在争议的证据，一般应当单独举证、质证，充分听取质证意见。 **对控辩双方无异议的非关键证据，举证方可以仅就证据的名称及拟证明的事实作出说明。** **召开庭前会议的案件，举证、质证可以按照庭前会议确定的方式进行。** **根据案件和庭审情况，法庭可以对控辩双方的举证、质证方式进行必要的指引。**

适用要点

2021 年《刑诉法解释》第 268 条系新增规定。《法庭调查规程》第 31 条规定，对于可能影响定罪量刑的关键证据和控辩双方存在争议的证据，一般应当单独举证、质证，充分听取质证意见。对于控辩双方无异议的非关键性证据，举证方可以仅就证据的名称及其证明的事项作出说明，对方可以发表质证意见。召开庭前会议的案件，举证、质证可以按照庭前会议确定的方式进行。根据案件审理需要，法庭可以对控辩双方的举证、质证方式进行必要的提示。本条吸收了这一规定的内容。在实践中，需要注意以下事项：(1) 一证一质原则的适用范围。基于庭审实质化改革的要求，证据质证不能捆绑进行、流于形式，应当坚持一证一质原则。为兼顾庭审质量与效率，一证一质原则的适用范围主要是可能影响定罪量刑的关键证据，以及控辩双方存在争议的证据，实际上，这两类证据之间存在交叉关系。所谓“一般应当”单独举证、质证，意味着实践中存在例外情形，例如，对于证据之间存在紧密关联，需要作为一组证据出示才能更好地证明特定事实的情形，也可以一并举证、质证。(2) 无异议的非关键证据的简化质证。无争议则无证明，或者至少可以简化证明。对控辩双方无异议的非关键证据，举证方可以仅就证据的名称及拟证明的事实作出说明。(3) 举证、质证方式的协商。对于证据材料较多，案情复杂的案件，法庭通常会召开庭前会议。召开庭前会议的案件，举证、质证可以按照庭前会议确定的方式进行。(4)法庭的庭审指挥权。根据案件和庭审情况,法庭可以对控辩双方的举证、质证方式进行必要的指引。实际上,法庭除可以对举证、质证方式进行必要指引外,还可以对证据出示或者质证进行必要指示。据此,《法庭调查规程》第29条规定,控辩双方随案移送或者庭前提交,但没有当庭出示的证据,审判长可以进行必要的提示;对于其中可能影响定罪量刑的关键证据,审判长应当提示控辩双方出示。同时,对于案件中可能影响定罪量刑的事实、证据存在疑问,控辩双方没有提及的,审判长应当引导控辩双方发表质证意见,并依法调查核实。

2012年《刑诉法解释》	2021年《刑诉法解释》
	第二百六十九条　审理过程中,法庭认为有必要的,可以传唤同案被告人、分案审理的共同犯罪或者关联犯罪案件的被告人等到庭对质。

适用要点

2021年《刑诉法解释》第269条系新增规定。为维护被告人的对质权,核实案件争议事项,《法庭调查规程》第8条第2款规定,被告人供述之间存在实质性差异的,法庭可以传唤有关被告人到庭对质。审判长可以分别讯问被告人,就供述的实质性差异进行调查核实。经审判长准许,控辩双方可以向被告人讯问、发问。审判长认为有必要的,可以准许被告人之间相互发问。本条吸收了这一规定的主要内容,将对质的人员范围细化为"同案被告人、分案审理的共同犯罪或者关联犯罪案件的被告人等"。需要指出的是,《法庭调查规程》第8条第3款规定,根据案件审理需要,审判长可以安排被告人与证人、被害人依照前款规定的方式进行对质。

2012年《刑诉法解释》	2021年《刑诉法解释》
第二百一十九条　当庭出示的证据,尚未移送人民法院的,应当在质证后移交法庭。	**第二百七十条**　当庭出示的证据,尚未移送人民法院的,应当在质证后当庭移交。

续表

2012 年《刑诉法解释》	2021 年《刑诉法解释》
第二百二十条 法庭对证据有疑问的，可以告知公诉人、当事人及其法定代理人、辩护人、诉讼代理人补充证据或者作出说明；必要时，可以宣布休庭，对证据进行调查核实。 对公诉人、当事人及其法定代理人、辩护人、诉讼代理人补充的和法庭庭外调查核实取得的证据，应当经过当庭质证才能作为定案的根据。但是，经庭外征求意见，控辩双方没有异议的除外。 有关情况，应当记录在案。	**第二百七十一条** 法庭对证据有疑问的，可以告知公诉人、当事人及其法定代理人、辩护人、诉讼代理人补充证据或者作出说明；必要时，可以宣布休庭，对证据进行调查核实。 对公诉人、当事人及其法定代理人、辩护人、诉讼代理人补充的和**审判人员**庭外调查核实取得的证据，应当经过当庭质证才能作为定案的根据。但是，**对不影响定罪量刑的非关键证据、有利于被告人的量刑证据以及认定被告人有犯罪前科的裁判文书等证据**，经庭外征求意见，控辩双方没有异议的除外。 有关情况，应当记录在案。

适用要点

2021 年《刑诉法解释》第 271 条规定了法庭调查核实证据的程序。在 2012 年《刑诉法解释》规定的基础上，本条规定新增庭外调查核实证据的征求意见程序。基于严格证明与自由证明的区分，对于法庭通过庭外调查核实取得的影响定罪事实的证据和不利于被告人的量刑证据，应当经过当庭质证才能作为定案的根据；对于不影响定罪量刑的非关键证据、有利于被告人的量刑证据以及认定被告人有犯罪前科的裁判文书等证据，可以不再进行当庭质证，即，经庭外征求意见，控辩双方没有异议的证据，可以直接采用。进一步讲，对于本条新增的可以庭外征求意见的证据，如果控辩双方存在异议的，也应当经过当庭质证才能作为定案的根据。

2012 年《刑诉法解释》	2021 年《刑诉法解释》
第二百二十一条 公诉人申请出示开庭前未移送人民法院的证据，辩	**第二百七十二条** 公诉人申请出示开庭前未移送**或者提交**人民法院的

续表

2012 年《刑诉法解释》	2021 年《刑诉法解释》
护方提出异议的，审判长应当要求公诉人说明理由；理由成立并确有出示必要的，应当准许。 辩护方提出需要对新的证据作辩护准备的，法庭可以宣布休庭，并确定准备辩护的时间。 辩护方申请出示开庭前未提交的证据，参照适用前两款的规定。	证据，辩护方提出异议的，审判长应当要求公诉人说明理由；理由成立并确有出示必要的，应当准许。 辩护方提出需要对新的证据作辩护准备的，法庭可以宣布休庭，并确定准备辩护的时间。 辩护方申请出示开庭前未提交的证据，参照适用前两款规定。
第二百二十二条　法庭审理过程中，当事人及其辩护人、诉讼代理人申请通知新的证人到庭，调取新的证据，申请重新鉴定或者勘验的，应当提供证人的姓名、证据的存放地点，说明拟证明的案件事实，要求重新鉴定或者勘验的理由。法庭认为有必要的，应当同意，并宣布~~延期审理~~；~~不同意的，应当说明理由并继续审理~~。 ~~延期审理的案件，符合刑事诉讼法第二百零二条第一款规定的，可以报请上级人民法院批准延长审理期限。~~ 人民法院同意重新鉴定~~申请~~的，应当及时委托鉴定，并将鉴定意见告知人民检察院、当事人及其辩护人、诉讼代理人。	**第二百七十三条**　法庭审理过程中，**控辩双方**申请通知新的证人到庭，调取新的证据，申请重新鉴定或者勘验的，应当提供证人的基本信息、证据的存放地点，说明拟证明的事项，**申请**重新鉴定或者勘验的理由。法庭认为有必要的，应当同意，并宣布**休庭**；**根据案件情况，可以决定延期审理**。 人民法院**决定**重新鉴定的，应当及时委托鉴定，并将鉴定意见告知人民检察院、当事人及其辩护人、诉讼代理人。

适用要点

2021 年《刑诉法解释》第 273 条规定了涉及新证据情形的延期审理程序。《法庭调查规程》第 38 条规定，法庭审理过程中，控辩双方申请通知新的证人到庭，调取新的证据，申请重新鉴定或者勘验的，应当提供证人的基本信息、证据的存放地点，说明拟证明的案件事实、要求重新鉴定或者勘验的理由。法庭认为有必要的，应当同意，并宣布延期审理；不同意的，应当说明理由并继续审理。本条吸纳了这一规定的主要内容，同时在处理方式上区分休庭和延期审理两个环节。此外，对于法庭不同意控辩双方申请的情形，应当说明理由并继续审理。

2012年《刑诉法解释》	2021年《刑诉法解释》
第二百二十三条 审判期间，公诉人发现案件需要补充侦查，建议延期审理的，合议庭应当同意，但建议延期审理不得超过两次。 人民检察院将补充收集的证据移送人民法院的，人民法院应当通知辩护人、诉讼代理人查阅、摘抄、复制。 补充侦查期限届满后，~~经法庭通知，人民检察院未将案件移送人民法院，且未说明原因的，人民法院可以决定按人民检察院撤诉处理~~。	**第二百七十四条** 审判期间，公诉人发现案件需要补充侦查，建议延期审理的，合议庭可以同意，但建议延期审理不得超过两次。 人民检察院将补充收集的证据移送人民法院的，人民法院应当通知辩护人、诉讼代理人查阅、摘抄、复制。 补充侦查期限届满后，**人民检察院未将补充的证据材料移送人民法院的，人民法院可以根据在案证据作出判决、裁定**。

适用要点

2021年《刑诉法解释》第274条规定了检察机关建议延期审理的程序。对于补充侦查期限届满后，人民检察院未将补充的证据材料移送人民法院的情形，本条规定将2012年《刑诉法解释》第223条规定的“人民法院可以决定按人民检察院撤诉处理”，调整为“人民法院可以根据在案证据作出判决、裁定”。作此修改的主要考虑是，2012年《刑诉法解释》规定的前提是“人民检察院未将案件移送人民法院”，这意味着，对于人民检察院申请延期审理的案件，人民法院需要将案件退回人民检察院，否则不存在补充侦查完毕后将案件移送人民法院的问题。司法实践中，人民检察院以补充侦查为由建议延期审理的情形，案件通常仍然留在人民法院，或者说，人民法院并未将案件退回人民检察院。此种情况下，因案件仍处于人民法院审判环节，如果人民检察院未将补充的证据材料移送人民法院，人民法院可以根据在案证据作出判决、裁定。不过，对于人民法院已经将案件退回人民检察院，人民检察院未将案件再次移送法院，或者拒不派员出席法庭的，可以按人民检察院撤诉处理。此外，对于补充侦查期限届满后，人民检察院未将补充的证据材料移送人民法院的，辩护方也可以申请人民法院根据在案证据作出判决、裁定。

2012 年《刑诉法解释》	2021 年《刑诉法解释》
第二百二十四条　人民法院向人民检察院调取需要调查核实的证据材料，或者根据被告人、辩护人的申请，向人民检察院调取在侦查、审查起诉期间收集的有关被告人无罪或者罪轻的证据材料，应当通知人民检察院在收到调取证据材料决定书后三日内移交。	**第二百七十五条**　人民法院向人民检察院调取需要调查核实的证据材料，或者根据被告人、辩护人的申请，向人民检察院调取在**调查、**侦查、审查起诉期间收集的有关被告人无罪或者罪轻的证据材料，应当通知人民检察院在收到调取证据材料决定书后三日**以**内移交。
第二百二十五条　法庭审理过程中，对与量刑有关的事实、证据，应当进行调查。 人民法院除应当审查被告人是否具有法定量刑情节外，还应当根据案件情况审查以下影响量刑的情节： （一）案件起因； （二）被害人有无过错及过错程度，是否对矛盾激化负有责任及责任大小； （三）被告人的近亲属是否协助抓获被告人； （四）被告人平时表现，有无悔罪态度； （五）退赃、退赔及赔偿情况； （六）被告人是否取得被害人或者其近亲属谅解； （七）影响量刑的其他情节。	**第二百七十六条**　法庭审理过程中，对与量刑有关的事实、证据，应当进行调查。 人民法院除应当审查被告人是否具有法定量刑情节外，还应当根据案件情况审查以下影响量刑的情节： （一）案件起因； （二）被害人有无过错及过错程度，是否对矛盾激化负有责任及责任大小； （三）被告人的近亲属是否协助抓获被告人； （四）被告人平时表现，有无悔罪态度； （五）退赃、退赔及赔偿情况； （六）被告人是否取得被害人或者其近亲属谅解； （七）影响量刑的其他情节。
第二百二十六条　审判期间，合议庭发现被告人可能有自首、坦白、立功等法定量刑情节，而人民检察院移送的案卷中没有相关证据材料的，应当通知人民检察院移送。 审判期间，被告人提出新的立功线索的，人民法院可以建议人民检察院补充侦查。	**第二百七十七条**　审判期间，合议庭发现被告人可能有自首、坦白、立功等法定量刑情节，而人民检察院移送的案卷中没有相关证据材料的，应当通知人民检察院**在指定时间内**移送。 审判期间，被告人提出新的立功线索的，人民法院可以建议人民检察院补充侦查。

续表

2012 年《刑诉法解释》	2021 年《刑诉法解释》
第二百二十七条 对被告人认罪的案件,在确认被告人了解起诉书指控的犯罪事实和罪名,自愿认罪且知悉认罪的法律后果后,法庭调查可以主要围绕量刑和其他有争议的问题进行。 对被告人不认罪或者辩护人作无罪辩护的案件,法庭调查应当在查明定罪事实的基础上,查明有关量刑事实。	**第二百七十八条** 对被告人认罪的案件,在确认被告人了解起诉书指控的犯罪事实和罪名,自愿认罪且知悉认罪的法律后果后,法庭调查可以主要围绕量刑和其他有争议的问题进行。 对被告人不认罪或者辩护人作无罪辩护的案件,法庭调查应当在查明定罪事实的基础上,查明有关量刑事实。
	第二百七十九条 法庭审理过程中,应当对查封、扣押、冻结财物及其孳息的权属、来源等情况,是否属于违法所得或者依法应当追缴的其他涉案财物进行调查,由公诉人说明情况、出示证据、提出处理建议,并听取被告人、辩护人等诉讼参与人的意见。 **案外人对查封、扣押、冻结的财物及其孳息提出权属异议的,人民法院应当听取案外人的意见;必要时,可以通知案外人出庭。** **经审查,不能确认查封、扣押、冻结的财物及其孳息属于违法所得或者依法应当追缴的其他涉案财物的,不得没收。**

适用要点

2021 年《刑诉法解释》第 279 条规定了涉案财物的审查处理程序。基于对人之诉和对物之诉的区分,涉案财物的处理程序,对于保障当事人和案外人的合法财产权益具有重要意义。在 2012 年《刑诉法解释》规定的基础上,本条规定对涉案财物的审查处理程序作出了修改完善,需要注意以下事项:(1)公诉人对涉案财物的证明责任。本条新增规定,对于查封、扣押、冻结财物及其孳息的权属、来源等情况,是否属于违法所得或者依法应当追缴的其他涉案财物等情形，由公诉人说明情况、出示证据、提出处理建议，并听取被告人、辩护人等诉讼参与人的意见。涉案财物的权属、来源及其法律属性，属于案件事实的重要组成部分，应当由检察机关提供证据予以证明。(2)案外人参与庭审。关于案外人对涉案财物提出权属异议的处理，《中共中央办公厅、国务院办公厅关于进一步规范刑事诉讼涉案财物处置工作的意见》第12条规定，善意第三人等案外人与涉案财物处理存在利害关系的，公安机关、国家安全机关、人民检察院应当告知其相关诉讼权利，人民法院应当通知其参加诉讼并听取其意见。2012年《刑诉法解释》第364条要求，案外人对查封、扣押、冻结的财物及其孳息提出权属异议的，人民法院应当审查并依法处理。本条规定进一步要求，人民法院应当听取案外人的意见；必要时，可以通知案外人出庭。通知案外人出庭，有助于查清涉案财物的权属，并依法对涉案财物作出相应处理。(3)涉案财物处理方式。经审查，不能确认查封、扣押、冻结的财物及其孳息属于违法所得或者依法应当追缴的其他涉案财物的，不得没收。对于此类不得没收的涉案财物，人民法院应当进一步核实权属情况，并作出相应的处置。

2012年《刑诉法解释》	2021年《刑诉法解释》
第三节　法庭辩论与最后陈述	第四节　法庭辩论与最后陈述
第二百二十八条　合议庭认为案件事实已经调查清楚的，应当由审判长宣布法庭调查结束，开始就定罪、量刑~~的事实~~、证据和适用法律等问题进行法庭辩论。	**第二百八十条**　合议庭认为案件事实已经调查清楚的，应当由审判长宣布法庭调查结束，开始就定罪、量刑、**涉案财物处理的事实**、证据、适用法律等问题进行法庭辩论。

适用要点

2021年《刑诉法解释》第280条规定了法庭辩论的主要内容。在2012年《刑诉法解释》规定的基础上，本条规定了针对涉案财物处理问题进行法庭辩论的要求。据此，法庭辩论主要包括三类事项：(1)定罪问题；(2)量刑问题；(3)涉案财物处理问题。这实际上反映出庭审程序的两次重大变革：第一次变革是基于量刑规范化改革，区分定罪程序和量刑程序；第二次变革是基于涉案财物处理规范，区分对人之诉和对物之诉。鉴此，在法庭辩论环节，对于上述事项存在的争议问题，应当组织相对独立的法庭辩论。

2012年《刑诉法解释》	2021年《刑诉法解释》
第二百二十九条 法庭辩论应当在审判长的主持下，按照下列顺序进行： （一）公诉人发言； （二）被害人及其诉讼代理人发言； （三）被告人自行辩护； （四）辩护人辩护； （五）控辩双方进行辩论。	**第二百八十一条** 法庭辩论应当在审判长的主持下，按照下列顺序进行： （一）公诉人发言； （二）被害人及其诉讼代理人发言； （三）被告人自行辩护； （四）辩护人辩护； （五）控辩双方进行辩论。
第二百三十条 人民检察院可以提出量刑建议并说明理由~~，量刑建议一般应当具有一定的幅度~~。当事人及其辩护人、诉讼代理人可以对量刑提出意见并说明理由。	**第二百八十二条** 人民检察院可以提出量刑建议并说明理由**；建议判处管制、宣告缓刑的，一般应当附有调查评估报告，或者附有委托调查函**。 当事人及其辩护人、诉讼代理人可以对量刑提出意见并说明理由。

适用要点

2021年《刑诉法解释》第282条规定了量刑建议和量刑意见制度。对于量刑建议，主要有两处重要修改：（1）不再强调量刑建议的幅度。在量刑规范化改革过程中，量刑建议究竟是精确性建议还是幅度性建议，始终存在争议。本条规定删去了“量刑建议一般应当具有一定的幅度”的要求，这意味着，量刑建议可以是精确性建议。（2）调查评估报告或委托调查函。本条新增规定，建议判处管制、宣告缓刑的，一般应当附有调查评估报告，或者附有委托调查函。这主要是适应管制、缓刑的裁判要求。

2012年《刑诉法解释》	2021年《刑诉法解释》
第二百三十一条 对被告人认罪的案件，法庭辩论时，可以引导控辩双方主要围绕量刑和其他有争议的问题进行。	**第二百八十三条** 对被告人认罪的案件，法庭辩论时，应当指引控辩双方主要围绕量刑和其他有争议的问题进行。

续表

2012年《刑诉法解释》	2021年《刑诉法解释》
对被告人不认罪或者辩护人作无罪辩护的案件，法庭辩论时，可以~~引导~~控辩双方先辩论定罪问题，后辩论量刑问题。	对被告人不认罪或者辩护人作无罪辩护的案件，法庭辩论时，可以**指引**控辩双方先辩论定罪问题，后辩论量刑**和其他**问题。
第二百三十二条　附带民事部分的辩论应当在刑事部分的辩论结束后进行，先由附带民事诉讼原告人及其诉讼代理人发言，后由附带民事诉讼被告人及其诉讼代理人答辩。	**第二百八十四条**　附带民事部分的辩论应当在刑事部分的辩论结束后进行，先由附带民事诉讼原告人及其诉讼代理人发言，后由附带民事诉讼被告人及其诉讼代理人答辩。
第二百三十三条　法庭辩论过程中，审判长应当充分听取控辩双方的意见，对控辩双方与案件无关、重复或者指责对方的发言应当提醒、制止。	**第二百八十五条**　法庭辩论过程中，审判长应当充分听取控辩双方的意见，对控辩双方与案件无关、重复或者指责对方的发言应当提醒、制止。
第二百三十四条　法庭辩论过程中，合议庭发现与定罪、量刑有关的新的事实，有必要调查的，审判长可以宣布~~暂停辩论~~，恢复法庭调查，在对新的事实调查后，继续法庭辩论。	**第二百八十六条**　法庭辩论过程中，合议庭发现与定罪、量刑有关的新的事实，有必要调查的，审判长可以宣布恢复法庭调查，在对新的事实调查后，继续法庭辩论。
第二百三十五条　审判长宣布法庭辩论终结后，合议庭应当保证被告人充分行使最后陈述的权利。被告人在最后陈述中多次重复自己的意见的，~~审判长~~可以制止。陈述内容蔑视法庭、公诉人，损害他人及社会公共利益，或者与本案无关的，应当制止。 在公开审理的案件中，被告人最后陈述的内容涉及国家秘密、个人隐私或者商业秘密的，应当制止。	**第二百八十七条**　审判长宣布法庭辩论终结后，合议庭应当保证被告人充分行使最后陈述的权利。 被告人在最后陈述中多次重复自己的意见的，**法庭**可以制止；陈述内容蔑视法庭、公诉人，损害他人及社会公共利益，或者与本案无关的，应当制止。 在公开审理的案件中，被告人最后陈述的内容涉及国家秘密、个人隐私或者商业秘密的，应当制止。
第二百三十六条　被告人在最后陈述中提出新的事实、证据，合议庭认为可能影响正确裁判的，应当恢复法庭调查；被告人提出新的辩解理由，合	**第二百八十八条**　被告人在最后陈述中提出新的事实、证据，合议庭认为可能影响正确裁判的，应当恢复法庭调查；被告人提出新的辩解理由，合

续表

2012年《刑诉法解释》	2021年《刑诉法解释》
议庭认为可能影响正确裁判的,应当恢复法庭辩论。	议庭认为可能影响正确裁判的,应当恢复法庭辩论。
	第二百八十九条　公诉人当庭发表与起诉书不同的意见,属于变更、追加、补充或者撤回起诉的,人民法院应当要求人民检察院在指定时间内以书面方式提出;必要时,可以宣布休庭。人民检察院在指定时间内未提出的,人民法院应当根据法庭审理情况,就起诉书指控的犯罪事实依法作出判决、裁定。 **人民检察院变更、追加、补充起诉的,人民法院应当给予被告人及其辩护人必要的准备时间。**

适用要点

2021年《刑诉法解释》第289条系新增规定。对于公诉人当庭发表与起诉书不同意见的情形,因涉及是否属于变更、追加、补充或者撤回起诉,故有必要规定相应的处理方式。关于本条规定,需要注意以下事项:(1)审查公诉意见变化与案件事实的关系。对于庭审过程中出现新的事实,特别是影响量刑的事实,通常可以直接由法庭根据新的事实证据作出认定。例如,自首的被告人在开庭后翻供的,法庭可以不认定自首;认罪认罚的被告人在开庭后不认罪、不接受量刑建议的,法庭可以不认定认罪认罚;有的被告人在起诉后才退赃退赔,法庭可以直接认定退赃退赔这一情节。对于上述情形,公诉人根据案件事实的变化,当庭发表相应的公诉意见,是法律准许的。此种情况下,法庭可以在听取控辩双方意见基础上,基于法庭调查核实的事实依法作出裁判,无须公诉人对起诉书作出变更。相比之下,当庭审过程中并未出现新的事实证据,公诉人当庭发表与起诉书不同意见,则需要判断其是否属于变更、追加、补充或者撤回起诉的情形。(2)审查公诉人当庭变更公诉意见的属性。公诉人当庭发表与起诉书不同的意见，如果不影响定罪量刑，则不影响起诉书的法律效力；如果影响定罪量刑，则可能构成变更、追加、补充或者撤回起诉的情形，例如，当庭直接变更公诉罪名，或者改变指控罪名的法定刑幅度等。(3)变更、追加、补充或者撤回起诉情形的处理方式。人民法院经审查，认为公诉人当庭发表的与公诉书不同的意见，属于变更、追加、补充或者撤回起诉情形，应当首先向公诉人核实，究竟系其个人意见还是人民检察院新的起诉意见。如系公诉人的个人意见，不能以之取代人民检察院起诉书中的起诉意见。《高检诉讼规则》第426条规定，变更、追加、补充或者撤回起诉应当以书面方式在判决宣告前向人民法院提出。据此，对于公诉人当庭发表的意见与起诉书不同，属于变更、追加、补充或者撤回起诉的情形，人民法院应当要求人民检察院在指定时间内以书面方式提出；必要时，可以宣布休庭。人民检察院在指定时间内未提出的，人民法院应当根据法庭审理情况，就起诉书指控的犯罪事实依法作出判决、裁定。(4)人民检察院变更、追加、补充起诉的，人民法院应当给予被告人及其辩护人必要的准备时间。

2012年《刑诉法解释》	2021年《刑诉法解释》
	第二百九十条　辩护人应当及时将书面辩护意见提交人民法院。

适用要点

2021年《刑诉法解释》第290条系新增规定。关于辩护人的辩护意见，需要注意以下事项：(1)辩护人参与审判，可以当庭发表辩护意见，并提交书面辩护意见。对于辩护人在庭审之后提交的书面辩护意见，可以视为当庭辩护意见的补充。为更好维护当事人的合法权益，辩护人准备书面辩护意见的，应当及时提交人民法院。(2)当庭辩护意见与书面辩护意见的关系。从属性上看，当庭辩护意见与书面辩护意见均属辩护意见的组成部分。有的辩护人在开庭前后提交多份辩护意见，并与当庭辩护意见形成互相补充、层层递进的关系，这种情况下，应当将所有的辩护意见视为一个整体。进一步讲，当书面辩护意见与当庭发表的意见不一致时，不宜简单地以当庭辩护意见否定书面辩护意见，或者以庭后书面辩护意见否定当庭辩护意见。通常情况下,辩护律师当庭发表的辩护意见,结合了对被告人、证人的发问、质证以及法庭辩论的内容,应当作为有效辩护意见的基础,故原则上法庭应当以辩护律师当庭发表的辩护意见为准作出裁判。不过,如果辩护律师在休庭后,结合案件事实证据和庭审辩论情况,提出新的书面补充辩护意见,并征得被告人同意,法庭也可以采纳书面辩护意见。总体上讲,基于维护被告人辩护权的基本原则,法庭应当对辩护人的当庭辩护意见与书面辩护意见进行综合评析,作出有利于被告人的处理。(3)本条规定适用于二审案件。鉴于一定比例的二审案件并不开庭审理,因此,本条对辩护人提出的要求,可以参照适用于二审不开庭的情形。据此,二审法院可以要求辩护人在指定的合理期限内提交书面辩护意见。

2012 年《刑诉法解释》	2021 年《刑诉法解释》
第四节　评议案件与宣告判决	第五节　评议案件与宣告判决
第二百三十七条　被告人最后陈述后,审判长应当宣布休庭,由合议庭进行评议。	**第二百九十一条**　被告人最后陈述后,审判长应当宣布休庭,由合议庭进行评议。
第二百三十八条　开庭审理的全部活动,应当由书记员制作笔录;笔录经审判长审阅后,分别由审判长和书记员签名。	**第二百九十二条**　开庭审理的全部活动,应当由书记员制作笔录;笔录经审判长审阅后,分别由审判长和书记员签名。
第二百三十九条　法庭笔录应当在庭审后交由当事人、法定代理人、辩护人、诉讼代理人阅读或者向其宣读。 法庭笔录中的出庭证人、鉴定人、有专门知识的人的证言、意见部分,应当在庭审后分别交由有关人员阅读或者向其宣读。 前两款所列人员认为记录有遗漏或者差错的,可以请求补充或者改正;确认无误后,应当签名;拒绝签名的,应当记录在案;要求改变庭审中陈述的,不予准许。	**第二百九十三条**　法庭笔录应当在庭审后交由当事人、法定代理人、辩护人、诉讼代理人阅读或者向其宣读。 法庭笔录中的出庭证人、鉴定人、有专门知识的人、**调查人员、侦查人员或者其他人员**的证言、意见部分,应当在庭审后分别交由有关人员阅读或者向其宣读。 前两款所列人员认为记录有遗漏或者差错的,可以请求补充或者改正;确认无误后,应当签名;拒绝签名的,应当记录在案;要求改变庭审中陈述的,不予准许。

续表

2012 年《刑诉法解释》	2021 年《刑诉法解释》
第二百四十条　合议庭评议案件,应当根据已经查明的事实、证据和有关法律规定,在充分考虑控辩双方意见的基础上,确定被告人是否有罪、构成何罪,有无从重、从轻、减轻或者免除处罚情节,应否处以刑罚、判处何种刑罚,附带民事诉讼如何解决,查封、扣押、冻结的财物及其孳息如何处理等,并依法作出判决、裁定。	**第二百九十四条**　合议庭评议案件,应当根据已经查明的事实、证据和有关法律规定,在充分考虑控辩双方意见的基础上,确定被告人是否有罪、构成何罪,有无从重、从轻、减轻或者免除处罚情节,应否处以刑罚、判处何种刑罚,附带民事诉讼如何解决,查封、扣押、冻结的财物及其孳息如何处理等,并依法作出判决、裁定。
第二百四十一条　对第一审公诉案件,人民法院审理后,应当按照下列情形分别作出判决、裁定: (一)起诉指控的事实清楚,证据确实、充分,依据法律认定指控被告人的罪名成立的,应当作出有罪判决; (二)起诉指控的事实清楚,证据确实、充分,~~指控的罪名与审理认定的罪名不一致的,应当按照审理认定的罪名~~作出有罪判决; (三)案件事实清楚,证据确实、充分,依据法律认定被告人无罪的,应当判决宣告被告人无罪; (四)证据不足,不能认定被告人有罪的,应当以证据不足、指控的犯罪不能成立,判决宣告被告人无罪; (五)案件部分事实清楚,证据确实、充分的,应当作出有罪或者无罪的判决;对事实不清、证据不足部分,不予认定; (六)~~被告人因不满十六周岁~~,不予刑事处罚的,应当判决宣告被告人不负刑事责任; (七)被告人是精神病人,在不能辨认或者不能控制自己行为时造成危害结果,不予刑事处罚的,应当判决宣	**第二百九十五条**　对第一审公诉案件,人民法院审理后,应当按照下列情形分别作出判决、裁定: (一)起诉指控的事实清楚,证据确实、充分,依据法律认定指控被告人的罪名成立的,应当作出有罪判决; (二)起诉指控的事实清楚,证据确实、充分,**但指控的罪名不当的,应当依据法律和审理认定的事实**作出有罪判决; (三)案件事实清楚,证据确实、充分,依据法律认定被告人无罪的,应当判决宣告被告人无罪; (四)证据不足,不能认定被告人有罪的,应当以证据不足、指控的犯罪不能成立,判决宣告被告人无罪; (五)案件部分事实清楚,证据确实、充分的,应当作出有罪或者无罪的判决;对事实不清、证据不足部分,不予认定; (六)**被告人因未达到刑事责任年龄**,不予刑事处罚的,应当判决宣告被告人不负刑事责任; (七)被告人是精神病人,在不能辨认或者不能控制自己行为时造成危害结果,不予刑事处罚的,应当判决宣

续表

2012 年《刑诉法解释》	2021 年《刑诉法解释》
告被告人不负刑事责任; （八）犯罪已过追诉时效期限且不是必须追诉，或者经特赦令免除刑罚的，应当裁定终止审理； （九）被告人死亡的，应当裁定终止审理；~~根据已查明的案件事实和认定的证据，能够~~确认无罪的，应当判决宣告被告人无罪。 具有前款第二项规定情形的，人民法院应当在判决前听取控辩双方的意见，保障被告人、辩护人充分行使辩护权。必要时，可以重新开庭，组织控辩双方围绕被告人的行为构成何罪进行辩论。	告被告人不负刑事责任；**被告人符合强制医疗条件的，应当依照本解释第二十六章的规定进行审理并作出判决；** （八）犯罪已过追诉时效期限且不是必须追诉，或者经特赦令免除刑罚的，应当裁定终止审理； **（九）属于告诉才处理的案件，应当裁定终止审理，并告知被害人有权提起自诉；** （十）被告人死亡的，应当裁定终止审理；**但有证据证明被告人无罪，经缺席审理**确认无罪的，应当判决宣告被告人无罪。 **对涉案财物，人民法院应当根据审理查明的情况，依照本解释第十八章的规定作出处理。** 具有**第一款**第二项规定情形的，人民法院应当在判决前听取控辩双方的意见，保障被告人、辩护人充分行使辩护权。必要时，可以**再次**开庭，组织控辩双方围绕被告人的行为构成何罪**及如何量刑**进行辩论。

适用要点

2021 年《刑诉法解释》第 295 条规定了第一审公诉案件的裁判方式。在 2012 年《刑诉法解释》规定的基础上，本条规定主要作出以下修改：（1）完善被告人的刑事责任年龄。将 2012 年《刑诉法解释》中的“被告人因不满十六周岁”，不予刑事处罚的情形，调整为“被告人因未达到刑事责任年龄”，不予刑事处罚的情形。（2）完善精神病人的处理方式。对于被告人是精神病人，在不能辨认或者不能控制自己行为时造成危害结果，不予刑事处罚的情形，除应当判决宣告被告人不负刑事责任外，增加规定，被告人符合强制医疗条件的，应当依照本解释第 26 章的规定进行审理并作出判决。(3)增加告诉才处理案件的处理方式。属于告诉才处理的案件,应当裁定终止审理,并告知被害人有权提起自诉。(4)增加缺席审判的情形。对于被告人死亡的,应当裁定终止审理;但有证据证明被告人无罪,经缺席审理确认无罪的,应当判决宣告被告人无罪。(5)增加涉案财物的处理。对涉案财物,人民法院应当根据审理查明的情况,依照本解释第18章的规定作出处理。

☞ 典型案例

李冉寻衅滋事案〔1〕

裁判要旨:对案件事实的法律评价属于法院的职权,法院依法审理后认为公诉机关指控的事实清楚但罪名不当的,可以变更罪名,包括由轻罪名改为重罪名。需要指出的是,只有足以体现新罪名构成要件要素的主要事实与公诉机关指控事实大体一致或者前者能为后者所涵盖的,法院才能变更罪名。经审理后发现新的应当追究刑事责任的被告人或者指控事实之外的其他犯罪事实,则应当视具体情况,由公诉机关通过变更或者追加起诉的方式加以解决。只要人民法院变更罪名的,都应当听取控辩双方的意见,必要时,重新开庭。法院变更公诉机关指控罪名的程序设置,要兼顾保障被告人辩护权与诉讼效率、诉讼经济的原则。是否确有必要重新开庭,原则上以是否涉及犯罪事实变更为判断标准,以足以保障被告人的知情权、辩护权为限。变更罪名如果涉及对公诉机关指控的罪名所依据的犯罪事实的变更,应当开庭审理。如果变更罪名需要查证新的事实、证据,如要将指控的挪用资金罪改为职务侵占罪,有必要重新开庭。如果法院拟变更认定的罪名不是根据起诉书指控的主要事实得出,而是根据与指控的主要事实有关联的案件起因、作案动机等次要事实进行变更的,原则上也应当开庭审理。对于重罪指控,法院拟改判轻罪的,鉴于其辩护权已经得到了保障,故一般情况下无须再次开庭审理。对于公诉机关的轻罪指控,法院拟改判重罪的,应当充分保障被告人对于重罪罪名的辩护权利,审判人员应当认真听取控辩双方尤其是辩方的意见。控辩双方意见分歧较大的,可以重新开庭,围绕罪名变更问题进行审理、辩论。对于变更罪名的,在法律适用

〔1〕 参见《刑事审判参考》总第87集第798号案例。

方面，除了应当援引变更后的罪名的相关刑法条文，还应当援引《刑事诉讼法》和相关司法解释的规定。

2012 年《刑诉法解释》	2021 年《刑诉法解释》
第二百四十二条　宣告判决前，人民检察院要求撤回起诉的，人民法院应当审查撤回起诉的理由，作出是否准许的裁定。	**第二百九十六条**　**在开庭后、**宣告判决前，人民检察院要求撤回起诉的，人民法院应当审查撤回起诉的理由，作出是否准许的裁定。

适用要点

2021 年《刑诉法解释》第 296 条规定了撤回起诉的处理程序。对于人民检察院撤回起诉的申请，在 2012 年《刑诉法解释》规定的“宣告判决前”的限定条件基础上，本条规定进一步限定为“在开庭后、宣告判决前”。具体而言，对于在开庭后、宣告判决前，人民检察院要求撤回起诉的，人民法院应当审查撤回起诉的理由，作出是否准许的裁定。对于开庭前人民检察院要求撤回起诉的，人民法院应当准许，这与庭前会议程序中鼓励人民检察院对疑罪案件撤回起诉的机制相契合。

2012 年《刑诉法解释》	2021 年《刑诉法解释》
第二百四十三条　审判期间，人民法院发现新的事实，可能影响定罪的，~~可以建议人民检察院补充或者变更起诉；人民检察院不同意或者在七日内未回复意见的，人民法院应当就起诉指控的犯罪事实，依照本解释第二百四十一条的规定作出判决、裁定~~。	**第二百九十七条**　审判期间，人民法院发现新的事实，可能影响定罪**量刑的，或者需要补查补证的，应当通知人民检察院，由其决定是否补充、变更、追加起诉或者补充侦查。** **人民检察院不同意或者在指定时间内未回复书面意见的，人民法院应当就起诉指控的事实，依照本解释第二百九十五条的规定作出判决、裁定。**

适用要点

2021 年《刑诉法解释》第 297 条规定了发现新的事实或者需要补查补证情形的处理程序。关于这一重要诉讼机制，需要注意以下两点：

(1)人民法院应当坚持中立裁判的诉讼角色。根据2012年《刑诉法解释》的规定，审判期间，人民法院发现新的事实，可能影响定罪的，可以建议人民检察院补充或者变更起诉，这种做法与人民法院居中裁判的诉讼角色不符。鉴此，本条规定，审判期间，人民法院发现新的事实，可能影响定罪量刑的，或者需要补查补证的，应当通知人民检察院，由其决定是否补充、变更、追加起诉或者补充侦查。换言之，人民法院基于司法公正的考量，可以针对案件中事实证据存在的问题，对人民检察院进行必要的提示，但并不对人民检察院提出具体建议，具体决策由人民检察院自主决定。(2)人民检察院的决策时限。根据2012年《刑诉法解释》的规定，“人民检察院不同意或者在七日内未回复意见的，人民法院应当就起诉指控的犯罪事实，依照本解释第二百四十一条的规定作出判决、裁定”。2012年《刑诉法解释》之所以规定“七日”的回复期限，主要是考虑，一些案件中人民检察院对人民法院补充或者变更起诉的建议长时间不予回复，对此，《“六部委”规定》第30条专门规定，人民法院建议人民检察院补充起诉或者变更起诉的，人民检察院应当在7日以内回复意见。鉴于人民检察院通常无法在7日以内作出是否补充或者变更起诉的决定，往往需要通过补充侦查后才能作出相应决定，本条规定将“在七日内”调整为“在指定时间内”，具体由人民法院结合案件情况裁量决定。

2012年《刑诉法解释》	2021年《刑诉法解释》
第二百四十四条　对依照本解释~~第一百八十一条第一款第四项~~规定受理的案件，人民法院应当在判决中写明被告人曾被人民检察院提起公诉，因证据不足，指控的犯罪不能成立，被人民法院依法判决宣告无罪的情况；前案依照刑事诉讼法~~第一百九十五条第三项~~规定作出的判决不予撤销。	**第二百九十八条**　对依照本解释**第二百一十九条第一款第五项**规定受理的案件，人民法院应当在判决中写明被告人曾被人民检察院提起公诉，因证据不足，指控的犯罪不能成立，被人民法院依法判决宣告无罪的情况；前案依照刑事诉讼法**第二百条第三项**规定作出的判决不予撤销。
第二百四十五条　合议庭成员应当在评议笔录上签名，在判决书、裁定书等法律文书上署名。	**第二百九十九条**　合议庭成员、**法官助理、书记员**应当在评议笔录上签名，在判决书、裁定书等法律文书上署名。

续表

2012 年《刑诉法解释》	2021 年《刑诉法解释》
第二百四十六条 裁判文书应当写明裁判依据,阐释裁判理由,反映控辩双方的意见并说明采纳或者不予采纳的理由。	**第三百条** 裁判文书应当写明裁判依据,阐释裁判理由,反映控辩双方的意见并说明采纳或者不予采纳的理由。 **适用普通程序审理的被告人认罪的案件,裁判文书可以适当简化。**

适用要点

2021 年《刑诉法解释》第 300 条规定了裁判文书的制作要求。在 2012 年《刑诉法解释》规定的基础上,本条新增第 2 款的规定,适用普通程序审理的被告人认罪的案件,裁判文书可以适当简化。这意味着,对被告人认罪案件,除庭审可以适当简化外,裁判文书也可以适当简化。尽管裁判文书可以简化,但核心的裁判依据、理由和控辩意见应当保留。

2012 年《刑诉法解释》	2021 年《刑诉法解释》
	第三百零一条 庭审结束后、评议前,部分合议庭成员不能继续履行审判职责的,人民法院应当依法更换合议庭组成人员,重新开庭审理。 **评议后、宣判前,部分合议庭成员因调动、退休等正常原因不能参加宣判,在不改变原评议结论的情况下,可以由审判本案的其他审判员宣判,裁判文书上仍署审判本案的合议庭成员的姓名。**

适用要点

2021 年《刑诉法解释》第 301 条系新增规定。对于部分合议庭成员不能继续履行审判职责的情形,本条规定以是否完成评议程序为节点,分成两种情形作出处理:(1)庭审结束后、评议前,部分合议庭成员不能继续履行审判职责的情形。对于此种情形,因法庭尚未进入实质性评议和裁判环节，为确保审判组织的合法性，人民法院应当依法更换合议庭组成人员，重新开庭审理。(2)评议后、宣判前，部分合议庭成员因调动、退休等正常原因不能参加宣判的情形。对于此种情形，因实质性评议和裁判已经完成，在不改变原评议结论的情况下，可以由审判本案的其他审判员宣判，裁判文书上仍署审判本案的合议庭成员的姓名。需要指出的是，实践中，合议庭成员不能继续参加宣判的情形比较复杂，对于合议庭成员因司法腐败等原因接受监察调查或者被立案侦查等情形，原有审判的公正性缺乏保障，此种情形下，有必要重新组成合议庭进行审理。

2012年《刑诉法解释》	2021年《刑诉法解释》
第二百四十七条第一款　当庭宣告判决的，应当在五日内送达判决书。定期宣告判决的，应当在宣判前，先期公告宣判的时间和地点，传唤当事人并通知公诉人、法定代理人、辩护人和诉讼代理人；判决宣告后，应当立即送达判决书。	**第三百零二条**　当庭宣告判决的，应当在五日**以**内送达判决书。定期宣告判决的，应当在宣判前，先期公告宣判的时间和地点，传唤当事人并通知公诉人、法定代理人、辩护人和诉讼代理人；判决宣告后，应当立即送达判决书。
第二百四十七条第二款　判决书应当送达人民检察院、当事人、法定代理人、辩护人、诉讼代理人，并可以送达被告人的近亲属。判决生效后，还应当送达被告人的所在单位或者原户籍地的公安派出所，或者被告单位的注册登记机关。	**第三百零三条**　判决书应当送达人民检察院、当事人、法定代理人、辩护人、诉讼代理人，并可以送达被告人的近亲属。**被害人死亡，其近亲属申请领取判决书的，人民法院应当及时提供。** 判决生效后，还应当送达被告人的所在单位或者户籍地的公安派出所，或者被告单位的注册登记机关。**被告人系外国人，且在境内有居住地的，应当送达居住地的公安派出所。**
第二百四十八条　宣告判决，一律公开进行。公诉人、辩护人、诉讼代理人、被害人、自诉人或者附带民事诉讼原告人未到庭的，不影响宣判的进行。 宣告判决结果时，法庭内全体人员应当起立。	**第三百零四条**　宣告判决，一律公开进行。宣告判决结果时，法庭内全体人员应当起立。 公诉人、辩护人、诉讼代理人、被害人、自诉人或者附带民事诉讼原告人未到庭的，不影响宣判的进行。

续表

2012年《刑诉法解释》	2021年《刑诉法解释》
第五节　法庭纪律与其他规定	第六节　法庭纪律与其他规定
	第三百零五条　在押被告人出庭受审时，不着监管机构的识别服。 **庭审期间不得对被告人使用戒具，但法庭认为其人身危险性大，可能危害法庭安全的除外。**

适用要点

2021年《刑诉法解释》第305条系新增规定。《人民法院法庭规则》第13条规定，刑事在押被告人或上诉人出庭受审时，着正装或便装，不着监管机构的识别服。人民法院在庭审活动中不得对被告人或上诉人使用戒具，但认为其人身危险性大，可能危害法庭安全的除外。本条吸收了这一规定，体现了无罪推定原则的基本要求。

2012年《刑诉法解释》	2021年《刑诉法解释》
第二百四十九条　~~法庭审理过程中，诉讼参与人、旁听人员~~应当~~遵守以下纪律：~~ （一）服从法庭指挥，~~遵守法庭礼仪；~~ （二）~~不得~~鼓掌、喧哗、~~哄闹、~~随意走动； （三）~~不得~~对庭审活动进行录音、录像、~~摄影，或者通过发送邮件、博客、微博客等方式传播庭审情况，但经人民法院许可的新闻记者除外；~~ （四）旁听人员不得发言、提问； （五）~~不得实施~~其他扰乱法庭秩序的行为。	**第三百零六条　庭审期间，全体人员**应当服从法庭指挥，**遵守法庭纪律，尊重司法礼仪，不得实施下列行为：** （一）鼓掌、喧哗、随意走动； （二）**吸烟、进食；** （三）**拨打、接听电话，或者使用即时通讯工具；** （四）对庭审活动进行录音、录像、**拍照或者使用即时通讯工具等传播庭审活动；** （五）其他**危害法庭安全或者**扰乱法庭秩序的行为。 旁听人员**不得进入审判活动区，不得随意站立、走动，**不得发言和提问。 **记者经许可实施第一款第四项规定的行为，应当在指定的时间及区域进行，不得干扰庭审活动。**

适用要点

2021年《刑诉法解释》第306条规定了庭审期间的法庭纪律。《人民法院法庭规则》第17条规定，全体人员在庭审活动中应当服从审判长或独任审判员的指挥，尊重司法礼仪，遵守法庭纪律，不得实施下列行为：(1)鼓掌、喧哗；(2)吸烟、进食；(3)拨打或接听电话；(4)对庭审活动进行录音、录像、拍照或使用移动通信工具等传播庭审活动；(5)其他危害法庭安全或妨害法庭秩序的行为。检察人员、诉讼参与人发言或提问，应当经审判长或独任审判员许可。旁听人员不得进入审判活动区，不得随意站立、走动，不得发言和提问。媒体记者经许可实施第1款第4项规定的行为，应当在指定的时间及区域进行，不得影响或干扰庭审活动。本条在2012年《刑诉法解释》规定的基础上，整合了上述规定的部分内容。

2012年《刑诉法解释》	2021年《刑诉法解释》
第二百五十条 ~~法庭审理过程中，诉讼参与人或者旁听人员~~扰乱法庭秩序的，审判长应当按照下列情形分别处理： （一）情节较轻的，应当警告制止并进行训诫； （二）~~不听制止~~的，~~可以~~指令法警强行带出法庭； （三）情节严重的，报经院长批准后，可以对行为人处一千元以下的罚款或者十五日以下的拘留~~；~~ ~~（四）~~未经许可录音、录像、~~摄影或者通过邮件、博客、微博客~~等~~方式~~传播庭审~~情况~~的，可以暂扣存储介质或者相关设备。 ~~诉讼参与人、旁听人员~~对罚款、拘留的决定不服的，可以直接向上一级人民法院申请复议，也可以通过决定罚款、拘留的人民法院向上一级人民法院申请复议。通过决定罚款、拘留的人民法院申请复议的，该人民法院	**第三百零七条** **有关人员危害法庭安全或者**扰乱法庭秩序的，审判长应当按照下列情形分别处理： （一）情节较轻的，应当警告制止；**根据具体情况，也可以**进行训诫； （二）**训诫无效的，责令退出法庭；拒不退出的，**指令法警强行带出法庭； （三）情节严重的，报经院长批准后，可以对行为人处一千元以下的罚款或者十五日以下的拘留。 未经许可**对庭审活动进行**录音、录像、**拍照或者使用即时通讯工具等**传播庭审**活动**的，可以暂扣相关设备及存储介质，**删除相关内容**。 **有关人员**对罚款、拘留的决定不服的，可以直接向上一级人民法院申请复议，也可以通过决定罚款、拘留的人民法院向上一级人民法院申请复议。通过决定罚款、拘留的人民法院申请复议的，该人民法院应当自收到

续表

2012 年《刑诉法解释》	2021 年《刑诉法解释》
应当自收到复议申请之日起三日内，将复议申请、罚款或者拘留决定书和有关事实、证据材料一并报上一级人民法院复议。复议期间，不停止决定的执行。	复议申请之日起三日**以**内，将复议申请、罚款或者拘留决定书和有关事实、证据材料一并报上一级人民法院复议。复议期间，不停止决定的执行。

适用要点

2021 年《刑诉法解释》第 307 条规定了违反法庭秩序的处罚措施。《人民法院法庭规则》第 19 条规定，审判长或独任审判员对违反法庭纪律的人员应当予以警告；对不听警告的，予以训诫；对训诫无效的，责令其退出法庭；对拒不退出法庭的，指令司法警察将其强行带出法庭。行为人违反该规则第 17 条第 1 款第 4 项规定的，人民法院可以暂扣其使用的设备及存储介质，删除相关内容。本条在 2012 年《刑诉法解释》规定的基础上，整合了上述规定的部分内容。

2012 年《刑诉法解释》	2021 年《刑诉法解释》
第二百五十一条　担任辩护人、诉讼代理人的律师严重扰乱法庭秩序，被强行带出法庭或者被处以罚款、拘留的，人民法院应当通报司法行政机关，并可以建议依法给予相应处罚。	**第三百零八条**　担任辩护人、诉讼代理人的律师严重扰乱法庭秩序，被强行带出法庭或者被处以罚款、拘留的，人民法院应当通报司法行政机关，并可以建议依法给予相应处罚。
第二百五十二条　~~聚众~~哄闹、冲击法庭或者侮辱、诽谤、威胁、殴打司法工作人员或者诉讼参与人，严重扰乱法庭秩序，构成犯罪的，~~应当~~依法追究刑事责任。	**第三百零九条　实施下列行为之一，危害法庭安全或者**扰乱法庭秩序，构成犯罪的，依法追究刑事责任： **（一）非法携带枪支、弹药、管制刀具或者爆炸性、易燃性、毒害性、放射性以及传染病病原体等危险物质进入法庭；** **（二）**哄闹、冲击法庭； **（三）**侮辱、诽谤、威胁、殴打司法工作人员或者诉讼参与人；

续表

2012年《刑诉法解释》	2021年《刑诉法解释》
	（四）毁坏法庭设施，抢夺、损毁诉讼文书、证据； **（五）其他危害法庭安全或者扰乱法庭秩序的行为。**

适用要点

2021年《刑诉法解释》第309条规定了违反法庭秩序构成犯罪的情形。《人民法院法庭规则》第20条规定，行为人实施下列行为之一，危及法庭安全或扰乱法庭秩序的，根据相关法律规定，予以罚款、拘留；构成犯罪的，依法追究其刑事责任：(1)非法携带枪支、弹药、管制刀具或者爆炸性、易燃性、放射性、毒害性、腐蚀性物品以及传染病病原体进入法庭；(2)哄闹、冲击法庭；(3)侮辱、诽谤、威胁、殴打司法工作人员或诉讼参与人；(4)毁坏法庭设施，抢夺、损毁诉讼文书、证据；(5)其他危害法庭安全或扰乱法庭秩序的行为。本条在2012年《刑诉法解释》规定的基础上，整合了上述规定的部分内容。

2012年《刑诉法解释》	2021年《刑诉法解释》
第二百五十三条　辩护人严重扰乱法庭秩序，被强行带出法庭或者被处以罚款、拘留，被告人自行辩护的，庭审继续进行；被告人要求另行委托辩护人，或者被告人属于应当提供法律援助情形的，应当宣布休庭。	**第三百一十条**　辩护人严重扰乱法庭秩序，被**责令退出法庭**、强行带出法庭或者被处以罚款、拘留，被告人自行辩护的，庭审继续进行；被告人要求另行委托辩护人，或者被告人属于应当提供法律援助情形的，应当宣布休庭。 **辩护人、诉讼代理人被责令退出法庭、强行带出法庭或者被处以罚款后，具结保证书，保证服从法庭指挥、不再扰乱法庭秩序的，经法庭许可，可以继续担任辩护人、诉讼代理人。** **辩护人、诉讼代理人具有下列情形之一的，不得继续担任同一案件的辩护人、诉讼代理人：**

续表

2012 年《刑诉法解释》	2021 年《刑诉法解释》
	（一）擅自退庭的； **（二）无正当理由不出庭或者不按时出庭，严重影响审判顺利进行的；** **（三）被拘留或者具结保证书后再次被责令退出法庭、强行带出法庭的。**

适用要点

2021 年《刑诉法解释》第 310 条规定了辩护人等扰乱法庭秩序情形的处理规则。《最高人民法院、司法部关于依法保障律师诉讼权利和规范律师参与庭审活动的通知》第 3 条规定，律师被依法责令退出法庭、强行带出法庭或者被处以罚款后，具结保证书，保证服从法庭指令、不再扰乱法庭秩序的，经法庭许可，可以继续担任同一案件的辩护人、诉讼代理人；具有擅自退庭、无正当理由不按时出庭参加诉讼、被拘留或者具结保证书后再次被依法责令退出法庭、强行带出法庭的，不得继续担任同一案件的辩护人、诉讼代理人。本条在 2012 年《刑诉法解释》规定的基础上，整合了上述规定的部分内容。

2012 年《刑诉法解释》	2021 年《刑诉法解释》
第二百五十四条　被告人当庭拒绝辩护人辩护，要求另行委托辩护人或者指派律师的，合议庭应当准许。被告人拒绝辩护人辩护后，没有辩护人的，应当宣布休庭；仍有辩护人的，庭审可以继续进行。 有多名被告人的案件，部分被告人拒绝辩护人辩护后，没有辩护人的，根据案件情况，可以对该被告人另案处理，对其他被告人的庭审继续进行。 重新开庭后，被告人再次当庭拒绝辩护人辩护的，可以准许，但被告人不得再次另行委托辩护人或者要求另行指派律师，由其自行辩护。	**第三百一十一条**　**被告人在一个审判程序中更换辩护人一般不得超过两次。** 被告人当庭拒绝辩护人辩护，要求另行委托辩护人或者指派律师的，合议庭应当准许。被告人拒绝辩护人辩护后，没有辩护人的，应当宣布休庭；仍有辩护人的，庭审可以继续进行。 有多名被告人的案件，部分被告人拒绝辩护人辩护后，没有辩护人的，根据案件情况，可以对该**部分**被告人另案处理，对其他被告人的庭审继续进行。

续表

2012 年《刑诉法解释》	2021 年《刑诉法解释》
被告人属于应当提供法律援助的情形,重新开庭后再次当庭拒绝辩护人辩护的,不予准许。	重新开庭后,被告人再次当庭拒绝辩护人辩护的,可以准许,但被告人不得再次另行委托辩护人或者要求另行指派律师,由其自行辩护。 被告人属于应当提供法律援助的情形,重新开庭后再次当庭拒绝辩护人辩护的,不予准许。

适用要点

2021 年《刑诉法解释》第 311 条规定了被告人拒绝辩护人辩护情形的处理规则。在 2012 年《刑诉法解释》规定的基础上,本条新增规定,被告人在一个审判程序中更换辩护人一般不得超过两次。这一规定旨在确保庭审效率,避免因被告人反复更换辩护人而拖延审判,同时督促被告人审慎选择辩护人。

2012 年《刑诉法解释》	2021 年《刑诉法解释》
第二百五十五条 法庭审理过程中,辩护人拒绝为被告人辩护的,应当准许;是否继续庭审,参照适用前条的规定。	**第三百一十二条** 法庭审理过程中,辩护人拒绝为被告人辩护,**有正当理由的,**应当准许;是否继续庭审,参照适用前条规定。

适用要点

2021 年《刑诉法解释》第 312 条规定了辩护人拒绝辩护情形的处理规则。《律师法》第 32 条第 2 款规定,律师接受委托后,无正当理由的,不得拒绝辩护或者代理。但是,委托事项违法、委托人利用律师提供的服务从事违法活动或者委托人故意隐瞒与案件有关的重要事实的,律师有权拒绝辩护或者代理。本条吸纳了这一规定的主要内容,辩护人"有正当理由的",可以拒绝为被告人辩护。

2012 年《刑诉法解释》	2021 年《刑诉法解释》
第二百五十六条 依照前两条规定另行委托辩护人或者指派律师的，自案件宣布休庭之日起至第十五日止，由辩护人准备辩护，但被告人及其辩护人自愿缩短时间的除外。	**第三百一十三条** 依照前两条规定另行委托辩护人或者**通知法律援助机构**指派律师的，自案件宣布休庭之日起至第十五日止，由辩护人准备辩护，但被告人及其辩护人自愿缩短时间的除外。 **庭审结束后、判决宣告前另行委托辩护人的，可以不重新开庭；辩护人提交书面辩护意见的，应当接受。**

适用要点

2021 年《刑诉法解释》第 313 条规定了另行委托辩护人或者指派律师情形的处理规则。在 2012 年《刑诉法解释》规定的基础上，本条新增规定，庭审结束后、判决宣告前另行委托辩护人的，可以不重新开庭；辩护人提交书面辩护意见的，应当接受。这主要是考虑，被告人已在辩护人帮助下参与庭审，其在庭审结束后、判决宣告前另行委托辩护人，并不影响已有庭审的法律效力，鉴此，法庭可以不重新开庭。不过，如果先前的辩护人未能进行有效辩护，或者违反法律有关辩护的规定，可能影响公正审判的，法庭有必要重新开庭。同时，如果被告人新委托的辩护人提交可能影响定罪量刑的证据材料，申请再次开庭，法庭经审查认为有必要的，可以再次开庭。同时，对于不重新开庭的情形，辩护人可以提交书面辩护意见，法庭对此应当接受。辩护人提交书面辩护意见的，应当在接受委托后及时提交给法庭。

2012 年《刑诉法解释》	2021 年《刑诉法解释》
第二百五十七条 有多名被告人的案件，部分被告人具有刑事诉讼法第~~三百~~条第一款规定情形的，人民法院可以对全案中止审理；根据案件情况，也可以对该部分被告人中止审理，对其他被告人继续审理。	**第三百一十四条** 有多名被告人的案件，部分被告人具有刑事诉讼法第**二百零六**条第一款规定情形的，人民法院可以对全案中止审理；根据案件情况，也可以对该部分被告人中止审理，对其他被告人继续审理。

续表

2012 年《刑诉法解释》	2021 年《刑诉法解释》
对中止审理的部分被告人,可以根据案件情况另案处理。	对中止审理的部分被告人,可以根据案件情况另案处理。
第二百五十八条 人民检察院认为人民法院审理案件违反法定程序,在庭审后提出书面纠正意见,人民法院认为正确的,应当采纳。	**第三百一十五条** 人民检察院认为人民法院审理案件违反法定程序,在庭审后提出书面纠正意见,人民法院认为正确的,应当采纳。

第十章　自诉案件第一审程序

2012 年《刑诉法解释》	2021 年《刑诉法解释》
第十章　自诉案件第一审程序	**第十章　自诉案件第一审程序**
第二百五十九条　人民法院受理自诉案件必须符合下列条件： （一）符合刑事诉讼法第~~二百零四~~条、本解释第一条的规定； （二）属于本院管辖； （三）被害人告诉； （四）有明确的被告人、具体的诉讼请求和证明被告人犯罪事实的证据。	**第三百一十六条**　人民法院受理自诉案件必须符合下列条件： （一）符合刑事诉讼法第**二百一十**条、本解释第一条的规定； （二）属于本院管辖； （三）被害人告诉； （四）有明确的被告人、具体的诉讼请求和证明被告人犯罪事实的证据。
第二百六十条　本解释第一条规定的案件，如果被害人死亡、丧失行为能力或者因受强制、威吓等无法告诉，或者是限制行为能力人以及因年老、患病、盲、聋、哑等不能亲自告诉，其法定代理人、近亲属告诉或者代为告诉的，人民法院应当依法受理。 被害人的法定代理人、近亲属告诉或者代为告诉，应当提供与被害人关系的证明和被害人不能亲自告诉的原因的证明。	**第三百一十七条**　本解释第一条规定的案件，如果被害人死亡、丧失行为能力或者因受强制、威吓等无法告诉，或者是限制行为能力人以及因年老、患病、盲、聋、哑等不能亲自告诉，其法定代理人、近亲属告诉或者代为告诉的，人民法院应当依法受理。 被害人的法定代理人、近亲属告诉或者代为告诉**的**，应当提供与被害人关系的证明和被害人不能亲自告诉的原因的证明。
第二百六十一条　提起自诉应当提交刑事自诉状；同时提起附带民事诉讼的，应当提交刑事附带民事自诉状。	**第三百一十八条**　提起自诉应当提交刑事自诉状；同时提起附带民事诉讼的，应当提交刑事附带民事自诉状。
第二百六十二条　自诉状应当包括以下内容： （一）自诉人（代为告诉人）、被告人的姓名、性别、年龄、民族、出生地、	**第三百一十九条**　自诉状**一般**应当包括以下内容： （一）自诉人（代为告诉人）、被告人的姓名、性别、年龄、民族、出生地、

续表

2012 年《刑诉法解释》	2021 年《刑诉法解释》
文化程度、职业、工作单位、住址、联系方式； （二）被告人实施犯罪的时间、地点、手段、情节和危害后果等； （三）具体的诉讼请求； （四）致送的人民法院和具状时间； （五）证据的名称、来源等； （六）证人的姓名、住址、联系方式等。 对两名以上被告人提出告诉的，应当按照被告人的人数提供自诉状副本。	文化程度、职业、工作单位、住址、联系方式； （二）被告人实施犯罪的时间、地点、手段、情节和危害后果等； （三）具体的诉讼请求； （四）致送的人民法院和具状时间； （五）证据的名称、来源等； （六）证人的姓名、住址、联系方式等。 对两名以上被告人提出告诉的，应当按照被告人的人数提供自诉状副本。
第二百六十三条 对自诉案件，人民法院应当在十五日内审查完毕。经审查，符合受理条件的，应当决定立案，并书面通知自诉人或者代为告诉人。 具有下列情形之一的，应当说服自诉人撤回起诉；自诉人不撤回起诉的，裁定不予受理： （一）不属于本解释第一条规定的案件的； （二）缺乏罪证的； （三）犯罪已过追诉时效期限的； （四）被告人死亡的； （五）被告人下落不明的； （六）除因证据不足而撤诉的以外，自诉人撤诉后，就同一事实又告诉的； （七）经人民法院调解结案后，自诉人反悔，就同一事实再行告诉的。	**第三百二十条** 对自诉案件，人民法院应当在十五日**以**内审查完毕。经审查，符合受理条件的，应当决定立案，并书面通知自诉人或者代为告诉人。 具有下列情形之一的，应当说服自诉人撤回起诉；自诉人不撤回起诉的，裁定不予受理： （一）不属于本解释第一条规定的案件的； （二）缺乏罪证的； （三）犯罪已过追诉时效期限的； （四）被告人死亡的； （五）被告人下落不明的； （六）除因证据不足而撤诉的以外，自诉人撤诉后，就同一事实又告诉的； （七）经人民法院调解结案后，自诉人反悔，就同一事实再行告诉的； **（八）属于本解释第一条第二项规定的案件，公安机关正在立案侦查或者人民检察院正在审查起诉的；**

续表

2012年《刑诉法解释》	2021年《刑诉法解释》
	（九）不服人民检察院对未成年犯罪嫌疑人作出的附条件不起诉决定或者附条件不起诉考验期满后作出的不起诉决定，向人民法院起诉的。

适用要点

2021年《刑诉法解释》第320条规定了自诉案件的立案审查和处理程序。在2012年《刑诉法解释》规定的基础上，对于说服自诉人撤回起诉的情形，本条增加了两种：(1)属于本解释第1条第2项规定的案件，公安机关正在立案侦查或者人民检察院正在审查起诉的。除告诉才处理的情形外，对于公安机关立案侦查或者人民检察院正在审查起诉的情形，应当按照公诉程序处理。只有对于公安机关立案侦查后或者人民检察院审查起诉后，不予追究犯罪嫌疑人刑事责任的情形，被害人才可以依据“公诉转自诉”案件的规定提起自诉。(2)不服人民检察院对未成年犯罪嫌疑人作出的附条件不起诉决定或者附条件不起诉考验期满后作出的不起诉决定，向人民法院起诉的。根据《全国人民代表大会常务委员会关于〈中华人民共和国刑事诉讼法〉第二百七十一条第二款的解释》的规定，人民检察院办理未成年人刑事案件，在作出附条件不起诉的决定以及考验期满作出不起诉的决定以前，应当听取被害人的意见。被害人对人民检察院对未成年犯罪嫌疑人作出的附条件不起诉的决定和不起诉的决定，可以向上一级人民检察院申诉，不适用《刑事诉讼法》第176条关于被害人可以向人民法院起诉的规定。据此，对于被告人不服该类附条件不起诉决定或者不起诉决定，向人民法院起诉的情形，应当说服撤回起诉。

2012年《刑诉法解释》	2021年《刑诉法解释》
第二百六十四条　对已经立案，经审查缺乏罪证的自诉案件，自诉人提不出补充证据的，人民法院应当说服其撤回起诉或者裁定驳回起诉；自诉人撤回起诉或者被驳回起诉后，又	**第三百二十一条**　对已经立案，经审查缺乏罪证的自诉案件，自诉人提不出补充证据的，人民法院应当说服其撤回起诉或者裁定驳回起诉；自诉人撤回起诉或者被驳回起诉后，又

续表

2012年《刑诉法解释》	2021年《刑诉法解释》
提出了新的足以证明被告人有罪的证据,再次提起自诉的,人民法院应当受理。	提出了新的足以证明被告人有罪的证据,再次提起自诉的,人民法院应当受理。
第二百六十五条 自诉人对不予受理或者驳回起诉的裁定不服的,可以提起上诉。 第二审人民法院查明第一审人民法院作出的不予受理裁定有错误的,应当在撤销原裁定的同时,指令第一审人民法院立案受理;查明第一审人民法院驳回起诉裁定有错误的,应当在撤销原裁定的同时,指令第一审人民法院进行审理。	**第三百二十二条** 自诉人对不予受理或者驳回起诉的裁定不服的,可以提起上诉。 第二审人民法院查明第一审人民法院作出的不予受理裁定有错误的,应当在撤销原裁定的同时,指令第一审人民法院立案受理;查明第一审人民法院驳回起诉裁定有错误的,应当在撤销原裁定的同时,指令第一审人民法院进行审理。
第二百六十六条 自诉人明知有其他共同侵害人,但只对部分侵害人提起自诉的,人民法院应当受理,并告知其放弃告诉的法律后果;自诉人放弃告诉,判决宣告后又对其他共同侵害人就同一事实提起自诉的,人民法院不予受理。 共同被害人中只有部分人告诉的,人民法院应当通知其他被害人参加诉讼,并告知其不参加诉讼的法律后果。被通知人接到通知后表示不参加诉讼或者不出庭的,视为放弃告诉。第一审宣判后,被通知人就同一事实又提起自诉的,人民法院不予受理。但是,当事人另行提起民事诉讼的,不受本解释限制。	**第三百二十三条** 自诉人明知有其他共同侵害人,但只对部分侵害人提起自诉的,人民法院应当受理,并告知其放弃告诉的法律后果;自诉人放弃告诉,判决宣告后又对其他共同侵害人就同一事实提起自诉的,人民法院不予受理。 共同被害人中只有部分人告诉的,人民法院应当通知其他被害人参加诉讼,并告知其不参加诉讼的法律后果。被通知人接到通知后表示不参加诉讼或者不出庭的,视为放弃告诉。第一审宣判后,被通知人就同一事实又提起自诉的,人民法院不予受理。但是,当事人另行提起民事诉讼的,不受本解释限制。
第二百六十七条 被告人实施两个以上犯罪行为,分别属于公诉案件和自诉案件,人民法院可以一并审理。对自诉部分的审理,适用本章的规定。	**第三百二十四条** 被告人实施两个以上犯罪行为,分别属于公诉案件和自诉案件,人民法院可以一并审理。对自诉部分的审理,适用本章的规定。

续表

2012年《刑诉法解释》	2021年《刑诉法解释》
第二百六十八条 自诉案件当事人因客观原因不能取得的证据，申请人民法院调取的，应当说明理由，并提供相关线索或者材料。人民法院认为有必要的，应当及时调取。	**第三百二十五条** 自诉案件当事人因客观原因不能取得的证据，申请人民法院调取的，应当说明理由，并提供相关线索或者材料。人民法院认为有必要的，应当及时调取。 **对通过信息网络实施的侮辱、诽谤行为，被害人向人民法院告诉，但提供证据确有困难的，人民法院可以要求公安机关提供协助。**

适用要点

2021年《刑诉法解释》第325条规定了自诉案件的取证协助情形。对于自诉案件当事人因客观原因遇有取证困难的情形，可以申请协助，具体包括两种情形：(1)当事人申请人民法院调查证据的。对于此种情形，当事人应当说明理由，并提供相关线索或者材料。人民法院经审查认为有必要的，应当及时调取。(2)对于人民法院无法调取的情形，申请公安机关提供协助。本条新增规定，对通过信息网络实施的侮辱、诽谤行为，被害人向人民法院告诉，但提供证据确有困难的，人民法院可以要求公安机关提供协助。该规定作为提示性规定，意味着对于人民法院无法调取的证据，被害人可以申请人民法院要求公安机关提供协助。

2012年《刑诉法解释》	2021年《刑诉法解释》
第二百六十九条 对犯罪事实清楚，有足够证据的自诉案件，应当开庭审理。	**第三百二十六条** 对犯罪事实清楚，有足够证据的自诉案件，应当开庭审理。
第二百七十条 自诉案件，符合简易程序适用条件的，可以适用简易程序审理。 不适用简易程序审理的自诉案件，参照适用公诉案件第一审普通程序的有关规定。	**第三百二十七条** 自诉案件符合简易程序适用条件的，可以适用简易程序审理。 不适用简易程序审理的自诉案件，参照适用公诉案件第一审普通程序的有关规定。

续表

2012 年《刑诉法解释》	2021 年《刑诉法解释》
第二百七十一条 人民法院审理自诉案件,可以在查明事实、分清是非的基础上,根据自愿、合法的原则进行调解。调解达成协议的,应当制作刑事调解书,由审判人员和书记员署名,并加盖人民法院印章。调解书经双方当事人签收后,即具有法律效力。调解没有达成协议,或者调解书签收前当事人反悔的,应当及时作出判决。 刑事诉讼法第~~二百零四~~条第三项规定的案件不适用调解。	**第三百二十八条** 人民法院审理自诉案件,可以在查明事实、分清是非的基础上,根据自愿、合法的原则进行调解。调解达成协议的,应当制作刑事调解书,由审判人员、**法官助理、**书记员署名,并加盖人民法院印章。调解书经双方当事人签收后,即具有法律效力。调解没有达成协议,或者调解书签收前当事人反悔的,应当及时作出判决。 刑事诉讼法第**二百一十**条第三项规定的案件不适用调解。
第二百七十二条 判决宣告前,自诉案件的当事人可以自行和解,自诉人可以撤回自诉。 人民法院经审查,认为和解、撤回自诉确属自愿的,应当裁定准许;认为系被强迫、威吓等,并非~~出于~~自愿的,不予准许。	**第三百二十九条** 判决宣告前,自诉案件的当事人可以自行和解,自诉人可以撤回自诉。 人民法院经审查,认为和解、撤回自诉确属自愿的,应当裁定准许;认为系被强迫、威吓等,并非自愿的,不予准许。
第二百七十三条 裁定准许撤诉~~或者当事人自行和解~~的自诉案件,被告人被采取强制措施的,人民法院应当立即解除。	**第三百三十条** 裁定准许撤诉的自诉案件,被告人被采取强制措施的,人民法院应当立即解除。

适用要点

2021 年《刑诉法解释》第 330 条规定了强制措施解除的程序。根据 2012 年《刑诉法解释》的规定,裁定准许撤诉或者当事人自行和解的自诉案件,被告人被采取强制措施的,人民法院应当立即解除。司法实践中,有的自诉人与被告人达成和解,要求撤回自诉,但人民法院经审查不予准许,仍然作出刑事判决。此种情形下,强制措施并非自动解除。换言之,只有当事人自行和解,人民法院准许撤诉的案件,才应当立即解除强制措施。

2012年《刑诉法解释》	2021年《刑诉法解释》
第二百七十四条　自诉人经两次传唤，无正当理由拒不到庭，或者未经法庭准许中途退庭的，人民法院应当裁定按撤诉处理。 部分自诉人撤诉或者被裁定按撤诉处理的，不影响案件的继续审理。	**第三百三十一条**　自诉人经两次传唤，无正当理由拒不到庭，或者未经法庭准许中途退庭的，人民法院应当裁定按撤诉处理。 部分自诉人撤诉或者被裁定按撤诉处理的，不影响案件的继续审理。
第二百七十五条　被告人在自诉案件审判期间下落不明的，人民法院~~应当~~裁定中止审理~~。被告人到案后，应当恢复审理，必要时应当~~对被告人依法~~采取强制措施~~。	**第三百三十二条**　被告人在自诉案件审判期间下落不明的，人民法院**可以**裁定中止审理**；符合条件的，可以**对被告人依法**决定逮捕**。

适用要点

2021年《刑诉法解释》第332条规定了被告人在审判期间下落不明情形的处理规则。根据2012年《刑诉法解释》的规定，对于此类情形，人民法院应当裁定中止审理。被告人到案后，应当恢复审理，必要时应当对被告人依法采取强制措施。为确保审判顺利进行，本条规定作出两个方面的调整：(1)将“应当”裁定中止审理，修改为“可以”裁定中止审理，具体由人民法院裁量决定，例如，人民法院可以决定依法采取逮捕措施，继续进行审判。(2)将“必要时应当对被告人依法采取强制措施”，修改为“符合条件的，可以对被告人依法决定逮捕”，进一步强化开庭审判的程序保障。

2012年《刑诉法解释》	2021年《刑诉法解释》
第二百七十六条　对自诉案件，应当参照刑事诉讼法第~~一百九十五~~条和本解释第~~三百四十一~~条的有关规定作出判决；对依法宣告无罪的案件，其附带民事部分~~应当~~依法进行调解或者一并作出判决。	**第三百三十三条**　对自诉案件，应当参照刑事诉讼法第**二百**条和本解释第**二百九十五**条的有关规定作出判决。对依法宣告无罪的案件，**有附带民事诉讼的，**其附带民事部分**可以**依法进行调解或者一并作出判决**，也可以告知附带民事诉讼原告人另行提起民事诉讼**。

适用要点

2021年《刑诉法解释》第333条规定了宣告无罪的自诉案件的附带民事诉讼程序。根据2012年《刑诉法解释》的规定，对依法宣告无罪的案件，其附带民事部分应当依法进行调解或者一并作出判决。鉴于自诉案件与公诉案件存在较大差异，第333条新增规定，在上述处理方式外，也可以告知附带民事诉讼原告人另行提起民事诉讼。

2012年《刑诉法解释》	2021年《刑诉法解释》
第二百七十七条 告诉才处理和被害人有证据证明的轻微刑事案件的被告人或者其法定代理人在诉讼过程中，可以对自诉人提起反诉。反诉必须符合下列条件： （一）反诉的对象必须是本案自诉人； （二）反诉的内容必须是与本案有关的行为； （三）反诉的案件必须符合本解释第一条第一项、第二项的规定。 反诉案件适用自诉案件的规定，应当与自诉案件一并审理。自诉人撤诉的，不影响反诉案件的继续审理。	**第三百三十四条** 告诉才处理和被害人有证据证明的轻微刑事案件的被告人或者其法定代理人在诉讼过程中，可以对自诉人提起反诉。反诉必须符合下列条件： （一）反诉的对象必须是本案自诉人； （二）反诉的内容必须是与本案有关的行为； （三）反诉的案件必须符合本解释第一条第一项、第二项的规定。 反诉案件适用自诉案件的规定，应当与自诉案件一并审理。自诉人撤诉的，不影响反诉案件的继续审理。

第十一章　单位犯罪案件的审理

2012 年《刑诉法解释》	2021 年《刑诉法解释》
第十一章　单位犯罪案件的审理	**第十一章　单位犯罪案件的审理**
第二百七十八条　人民法院受理单位犯罪案件，除依照本解释第~~一百八十~~条的有关规定进行审查外，还应当审查起诉书是否列明被告单位的名称、住所地、联系方式，法定代表人、主要负责人以及代表被告单位出庭的诉讼代表人的姓名、职务、联系方式。需要人民检察院补充材料的，应当通知人民检察院在三日内补送。	**第三百三十五条**　人民法院受理单位犯罪案件，除依照本解释第**二百一十八**条的有关规定进行审查外，还应当审查起诉书是否列明被告单位的名称、住所地、联系方式，法定代表人、**实际控制人**、主要负责人以及代表被告单位出庭的诉讼代表人的姓名、职务、联系方式。需要人民检察院补充材料的，应当通知人民检察院在三日**以**内补送。
第二百七十九条　被告单位的诉讼代表人，应当是法定代表人或者主要负责人；法定代表人或者主要负责人被指控为单位犯罪直接~~负责的主管~~人员或者因客观原因无法出庭的，应当由被告单位委托其他负责人或者职工作为诉讼代表人。但是，有关人员被指控为单位犯罪~~的其他~~直接责任人员或者知道案件情况、负有作证义务的除外。	**第三百三十六条**　被告单位的诉讼代表人，应当是法定代表人、**实际控制人**或者主要负责人；法定代表人、**实际控制人**或者主要负责人被指控为单位犯罪直接**责任**人员或者因客观原因无法出庭的，应当由被告单位委托其他负责人或者职工作为诉讼代表人。但是，有关人员被指控为单位犯罪直接责任人员或者知道案件情况、负有作证义务的除外。 **依据前款规定难以确定诉讼代表人的，可以由被告单位委托律师等单位以外的人员作为诉讼代表人。** **诉讼代表人不得同时担任被告单位或者被指控为单位犯罪直接责任人员的有关人员的辩护人。**

适用要点

2021 年《刑诉法解释》第 336 条规定了单位犯罪诉讼代表人的范围。

根据2012年《刑诉法解释》的规定，被告人单位的诉讼代表人主要包括单位内部的四类人员：法定代表人、主要负责人、其他负责人或者职工。为适度扩大被告人单位诉讼代表人的范围，本条规定作出以下调整：(1)在法定代表人或者主要负责人基础上，新增"实际控制人"作为诉讼代表人。(2)对于在单位内部确定诉讼代表人的情形，本条新增规定，可以由被告单位委托律师等单位以外的人员作为诉讼代表人。这主要是考虑，一些案件中，单位内部的法定代表人、主要负责人、其他负责人等均已涉案，职工又需作为证人，无法从单位内部确定诉讼代表人。此种情况下，允许被告单位委托律师等单位以外的人员作为诉讼代表人，既能解决无法从单位内部确定诉讼代表人的困境，又能借助律师的专业帮助，更好维护被告单位的合法权益。(3)诉讼代表人不得同时担任被告单位或者被指控为单位犯罪直接责任人员的有关人员的辩护人。这主要是考虑，如果被告单位的诉讼代表人同时担任单位犯罪直接责任人员的辩护人，这两种诉讼角色存在利益冲突，例如，被告单位希望通过认罪获得从宽处罚，而单位犯罪直接责任人员却希望进行无罪辩护，此种情况下，一人同时担任被告单位诉讼代表人和单位犯罪直接责任人员辩护人的做法，不符合正当程序的要求。

2012年《刑诉法解释》	2021年《刑诉法解释》
第二百八十条　开庭审理单位犯罪案件，应当通知被告单位的诉讼代表人出庭；~~没有诉讼代表人参与诉讼~~的，应当要求人民检察院确定。 被告单位的诉讼代表人不出庭的，应当按照下列情形分别处理： （一）诉讼代表人系被告单位的法定代表人或者主要负责人，无正当理由拒不出庭的，可以拘传其到庭；因客观原因无法出庭，或者下落不明的，应当要求人民检察院另行确定诉讼代表人； （二）诉讼代表人系~~被告单位的~~其他人员的，应当要求人民检察院另行确定诉讼代表人~~出庭~~。	**第三百三十七条**　开庭审理单位犯罪案件，应当通知被告单位的诉讼代表人出庭；**诉讼代表人不符合前条规定的**，应当要求人民检察院**另行**确定。 被告单位的诉讼代表人不出庭的，应当按照下列情形分别处理： （一）诉讼代表人系被告单位的法定代表人、**实际控制人**或者主要负责人，无正当理由拒不出庭的，可以拘传其到庭；因客观原因无法出庭，或者下落不明的，应当要求人民检察院另行确定诉讼代表人； （二）诉讼代表人系其他人员的，应当要求人民检察院另行确定诉讼代表人。

续表

2012 年《刑诉法解释》	2021 年《刑诉法解释》
第二百八十一条 被告单位的诉讼代表人享有刑事诉讼法规定的有关被告人的诉讼权利。开庭时,诉讼代表人席位置于审判台前左侧,与辩护人席并列。	**第三百三十八条** 被告单位的诉讼代表人享有刑事诉讼法规定的有关被告人的诉讼权利。开庭时,诉讼代表人席位置于审判台前左侧,与辩护人席并列。
第二百八十二条 被告单位委托辩护人,参照适用本解释的有关规定。	**第三百三十九条** 被告单位委托辩护人**的**,参照适用本解释的有关规定。
第二百八十三条 对应当认定为单位犯罪的案件,人民检察院只作为自然人犯罪起诉的,人民法院应当建议人民检察院对犯罪单位~~补充~~起诉。人民检察院仍以自然人犯罪起诉的,人民法院应当依法审理,按照单位犯罪~~中的~~直接负责的主管人员或者其他直接责任人员追究刑事责任,并援引刑法分则关于追究单位犯罪中直接负责的主管人员和其他直接责任人员刑事责任的条款。	**第三百四十条** 对应当认定为单位犯罪的案件,人民检察院只作为自然人犯罪起诉的,人民法院应当建议人民检察院对犯罪单位**追加**起诉。人民检察院仍以自然人犯罪起诉的,人民法院应当依法审理,按照单位犯罪直接负责的主管人员或者其他直接责任人员追究刑事责任,并援引刑法分则关于追究单位犯罪中直接负责的主管人员和其他直接责任人员刑事责任的条款。
第二百八十四条 被告单位的违法所得~~及其孳息~~,尚未被依法追缴或者查封、扣押、冻结的,人民法院应当决定追缴或者查封、扣押、冻结。	**第三百四十一条** 被告单位的违法所得**及其他涉案财物**,尚未被依法追缴或者查封、扣押、冻结的,人民法院应当决定追缴或者查封、扣押、冻结。
第二百八十五条 为保证判决的执行,人民法院可以先行查封、扣押、冻结被告单位的财产,或者由被告单位提出担保。	**第三百四十二条** 为保证判决的执行,人民法院可以先行查封、扣押、冻结被告单位的财产,或者由被告单位提出担保。
	第三百四十三条 采取查封、扣押、冻结等措施,应当严格依照法定程序进行,最大限度降低对被告单位正常生产经营活动的影响。

适用要点

2021年《刑诉法解释》第343条系新增规定。《中共中央、国务院关于完善产权保护制度依法保护产权的意见》要求严格规范涉案财产处置的法律程序。为贯彻上述要求，本条规定了对被告单位慎重采取查封、扣押、冻结等措施的要求。据此，对物之诉也要严格依照法定程序进行，坚持正当程序的基本要求。同时，基于产权司法保障等政策考虑，对被告单位财产采取强制措施，应当最大限度降低对被告单位正常生产经营活动的影响。例如，根据《最高人民法院、最高人民检察院、公安部、司法部关于办理黑恶势力刑事案件中财产处置若干问题的意见》第3条第2款的规定，根据案件具体情况，在保证诉讼活动正常进行的同时，可以允许有关人员继续合理使用有关涉案财产，并采取必要的保值保管措施，以减少案件办理对正常办公和合法生产经营的影响。该意见第12条第1款还规定，对于不宜查封、扣押、冻结的经营性财产，公安机关、人民检察院、人民法院可以申请当地政府指定有关部门或者委托有关机构代管或者托管。

2012年《刑诉法解释》	2021年《刑诉法解释》
第二百八十六条　审判期间，被告单位被撤销、注销、吊销营业执照或者宣告破产的，对单位犯罪直接负责的主管人员和其他直接责任人员应当继续审理。	**第三百四十四条**　审判期间，被告单位被吊销营业执照、宣告破产**但尚未完成清算、注销登记的，应当继续审理；**被告单位被撤销、注销的，对单位犯罪直接负责的主管人员和其他直接责任人员应当继续审理。

适用要点

2021年《刑诉法解释》第344条规定了被告单位停止存续情形的处理规则。根据2012年《刑诉法解释》的规定，审判期间，被告单位被撤销、注销、吊销营业执照或者宣告破产的，对单位犯罪直接负责的主管人员和其他直接责任人员应当继续审理。鉴于被告单位被吊销营业执照或者宣告破产但未完成清算、注销登记的情况下，被告单位作为责任主体仍然存在，并未消亡，其可以承担民事责任，同理也可以承担刑事责任，此时应当对案件继续审理，并对被告单位作出刑事判决。据此，第344条区分被告人单位被“撤销、注销”和被“吊销营业执照、宣告破产”的情形，确立了不同的处理规则：(1)被告单位被吊销营业执照、宣告破产但尚未完成清算、注销登记的情形。对于此种情形，因被告单位仍然存续，案件应当继续审理，并依法作出相应的裁判。(2)被告单位被撤销、注销的情形。对于此种情形，因被告单位停止存续，对单位不再追究责任，但对单位犯罪直接负责的主管人员和其他直接责任人员应当继续审理。

2012 年《刑诉法解释》	2021 年《刑诉法解释》
第二百八十七条 审判期间，被告单位合并、分立的，应当将原单位列为被告单位，并注明合并、分立情况。对被告单位所判处的罚金以其在新单位的财产及收益为限。	**第三百四十五条** 审判期间，被告单位合并、分立的，应当将原单位列为被告单位，并注明合并、分立情况。对被告单位所判处的罚金以其在新单位的财产及收益为限。
第二百八十八条 审理单位犯罪案件，本章没有规定的，参照适用本解释的有关规定。	**第三百四十六条** 审理单位犯罪案件，本章没有规定的，参照适用本解释的有关规定。

第十二章　认罪认罚案件的审理

2012 年《刑诉法解释》	2021 年《刑诉法解释》
	第十二章　认罪认罚案件的审理
	第三百四十七条　刑事诉讼法第十五条规定的“认罪”,是指犯罪嫌疑人、被告人自愿如实供述自己的罪行,对指控的犯罪事实没有异议。 **刑事诉讼法第十五条规定的“认罚”,是指犯罪嫌疑人、被告人真诚悔罪,愿意接受处罚。** **被告人认罪认罚的,可以依照刑事诉讼法第十五条的规定,在程序上从简、实体上从宽处理。**

适用要点

2021 年《刑诉法解释》第 347 条系新增规定。《认罪认罚从宽意见》第 6 条规定,认罪认罚从宽制度中的“认罪”,是指犯罪嫌疑人、被告人自愿如实供述自己的罪行,对指控的犯罪事实没有异议。承认指控的主要犯罪事实,仅对个别事实情节提出异议,或者虽然对行为性质提出辩解但表示接受司法机关认定意见的,不影响“认罪”的认定。犯罪嫌疑人、被告人犯数罪,仅如实供述其中一罪或部分罪名事实的,全案不作“认罪”的认定,不适用认罪认罚从宽制度,但对如实供述的部分,人民检察院可以提出从宽处罚的建议,人民法院可以从宽处罚。第 7 条规定,认罪认罚从宽制度中的“认罚”,是指犯罪嫌疑人、被告人真诚悔罪,愿意接受处罚。“认罚”,在侦查阶段表现为表示愿意接受处罚;在审查起诉阶段表现为接受人民检察院拟作出的起诉或不起诉决定,认可人民检察院的量刑建议,签署认罪认罚具结书;在审判阶段表现为当庭确认自愿签署具结书,愿意接受刑罚处罚。“认罚”考察的重点是犯罪嫌疑人、被告人的悔罪态度和悔罪表现,应当结合退赃退赔、赔偿损失、赔礼道歉等因素来考量。犯罪嫌疑人、被告人虽然表示“认罚”，却暗中串供，干扰证人作证，毁灭、伪造证据或者隐匿、转移财产，有赔偿能力而不赔偿损失，则不能适用认罪认罚从宽制度。犯罪嫌疑人、被告人享有程序选择权，不同意适用速裁程序、简易程序的，不影响“认罚”的认定。本条吸收了上述规定的核心内容。同时强调指出，被告人认罪认罚的，可以依照《刑事诉讼法》第 15 条的规定，在程序上从简、实体上从宽处理。所谓“程序上从简”，是指对认罪认罚案件可以适用速裁程序、简易程序等简化审理程序。所谓“实体上从宽处理”，是指根据量刑规范化改革的要求，结合认罪认罚的具体量刑情节，在法定刑幅度内从宽处罚。

2012 年《刑诉法解释》	2021 年《刑诉法解释》
	第三百四十八条　对认罪认罚案件，应当根据案件情况，依法适用速裁程序、简易程序或者普通程序审理。

适用要点

2021 年《刑诉法解释》第 348 条系新增规定。根据认罪认罚案件“程序上从简”的要求，应当根据案件情况，对符合速裁程序、简易程序适用条件的案件，依法适用速裁程序、简易程序；对依法适用普通程序的案件，可以适当简化审理。《认罪认罚从宽意见》第 47 条规定，适用普通程序办理认罪认罚案件，可以适当简化法庭调查、辩论程序。公诉人宣读起诉书后，合议庭当庭询问被告人对指控的犯罪事实、证据及量刑建议的意见，核实具结书签署的自愿性、真实性、合法性。公诉人、辩护人、审判人员对被告人的讯问、发问可以简化。对控辩双方无异议的证据，可以仅就证据名称及证明内容进行说明；对控辩双方有异议，或者法庭认为有必要调查核实的证据，应当出示并进行质证。法庭辩论主要围绕有争议的问题进行，裁判文书可以适当简化。

2012 年《刑诉法解释》	2021 年《刑诉法解释》
	第三百四十九条　对人民检察院提起公诉的认罪认罚案件，人民法院应当重点审查以下内容：

续表

2012 年《刑诉法解释》	2021 年《刑诉法解释》
	（一）人民检察院讯问犯罪嫌疑人时，是否告知其诉讼权利和认罪认罚的法律规定； **（二）是否随案移送听取犯罪嫌疑人、辩护人或者值班律师、被害人及其诉讼代理人意见的笔录；** **（三）被告人与被害人达成调解、和解协议或者取得被害人谅解的，是否随案移送调解、和解协议、被害人谅解书等相关材料；** **（四）需要签署认罪认罚具结书的，是否随案移送具结书。** **未随案移送前款规定的材料的，应当要求人民检察院补充。**

适用要点

2021 年《刑诉法解释》第 349 条系新增规定。与其他公诉案件类似，对人民检察院提起公诉的认罪认罚案件，人民法院应当进行审查。审查内容主要包括以下事项：(1) 讯问时的权利告知。《刑事诉讼法》第 173 条第 2 款规定，犯罪嫌疑人认罪认罚的，人民检察院应当告知其享有的诉讼权利和认罪认罚的法律规定。据此，本条规定，人民法院应当审查，人民检察院讯问犯罪嫌疑人时，是否告知其诉讼权利和认罪认罚的法律规定，确认被告人认罪认罚的自愿性和合法性。(2) 听取相关人员意见。《刑事诉讼法》第 173 条第 2 款规定，犯罪嫌疑人认罪认罚的，人民检察院应当听取犯罪嫌疑人、辩护人或者值班律师、被害人及其诉讼代理人对有关事项的意见，并记录在案。据此，对于认罪认罚案件，人民检察院应当制作讯问犯罪嫌疑人的笔录，以及听取辩护人或者值班律师、被害人及其诉讼代理人意见的笔录，并随案移送。(3) 达成调解、和解协议或者取得被害人谅解的情形。《认罪认罚从宽意见》第 16 条规定，办理认罪认罚案件，应当听取被害人及其诉讼代理人的意见，并将犯罪嫌疑人、被告人是否与被害方达成和解协议、调解协议或者赔偿被害方损失，取得被害方谅解，作为从宽处罚的重要考虑因素。人民检察院、公安机关听取意见情况应当记录在案并随案移送。对于犯罪嫌疑人与被害人达成调解、和解协议或者取得被害人谅解的情形，人民检察院应当随案移送调解、和解协议及被害人谅解书等相关材料。这是人民法院对被告人从宽处罚的重要依据。(4)认罪认罚具结书。《刑事诉讼法》第174条第1款规定，犯罪嫌疑人自愿认罪，同意量刑建议和程序适用的，应当在辩护人或者值班律师在场的情况下签署认罪认罚具结书。《刑事诉讼法》第176条第2款规定，犯罪嫌疑人认罪认罚的，人民检察院应当就主刑、附加刑、是否适用缓刑等提出量刑建议，并随案移送认罪认罚具结书等材料。据此，对于需要签署认罪认罚具结书的情形，人民法院应当随案移送相关材料。(5)对于人民检察院未随案移送前款规定的材料的情形，人民法院应当要求人民检察院补充。否则，因有关材料缺失而不符合认罪认罚案件条件的，人民法院不能适用认罪认罚制度的有关规定。

2012年《刑诉法解释》	2021年《刑诉法解释》
	第三百五十条　人民法院应当将被告人认罪认罚作为其是否具有社会危险性的重要考虑因素。被告人罪行较轻，采用非羁押性强制措施足以防止发生社会危险性的，应当依法适用非羁押性强制措施。

适用要点

2021年《刑诉法解释》第350条系新增规定。根据《高检诉讼规则》第270条的规定，批准或者决定逮捕，应当将犯罪嫌疑人涉嫌犯罪的性质、情节，认罪认罚等情况，作为是否可能发生社会危险性的考虑因素。已经逮捕的犯罪嫌疑人认罪认罚的，人民检察院应当及时对羁押必要性进行审查。经审查，认为没有继续羁押必要的，应当予以释放或者变更强制措施。参考这一规定，本条强调指出，人民法院办理认罪认罚案件，应当将被告人认罪认罚作为其是否具有社会危险性的重要考虑因素。其中，被告人罪行较轻，采用非羁押性强制措施足以防止发生社会危险性的，应当依法适用非羁押性强制措施。这一规定体现了以非羁押性强制措施为原则，以羁押性强制措施为例外的基本原则。

2012 年《刑诉法解释》	2021 年《刑诉法解释》
	第三百五十一条　对认罪认罚案件,法庭审理时应当告知被告人享有的诉讼权利和认罪认罚的法律规定,审查认罪认罚的自愿性和认罪认罚具结书内容的真实性、合法性。

适用要点

2021 年《刑诉法解释》第 351 条系新增规定。《认罪认罚从宽意见》第 39 条规定,办理认罪认罚案件,人民法院应当告知被告人享有的诉讼权利和认罪认罚的法律规定,听取被告人及其辩护人或者值班律师的意见。庭审中应当对认罪认罚的自愿性、具结书内容的真实性和合法性进行审查核实。本条吸收了这一规定的内容,关于认罪认罚的自愿性、具结书内容的真实性和合法性,应当重点审查以下内容:(1)被告人是否自愿认罪认罚,有无因受到暴力、威胁、引诱而违背意愿认罪认罚;(2)被告人认罪认罚时的认知能力和精神状态是否正常;(3)被告人是否理解认罪认罚的性质和可能导致的法律后果;(4)人民检察院、公安机关是否履行告知义务并听取意见;(5)值班律师或者辩护人是否与人民检察院进行沟通,提供了有效法律帮助或者辩护,并在场见证认罪认罚具结书的签署。同时,审判人员可以根据具体案情,围绕定罪量刑的关键事实,对被告人认罪认罚的自愿性、真实性等进行发问,确认被告人是否实施犯罪,是否真诚悔罪。需要强调的是,认罪认罚的自愿性,与认罪认罚具结书的真实性、合法性,并非同一层面的内容,需要关注各自的审查要点。

2012 年《刑诉法解释》	2021 年《刑诉法解释》
	第三百五十二条　对认罪认罚案件,人民检察院起诉指控的事实清楚,但指控的罪名与审理认定的罪名不一致的,人民法院应当听取人民检察院、被告人及其辩护人对审理认定罪名的意见,依法作出判决。

适用要点

2021年《刑诉法解释》第352条系新增规定。《认罪认罚从宽意见》第40条第2款规定，对于人民检察院起诉指控的事实清楚，量刑建议适当，但指控的罪名与审理认定的罪名不一致的，人民法院可以听取人民检察院、被告人及其辩护人对审理认定罪名的意见，依法作出裁判。这意味着，对于认罪认罚从宽案件，人民法院可以案件审理情况，改变指控的罪名，依法认定相应的罪名，但应听取控辩双方意见。

2012年《刑诉法解释》	2021年《刑诉法解释》
	第三百五十三条　对认罪认罚案件，人民法院经审理认为量刑建议明显不当，或者被告人、辩护人对量刑建议提出异议的，人民检察院可以调整量刑建议。人民检察院不调整或者调整后仍然明显不当的，人民法院应当依法作出判决。 **适用速裁程序审理认罪认罚案件，需要调整量刑建议的，应当在庭前或者当庭作出调整；调整量刑建议后，仍然符合速裁程序适用条件的，继续适用速裁程序审理。**

适用要点

2021年《刑诉法解释》第353条系新增规定。《刑事诉讼法》第201条第2款规定，人民法院经审理认为量刑建议明显不当，或者被告人、辩护人对量刑建议提出异议的，人民检察院可以调整量刑建议。人民检察院不调整量刑建议或者调整量刑建议后仍然明显不当的，人民法院应当依法作出判决。《认罪认罚从宽意见》第41条规定，人民法院经审理，认为量刑建议明显不当，或者被告人、辩护人对量刑建议有异议且有理有据的，人民法院应当告知人民检察院，人民检察院可以调整量刑建议。人民法院认为调整后的量刑建议适当的，应当予以采纳；人民检察院不调整量刑建议或者调整后仍然明显不当的，人民法院应当依法作出判决。适用速裁程序审理的，人民检察院调整量刑建议应当在庭前或者当庭提出。

调整量刑建议后，被告人同意继续适用速裁程序的，不需要转换程序处理。本条吸收了上述规定的主要内容。人民检察院调整量刑建议的制度安排，体现了相互配合、相互制约的诉讼原则。基于量刑规范化改革的内在要求，量刑建议和量刑意见，都是法庭量刑的参考。之所以对认罪认罚案件的量刑建议作出特殊规定，并允许人民检察院调整量刑建议，主要是考虑，该量刑建议是审前程序中控辩协商的产物，并非人民检察院单方的意思表示。鉴此，人民法院经审查认为量刑建议明显不当，或者辩护方对量刑建议提出异议的，意味着认罪认罚案件的审前控辩协商存在司法不公的风险，所以有必要对量刑建议作出调整。相应地，人民检察院不调整量刑建议或者调整后仍然明显不当的，人民法院应当依法作出判决。

需要指出的是，《刑事诉讼法》第 201 条第 1 款规定，对于认罪认罚案件，人民法院依法作出判决时，一般应当采纳人民检察院指控的罪名和量刑建议，但有下列情形的除外：(1) 被告人的行为不构成犯罪或者不应当追究其刑事责任的；(2) 被告人违背意愿认罪认罚的；(3) 被告人否认指控的犯罪事实的；(4) 起诉指控的罪名与审理认定的罪名不一致的；(5) 其他可能影响公正审判的情形。该条规定中的“一般应当”要求，是对认罪认罚案件人民检察院指控罪名和量刑建议合法性的一种“弱的”法律推定。换言之，对于认罪认罚案件，控辩双方在审前程序中达成的协商意见，以及由此形成的指控罪名和量刑建议，法律只是给予“一般性的”法律认可。这种“弱的”法律推定，或者说“一般性的”法律认可，仍需接受人民法院在审判阶段的实质性审查。为确保司法公正，人民法院应当对认罪认罚的自愿性和认罪认罚具结书内容的真实性、合法性进行审查。如果人民法院经审查认为，认罪认罚的自愿性和认罪认罚具结书内容的真实性、合法性存在疑问，即，存在该款规定所列的几种情形，就不能采纳人民检察院指控的罪名和量刑建议，而是应当依法进行审理并作出裁判。

2012 年《刑诉法解释》	2021 年《刑诉法解释》
	第三百五十四条　对量刑建议是否明显不当，应当根据审理认定的犯罪事实、认罪认罚的具体情况，结合相关犯罪的法定刑、类似案件的刑罚适用等作出审查判断。

适用要点

2021年《刑诉法解释》第354条系新增规定。作为量刑主体，人民法院对量刑是否适当具有最终的裁量权。对于认罪认罚案件，考虑到控辩双方的协商意见，人民法院在法定的量刑裁量权幅度内，给予人民检察院量刑建议较大的空间。但对于量刑建议“明显不当”的情形，已经超出人民法院量刑裁量权的尺度，人民法院应当予以纠正。关于量刑建议“明显不当”的认定，法律并未作出明确规定。本条基于人民法院量刑裁量权的内在要求，列举了提示性的审查要点，包括审理认定的犯罪事实、认罪认罚的具体情况，结合相关犯罪的法定刑、类似案件的刑罚适用等要素。从司法解释的立法目的来看，相关犯罪的法定刑不同，对认定量刑建议是否明显不当具有直接影响。例如，对于危险驾驶案件，刑罚相差一个月甚至半个月通常即可以认定为“明显不当”；对于应当判处10年以上有期徒刑的案件，刑罚相差半年以上通常才会认定为“明显不当”。

2012年《刑诉法解释》	2021年《刑诉法解释》
	第三百五十五条　对认罪认罚案件，人民法院一般应当对被告人从轻处罚；符合非监禁刑适用条件的，应当适用非监禁刑；具有法定减轻处罚情节的，可以减轻处罚。 **对认罪认罚案件，应当根据被告人认罪认罚的阶段早晚以及认罪认罚的主动性、稳定性、彻底性等，在从宽幅度上体现差异。** **共同犯罪案件，部分被告人认罪认罚的，可以依法对该部分被告人从宽处罚，但应当注意全案的量刑平衡。**

适用要点

2021年《刑诉法解释》第355条系新增规定。《认罪认罚从宽意见》第2条规定，办理认罪认罚案件，既要考虑体现认罪认罚从宽，又要考虑其所犯罪行的轻重、应负刑事责任和人身危险性的大小，依照法律规定提出量刑建议,准确裁量刑罚,确保罚当其罪,避免罪刑失衡。特别是对于共同犯罪案件,主犯认罪认罚,从犯不认罪认罚的,人民法院、人民检察院应当注意两者之间的量刑平衡,防止因量刑失当严重偏离一般的司法认知。第9条第1款规定,办理认罪认罚案件,应当区别认罪认罚的不同诉讼阶段、对查明案件事实的价值和意义、是否确有悔罪表现,以及罪行严重程度等,综合考量确定从宽的限度和幅度。在刑罚评价上,主动认罪优于被动认罪,早认罪优于晚认罪,彻底认罪优于不彻底认罪,稳定认罪优于不稳定认罪。本条吸收了上述规定的主要内容。关于认罪认罚案件的从宽处罚幅度,需要注意以下事项:(1)坚持有利于被告人的解释原则,但不突破法律底线。对认罪认罚案件,除非有例外情形,人民法院"一般应当"对被告人从轻处罚,从轻处罚是基本原则。对于符合非监禁刑适用条件的,"应当"适用非监禁刑,即,对于监禁刑与非监禁刑的适用采取有利于被告人的考量,只要符合非监禁刑适用条件,就应当予以适用。对于具有法定减轻处罚情节的,"可以"减轻处罚,换言之,如无法定减轻处罚情节,不能随意减轻处罚,同时,即便有法定减轻处罚情节,也并非一律减轻处罚,而是具体取决于案件情况。(2)从宽幅度的考量因素。对认罪认罚案件,应当根据被告人认罪认罚的阶段早晚以及认罪认罚的主动性、稳定性、彻底性等,在从宽幅度上体现差异。这要求人民法院在量刑裁决中,说明从宽幅度的具体理由和依据,例如,被告人究竟是主动认罪还是被动认罪,究竟是早认罪还是晚认罪,究竟是彻底认罪还是不彻底认罪,究竟是稳定认罪还是不稳定认罪,体现刑罚个别化的内在要求。(3)共同犯罪的量刑平衡。共同犯罪案件,部分被告人认罪认罚的,可以依法对该部分被告人从宽处罚,但应当注意全案的量刑平衡。特别是对于主犯认罪认罚,从犯不认罪认罚的情形,应当注意避免量刑严重失衡。(4)相关量刑情节的平衡。《认罪认罚从宽意见》第9条第2款、第3款规定,认罪认罚的从宽幅度一般应当大于仅有坦白,或者虽认罪但不认罚的从宽幅度。对犯罪嫌疑人、被告人具有自首、坦白情节,同时认罪认罚的,应当在法定刑幅度内给予相对更大的从宽幅度。认罪认罚与自首、坦白不作重复评价。对罪行较轻、人身危险性较小的,特别是初犯、偶犯,从宽幅度可以大一些;罪行较重、人身危险性较大的,以及累犯、再犯,从宽幅度应当从严把握。

2012年《刑诉法解释》	2021年《刑诉法解释》
	第三百五十六条　被告人在人民检察院提起公诉前未认罪认罚，在审判阶段认罪认罚的，人民法院可以不再通知人民检察院提出或者调整量刑建议。 **对前款规定的案件，人民法院应当就定罪量刑听取控辩双方意见，根据刑事诉讼法第十五条和本解释第三百五十五条的规定作出判决。**

适用要点

2021年《刑诉法解释》第356条系新增规定。《认罪认罚从宽意见》第49条规定，被告人在侦查、审查起诉阶段没有认罪认罚，但当庭认罪，愿意接受处罚的，人民法院应当根据审理查明的事实，就定罪和量刑听取控辩双方意见，依法作出裁判。本条吸收了这一规定的核心内容。对于被告人在审判阶段才认罪认罚的案件，因系被告人单方意思表示，并非控辩双方协商的结果，所以，无须人民检察院提出或者调整量刑意见。人民法院可以将被告人认罪认罚情况作为量刑情节予以考虑，并就定罪量刑听取控辩双方意见，按照认罪认罚案件的要求作出判决。

2012年《刑诉法解释》	2021年《刑诉法解释》
	第三百五十七条　对被告人在第一审程序中未认罪认罚，在第二审程序中认罪认罚的案件，应当根据其认罪认罚的具体情况决定是否从宽，并依法作出裁判。确定从宽幅度时应当与第一审程序认罪认罚有所区别。

适用要点

2021年《刑诉法解释》第357条系新增规定。《认罪认罚从宽意见》第50条规定，被告人在第一审程序中未认罪认罚，在第二审程序中认罪认罚的，审理程序依照《刑事诉讼法》规定的第二审程序进行。第二审人民法院应当根据其认罪认罚的价值、作用决定是否从宽，并依法作出裁判。确定从宽幅度时应当与第一审程序认罪认罚有所区别。本条吸收了这一规定的主要内容。鉴于认罪认罚的阶段早晚以及主动性是从宽幅度的重要考量因素，因此，对于第二审程序中认罪认罚的情形，通常在从宽幅度上要小于第一审程序中认罪认罚的情形，具体从宽幅度的选择，需要综合考虑认罪认罚的具体情形。

2012 年《刑诉法解释》	2021 年《刑诉法解释》
	第三百五十八条　案件审理过程中，被告人不再认罪认罚的，人民法院应当根据审理查明的事实，依法作出裁判。需要转换程序的，依照本解释的相关规定处理。

适用要点

2021 年《刑诉法解释》第 358 条系新增规定。《认罪认罚从宽意见》第 53 条规定，案件审理过程中，被告人反悔不再认罪认罚的，人民法院应当根据审理查明的事实，依法作出裁判。需要转换程序的，依照该意见的相关规定处理。本条吸收了这一规定的主要内容。

第十三章　简易程序

2012年《刑诉法解释》	2021年《刑诉法解释》
第十二章　简易程序	**第十三章　简易程序**
第二百八十九条　基层人民法院受理公诉案件后，经审查认为案件事实清楚、证据充分的，在将起诉书副本送达被告人时，应当询问被告人对指控的犯罪事实的意见，告知其适用简易程序的法律规定。被告人对指控的犯罪事实没有异议并同意适用简易程序的，可以决定适用简易程序，并在开庭前通知人民检察院和辩护人。 对人民检察院建议适用简易程序审理的案件，依照前款的规定处理；不符合简易程序适用条件的，应当通知人民检察院。	**第三百五十九条**　基层人民法院受理公诉案件后，经审查认为案件事实清楚、证据充分的，在将起诉书副本送达被告人时，应当询问被告人对指控的犯罪事实的意见，告知其适用简易程序的法律规定。被告人对指控的犯罪事实没有异议并同意适用简易程序的，可以决定适用简易程序，并在开庭前通知人民检察院和辩护人。 对人民检察院建议**或者被告人及其辩护人申请**适用简易程序审理的案件，依照前款规定处理；不符合简易程序适用条件的，应当通知人民检察院**或者被告人及其辩护人**。

适用要点

2021年《刑诉法解释》第359条规定了简易程序的适用条件。在2012年《刑诉法解释》规定的"人民检察院建议"适用简易程序的基础上，本条新增规定，被告人及其辩护人可以申请适用简易程序。辩护方的程序选择权是一项重要的诉讼权利，对于维护程序公正、节约司法资源具有重要意义。各种简化审理程序的适用，都应当尊重辩护方的程序选择权。

2012年《刑诉法解释》	2021年《刑诉法解释》
第二百九十条　具有下列情形之一的，不适用简易程序： （一）被告人是盲、聋、哑人； （二）被告人是尚未完全丧失辨认或者控制自己行为能力的精神病人；	**第三百六十条**　具有下列情形之一的，不适用简易程序： （一）被告人是盲、聋、哑人**的**； （二）被告人是尚未完全丧失辨认或者控制自己行为能力的精神病人**的**；

续表

2012年《刑诉法解释》	2021年《刑诉法解释》
（三）有重大社会影响的； （四）共同犯罪案件中部分被告人不认罪或者对适用简易程序有异议的； （五）辩护人作无罪辩护的； （六）被告人认罪但经审查认为可能不构成犯罪的； （七）不宜适用简易程序审理的其他情形。	（三）**案件**有重大社会影响的； （四）共同犯罪案件中部分被告人不认罪或者对适用简易程序有异议的； （五）辩护人作无罪辩护的； （六）被告人认罪但经审查认为可能不构成犯罪的； （七）不宜适用简易程序审理的其他情形。
第二百九十一条　适用简易程序审理的案件，符合刑事诉讼法第~~三十四~~条第一款规定的，人民法院应当告知被告人及其近亲属可以申请法律援助。	**第三百六十一条**　适用简易程序审理的案件，符合刑事诉讼法第**三十五**条第一款规定的，人民法院应当告知被告人及其近亲属可以申请法律援助。
第二百九十二条　适用简易程序审理案件，人民法院应当在开庭~~三日~~前，将开庭的时间、地点通知人民检察院、自诉人、被告人、辩护人，也可以通知其他诉讼参与人。 通知可以采用简便方式，但应当记录在案。	**第三百六十二条**　适用简易程序审理案件，人民法院应当在开庭前将开庭的时间、地点通知人民检察院、自诉人、被告人、辩护人，也可以通知其他诉讼参与人。 通知可以采用简便方式，但应当记录在案。

适用要点

2021年《刑诉法解释》第362条规定了简易程序案件的开庭通知程序。《刑事诉讼法》第219条规定，适用简易程序审理案件，不受《刑事诉讼法法》第3编第2章第1节关于送达期限、讯问被告人、询问证人、鉴定人、出示证据、法庭辩论程序规定的限制。据此，本条将2012年《刑诉法解释》中规定的“开庭三日前”通知有关事宜的要求，调整为“开庭前”，即，适用简易程序审理的案件，开庭前通知的时间不受“开庭三日前”的限制。为了给诉讼各方提供充分的审判准备时间，人民法院应当尽可能提前做好开庭通知。

2012 年《刑诉法解释》	2021 年《刑诉法解释》
第二百九十三条 适用简易程序审理案件,被告人有辩护人的,应当通知其出庭。	**第三百六十三条** 适用简易程序审理案件,被告人有辩护人的,应当通知其出庭。
第二百九十四条 适用简易程序审理案件,审判长或者独任审判员应当当庭询问被告人对指控的犯罪事实的意见,告知被告人适用简易程序审理的法律规定,确认被告人是否同意适用简易程序。	**第三百六十四条** 适用简易程序审理案件,审判长或者独任审判员应当当庭询问被告人对指控的犯罪事实的意见,告知被告人适用简易程序审理的法律规定,确认被告人是否同意适用简易程序。
第二百九十五条 适用简易程序审理案件,可以对庭审作如下简化: (一)公诉人可以摘要宣读起诉书; (二)公诉人、辩护人、审判人员对被告人的讯问、发问可以简化或者省略; (三)对控辩双方无异议的证据,可以仅就证据的名称及所证明的事项作出说明;对控辩双方有异议,或者法庭认为有必要调查核实的证据,应当出示,并进行质证; (四)控辩双方对与定罪量刑有关的事实、证据没有异议的,法庭审理可以直接围绕罪名确定和量刑问题进行。 适用简易程序审理案件,判决宣告前应当听取被告人的最后陈述。	**第三百六十五条** 适用简易程序审理案件,可以对庭审作如下简化: (一)公诉人可以摘要宣读起诉书; (二)公诉人、辩护人、审判人员对被告人的讯问、发问可以简化或者省略; (三)对控辩双方无异议的证据,可以仅就证据的名称及所证明的事项作出说明;对控辩双方有异议或者法庭认为有必要调查核实的证据,应当出示,并进行质证; (四)控辩双方对与定罪量刑有关的事实、证据没有异议的,法庭审理可以直接围绕罪名确定和量刑问题进行。 适用简易程序审理案件,判决宣告前应当听取被告人的最后陈述。
第二百九十六条 适用简易程序独任审判过程中,发现对被告人可能判处的有期徒刑超过三年的,应当转由合议庭审理。	**第三百六十六条** 适用简易程序独任审判过程中,发现对被告人可能判处的有期徒刑超过三年的,应当转由合议庭审理。

续表

2012 年《刑诉法解释》	2021 年《刑诉法解释》
第二百九十七条 适用简易程序审理案件，一般应当当庭宣判。	**第三百六十七条 适用简易程序审理案件，裁判文书可以简化。** 适用简易程序审理案件，一般应当当庭宣判。

适用要点

2021 年《刑诉法解释》第 367 条规定了简易程序案件的裁判文书简化和当庭宣判规则。在 2012 年《刑诉法解释》规定的基础上，第 367 条新增规定，适用简易程序审理案件，裁判文书可以简化。

2012 年《刑诉法解释》	2021 年《刑诉法解释》
第二百九十八条 适用简易程序审理案件，在法庭审理过程中，有下列情形之一的，应当转为普通程序审理： （一）被告人的行为可能不构成犯罪的； （二）被告人可能不负刑事责任的； （三）被告人当庭对起诉指控的犯罪事实予以否认的； （四）案件事实不清、证据不足的； （五）不应当或者不宜适用简易程序的其他情形。 转为普通程序审理的案件，审理期限应当从~~决定转为普通程序之日~~起计算。	**第三百六十八条** 适用简易程序审理案件，在法庭审理过程中，**具**有下列情形之一的，应当转为普通程序审理： （一）被告人的行为可能不构成犯罪的； （二）被告人可能不负刑事责任的； （三）被告人当庭对起诉指控的犯罪事实予以否认的； （四）案件事实不清、证据不足的； （五）不应当或者不宜适用简易程序的其他情形。 **决定**转为普通程序审理的案件，审理期限应当从**作出决定之日**起计算。

第十四章　速 裁 程 序

2012 年《刑诉法解释》	2021 年《刑诉法解释》
	第十四章　速 裁 程 序
	第三百六十九条　对人民检察院在提起公诉时建议适用速裁程序的案件,基层人民法院经审查认为案件事实清楚,证据确实、充分,可能判处三年有期徒刑以下刑罚的,在将起诉书副本送达被告人时,应当告知被告人适用速裁程序的法律规定,询问其是否同意适用速裁程序。被告人同意适用速裁程序的,可以决定适用速裁程序,并在开庭前通知人民检察院和辩护人。 **对人民检察院未建议适用速裁程序的案件,人民法院经审查认为符合速裁程序适用条件的,可以决定适用速裁程序,并在开庭前通知人民检察院和辩护人。** **被告人及其辩护人可以向人民法院提出适用速裁程序的申请。**

适用要点

2021 年《刑诉法解释》第 369 条系新增规定。《刑事诉讼法》第 222 条规定,基层人民法院管辖的可能判处 3 年有期徒刑以下刑罚的案件,案件事实清楚,证据确实、充分,被告人认罪认罚并同意适用速裁程序的,可以适用速裁程序,由审判员一人独任审判。人民检察院在提起公诉的时候,可以建议人民法院适用速裁程序。在此基础上,本条规定了速裁程序适用的三种情形:(1)人民检察院建议适用。对人民检察院在提起公诉时建议适用速裁程序的案件,人民法院经审查认为符合速裁程序适用条件的,可以在征得被告人同意的基础上,决定适用速裁程序。(2)人民法院依职权决定适用。对人民检察院未建议适用速裁程序的案件,包括被告人在审前阶段认罪认罚但人民检察院未建议适用速裁程序的案件,以及被告人在审前阶段未认罪认罚但当庭认罪认罚的案件,人民法院经审查认为符合速裁程序适用条件的,可以在征得被告人同意基础上,决定适用速裁程序。(3)辩护方申请适用。基于控辩对等原则,对于人民检察院未建议适用速裁程序的案件,被告人及其辩护人可以申请适用,符合条件的,人民法院可以决定适用。对于人民检察院未建议适用速裁程序的案件,人民法院依职权或者依申请决定适用速裁程序的,应当在开庭前通知人民检察院和辩护人,并按照认罪认罚从宽制度的有关规定审理案件并作出裁判。

2012 年《刑诉法解释》	2021 年《刑诉法解释》
	第三百七十条　具有下列情形之一的,不适用速裁程序: **(一)被告人是盲、聋、哑人的;** **(二)被告人是尚未完全丧失辨认或者控制自己行为能力的精神病人的;** **(三)被告人是未成年人的;** **(四)案件有重大社会影响的;** **(五)共同犯罪案件中部分被告人对指控的犯罪事实、罪名、量刑建议或者适用速裁程序有异议的;** **(六)被告人与被害人或者其法定代理人没有就附带民事诉讼赔偿等事项达成调解、和解协议的;** **(七)辩护人作无罪辩护的;** **(八)其他不宜适用速裁程序的情形。**

适用要点

2021 年《刑诉法解释》第 370 条系新增规定。《刑事诉讼法》第 223 条规定了不适用速裁程序的几类情形,在此基础上,本条新增一类情形,即,辩护人作无罪辩护的。辩护人作无罪辩护的情形,意味着被告人认罪自愿性和合法性存在疑问,不符合速裁程序的使用条件,故不应适用速裁程序审理。

2012 年《刑诉法解释》	2021 年《刑诉法解释》
	第三百七十一条　适用速裁程序审理案件，人民法院应当在开庭前将开庭的时间、地点通知人民检察院、被告人、辩护人，也可以通知其他诉讼参与人。 **通知可以采用简便方式，但应当记录在案。**

适用要点

2021 年《刑诉法解释》第 371 条系新增规定。《刑事诉讼法》第 224 条第 1 款规定，适用速裁程序审理案件，不受《刑事诉讼法》第 3 编第 2 章第 1 节规定的送达期限的限制。鉴此，与简易程序类似，对于适用速裁程序审理的案件，不受送达期限的限制，即无须将通知开庭时间、地点的时间限定为“开庭三日以前”，而是适用更为原则的“开庭前”的通知要求。

2012 年《刑诉法解释》	2021 年《刑诉法解释》
	第三百七十二条　适用速裁程序审理案件，可以集中开庭，逐案审理。公诉人简要宣读起诉书后，审判人员应当当庭询问被告人对指控事实、证据、量刑建议以及适用速裁程序的意见，核实具结书签署的自愿性、真实性、合法性，并核实附带民事诉讼赔偿等情况。

适用要点

2021 年《刑诉法解释》第 372 条系新增规定。《认罪认罚从宽意见》第 44 条第 3 款规定，人民法院适用速裁程序审理案件，可以集中开庭，逐案审理。人民检察院可以指派公诉人集中出庭支持公诉。公诉人简要宣读起诉书后，审判人员应当当庭询问被告人对指控事实、证据、量刑建议以及适用速裁程序的意见，核实具结书签署的自愿性、真实性、合法性，并核实附带民事诉讼赔偿等情况。本条吸收了这一规定的主要内容。对于速裁程序案件的审理流程,需要注意以下事项:(1)公诉人应当出庭。速裁程序只是简化审理程序,公诉人应当出庭支持公诉,负责宣读起诉书等事宜。(2)集中开庭,逐案审理。实践中,法庭可以组织多个案件的被告人集中到庭,一并告诉各被告人诉讼权利和有关法律规定,然后逐个案件按照本条规定的程序进行审理。(3)当庭询问被告人,核实有关情况。尽管速裁程序强调效率要求,但应当避免冤假错案、司法不公。鉴此,审判人员应当当庭询问被告人对指控事实、证据、量刑建议以及适用速裁程序的意见,核实具结书签署的自愿性、真实性、合法性,并核实附带民事诉讼赔偿等情况。

2012年《刑诉法解释》	2021年《刑诉法解释》
	第三百七十三条　适用速裁程序审理案件,一般不进行法庭调查、法庭辩论,但在判决宣告前应当听取辩护人的意见和被告人的最后陈述。

适用要点

2021年《刑诉法解释》第373条系新增规定。《刑事诉讼法》第224条第1款规定,适用速裁程序审理案件,一般不进行法庭调查、法庭辩论,但在判决宣告前应当听取辩护人的意见和被告人的最后陈述意见。本条重申了这一法律规定。所谓“一般”不进行法庭调查、法庭辩论,是指因被告人认罪认罚,案件不存在争议,通常无须通过法庭调查、法庭辩论解决争议。不过,对于法庭对认罪认罚细节存在疑问,又不影响速裁程序适用的情形,可以针对有关细节组织必要的法庭调查、法庭辩论。如果经法庭调查、法庭辩论,发现案件不符合速裁程序适用条件,应当转为普通程序或者简易程序审理。

2012年《刑诉法解释》	2021年《刑诉法解释》
	第三百七十四条　适用速裁程序审理案件,裁判文书可以简化。 **适用速裁程序审理案件,应当当庭宣判。**

适用要点

2021年《刑诉法解释》第374条系新增规定。《刑事诉讼法》第224条第2款规定，适用速裁程序审理案件，应当当庭宣判。《认罪认罚从宽意见》第44条第4款规定，适用速裁程序审理案件，应当当庭宣判。集中审理的，可以集中当庭宣判。裁判文书可以简化。本条吸收了上述规定的主要内容。

2012年《刑诉法解释》	2021年《刑诉法解释》
	第三百七十五条　适用速裁程序审理案件，在法庭审理过程中，具有下列情形之一的，应当转为普通程序或者简易程序审理： **（一）被告人的行为可能不构成犯罪或者不应当追究刑事责任的；** **（二）被告人违背意愿认罪认罚的；** **（三）被告人否认指控的犯罪事实的；** **（四）案件疑难、复杂或者对适用法律有重大争议的；** **（五）其他不宜适用速裁程序的情形。**

适用要点

2021年《刑诉法解释》第375条系新增规定。《刑事诉讼法》第226条规定，人民法院在审理过程中，发现有被告人的行为不构成犯罪或者不应当追究其刑事责任、被告人违背意愿认罪认罚、被告人否认指控的犯罪事实或者其他不宜适用速裁程序审理的情形的，应当按照《刑事诉讼法》第3编第2章第1节或者第3节的规定重新审理。本条重申了这一法律规定的要求，并新增一类情形，即，案件疑难、复杂或者对适用法律有重大争议的情形。关于具体的程序转换方式，《认罪认罚从宽意见》第48条第1款、第2款规定，人民法院在适用速裁程序审理过程中，发现有被告人的行为不构成犯罪或者不应当追究刑事责任、被告人违背意愿认罪认罚、被告人否认指控的犯罪事实情形的，应当转为普通程序审理。发现其他不宜适用速裁程序但符合简易程序适用条件的，应当转为简易程序重新审理。发现有不宜适用简易程序审理情形的，应当转为普通程序审理。

2012年《刑诉法解释》	2021年《刑诉法解释》
	第三百七十六条　决定转为普通程序或者简易程序审理的案件，审理期限应当从作出决定之日起计算。

适用要点

2021年《刑诉法解释》第376条系新增规定。《刑事诉讼法》第225条规定，适用速裁程序审理案件，人民法院应当在受理后10日以内审结；对可能判处的有期徒刑超过1年的，可以延长至15日。本条规定了程序转化的案件的审理期限的计算方式，即，从作出决定之日起计算。

2012年《刑诉法解释》	2021年《刑诉法解释》
	第三百七十七条　适用速裁程序审理的案件，第二审人民法院依照刑事诉讼法第二百三十六条第一款第三项的规定发回原审人民法院重新审判的，原审人民法院应当适用第一审普通程序重新审判。

适用要点

2021年《刑诉法解释》第377条系新增规定。《认罪认罚从宽意见》第45条规定，速裁案件的二审程序。被告人不服适用速裁程序作出的第一审判决提出上诉的案件，可以不开庭审理。第二审人民法院审查后，按照下列情形分别处理：(1)发现被告人以事实不清、证据不足为由提出上诉的，应当裁定撤销原判，发回原审人民法院适用普通程序重新审理，不再按认罪认罚案件从宽处罚。(2)发现被告人以量刑不当为由提出上诉的，原判量刑适当的，应当裁定驳回上诉，维持原判；原判量刑不当的，经审理后依法改判。本条吸收了这一规定的主要内容，规定了速裁程序案件发回重审的程序要求，即原审人民法院应当适用第一审普通程序重新审判。

第十五章　第二审程序

2012年《刑诉法解释》	2021年《刑诉法解释》
第十三章　第二审程序	**第十五章　第二审程序**
第二百九十九条　地方各级人民法院在宣告第一审判决、裁定时，应当告知被告人、自诉人及其法定代理人不服判决、裁定的，有权在法定期限内以书面或者口头形式，通过本院或者直接向上一级人民法院提出上诉；被告人的辩护人、近亲属经被告人同意，也可以提出上诉；附带民事诉讼当事人及其法定代理人，可以对判决、裁定中的附带民事部分提出上诉。 被告人、自诉人、附带民事诉讼当事人及其法定代理人是否提出上诉，以其在上诉期满前最后一次的意思表示为准。	**第三百七十八条**　地方各级人民法院在宣告第一审判决、裁定时，应当告知被告人、自诉人及其法定代理人不服判决**和准许撤回起诉、终止审理等**裁定的，有权在法定期限内以书面或者口头形式，通过本院或者直接向上一级人民法院提出上诉；被告人的辩护人、近亲属经被告人同意，也可以提出上诉；附带民事诉讼当事人及其法定代理人，可以对判决、裁定中的附带民事部分提出上诉。 被告人、自诉人、附带民事诉讼当事人及其法定代理人是否提出上诉，以其在上诉期满前最后一次的意思表示为准。

适用要点

2021年《刑诉法解释》第378条规定了上诉的理由和程序。在2012年《刑诉法解释》规定的“不服判决”的上诉理由的基础上，本条新增不服“准许撤回起诉、终止审理等裁定”的上诉理由。鉴于准许撤回起诉、终止审理等裁定对被告人的实体权益存在重要影响，有必要纳入法定的上诉理由。据此，对于不服判决和有关裁定的情形，均可提出上诉。

2012年《刑诉法解释》	2021年《刑诉法解释》
第三百条　人民法院受理的上诉案件，一般应当有上诉状正本及副本。 上诉状内容应当包括：第一审判	**第三百七十九条**　人民法院受理的上诉案件，一般应当有上诉状正本及副本。

续表

2012 年《刑诉法解释》	2021 年《刑诉法解释》
决书、裁定书的文号和上诉人收到的时间,第一审人民法院的名称,上诉的请求和理由,提出上诉的时间。被告人的辩护人、近亲属经被告人同意提出上诉的,还应当写明其与被告人的关系,并应当以被告人作为上诉人。	上诉状内容**一般**包括:第一审判决书、裁定书的文号和上诉人收到的时间,第一审人民法院的名称,上诉的请求和理由,提出上诉的时间。被告人的辩护人、近亲属经被告人同意提出上诉的,还应当写明其与被告人的关系,并应当以被告人作为上诉人。
第三百零一条 上诉、抗诉必须在法定期限内提出。不服判决的上诉、抗诉的期限为十日;不服裁定的上诉、抗诉的期限为五日。上诉、抗诉的期限,从接到判决书、裁定书的第二日起计算。 对附带民事判决、裁定的上诉、抗诉期限,应当按照刑事部分的上诉、抗诉期限确定。附带民事部分另行审判的,上诉期限也应当按照刑事诉讼法规定的期限确定。	**第三百八十条** 上诉、抗诉必须在法定期限内提出。不服判决的上诉、抗诉的期限为十日;不服裁定的上诉、抗诉的期限为五日。上诉、抗诉的期限,从接到判决书、裁定书的第二日起计算。 对附带民事判决、裁定的上诉、抗诉期限,应当按照刑事部分的上诉、抗诉期限确定。附带民事部分另行审判的,上诉期限也应当按照刑事诉讼法规定的期限确定。
第三百零二条 上诉人通过第一审人民法院提出上诉的,第一审人民法院应当审查。上诉符合法律规定的,应当在上诉期满后三日内将上诉状连同案卷、证据移送上一级人民法院,并将上诉状副本送交同级人民检察院和对方当事人。	**第三百八十一条** 上诉人通过第一审人民法院提出上诉的,第一审人民法院应当审查。上诉符合法律规定的,应当在上诉期满后三日**以**内将上诉状连同案卷、证据移送上一级人民法院,并将上诉状副本送交同级人民检察院和对方当事人。
第三百零三条 上诉人直接向第二审人民法院提出上诉的,第二审人民法院应当在收到上诉状后三日内将上诉状交第一审人民法院。第一审人民法院应当审查上诉是否符合法律规定。符合法律规定的,应当在接到上诉状后三日内将上诉状连同案卷、证据移送上一级人民法院,并将上诉状副本送交同级人民检察院和对方当事人。	**第三百八十二条** 上诉人直接向第二审人民法院提出上诉的,第二审人民法院应当在收到上诉状后三日**以**内将上诉状交第一审人民法院。第一审人民法院应当审查上诉是否符合法律规定。符合法律规定的,应当在接到上诉状后三日**以**内将上诉状连同案卷、证据移送上一级人民法院,并将上诉状副本送交同级人民检察院和对方当事人。

续表

2012年《刑诉法解释》	2021年《刑诉法解释》
第三百零四条　上诉人在上诉期限内要求撤回上诉的，人民法院应当准许。	**第三百八十三条**　上诉人在上诉期限内要求撤回上诉的，人民法院应当准许。 上诉人在上诉期满后要求撤回上诉的，第二审人民法院经审查，认为原判认定事实和适用法律正确，量刑适当的，应当裁定准许；认为原判**确有错误的，**应当不予准许，继续按照上诉案件审理。 被判处死刑立即执行的被告人提出上诉，在第二审开庭后宣告裁判前申请撤回上诉的，应当不予准许，继续按照上诉案件审理。
第三百零五条　上诉人在上诉期满后要求撤回上诉的，第二审人民法院~~应当审查。~~经审查，认为原判认定事实和适用法律正确，量刑适当的，应当裁定准许~~撤回上诉；~~认为原判~~事实不清、证据不足或者将无罪判为有罪、轻罪重判等的，~~应当不予准许，继续按照上诉案件审理。 被判处死刑立即执行的被告人提出上诉，在第二审开庭后宣告裁判前申请撤回上诉的，应当不予准许，继续按照上诉案件审理。	

适用要点

2021年《刑诉法解释》第383条规定了上诉人申请撤回上诉情形的处理规则。以上诉人是否在上诉期限内提出申请为标准，人民法院应当区分不同情形作出处理。(1)对于上诉人在上诉期限内申请撤回上诉的，人民法院应当准许。鉴于上诉人拥有在上诉期限内是否上诉，以及是否撤回上诉的选择权，故对于此种情形，人民法院应当准许。(2)对于上诉人在上诉期满后申请撤回上诉的，第二审人民法院应当进行审查，并作出相应的处理。因上诉期满，上诉人提出上诉的申请生效，案件已经进入第二审程序。此种情形下，上诉人撤回上诉的申请，应当经第二审人民法院审查批准。为充分发挥第二审程序的纠错和救济功能，对于第二审期间的撤回上诉申请，第二审人民法院应当进行审查。经审查，认为原判认定事实和适用法律正确，量刑适当的，应当裁定准许。根据2012年《刑诉法解释》第305条的规定，第二审人民法院“认为原判事实不清、证据不足或者将无罪判为有罪、轻罪重判等的”，应当不予准许，继续按照上诉案件审理。基于上诉不加刑原则，因上诉而启动的第二审程序，不会对上诉人的权益造成影响。鉴此,本条规定将2012年《刑诉法解释》第305条规定的不予准许的条件调整为“认为原判确有错误的”,即,只有当第二审人民法院认为原判确有错误的,才应当不予准许。(3)死刑案件的特殊要求。为避免死刑错判,维护死刑上诉人的合法权益,被判处死刑立即执行的被告人提出上诉,在第二审开庭后宣告裁判前申请撤回上诉的,应当不予准许,继续按照上诉案件审理。

典型案例

尹斌故意杀人、强制猥亵妇女案[1]

裁判要旨:根据2012年《刑诉法解释》第305条第1款的规定,判处死刑的被告人在上诉期满后二审开庭审理前申请撤回上诉的,如果二审法院经阅卷审查后发现需要对一些证据进行调查核实的,特别是有些新证据需要开庭质证后予以采信的,不应当裁定准许上诉人撤诉,而应当通过二审开庭质证来解决证据问题。二审法院也应当尽最大努力把证据问题在二审环节解决,避免发回重审。只在确有必要发回一审法院解决证据问题的情况下,才可以发回重审。

2012年《刑诉法解释》	2021年《刑诉法解释》
第三百零六条 地方各级人民检察院对同级人民法院第一审判决、裁定的抗诉,应当通过第一审人民法院提交抗诉书。第一审人民法院应当在抗诉期满后三日内将抗诉书连同案卷、证据移送上一级人民法院,并将抗诉书副本送交当事人。	**第三百八十四条** 地方各级人民检察院对同级人民法院第一审判决、裁定的抗诉,应当通过第一审人民法院提交抗诉书。第一审人民法院应当在抗诉期满后三日**以**内将抗诉书连同案卷、证据移送上一级人民法院,并将抗诉书副本送交当事人。

典型案例

杨庆龙强奸、抢劫案[2]

裁判要旨:(1)根据《刑事诉讼法》的规定,检察机关抗诉应当提出抗

[1] 参见《刑事审判参考》总第95集第924号案例。
[2] 参见《刑事审判参考》总第24辑第154号案例。

诉书。检察机关在法定抗诉期限内提出的口头抗诉无效。(2)法律明确规定了上诉和抗诉的期限,人民法院、人民检察院和案件的当事人必须严格执行。人民法院对人民检察院超过法定抗诉期限提出的无效抗诉应当不予受理。法院根据无效的抗诉受理本案并作出支持检察机关抗诉的判决,违反了《刑事诉讼法》规定的诉讼程序,应依法撤销。撤销该判决并不涉及检察机关的抗诉理由能否成立,而只是因为该判决违反了法定的诉讼程序。

孙超等抢劫、盗窃、掩饰、隐瞒犯罪所得案[1]

裁判要旨:(1)上下级检察机关在抗诉程序中的权力、职能不同,不能因两者系垂直领导关系而将两者混同。在抗诉及相关程序中,是否启动抗诉和抗诉的具体内容由原审人民法院的同级人民检察院决定,上一级人民检察院是以支持、撤回或者指令抗诉的方式对下级检察院抗诉工作进行监督、指导,并不直接纠正不正确的抗诉,或者对下级人民检察院应当提出抗诉而没有提出抗诉的案件直接提起抗诉。上一级人民检察院在支持抗诉时增加抗诉对象不符合《刑事诉讼法》的相关规定。(2)抗诉期限届满后,上一级人民检察院在支持抗诉时增加抗诉对象,会对被告人的权利造成实质损害:①使共同犯罪案件中被告人"上诉不加刑"的权利得不到保障;②追加抗诉会使部分被告人的辩护权遭受控诉突袭;③会使控辩之间的平等无法实现。(3)法院对于抗诉期限届满后,上一级人民检察院在支持抗诉时增加抗诉对象的,对于增加的抗诉对象,应当驳回。

2012年《刑诉法解释》	2021年《刑诉法解释》
第三百零七条　人民检察院在抗诉期限内撤回抗诉的,~~第一审人民法院不再向上一级人民法院移送案件;在抗诉期满后第二审人民法院宣告裁判前撤回抗诉的,第二审人民法院可以裁定准许,并通知第一审人民法院和当事人~~。	**第三百八十五条**　人民检察院在抗诉期限内**要求**撤回抗诉的,**人民法院应当准许。** **人民检察院在抗诉期满后要求撤回抗诉的,第二审人民法院可以裁定准许,但是认为原判存在将无罪判为有罪、轻罪重判等情形的,应当不予准许,继续审理。**

[1] 参见《刑事审判参考》总第85集第765号案例。

续表

2012 年《刑诉法解释》	2021 年《刑诉法解释》
	上级人民检察院认为下级人民检察院抗诉不当，向第二审人民法院要求撤回抗诉的，适用前两款规定。

适用要点

2021 年《刑诉法解释》第 385 条规定了人民检察院申请撤回抗诉情形的处理规则。以人民检察院是否在抗诉期限内提出申请为标准，人民法院应当区分不同情形作出处理。(1)对于人民检察院在抗诉期限内申请撤回上诉的，人民法院应当准许。鉴于人民检察院拥有在抗诉期限内是否抗诉，以及是否撤回抗诉的裁量权，对于此种情形，人民法院应当准许。(2)对于人民检察院在抗诉期满后申请撤回抗诉的，第二审人民法院应当进行审查，并作出相应的处理。因抗诉期满，人民检察院提出上诉的申请生效，案件已经进入第二审程序。此种情形下，人民检察院撤回抗诉的申请，应当经第二审人民法院审查批准。鉴于抗诉案件的二审可以加重被告人刑罚，通常情况下，第二审人民法院可以裁定准许撤回抗诉。但为充分发挥第二审程序的纠错和救济功能，本条新增规定，第二审人民法院"原判存在将无罪判为有罪、轻罪重判等情形的"，应当不予准许，继续审理。所谓"继续审理"，是指继续按照抗诉案件开庭审理。鉴于二审程序由抗诉启动，虽然人民检察院已经申请撤回抗诉，但第二审人民法院因故不予准许，考虑到"原判存在将无罪判为有罪、轻罪重判等情形"，应当一律开庭审理。(3)上级人民检察院申请撤回抗诉的情形。上级人民检察院认为下级人民检察院抗诉不当，向第二审人民法院要求撤回抗诉的，基于相同的处理原则，适用前两款规定。需要指出的是，此种情况下，存在原人民检察院提出抗诉，而上级人民检察院认为抗诉不当的意见分歧，如果第二审人民法院基于"原判存在将无罪判为有罪、轻罪重判等情形"，不予准许撤回抗诉，就应当按照抗诉案件继续审理，不过，二审程序审理的重点不是原人民检察院的抗诉理由，而是"原判存在将无罪判为有罪、轻罪重判等情形"。

2012年《刑诉法解释》	2021年《刑诉法解释》
第三百零八条 在上诉、抗诉期满前撤回上诉、抗诉的，第一审判决、裁定在上诉、抗诉期满之日起生效。在上诉、抗诉期满后要求撤回上诉、抗诉，第二审人民法院裁定准许的，第一审判决、裁定应当自第二审裁定书送达上诉人或者抗诉机关之日起生效。	**第三百八十六条** 在上诉、抗诉期满前撤回上诉、抗诉的，第一审判决、裁定在上诉、抗诉期满之日起生效。在上诉、抗诉期满后要求撤回上诉、抗诉，第二审人民法院裁定准许的，第一审判决、裁定应当自第二审裁定书送达上诉人或者抗诉机关之日起生效。
第三百零九条 第二审人民法院对第一审人民法院移送的上诉、抗诉案卷、证据，应当审查是否包括下列内容： （一）移送上诉、抗诉案件函； （二）上诉状或者抗诉书； （三）第一审判决书、裁定书八份（每增加一名被告人增加一份）及其电子文本； （四）全部案卷、证据，包括案件审理报告和其他应当移送的材料。 前款所列材料齐全的，第二审人民法院应当收案；材料不全的，应当通知第一审人民法院及时补送。	**第三百八十七条** 第二审人民法院对第一审人民法院移送的上诉、抗诉案卷、证据，应当审查是否包括下列内容： （一）移送上诉、抗诉案件函； （二）上诉状或者抗诉书； （三）第一审判决书、裁定书八份（每增加一名被告人增加一份）及其电子文本； （四）全部案卷、证据，包括案件审理报告和其他应当移送的材料。 前款所列材料齐全的，第二审人民法院应当收案；材料不全的，应当通知第一审人民法院及时补送。
第三百一十条 第二审人民法院审理上诉、抗诉案件，应当就第一审判决、裁定认定的事实和适用法律进行全面审查，不受上诉、抗诉范围的限制。	**第三百八十八条** 第二审人民法院审理上诉、抗诉案件，应当就第一审判决、裁定认定的事实和适用法律进行全面审查，不受上诉、抗诉范围的限制。
第三百一十一条 共同犯罪案件，只有部分被告人提出上诉，或者自诉人只对部分被告人的判决提出上诉，或者人民检察院只对部分被告人的判决提出抗诉的，第二审人民法院应当对全案进行审查，一并处理。	**第三百八十九条** 共同犯罪案件，只有部分被告人提出上诉，或者自诉人只对部分被告人的判决提出上诉，或者人民检察院只对部分被告人的判决提出抗诉的，第二审人民法院应当对全案进行审查，一并处理。

续表

2012年《刑诉法解释》	2021年《刑诉法解释》
第三百一十二条　共同犯罪案件，上诉的被告人死亡，其他被告人未上诉的，第二审人民法院~~仍应对全案进行审查。经审查，死亡的被告人不构成犯罪的，应当宣告无罪；构成犯罪的，应当终止审理。~~对其他同案被告人仍应作出判决、裁定。	**第三百九十条**　共同犯罪案件，上诉的被告人死亡，其他被告人未上诉的，第二审人民法院**应当对死亡的被告人终止审理；但有证据证明被告人无罪，经缺席审理确认无罪的，应当判决宣告被告人无罪。** **具有前款规定的情形，第二审人民法院仍应对全案进行审查，**对其他同案被告人作出判决、裁定。

适用要点

2021年《刑诉法解释》第390条规定了共同犯罪案件上诉的被告人死亡，其他被告人未上诉情形的处理规则。鉴于2018年《刑事诉讼法》修改设立了缺席审判程序，本条规定确立了相应的处理方式，即第二审人民法院应当对死亡的被告人终止审理；但有证据证明被告人无罪，经缺席审理确认无罪的，应当判决宣告被告人无罪。除死亡的被告人外，第二审人民法院仍应对全案进行审查，对其他同案被告人作出判决、裁定。

☞ 典型案例

扎西杰参等故意杀人、非法持有枪支、包庇案[1]

裁判要旨：我国的二审程序采取全面审查原则，在共同犯罪案件中仅有部分被告人提出上诉的情况下，二审法院也要对未提出上诉的被告人所作判决进行审查并作出处理。上诉人在二审期间脱逃，仅有原审被告人在案的，二审法院需要综合考虑案件情况，决定对在案原审被告人是径行作出实体处理，还是待在逃上诉人归案后一并处理。二审期间上诉人脱逃、原审被告人在案，经审查：(1)如果上诉人在逃不足以影响到对在案原审被告人所犯罪行的认定，应当裁定对在逃上诉人中止审理，对在案原

〔1〕 参见《刑事审判参考》总第99集第1004号案例。

审被告人继续进行审理作出裁判，并及时交付执行。（2）如果上诉人不在案将影响对在案原审被告人所犯罪行的正确认定，二审法院一般应当裁定对全案中止审理。为防止对在案原审被告人长期羁押，可将强制措施变更为取保候审或者监视居住。但如果在逃上诉人在未来一段时间内根本无归案希望，为防止案件久拖不决和保障在案原审被告人的权利，也可对在案原审被告人先行审理作出生效裁判及时交付执行；在逃上诉人归案后，如果有新的证据证实原判决或者裁定认定有误，可以通过审判监督程序予以纠正。上诉人在逃期间，如果根据已有证据可能判处在案原审被告人死刑的，原则上量刑应当留有余地。

2012 年《刑诉法解释》	2021 年《刑诉法解释》
~~**第三百一十三条** 刑事附带民事诉讼案件，只有附带民事诉讼当事人及其法定代理人上诉的，第二审人民法院应当对全案进行审查。经审查，第一审判决的刑事部分并无不当的，第二审人民法院只需就附带民事部分作出处理；第一审判决的附带民事部分事实清楚，适用法律正确的，应当以刑事附带民事裁定维持原判，驳回上诉。~~	
第三百一十五条 对上诉、抗诉案件，应当着重审查下列内容： （一）第一审判决认定的事实是否清楚，证据是否确实、充分； （二）第一审判决适用法律是否正确，量刑是否适当； （三）在侦查、审查起诉、第一审程序中，有无违反法定诉讼程序的情形； （四）上诉、抗诉是否提出新的事实、证据； （五）被告人的供述和辩解情况； （六）辩护人的辩护意见及采纳情况；	**第三百九十一条** 对上诉、抗诉案件，应当着重审查下列内容： （一）第一审判决认定的事实是否清楚，证据是否确实、充分； （二）第一审判决适用法律是否正确，量刑是否适当； （三）在**调查**、侦查、审查起诉、第一审程序中，有无违反法定程序的情形； （四）上诉、抗诉是否提出新的事实、证据； （五）被告人的供述和辩解情况； （六）辩护人的辩护意见及采纳情况；

续表

2012 年《刑诉法解释》	2021 年《刑诉法解释》
（七）附带民事部分的判决、裁定是否合法、适当； （八）第一审人民法院合议庭、审判委员会讨论的意见。	（七）附带民事部分的判决、裁定是否合法、适当； **（八）对涉案财物的处理是否正确；** （九）第一审人民法院合议庭、审判委员会讨论的意见。

适用要点

2021 年《刑诉法解释》第 391 条规定了对上诉、抗诉案件的审查重点。除 2012 年《刑诉法解释》所列事项外，本条新增规定，第二审人民法院应当对涉案财物的处理是否正确进行审查。这意味着，作为与对人之诉并列的对物之诉，涉案财物处理应当贯穿刑事程序始终。

2012 年《刑诉法解释》	2021 年《刑诉法解释》
第三百一十六条　第二审期间，被告人除自行辩护外，还可以继续委托第一审辩护人或者另行委托辩护人辩护。 共同犯罪案件，只有部分被告人提出上诉，或者自诉人只对部分被告人的判决提出上诉，或者人民检察院只对部分被告人的判决提出抗诉的，其他同案被告人也可以委托辩护人辩护。	**第三百九十二条**　第二审期间，被告人除自行辩护外，还可以继续委托第一审辩护人或者另行委托辩护人辩护。 共同犯罪案件，只有部分被告人提出上诉，或者自诉人只对部分被告人的判决提出上诉，或者人民检察院只对部分被告人的判决提出抗诉的，其他同案被告人也可以委托辩护人辩护。
第三百一十七条　下列案件，根据刑事诉讼法~~第二百二十三条第一款~~的规定，应当开庭审理： （一）被告人、自诉人及其法定代理人对第一审认定的事实、证据提出异议，可能影响定罪量刑的上诉案件； （二）被告人被判处死刑~~立即执~~行的上诉案件；	**第三百九十三条**　下列案件，根据刑事诉讼法**第二百三十四条**的规定，应当开庭审理： （一）被告人、自诉人及其法定代理人对第一审认定的事实、证据提出异议，可能影响定罪量刑的上诉案件； （二）被告人被判处死刑的上诉案件；

续表

2012年《刑诉法解释》	2021年《刑诉法解释》
(三)人民检察院抗诉的案件; (四)应当开庭审理的其他案件。 被判处死刑~~立即执行~~的被告人没有上诉,同案的其他被告人上诉的案件,第二审人民法院应当开庭审理。 ~~被告人被判处死刑缓期执行的上诉案件,虽不属于第一款第一项规定的情形,有条件的,也应当开庭审理。~~	(三)人民检察院抗诉的案件; (四)应当开庭审理的其他案件。 被判处死刑的被告人没有上诉,同案的其他被告人上诉的案件,第二审人民法院应当开庭审理。

适用要点

2021年《刑诉法解释》第393条规定了二审开庭审理的案件范围。在2012年《刑诉法解释》所列案件范围的基础上,本条规定将其中的"被告人被判处死刑立即执行的上诉案件",调整为"被告人被判处死刑的上诉案件"。死刑核准权收归最高人民法院统一行使以来,死刑案件的审理程序更加严格规范。死刑案件人命关天,必须适用最为严格、审慎的审理程序。为严格落实《刑事诉讼法》的规定,被告人被判处死刑缓期执行的上诉案件,也应当开庭审理。

2012年《刑诉法解释》	2021年《刑诉法解释》
第三百一十八条 对上诉、抗诉案件,第二审人民法院经审查,认为原判事实不清、证据不足,或者具有刑事诉讼法第~~二百二十七~~条规定的违反法定诉讼程序情形,需要发回重新审判的,可以不开庭审理。	**第三百九十四条** 对上诉、抗诉案件,第二审人民法院经审查,认为原判事实不清、证据不足,或者具有刑事诉讼法第**二百三十八**条规定的违反法定诉讼程序情形,需要发回重新审判的,可以不开庭审理。
第三百一十九条 第二审期间,人民检察院或者被告人及其辩护人提交新证据的,人民法院应当及时通知对方查阅、摘抄或者复制。	**第三百九十五条** 第二审期间,人民检察院或者被告人及其辩护人提交新证据的,人民法院应当及时通知对方查阅、摘抄或者复制。
第三百二十条 开庭审理第二审公诉案件,应当在决定开庭审理后及	**第三百九十六条** 开庭审理第二审公诉案件,应当在决定开庭审理后

续表

2012 年《刑诉法解释》	2021 年《刑诉法解释》
时通知人民检察院查阅案卷。自通知后的第二日起，人民检察院查阅案卷的时间不计入审理期限。	及时通知人民检察院查阅案卷。自通知后的第二日起，人民检察院查阅案卷的时间不计入审理期限。
第三百二十一条　开庭审理上诉、抗诉的公诉案件，应当通知同级人民检察院派员出庭。 抗诉案件，人民检察院接到开庭通知后不派员出庭，且未说明原因的，人民法院可以裁定按人民检察院撤回抗诉处理~~，并通知第一审人民法院和当事人~~。	**第三百九十七条**　开庭审理上诉、抗诉的公诉案件，应当通知同级人民检察院派员出庭。 抗诉案件，人民检察院接到开庭通知后不派员出庭，且未说明原因的，人民法院可以裁定按人民检察院撤回抗诉处理。
第三百二十二条　开庭审理上诉、抗诉案件，除参照适用第一审程序的有关规定外，应当按照下列规定进行： （一）法庭调查阶段，审判人员宣读第一审判决书、裁定书后，上诉案件由上诉人或者辩护人先宣读上诉状或者陈述上诉理由，抗诉案件由检察员先宣读抗诉书；既有上诉又有抗诉的案件，先由检察员宣读抗诉书，再由上诉人或者辩护人宣读上诉状或者陈述上诉理由； （二）法庭辩论阶段，上诉案件，先由上诉人、辩护人发言，后由检察员、诉讼代理人发言；抗诉案件，先由检察员、诉讼代理人发言，后由被告人、辩护人发言；既有上诉又有抗诉的案件，先由检察员、诉讼代理人发言，后由上诉人、辩护人发言。	**第三百九十八条**　开庭审理上诉、抗诉案件，除参照适用第一审程序的有关规定外，应当按照下列规定进行： （一）法庭调查阶段，审判人员宣读第一审判决书、裁定书后，上诉案件由上诉人或者辩护人先宣读上诉状或者陈述上诉理由，抗诉案件由检察员先宣读抗诉书；既有上诉又有抗诉的案件，先由检察员宣读抗诉书，再由上诉人或者辩护人宣读上诉状或者陈述上诉理由； （二）法庭辩论阶段，上诉案件，先由上诉人、辩护人发言，后由检察员、诉讼代理人发言；抗诉案件，先由检察员、诉讼代理人发言，后由被告人、辩护人发言；既有上诉又有抗诉的案件，先由检察员、诉讼代理人发言，后由上诉人、辩护人发言。
第三百二十三条　开庭审理上诉、抗诉案件，可以重点围绕对第一审判决、裁定有争议的问题或者有疑问的部分进行。根据案件情况，可以按照下列方式审理：	**第三百九十九条**　开庭审理上诉、抗诉案件，可以重点围绕对第一审判决、裁定有争议的问题或者有疑问的部分进行。根据案件情况，可以按照下列方式审理：

续表

2012年《刑诉法解释》	2021年《刑诉法解释》
(一)宣读第一审判决书,可以只宣读案由、主要事实、证据名称和判决主文等; (二)法庭调查应当重点围绕对第一审判决提出异议的事实、证据以及提交的新的证据等进行;对没有异议的事实、证据和情节,可以直接确认; (三)对同案审理案件中未上诉的被告人,未被申请出庭或者人民法院认为没有必要到庭的,可以不再传唤到庭; (四)被告人犯有数罪的案件,对其中事实清楚且无异议的犯罪,可以不在庭审时审理。 同案审理的案件,未提出上诉、人民检察院也未对其判决提出抗诉的被告人要求出庭的,应当准许。出庭的被告人可以参加法庭调查和辩论。	(一)宣读第一审判决书,可以只宣读案由、主要事实、证据名称和判决主文等; (二)法庭调查应当重点围绕对第一审判决提出异议的事实、证据以及新的证据等进行;对没有异议的事实、证据和情节,可以直接确认; (三)对同案审理案件中未上诉的被告人,未被申请出庭或者人民法院认为没有必要到庭的,可以不再传唤到庭; (四)被告人犯有数罪的案件,对其中事实清楚且无异议的犯罪,可以不在庭审时审理。 同案审理的案件,未提出上诉、人民检察院也未对其判决提出抗诉的被告人要求出庭的,应当准许。出庭的被告人可以参加法庭调查和辩论。

☞ 典型案例

李林故意杀人案[1]

裁判要旨:(1)抗诉书是承载人民检察院抗诉意见与理由的正式的法律文书,被告人在二审审判前先悉抗诉书是其依法行使辩护权的重要保障。(2)检察机关出庭检察人员应当依据抗诉书发表抗诉意见。强调出席二审法庭支持抗诉的检察人员发表的抗诉意见不能超出抗诉书的范围,其目的主要是维护被告人的辩护权。如果检察人员超出抗诉书范围当庭发表新的抗诉意见,搞"突然袭击",被告人是无法就事实、证据、适用法律等问题进行充分辩护的,无疑会限制、侵犯被告人的辩护权,从而可

[1] 参见《刑事审判参考》总第30辑第222号案例。

能影响公正审判。(3)对于出庭检察人员超出抗诉书范围当庭发表的新的不利于被告人的抗诉主张,法庭应不予采纳。在不影响被告人辩护权的前提下,人民法院对于检察人员当庭发表的正确意见也可以“采纳”,但这种“采纳”不是对抗诉意见的采纳,而仅仅是对一种正确意见的吸收。如果出席二审法庭的检察人员仅仅是对抗诉书所载的抗诉理由进行补充或对不妥当之处进行修改,未提出新的抗诉主张,则不属于超越抗诉书范围。

2012年《刑诉法解释》	2021年《刑诉法解释》
第三百二十四条 第二审案件依法不开庭审理的,应当讯问被告人,听取其他当事人、辩护人、诉讼代理人的意见。合议庭全体成员应当阅卷,必要时应当提交书面阅卷意见。	**第四百条** 第二审案件依法不开庭审理的,应当讯问被告人,听取其他当事人、辩护人、诉讼代理人的意见。合议庭全体成员应当阅卷,必要时应当提交书面阅卷意见。
第三百二十五条 审理被告人或者其法定代理人、辩护人、近亲属提出上诉的案件,不得~~加重被告人的刑罚,~~并应当执行下列规定: (一)同案审理的案件,只有部分被告人上诉的,既不得加重上诉人的刑罚,也不得加重其他同案被告人的刑罚; (二)原判~~事实清楚,证据确实、充分,只是~~认定的罪名不当的,可以改变罪名,但不得加重刑罚; (三)原判~~对被告人实行数罪并罚的,~~不得加重决定执行的刑罚,~~也不得加重数罪中某罪的刑罚,~~ (四)原判对被告人宣告缓刑的,不得撤销缓刑或者延长缓刑考验期; (五)原判没有宣告禁止令的,不得增加宣告;原判宣告禁止令的,不得增加内容、延长期限; (六)原判对被告人判处死刑缓期执行没有限制减刑的,不得限制减刑;	**第四百零一条** 审理被告人或者其法定代理人、辩护人、近亲属提出上诉的案件,不得**对被告人的刑罚作出实质不利的改判**,并应当执行下列规定: (一)同案审理的案件,只有部分被告人上诉的,既不得加重上诉人的刑罚,也不得加重其他同案被告人的刑罚; (二)原判认定的罪名不当的,可以改变罪名,但不得加重刑罚**或者对刑罚执行产生不利影响**; (三)原判**认定的罪数不当的,可以改变罪数,并调整刑罚**,但不得加重决定执行的刑罚**或者对刑罚执行产生不利影响**; (四)原判对被告人宣告缓刑的,不得撤销缓刑或者延长缓刑考验期; (五)原判没有宣告**职业禁止**、禁止令的,不得增加宣告;原判宣告**职业禁止**、禁止令的,不得增加内容、延长期限;

续表

2012 年《刑诉法解释》	2021 年《刑诉法解释》
（七）~~原判事实清楚，证据确实、充分，但判处的刑罚畸轻、~~应当适用附加刑而没有适用的，不得直接加重刑罚、适用附加刑~~，也不得以事实不清、证据不足为由发回第一审人民法院重新审判。~~必须依法改判的，应当在第二审判决、裁定生效后，依照审判监督程序重新审判。 人民检察院抗诉或者自诉人上诉的案件，不受前款规定的限制。	（六）原判对被告人判处死刑缓期执行没有限制减刑、**决定终身监禁**的，不得限制减刑、**决定终身监禁**； （七）**原判判处的刑罚不当**、应当适用附加刑而没有适用的，不得直接加重刑罚、适用附加刑。**原判判处的刑罚畸轻**，必须依法改判的，应当在第二审判决、裁定生效后，依照审判监督程序重新审判。 人民检察院抗诉或者自诉人上诉的案件，不受前款规定的限制。

适用要点

2021 年《刑诉法解释》第 401 条规定了上诉不加刑原则的适用规则。《刑事诉讼法》第 237 条第 1 款规定，第二审人民法院审理被告人或者他的法定代理人、辩护人、近亲属上诉的案件，不得加重被告人的刑罚。关于这一原则的适用，在 2012 年《刑诉法解释》规定的基础上，本条提出了一些新的要求：(1)不得加重被告人刑罚的理解。根据本条规定，不得加重被告人的刑罚，是指"不得对被告人的刑罚作出实质不利的改判"。本条对上诉不加刑原则作出的提示性规定，都是基于禁止"实质不利的改判"这一原则。(2)改变罪名的情形。根据 2012 年《刑诉法解释》第 325 条的规定，对于原判认定罪名不当的，可以改判罪名，但"不得加重刑罚"。本条在不得加重刑罚的基础上，进一步要求"不得对刑罚执行产生不利影响"。《刑法》第 81 条第 2 款规定了不得假释的要求，对累犯以及因故意杀人、强奸、抢劫、绑架、放火、爆炸、投放危险物质或者有组织的暴力性犯罪被判处 10 年以上有期徒刑、无期徒刑的犯罪分子，不得假释。此种情况下，如果第二审人民法院改变罪名，仍维持原判 10 年以上有期徒刑的刑罚，但新增"对二审改判的罪名不得假释"这一项要求，就属于本条规定的"对刑罚执行产生不利影响"。(3)数罪并罚的情形。根据 2012 年《刑诉法解释》第 325 条的规定，原判对被告人实行数罪并罚的，不得加重决定执行的刑罚，也不得加重数罪中某罪的刑罚。根据司法实际情况看，这一规则过于绝对和烦琐,不利于司法实践操作。例如,一审认定两个罪名,分别判处5年和3年有期徒刑,数罪并罚决定执行7年有期徒刑。按照原有规则,既不能加重总和刑期,也不能加重数罪中某罪的刑期。上诉不加刑是指不能使上诉人遭致不利的刑罚,偏重于决定执行的刑罚。因此,此种情况下,在决定执行的刑罚不变和对刑罚执行不产生不利影响的情况下,应当允许加重数罪中某罪的刑罚。同时,还存在实质上对上诉人有利的调整罪数的情形。例如,在认定的犯罪事实不变的情况下,改判数罪后决定执行的刑罚低于原判刑罚的,可以改判为数罪。又如,原判对被告人实行数罪并罚的,在认定的犯罪事实不变的情况下,改判为一罪的,在对刑罚执行无不利影响的情况下,可以在不超过原判决定执行刑罚的情况下加重其中某一罪刑罚。对此,《最高人民法院研究室关于上诉不加刑原则具体运用有关问题的答复》规定,对于原判数罪并罚的上诉案件,在不超过原判决定执行的刑罚,且对刑罚执行也无不利影响的情况下,可以将其中两个或者两个以上的罪名改判为一罪并加重该罪的刑罚。基于上述考虑,对于数罪并罚的情形,本条规定,原判认定的罪数不当的,可以改变罪数,并调整刑罚,但不得加重决定执行的刑罚或者对刑罚执行产生不利影响。(4)启动审判监督程序的情形。根据2012年《刑诉法解释》第325条的规定,原判事实清楚,证据确实、充分,但判处的刑罚畸轻、应当适用附加刑而没有适用的,不得直接加重刑罚、适用附加刑,也不得以事实不清、证据不足为由发回第一审人民法院重新审判。必须依法改判的,应当在第二审判决、裁定生效后,依照审判监督程序重新审判。其中,究竟哪些情形应当维持原判,哪些情形应当启动审判监督程序,有待进一步明确。据此,本条规定,原判判处的刑罚不当、应当适用附加刑而没有适用的,不得直接加重刑罚、适用附加刑。对于此类"刑罚不当"或者"应当适用附加刑而没有适用"等情形,属于上诉不加刑原则涵盖的范畴,第二审法院应当予以维持,并在裁判文书中写明:因一审判决存在适用法律错误,导致判处的刑罚不当,或者应当适用附加刑而没有适用,但根据上诉不加刑原则,依法维持一审判处的刑罚。同时,本条规定,原判判处的刑罚畸轻,必须依法改判的,应当在第二审判决、裁定生效后,依照审判监督程序重新审判。将启动审判监督程序的情形限定为"原判判处的刑罚畸轻,必须依法改判的"案件,符合审判监督程序的启动条件,亦能体现启动审判监督程序的慎重。

2012年《刑诉法解释》	2021年《刑诉法解释》
第三百二十六条 人民检察院只对部分被告人的判决提出抗诉,或者自诉人只对部分被告人的判决提出上诉的,第二审人民法院不得对其他同案被告人加重刑罚。	**第四百零二条** 人民检察院只对部分被告人的判决提出抗诉,或者自诉人只对部分被告人的判决提出上诉的,第二审人民法院不得对其他同案被告人加重刑罚。
第三百二十七条 被告人或者其法定代理人、辩护人、近亲属提出上诉的案件,第二审人民法院发回重新审判后,除有新的犯罪事实,人民检察院补充起诉的以外,原审人民法院不得加重被告人的刑罚。	**第四百零三条** 被告人或者其法定代理人、辩护人、近亲属提出上诉,**人民检察院未提出抗诉**的案件,第二审人民法院发回重新审判后,除有新的犯罪事实**且**人民检察院补充起诉的以外,原审人民法院不得加重被告人的刑罚。 **对前款规定的案件,原审人民法院对上诉发回重新审判的案件依法作出判决后,人民检察院抗诉的,第二审人民法院不得改判为重于原审人民法院第一次判处的刑罚。**

适用要点

2021年《刑诉法解释》第403条规定了上诉案件发回重审情形的处理规则。对于上诉案件,《刑事诉讼法》第237条第1款规定,第二审人民法院发回原审人民法院重新审判的案件,除有新的犯罪事实,人民检察院补充起诉的以外,原审人民法院也不得加重被告人的刑罚。为避免变相规避上诉不加刑原则,本条规定在2012年《刑诉法解释》规定的基础上,进一步完善了上诉案件发回重审情形的处理规则。(1)原审人民法院原则上不得加重被告人的刑罚。对于被告人或者其法定代理人、辩护人、近亲属提出上诉,人民检察院未提出抗诉的案件,第二审人民法院发回重新审判后,除例外情形外,原审人民法院不得加重被告人的刑罚。这是上诉不加刑原则的应有之意。(2)原审人民法院可以加重被告人刑罚的例外情形。根据法律规定,"有新的犯罪事实且人民检察院补充起诉",属于原审人民法院可以加重被告人刑罚的例外情形。所谓"新的犯罪事实",应当是指"新的"犯罪事实,即在已经起诉的犯罪事实之外的新的犯罪事实,而非原起诉犯罪事实范围内的新的事实。为避免理解上的分歧,本条规定将法律规定的例外情形作出进一步限定,明确为"有新的犯罪事实且人民检察院补充起诉的"情形。(3)第二审人民法院不得改判更重刑罚的要求。《最高人民法院研究室关于上诉发回重审案件重审判决后确需改判的应当通过何种程序进行的答复》规定,原审人民法院对上诉发回重新审判的案件依法作出维持原判的判决后,人民检察院抗诉的,第二审人民法院不得改判加重被告人的刑罚。该答复主要考虑《刑事诉讼法》第237条第2款规定的"提出抗诉",应当是指在原审程序中提出抗诉,而非在重审程序中提出抗诉,否则,《刑事诉讼法》第237条第1款的规定将失去实际意义。具体言之,对发回重审的案件,如未发现被告人有新的犯罪事实,人民检察院未补充起诉,原审人民法院不得加重刑罚,但宣判后人民检察院抗诉的,第二审人民法院即可加重,那么,原审人民法院不得加重刑罚的规定将流于形式。需要指出的是,对于被告人上诉、人民检察院未提出抗诉的案件,发回重审后人民检察院没有补充起诉新的犯罪事实,原审人民法院作出的判决,相比原判减轻刑罚和减少罪名的,人民检察院可以提出抗诉。第二审人民法院经审理认为人民检察院抗诉成立的,可以在原判刑罚和罪名范围内改判加重刑罚和增加罪名。

☞ 典型案例

钟兆桂、伍斯云等故意伤害案[1]

裁判要旨:(1)《刑事诉讼法》对"发回重审不加刑"原则规定了例外情形,即"有新的犯罪事实,人民检察院补充起诉"。新的犯罪事实应当是指原起诉书中没有指控的犯罪事实,既包括定罪事实,也包括量刑情节的事实;同时还必须是人民检察院补充起诉的新的事实。(2)对于"原判决事实不清楚"的案件,第二审法院有两种结案方式:第一种方式是查清事实后改判。此时无论是原判决认定的犯罪事实不清,还是认定的量刑情节事实有误,二审法院均不得加重被告人的刑罚;第二种方式是发回原审人民法院重新审判。二审法院基于原判决认定被告人的量刑情节事实有

---

〔1〕 参见《刑事审判参考》总第100集第1025号案例。

误而将案件发回重审，如果允许纠正后改判，原审法院重新审理时就可能加重被告人的刑罚。如果二审法院选择不同的结案方式会产生两种明显不同的结果，就在实质上有悖于上诉不加刑原则，故重新审理时不能仅因变更认定被告人的量刑情节而加重被告人的刑罚。(3)从实体公正方面考虑，因被告人不具有自首、立功等法定减轻处罚情节，重审后可能出现的量刑偏轻的情况，对此是否需要启动审判监督程序予以纠正，可由相关法院自行决定。

2012年《刑诉法解释》	2021年《刑诉法解释》
	第四百零四条　第二审人民法院认为第一审判决事实不清、证据不足的，可以在查清事实后改判，也可以裁定撤销原判，发回原审人民法院重新审判。 **有多名被告人的案件，部分被告人的犯罪事实不清、证据不足或者有新的犯罪事实需要追诉，且有关犯罪与其他同案被告人没有关联的，第二审人民法院根据案件情况，可以对该部分被告人分案处理，将该部分被告人发回原审人民法院重新审判。原审人民法院重新作出判决后，被告人上诉或者人民检察院抗诉，其他被告人的案件尚未作出第二审判决、裁定的，第二审人民法院可以并案审理。**

适用要点

2021年《刑诉法解释》第404条规定了二审分案处理，部分发回重审案件的处理规则，系新增规定。《刑事诉讼法》第236条第1款第3项规定，第二审人民法院认为原判决事实不清楚或者证据不足的，可以在查清事实后改判；也可以裁定撤销原判，发回原审人民法院重新审判。对于涉及多名被告人的案件，基于节约司法资源的考虑，可设立分案处理并部分发回重审的程序规则。(1)分案审理规则。本条第2款规定，有多名被告人的案件，部分被告人的犯罪事实不清、证据不足或者有新的犯罪事实需要追诉，且有关犯罪与其他同案被告人没有关联的，第二审人民法院根据案件情况，可以对该部分被告人分案处理，将该部分被告人发回原审人民法院重新审判。这种程序机制，相比于因部分被告人的犯罪事实不清、证据不足而将全案发回重审的做法，更加有助于提高诉讼效率。不过，如果各被告人的犯罪事实存在紧密关联，不便分案审理的情形，为准确查清全案事实，应当将全案发回重审。(2)并案审理规则。本条第2款规定，原审人民法院重新作出判决后，被告人上诉或者人民检察院抗诉，其他被告人的案件尚未作出第二审判决、裁定的，第二审人民法院可以并案审理。此种情况下，对部分被告人的案件发回重审，其余被告人的案件可以继续审理或者中止审理。如果发回重审的部分被告人的案件重新进入第二审程序，考虑到全案的内在关联、审判程序的重合性以及量刑均衡，可以将这一新的二审案件与其他被告人的二审案件合并，一并按照第二审程序审理。

☞ 典型案例

邱垂江强奸案[1]

裁判要旨：(1)《刑事诉讼法》对当事人申诉及其法定代理人、近亲属申诉的再审程序中的新证据进行了界定。二审程序中新证据的特征应当与再审程序中新证据的特征一致，即不但能证明原判决、裁定认定的事实确有错误，而且可能影响定罪量刑。(2)在二审期间出现新证据的情况下，应当区分以下情形分别作出处理：新证据有利于被告人，且被告人及辩护人没有异议并经查证属实的，原则上应当直接改判；检察机关在二审期间提供新证据，涉及无罪改有罪、轻罪改重罪的，应当发回重审，以保障被告人的辩护权、上诉权等合法权益。

2012年《刑诉法解释》	2021年《刑诉法解释》
第三百二十八条　原判事实不清、证据不足，第二审人民法院发回重新审判的案件，原审人民法院重新作	**第四百零五条**　原判事实不清、证据不足，第二审人民法院发回重新审判的案件，原审人民法院重新作出

〔1〕参见《刑事审判参考》总第90集第833号案例。

续表

2012 年《刑诉法解释》	2021 年《刑诉法解释》
出判决后，被告人上诉或者人民检察院抗诉的，第二审人民法院应当依法作出判决、裁定，不得再发回重新审判。	判决后，被告人上诉或者人民检察院抗诉的，第二审人民法院应当依法作出判决、裁定，不得再发回重新审判。
第三百二十九条 第二审人民法院发现原审人民法院在重新审判过程中，有刑事诉讼法第~~二百二十七~~条规定的情形之一，或者违反第~~二百二十六~~条规定的，应当裁定撤销原判，发回重新审判。	**第四百零六条** 第二审人民法院发现原审人民法院在重新审判过程中，有刑事诉讼法第**二百三十八**条规定的情形之一，或者违反第**二百三十九**条规定的，应当裁定撤销原判，发回重新审判。
第三百三十条 第二审人民法院审理对刑事部分提出上诉、抗诉，附带民事部分已经发生法律效力的案件，发现第一审判决、裁定中的附带民事部分确有错误的，应当依照审判监督程序对附带民事部分予以纠正。	**第四百零七条** 第二审人民法院审理对刑事部分提出上诉、抗诉，附带民事部分已经发生法律效力的案件，发现第一审判决、裁定中的附带民事部分确有错误的，应当依照审判监督程序对附带民事部分予以纠正。
第三百一十四条 刑事附带民事诉讼案件，只有附带民事诉讼当事人及其法定代理人上诉的，第一审刑事部分的判决在上诉期满后即发生法律效力。 应当送监执行的第一审刑事被告人是第二审附带民事诉讼被告人的，在第二审附带民事诉讼案件审结前，可以暂缓送监执行。	**第四百零八条** 刑事附带民事诉讼案件，只有附带民事诉讼当事人及其法定代理人上诉的，第一审刑事部分的判决在上诉期满后即发生法律效力。 应当送监执行的第一审刑事被告人是第二审附带民事诉讼被告人的，在第二审附带民事诉讼案件审结前，可以暂缓送监执行。

☞ 典型案例

李某故意杀人、故意伤害案[1]

裁判要旨：根据《最高人民法院关于对被判处死刑的被告人未提出上

〔1〕 参见《刑事审判参考》总第 100 集第 1023 号案例。

诉、共同犯罪的部分被告人或者附带民事诉讼原告人提出上诉的案件应适用何种程序审理的批复》，中级人民法院一审判处死刑的案件，仅附带民事诉讼原告人提出上诉，高级人民法院应当适用第二审程序对附带民事诉讼依法审理，并由同一审判组织对未提出上诉的被告人的死刑判决进行复核，作出是否同意判处死刑的裁判。本案一审判处被告人死缓，仅有附带民事诉讼原告人提出上诉，H省高级人民法院对刑事部分适用第二审程序审理，违反了法定诉讼程序，并且基于对案件事实证据的认识分歧，以部分事实不清、证据不足为由发回重新审判，导致一审法院在检察机关变更指控的情况下改判被告人死刑立即执行。这种通过发回重审变相加重被告人刑罚的做法，影响了公正审判。最高人民法院以程序违法为由裁定不核准被告人死刑，发回H省高级人民法院重新审判，是妥当的。

2012年《刑诉法解释》	2021年《刑诉法解释》
第三百三十一条 第二审人民法院审理对附带民事部分提出上诉，刑事部分已经发生法律效力的案件，发现第一审判决、裁定中的刑事部分确有错误的，应当依照审判监督程序对刑事部分进行再审，并将附带民事部分与刑事部分一并审理。	**第四百零九条** 第二审人民法院审理对附带民事部分提出上诉，刑事部分已经发生法律效力的案件，**应当对全案进行审查，并按照下列情形分别处理：** **（一）第一审判决的刑事部分并无不当的，只需就附带民事部分作出处理；** （二）第一审判决的刑事部分确有错误的，依照审判监督程序对刑事部分进行再审，并将附带民事部分与刑事部分一并审理。

适用要点

2021年《刑诉法解释》第409条规定了针对附带民事部分提出上诉情形的处理规则。第二审程序实行全案审查原则，针对附带民事部分提出上诉的情形也不例外。根据本条规定，针对附带民事部分提出上诉，刑事部分已经发生法律效力的案件，需要区分情形作出处理：(1)第一审判决的刑事部分并无不当的，只需就附带民事部分作出处理。这意味着，第二审人民法院经审查，认可了第一审判决的刑事部分，鉴此，如果第一审判决的附带民事部分事实清楚，适用法律正确，第二审人民法院可以一并维持刑事部分和附带民事部分的判决，并在裁判文书中表述为“驳回上诉，维持原判”。(2)第一审判决的刑事部分确有错误的，依照审判监督程序对刑事部分进行再审，并将附带民事部分与刑事部分一并审理。对于此种情形，附带民事部分的审理程序，需要依附于刑事部分的再审程序。如果第二审人民法院决定对刑事部分提审，应当将刑事再审与附带民事二审合并审理。如果第二审人民法院指令第一审人民法院对刑事部分再审的，应当将附带民事部分发回重审，与刑事再审并案审理。

2012年《刑诉法解释》	2021年《刑诉法解释》
第三百三十二条 第二审期间，第一审附带民事诉讼原告人增加独立的诉讼请求或者第一审附带民事诉讼被告人提出反诉的，第二审人民法院可以根据自愿、合法的原则进行调解；调解不成的，告知当事人另行起诉。	**第四百一十条** 第二审期间，第一审附带民事诉讼原告人增加独立的诉讼请求或者第一审附带民事诉讼被告人提出反诉的，第二审人民法院可以根据自愿、合法的原则进行调解；调解不成的，告知当事人另行起诉。
第三百三十三条 对第二审自诉案件，必要时可以调解，当事人也可以自行和解。调解结案的，应当制作调解书，第一审判决、裁定视为自动撤销；当事人自行和解的，应当裁定准许撤回自诉，并撤销第一审判决、裁定。	**第四百一十一条** 对第二审自诉案件，必要时可以调解，当事人也可以自行和解。调解结案的，应当制作调解书，第一审判决、裁定视为自动撤销。当事人自行和解的，**依照本解释第三百二十九条的规定处理**；裁定准许撤回自诉**的，应当**撤销第一审判决、裁定。

适用要点

2021年《刑诉法解释》第411条规定了第二审自诉案件调解、和解的处理规则。对于当事人自行和解的情形，本条规定将2012年《刑诉法解释》第333条规定的“应当裁定准许撤回自诉，并撤销第一审判决、裁定”，调整为“依照本解释第三百二十九条的规定处理；裁定准许撤回自诉的，应当撤销第一审判决、裁定”。据此，人民法院应当对自行和解的自愿性进行审查，认为和解、撤回自诉确属自愿的，应当裁定准许；认为系被强迫、威吓等，并非出于自愿的，不予准许。

2012年《刑诉法解释》	2021年《刑诉法解释》
第三百三十四条 第二审期间，自诉案件的当事人提出反诉的，应当告知其另行起诉。	**第四百一十二条** 第二审期间，自诉案件的当事人提出反诉的，应当告知其另行起诉。
第三百三十五条 第二审人民法院可以委托第一审人民法院代为宣判，并向当事人送达第二审判决书、裁定书。第一审人民法院应当在代为宣判后五日内将宣判笔录送交第二审人民法院，并在送达完毕后及时将送达回证送交第二审人民法院。 委托宣判的，第二审人民法院应当直接向同级人民检察院送达第二审判决书、裁定书。	**第四百一十三条** 第二审人民法院可以委托第一审人民法院代为宣判，并向当事人送达第二审判决书、裁定书。第一审人民法院应当在代为宣判后五日**以**内将宣判笔录送交第二审人民法院，并在送达完毕后及时将送达回证送交第二审人民法院。 委托宣判的，第二审人民法院应当直接向同级人民检察院送达第二审判决书、裁定书。 **第二审判决、裁定是终审的判决、裁定的，自宣告之日起发生法律效力。**

适用要点

2021年《刑诉法解释》第413条规定了第二审判决、裁定的送达和生效时间。《最高人民法院关于刑事案件终审判决和裁定何时发生法律效力问题的批复》规定，终审的判决和裁定自宣告之日起发生法律效力。本条吸收了这一规定的内容。

第十六章　在法定刑以下判处刑罚和特殊假释的核准

2012 年《刑诉法解释》	2021 年《刑诉法解释》
第十四章　在法定刑以下判处刑罚和特殊假释的核准	**第十六章　在法定刑以下判处刑罚和特殊假释的核准**
第三百三十六条　报请最高人民法院核准在法定刑以下判处刑罚的案件,应当按照下列情形分别处理: (一)被告人未上诉、人民检察院未抗诉的,在上诉、抗诉期满后三日内报请上一级人民法院复核。~~上一级~~人民法院同意原判的,应当书面层报最高人民法院核准;不同意的,应当裁定发回重新审判,或者~~改变管辖按照第一审程序重新审理。原判是基层人民法院作出的,高级人民法院可以指定中级人民法院按照第一审程序重新审理~~; (二)被告人上诉或者人民检察院抗诉的,~~应当依照第二审程序审理。第二审维持原判,~~或者改判后仍在法定刑以下判处刑罚的,应当依照前项规定层报最高人民法院核准。	**第四百一十四条**　报请最高人民法院核准在法定刑以下判处刑罚的案件,应当按照下列情形分别处理: (一)被告人未上诉、人民检察院未抗诉的,在上诉、抗诉期满后三日**以**内报请上一级人民法院复核。**上级**人民法院同意原判的,应当书面层报最高人民法院核准;不同意的,应当裁定发回重新审判,或者**按照第二审程序提审**; (二)被告人上诉或者人民检察院抗诉的,**上一级人民法院维持原判,**或者改判后仍在法定刑以下判处刑罚的,应当依照前项规定层报最高人民法院核准。

适用要点

2021 年《刑诉法解释》第 414 条规定了在法定刑以下判处刑罚案件层报复核的程序。为提高复核程序的效率,本条规定作出以下调整:(1)被告人未上诉、人民检察院未抗诉的情形。根据 2012 年《刑诉法解释》第 336 条的规定,上一级人民法院不同意的,应当"裁定发回重新审判,或者改变管辖按照第一审程序重新审理。原判是基层人民法院作出的，高级人民法院可以指定中级人民法院按照第一审程序重新审理”。基于这一规定，如果上一级人民法院是高级人民法院，由其按照第一审程序重新审理，可能导致最高人民法院成为第二审法院。同时，如果原判是由基层人民法院作出，高级人民法院复核认为原判刑罚畸重的，只能发回重审或者指定中级人民法院按照第一审程序重新审理，程序过于烦琐。根据本条规定，高级人民法院不同意原判的，应当裁定发回重新审判，或者按照第二审程序提审。据此，对于原判是基层人民法院作出的情形，高级人民法院可以直接发回原判基层人民法院审理，也可以越过中级人民法院，直接按照第二审程序提审。(2)被告人上诉或者人民检察院抗诉的情形。根据2012年《刑诉法解释》第336条的规定，对于此种情形，应当依照第二审程序审理。第二审维持原判，或者改判后仍在法定刑以下判处刑罚的，应当依照前项规定层报最高人民法院核准。此种情形下，上一级人民法院按照第二审程序审理是应有之意，故无须专门强调。需要指出的是，对于被告人上诉、人民检察院未抗诉的情形，存在层报复核程序与上诉程序的竞合关系，从有利于被告人的角度考虑，此种情况下应当按照上诉程序审理，基于上诉不加刑原则，第二审人民法院不应当直接加重刑罚。

2012年《刑诉法解释》	2021年《刑诉法解释》
	第四百一十五条　对符合刑法第六十三条第二款规定的案件，第一审人民法院未在法定刑以下判处刑罚的，第二审人民法院可以在法定刑以下判处刑罚，并层报最高人民法院核准。

适用要点

2021年《刑诉法解释》第415条系新增规定。第一审、第二审人民法院均可在法定刑以下判处刑罚。鉴此，对于第一审人民法院未在法定刑以下判处刑罚的案件，存在被告人上诉或者检察院抗诉情形的，第二审人民法院可以在法定刑以下判处刑罚，并层报最高人民法院核准。

2012 年《刑诉法解释》	2021 年《刑诉法解释》
第三百三十七条　报请最高人民法院核准在法定刑以下判处刑罚的案件,应当报送判决书、报请核准的报告各五份,以及全部案卷、证据。	**第四百一十六条**　报请最高人民法院核准在法定刑以下判处刑罚的案件,应当报送判决书、报请核准的报告各五份,以及全部案卷、证据。
第三百三十八条　对在法定刑以下判处刑罚的案件,最高人民法院予以核准的,应当作出核准裁定书;不予核准的,应当作出不核准裁定书,并撤销原判决、裁定,发回原审人民法院重新审判或者指定其他下级人民法院重新审判。	**第四百一十七条**　对在法定刑以下判处刑罚的案件,最高人民法院予以核准的,应当作出核准裁定书;不予核准的,应当作出不核准裁定书,并撤销原判决、裁定,发回原审人民法院重新审判或者指定其他下级人民法院重新审判。
第三百三十九条　依照本解释第~~三百三十六~~条、第~~三百三十八~~条规定发回第二审人民法院重新审判的案件,第二审人民法院可以直接改判;必须通过开庭查清事实、核实证据或者纠正原审程序违法的,应当开庭审理。	**第四百一十八条**　依照本解释第**四百一十四**条、第**四百一十七**条规定发回第二审人民法院重新审判的案件,第二审人民法院可以直接改判;必须通过开庭查清事实、核实证据或者纠正原审程序违法的,应当开庭审理。
第三百四十条　最高人民法院和上级人民法院复核在法定刑以下判处刑罚案件的审理期限,参照适用刑事诉讼法第~~二百三十二~~条的规定。	**第四百一十九条**　最高人民法院和上级人民法院复核在法定刑以下判处刑罚案件的审理期限,参照适用刑事诉讼法第**二百四十三**条的规定。
第三百四十一条　报请最高人民法院核准因罪犯具有特殊情况,不受执行刑期限制的假释案件,应当按照下列情形分别处理: （一）中级人民法院依法作出假释裁定后,应当报请高级人民法院复核。高级人民法院同意的,应当书面报请最高人民法院核准;不同意的,应当裁定撤销中级人民法院的假释裁定; （二）高级人民法院依法作出假释裁定的,应当报请最高人民法院核准。	**第四百二十条**　报请最高人民法院核准因罪犯具有特殊情况,不受执行刑期限制的假释案件,应当按照下列情形分别处理: （一）中级人民法院依法作出假释裁定后,应当报请高级人民法院复核。高级人民法院同意的,应当书面报请最高人民法院核准;不同意的,应当裁定撤销中级人民法院的假释裁定; （二）高级人民法院依法作出假释裁定的,应当报请最高人民法院核准。

续表

2012年《刑诉法解释》	2021年《刑诉法解释》
第三百四十二条 报请最高人民法院核准因罪犯具有特殊情况,不受执行刑期限制的假释案件,应当报送报请核准的报告、罪犯具有特殊情况的报告、假释裁定书各五份,以及全部案卷。	**第四百二十一条** 报请最高人民法院核准因罪犯具有特殊情况,不受执行刑期限制的假释案件,应当报送报请核准的报告、罪犯具有特殊情况的报告、假释裁定书各五份,以及全部案卷。
第三百四十三条 对因罪犯具有特殊情况,不受执行刑期限制的假释案件,最高人民法院予以核准的,应当作出核准裁定书;不予核准的,应当作出不核准裁定书,并撤销原裁定。	**第四百二十二条** 对因罪犯具有特殊情况,不受执行刑期限制的假释案件,最高人民法院予以核准的,应当作出核准裁定书;不予核准的,应当作出不核准裁定书,并撤销原裁定。

第十七章　死刑复核程序

2012年《刑诉法解释》	2021年《刑诉法解释》
第十五章　死刑复核程序	**第十七章　死刑复核程序**
第三百四十四条　报请最高人民法院核准死刑案件,应当按照下列情形分别处理: (一)中级人民法院判处死刑的第一审案件,被告人未上诉、人民检察院未抗诉的,在上诉、抗诉期满后十日内报请高级人民法院复核。高级人民法院同意判处死刑的,应当在作出裁定后十日内报请最高人民法院核准;~~不同意的,~~应当依照第二审程序提审或者发回重新审判; (二)中级人民法院判处死刑的第一审案件,被告人上诉或者人民检察院抗诉,高级人民法院裁定维持的,应当在作出裁定后十日内报请最高人民法院核准; (三)高级人民法院判处死刑的第一审案件,被告人未上诉、人民检察院未抗诉的,应当在上诉、抗诉期满后十日内报请最高人民法院核准。 高级人民法院复核死刑案件,应当讯问被告人。	**第四百二十三条**　报请最高人民法院核准死刑的案件,应当按照下列情形分别处理: (一)中级人民法院判处死刑的第一审案件,被告人未上诉、人民检察院未抗诉的,在上诉、抗诉期满后十日**以**内报请高级人民法院复核。高级人民法院同意判处死刑的,应当在作出裁定后十日**以**内报请最高人民法院核准;**认为原判认定的某一具体事实或者引用的法律条款等存在瑕疵,但判处被告人死刑并无不当的,可以在纠正后作出核准的判决、裁定;不同意判处死刑的,**应当依照第二审程序提审或者发回重新审判; (二)中级人民法院判处死刑的第一审案件,被告人上诉或者人民检察院抗诉,高级人民法院裁定维持的,应当在作出裁定后十日**以**内报请最高人民法院核准; (三)高级人民法院判处死刑的第一审案件,被告人未上诉、人民检察院未抗诉的,应当在上诉、抗诉期满后十日**以**内报请最高人民法院核准。 高级人民法院复核死刑案件,应当讯问被告人。

适用要点

2021年《刑诉法解释》第423条规定了报请死刑复核的程序。在

2012年《刑诉法解释》第344条规定的基础上，对于中级人民法院判处死刑的第一审案件，被告人未上诉、人民检察院未抗诉的，本条规定新增了一种处理方式，即，高级人民法院认为原判认定的某一具体事实或者引用的法律条款等存在瑕疵，但判处被告人死刑并无不当的，可以在纠正后作出核准的判决、裁定。此种情况下，鉴于判处被告人死刑并无不当，高级人民法院通过判决或者裁定方式纠正中级人民法院判决的瑕疵后，应当在10日以内报请最高人民法院核准。

2012年《刑诉法解释》	2021年《刑诉法解释》
第三百四十五条　中级人民法院判处死刑缓期执行的第一审案件，被告人未上诉、人民检察院未抗诉的，应当报请高级人民法院核准。 高级人民法院复核死刑缓期执行案件，应当讯问被告人。	**第四百二十四条**　中级人民法院判处死刑缓期执行的第一审案件，被告人未上诉、人民检察院未抗诉的，应当报请高级人民法院核准。 高级人民法院复核死刑缓期执行案件，应当讯问被告人。
第三百四十六条　报请复核的死刑、死刑缓期执行案件，应当一案一报。报送的材料包括报请复核的报告，第一、二审裁判文书，~~死刑~~案件综合报告各五份以及全部案卷、证据。~~死刑~~案件综合报告，第一、二审裁判文书和审理报告应当附送电子文本。 同案审理的案件应当报送全案案卷、证据。 曾经发回重新审判的案件，原第一、二审案卷应当一并报送。	**第四百二十五条**　报请复核的死刑、死刑缓期执行案件，应当一案一报。报送的材料包括报请复核的报告，第一、二审裁判文书，案件综合报告各五份以及全部案卷、证据。案件综合报告，第一、二审裁判文书和审理报告应当附送电子文本。 同案审理的案件应当报送全案案卷、证据。 曾经发回重新审判的案件，原第一、二审案卷应当一并报送。
第三百四十七条　报请复核的报告，应当写明案由、简要案情、审理过程和判决结果。 ~~死刑~~案件综合报告应当包括以下内容： （一）被告人、被害人的基本情况。被告人有前科或者曾受过行政处罚的，应当写明；	**第四百二十六条**　报请复核**死刑、死刑缓期执行**的报告，应当写明案由、简要案情、审理过程和判决结果。 案件综合报告应当包括以下内容： （一）被告人、被害人的基本情况。被告人有前科或者曾受过行政处罚**、处分**的，应当写明；

续表

2012 年《刑诉法解释》	2021 年《刑诉法解释》
(二)案件的由来和审理经过。案件曾经发回重新审判的,应当写明发回重新审判的原因、时间、案号等; (三)案件侦破情况。通过技术侦查措施抓获被告人、侦破案件,以及与自首、立功认定有关的情况,应当写明; (四)第一审审理情况。包括控辩双方意见,第一审认定的犯罪事实,合议庭和审判委员会意见; (五)第二审审理或者高级人民法院复核情况。包括上诉理由、检察~~机关~~意见,第二审审理或者高级人民法院复核认定的事实,证据采信情况及理由,控辩双方意见及采纳情况; (六)需要说明的问题。包括共同犯罪案件中另案处理的同案犯的定~~罪量刑~~情况,案件有无重大社会影响,以及当事人的反应等情况; (七)处理意见。写明合议庭和审判委员会的意见。	(二)案件的由来和审理经过。案件曾经发回重新审判的,应当写明发回重新审判的原因、时间、案号等; (三)案件侦破情况。通过技术**调查、**侦查措施抓获被告人、侦破案件,以及与自首、立功认定有关的情况,应当写明; (四)第一审审理情况。包括控辩双方意见,第一审认定的犯罪事实,合议庭和审判委员会意见; (五)第二审审理或者高级人民法院复核情况。包括上诉理由、**人民检察院的**意见,第二审审理或者高级人民法院复核认定的事实,证据采信情况及理由,控辩双方意见及采纳情况; (六)需要说明的问题。包括共同犯罪案件中另案处理的同案犯的**处理**情况,案件有无重大社会影响,以及当事人的反应等情况; (七)处理意见。写明合议庭和审判委员会的意见。
第三百四十八条 复核死刑、死刑缓期执行案件,应当全面审查以下内容: (一)被告人的年龄,被告人有无刑事责任能力、是否系怀孕的妇女; (二)原判认定的事实是否清楚,证据是否确实、充分; (三)犯罪情节、后果及危害程度; (四)原判适用法律是否正确,是否必须判处死刑,是否必须立即执行;	**第四百二十七条** 复核死刑、死刑缓期执行案件,应当全面审查以下内容: (一)被告人的年龄,被告人有无刑事责任能力、是否系怀孕的妇女; (二)原判认定的事实是否清楚,证据是否确实、充分; (三)犯罪情节、后果及危害程度; (四)原判适用法律是否正确,是否必须判处死刑,是否必须立即执行;

续表

2012年《刑诉法解释》	2021年《刑诉法解释》
（五）有无法定、酌定从重、从轻或者减轻处罚情节； （六）诉讼程序是否合法； （七）应当审查的其他情况。	（五）有无法定、酌定从重、从轻或者减轻处罚情节； （六）诉讼程序是否合法； （七）应当审查的其他情况。 **复核死刑、死刑缓期执行案件，应当重视审查被告人及其辩护人的辩解、辩护意见。**

适用要点

2021年《刑诉法解释》第427条规定了复核死刑、死刑缓期执行案件的全面审查原则。在2012年《刑诉法解释》第348条规定的基础上，本条新增第2款规定，复核死刑、死刑缓期执行案件，应当重视审查被告人及其辩护人的辩解、辩护意见。死刑复核程序作为特殊救济程序，应当在复核过程中重视审查被告人及其辩护人的辩解、辩护意见，体现程序的公正性，排除一切合理怀疑。

2012年《刑诉法解释》	2021年《刑诉法解释》
第三百四十九条 高级人民法院复核死刑缓期执行案件，应当按照下列情形分别处理： （一）原判认定事实和适用法律正确、量刑适当、诉讼程序合法的，应当裁定核准； （二）原判认定的某一具体事实或者引用的法律条款等存在瑕疵，但判处被告人死刑缓期执行并无不当的，可以在纠正后作出核准的判决、裁定； （三）原判认定事实正确，但适用法律有错误，或者量刑过重的，应当改判；	**第四百二十八条** 高级人民法院复核死刑缓期执行案件，应当按照下列情形分别处理： （一）原判认定事实和适用法律正确、量刑适当、诉讼程序合法的，应当裁定核准； （二）原判认定的某一具体事实或者引用的法律条款等存在瑕疵，但判处被告人死刑缓期执行并无不当的，可以在纠正后作出核准的判决、裁定； （三）原判认定事实正确，但适用法律有错误，或者量刑过重的，应当改判；

续表

2012年《刑诉法解释》	2021年《刑诉法解释》
（四）原判事实不清、证据不足的，可以裁定不予核准，并撤销原判，发回重新审判，或者依法改判； （五）复核期间出现新的影响定罪量刑的事实、证据的，可以裁定不予核准，并撤销原判，发回重新审判，或者依照本解释第~~三百二十~~条规定审理后依法改判； （六）原审违反法定诉讼程序，可能影响公正审判的，应当裁定不予核准，并撤销原判，发回重新审判。 ~~高级人民法院复核死刑缓期执行案件，不得加重被告人的刑罚。~~	（四）原判事实不清、证据不足的，可以裁定不予核准，并撤销原判，发回重新审判，或者依法改判； （五）复核期间出现新的影响定罪量刑的事实、证据的，可以裁定不予核准，并撤销原判，发回重新审判，或者依照本解释第**二百七十一**条的规定审理后依法改判； （六）原审违反法定诉讼程序，可能影响公正审判的，应当裁定不予核准，并撤销原判，发回重新审判。 **复核死刑缓期执行案件，不得加重被告人的刑罚。**
第三百五十条　最高人民法院复核死刑案件，应当按照下列情形分别处理： （一）原判认定事实和适用法律正确、量刑适当、诉讼程序合法的，应当裁定核准； （二）原判认定的某一具体事实或者引用的法律条款等存在瑕疵，但判处被告人死刑并无不当的，可以在纠正后作出核准的判决、裁定； （三）原判事实不清、证据不足的，应当裁定不予核准，并撤销原判，发回重新审判； （四）复核期间出现新的影响定罪量刑的事实、证据的，应当裁定不予核准，并撤销原判，发回重新审判； （五）原判认定事实正确，但依法不应当判处死刑的，应当裁定不予核准，并撤销原判，发回重新审判； （六）原审违反法定诉讼程序，可能影响公正审判的，应当裁定不予核	**第四百二十九条**　最高人民法院复核死刑案件，应当按照下列情形分别处理： （一）原判认定事实和适用法律正确、量刑适当、诉讼程序合法的，应当裁定核准； （二）原判认定的某一具体事实或者引用的法律条款等存在瑕疵，但判处被告人死刑并无不当的，可以在纠正后作出核准的判决、裁定； （三）原判事实不清、证据不足的，应当裁定不予核准，并撤销原判，发回重新审判； （四）复核期间出现新的影响定罪量刑的事实、证据的，应当裁定不予核准，并撤销原判，发回重新审判； （五）原判认定事实正确**、证据充分**，但依法不应当判处死刑的，应当裁定不予核准，并撤销原判，发回重新审判；**根据案件情况，必要时，也可以依法改判；**

续表

2012 年《刑诉法解释》	2021 年《刑诉法解释》
准,并撤销原判,发回重新审判。	(六)原审违反法定诉讼程序,可能影响公正审判的,应当裁定不予核准,并撤销原判,发回重新审判。

适用要点

2021 年《刑诉法解释》第 429 条规定了最高人民法院复核死刑案件的处理方式。在 2012 年《刑诉法解释》第 350 条规定的基础上,对于原判认定事实正确、证据充分,但依法不应当判处死刑的情形,本条增加了"必要时,也可以依法改判"的规定。这是死刑复核案件裁判方式的重大变革。

1996 年《刑事诉讼法》并未在死刑复核程序中规定最高人民法院可以改判。2012 年《刑事诉讼法》第 239 条[1]规定,最高人民法院复核死刑案件,应当作出核准或者不核准死刑的裁定。对于不核准死刑的,最高人民法院可以发回重新审判或者予以改判。关于此处的"改判",2012 年《刑诉法解释》第 351 条、第 352 条并未作扩张解释,将"改判"限于一人有两罪以上被判处死刑的数罪并罚案件以及有两名以上被告人被判处死刑案件的部分改判情形。鉴于 2012 年《刑事诉讼法》将发回重审或者改判作为不核准死刑情形的并列裁判方式,从节约司法资源角度考虑,对量刑不当依法不应当判处死刑的案件,没有必要全部发回重审。鉴此,本条规定将"改判"作为与"发回重新审判"并行的实质性裁判方式,同时取消了 2012 年《刑诉法解释》中一人有两罪以上被判处死刑的数罪并罚案件以及有两名以上被告人被判处死刑案件的部分改判情形。需要强调的是,本条规定所作的这一制度性修改,仍保留了"必要时"这一限定条件。司法解释起草者对此认为,对于依法不应当判处死刑的案件,仍应坚持"以发回重审为原则,以依法改判为例外"的原则,即,对不予核准死刑的案件,一般应发回重审,只有改判没有"后遗症"的,出于诉讼效率的考虑,才予以直接改判。

---

[1] 对应 2018 年《刑事诉讼法》第 250 条。

☞ 典型案例

吕艺升故意杀人案[1]

裁判要旨：对于被告人应当判处死刑的案件，最高人民法院复核后直接改变罪名并核准死刑并不违反刑事诉讼法的基本原则。只要复核认定的犯罪事实不超出报请复核的范围，复核直接改变罪名就没有违反不告不理的原则；被告人已被判处极刑，复核直接改变罪名并核准死刑不可能再加重被告人的刑罚，没有违反上诉不加刑原则；复核直接改变罪名，避免单纯由于定罪不准而发回重审，节约了司法成本，使当事人免受诉累，有利于诉讼活动的经济性。

2012年《刑诉法解释》	2021年《刑诉法解释》
~~**第三百五十一条** 对一人有两罪以上被判处死刑的数罪并罚案件，最高人民法院复核后，认为其中部分犯罪的死刑判决、裁定事实不清、证据不足的，应当对全案裁定不予核准，并撤销原判，发回重新审判；认为其中部分犯罪的死刑判决、裁定认定事实正确，但依法不应当判处死刑的，可以改判，并对其他应当判处死刑的犯罪作出核准死刑的判决。~~	
~~**第三百五十二条** 对有两名以上被告人被判处死刑的案件，最高人民法院复核后，认为其中部分被告人的死刑判决、裁定事实不清、证据不足的，应当对全案裁定不予核准，并撤销原判，发回重新审判；认为其中部分被告人的死刑判决、裁定认定事实正确，但依法不应当判处死刑的，可以改判，并对其他应当判处死刑的被告人作出核准死刑的判决。~~	

〔1〕 参见《刑事审判参考》总第58集第458号案例。

续表

2012年《刑诉法解释》	2021年《刑诉法解释》
第三百五十三条　最高人民法院裁定不予核准死刑的，根据案件情况，可以发回第二审人民法院或者第一审人民法院重新审判。 第一审人民法院重新审判的，应当开庭审理。第二审人民法院重新审判的，可以直接改判；必须通过开庭查清事实、核实证据或者纠正原审程序违法的，应当开庭审理。	**第四百三十条**　最高人民法院裁定不予核准死刑的，根据案件情况，可以发回第二审人民法院或者第一审人民法院重新审判。 **对最高人民法院发回第二审人民法院重新审判的案件，第二审人民法院一般不得发回第一审人民法院重新审判。** 第一审人民法院重新审判的，应当开庭审理。第二审人民法院重新审判的，可以直接改判；必须通过开庭查清事实、核实证据或者纠正原审程序违法的，应当开庭审理。

适用要点

2021年《刑诉法解释》第430条规定了最高人民法院不核准死刑，发回重新审判的处理规则。对于发回重新审判的处理方式，需要注意以下事项：(1)可以选择发回第二审人民法院或者第一审人民法院重新审判。通常情况下，最高人民法院认为案件事实不清，需要直接发回第一审人民法院重新审判才能更好查清案件事实的，会选择直接发回第一审人民法院重新审判。(2)发回第二审人民法院重新审判的后续处理。对于最高人民法院没有直接发回第一审人民法院，而是发回第二审人民法院重新审判的案件，第二审人民法院应当切实履行监督、纠错职能，依法作出判决或者裁定，原则上不得将案件发回第一审人民法院重新审判。《最高人民法院关于适用刑事诉讼法第二百二十五条第二款有关问题的批复》中规定的"特殊情况"，主要是指由第一审人民法院重新审判，更有利于查明案件事实的情形。例如，高级人民法院第一次发回重新审判时明确提出核实证据、查清事实的具体要求，中级人民法院未予查实又作出死刑判决。又如，最高人民法院发回重新审判时提出查清新的事实、核实新的证据的要求，高级人民法院认为只有发回中级人民法院重新审判，才更有利于查清事实。

2012 年《刑诉法解释》	2021 年《刑诉法解释》
第三百五十四条 高级人民法院依照复核程序审理后报请最高人民法院核准死刑，最高人民法院裁定不予核准，发回高级人民法院重新审判的，高级人民法院可以依照第二审程序提审或者发回重新审判。	**第四百三十一条** 高级人民法院依照复核程序审理后报请最高人民法院核准死刑，最高人民法院裁定不予核准，发回高级人民法院重新审判的，高级人民法院可以依照第二审程序提审或者发回重新审判。
第三百五十五条 最高人民法院裁定不予核准死刑，发回重新审判的案件，原审人民法院应当另行组成合议庭审理，但本解释第~~三百五十~~条第四项、第五项规定的案件除外。	**第四百三十二条** 最高人民法院裁定不予核准死刑，发回重新审判的案件，原审人民法院应当另行组成合议庭审理，但本解释第**四百二十九条**第四项、第五项规定的案件除外。
	第四百三十三条 依照本解释第四百三十条、第四百三十一条发回重新审判的案件，第一审人民法院判处死刑、死刑缓期执行的，上一级人民法院依照第二审程序或者复核程序审理后，应当依法作出判决或者裁定，不得再发回重新审判。但是，第一审人民法院有刑事诉讼法第二百三十八条规定的情形或者违反刑事诉讼法第二百三十九条规定的除外。

适用要点

2021 年《刑诉法解释》第 433 条系新增规定。《最高人民法院关于适用刑事诉讼法第二百二十五条第二款有关问题的批复》第 2 条规定，对于最高人民法院裁定不予核准死刑，发回第二审人民法院重新审判的案件，第二审人民法院根据案件特殊情况，又发回第一审人民法院重新审判的，第一审人民法院作出判决后，被告人提出上诉或者人民检察院提出抗诉的，第二审人民法院应当依法作出判决或者裁定，不得再发回重新审判。本条吸收了这一规定的主要内容，有助于解决反复发回重新审判的问题。同时，第一审人民法院有《刑事诉讼法》第 238 条规定的情形或者违反《刑事诉讼法》第 239 条规定的，因涉及审判程序违法，只能再次发回重新审判。

2012 年《刑诉法解释》	2021 年《刑诉法解释》
第三百五十六条 死刑复核期间,辩护律师要求当面反映意见的,最高人民法院有关合议庭应当在办公场所听取其意见,并制作笔录;辩护律师提出书面意见的,应当附卷。	**第四百三十四条** 死刑复核期间,辩护律师要求当面反映意见的,最高人民法院有关合议庭应当在办公场所听取其意见,并制作笔录;辩护律师提出书面意见的,应当附卷。
第三百五十七条 死刑复核期间,最高人民检察院提出意见的,最高人民法院应当审查,并将采纳情况及理由反馈最高人民检察院。	**第四百三十五条** 死刑复核期间,最高人民检察院提出意见的,最高人民法院应当审查,并将采纳情况及理由反馈最高人民检察院。
第三百五十八条 最高人民法院应当根据有关规定向最高人民检察院通报死刑案件复核结果。	**第四百三十六条** 最高人民法院应当根据有关规定向最高人民检察院通报死刑案件复核结果。

第十八章　涉案财物处理

2012年《刑诉法解释》	2021年《刑诉法解释》
第十六章　~~查封、扣押、冻结财物及其处理~~	**第十八章　涉案财物处理**
第三百五十九条　人民法院对查封、扣押、冻结的~~被告人~~财物及其孳息，应当妥善保管，并制作清单，附卷备查；对人民检察院随案移送的~~被告人财物及其孳息~~，应当根据清单核查后妥善保管。任何单位和个人不得挪用或者自行处理。 查封不动产、车辆、船舶、航空器等财物，应当扣押其权利证书，经拍照或者录像后原地封存，或者交持有人、被告人的近亲属保管，登记并写明财物的名称、型号、权属、地址等详细~~情况~~，并通知有关财物的登记、管理部门办理查封登记手续。 扣押物品，应当登记并写明物品名称、型号、规格、数量、重量、质量、成色、纯度、颜色、新旧程度、缺损特征和来源等。扣押货币、有价证券，应当登记并写明货币、有价证券的名称、数额、面额等，货币应当存入银行专门账户，并登记银行存款凭证的名称、内容。扣押文物、金银、珠宝、名贵字画等贵重物品以及违禁品，应当拍照，需要鉴定的，应当及时鉴定。对扣押的物品应当根据有关规定及时估价。 冻结存款、汇款、债券、股票、基金份额等财产，应当登记并写明编号、种类、面值、张数、金额等。	**第四百三十七条**　人民法院对查封、扣押、冻结的**涉案**财物及其孳息，应当妥善保管，并制作清单，附卷备查；对人民检察院随案移送的**实物**，应当根据清单核查后妥善保管。任何单位和个人不得挪用或者自行处理。 查封不动产、车辆、船舶、航空器等财物，应当扣押其权利证书，经拍照或者录像后原地封存，或者交持有人、被告人的近亲属保管，登记并写明财物的名称、型号、权属、地址等详细**信息**，并通知有关财物的登记、管理部门办理查封登记手续。 扣押物品，应当登记并写明物品名称、型号、规格、数量、重量、质量、成色、纯度、颜色、新旧程度、缺损特征和来源等。扣押货币、有价证券，应当登记并写明货币、有价证券的名称、数额、面额等，货币应当存入银行专门账户，并登记银行存款凭证的名称、内容。扣押文物、金银、珠宝、名贵字画等贵重物品以及违禁品，应当拍照，需要鉴定的，应当及时鉴定。对扣押的物品应当根据有关规定及时估价。 冻结存款、汇款、债券、股票、基金份额等财产，应当登记并写明编号、种类、面值、张数、金额等。

续表

2012年《刑诉法解释》	2021年《刑诉法解释》
第三百六十条 对被害人的合法财产,权属明确的,应当依法及时返还,但须经拍照、鉴定、估价,并在案卷中注明返还的理由,将原物照片、清单和被害人的领取手续附卷备查;权属不明的,应当在人民法院判决、裁定生效后,按比例返还被害人,但已获退赔的部分应予扣除。	**第四百三十八条** 对被害人的合法财产,权属明确的,应当依法及时返还,但须经拍照、鉴定、估价,并在案卷中注明返还的理由,将原物照片、清单和被害人的领取手续附卷备查;权属不明的,应当在人民法院判决、裁定生效后,按比例返还被害人,但已获退赔的部分应予扣除。
第三百六十一条 审判期间,~~权利人申请出卖被扣押、冻结的债券、股票、基金份额等财产,人民法院经审查,认为不损害国家利益、被害人利益,不影响诉讼正常进行的,以及扣押、冻结的汇票、本票、支票有效期即将届满的,可以在判决、裁定生效前依法出卖,所得价款由人民法院保管,并及时告知当事人或者其近亲属。~~	**第四百三十九条** 审判期间,**对不宜长期保存、易贬值或者市场价格波动大的财产,或者有效期即将届满的票据等,经权利人申请或者同意,并经院长批准,可以依法先行处置,所得款项由人民法院保管。** **涉案财物先行处置应当依法、公开、公平。**

适用要点

2021年《刑诉法解释》第439条规定了涉案财物的先行处置规则。《中共中央办公厅、国务院办公厅关于进一步规范刑事诉讼涉案财物处置工作的意见》第7条规定,对易损毁、灭失、变质等不宜长期保存的物品,易贬值的汽车、船艇等物品,或者市场价格波动大的债券、股票、基金份额等财产,有效期即将届满的汇票、本票、支票等,经权利人同意或者申请,并经县级以上公安机关、国家安全机关、人民检察院或者人民法院主要负责人批准,可以依法出售、变现或者先行变卖、拍卖。所得款项统一存入各单位唯一合规账户。涉案财物先行处置应当做到公开、公平。本条吸收了这一规定的主要内容。根据该规定,先行处置程序以经权利人申请或者同意,并经院长批准为前提。对于权利人不明确的涉案财物,为实现其保值,必要时经院长批准,也可以依法先行处置。

2012 年《刑诉法解释》	2021 年《刑诉法解释》
第三百六十二条 对作为证据使用的实物,~~包括作为物证的货币、有价证券等,~~应当随案移送。第一审判决、裁定宣告后,被告人上诉或者人民检察院抗诉的,第一审人民法院应当将上述证据移送第二审人民法院。	**第四百四十条** 对作为证据使用的实物,应当随案移送。第一审判决、裁定宣告后,被告人上诉或者人民检察院抗诉的,第一审人民法院应当将上述证据移送第二审人民法院。
第三百六十三条 对~~不宜移送的实物,~~应当根据情况,分别审查以下内容: (一)大宗的、不便搬运的物品,~~查封、扣押机关~~是否随案移送查封、扣押清单,并附原物照片和封存手续,注明存放地点等; (二)易腐烂、霉变和不易保管的物品,查封、扣押机关变卖处理后,是否随案移送原物照片、清单、变价处理的凭证(复印件)等; (三)枪支弹药、剧毒物品、易燃易爆物品以及其他违禁品、危险物品,查封、扣押机关根据有关规定处理后,是否随案移送原物照片和清单等。 上述~~不宜~~移送的实物,应当依法鉴定、估价的,还应当审查是否附有鉴定、估价意见。 对查封、扣押的货币、有价证券等未移送的,应当审查是否附有原物照片、清单或者其他证明文件。	**第四百四十一条** 对**实物未随案移送的,**应当根据情况,分别审查以下内容: (一)大宗的、不便搬运的物品,是否随案移送查封、扣押清单,并附原物照片和封存手续,注明存放地点等; (二)易腐烂、霉变和不易保管的物品,查封、扣押机关变卖处理后,是否随案移送原物照片、清单、变价处理的凭证(复印件)等; (三)枪支弹药、剧毒物品、易燃易爆物品以及其他违禁品、危险物品,查封、扣押机关根据有关规定处理后,是否随案移送原物照片和清单等。 上述**未随案**移送的实物,应当依法鉴定、估价的,还应当审查是否附有鉴定、估价意见。 对查封、扣押的货币、有价证券等,未移送**实物**的,应当审查是否附有原物照片、清单或者其他证明文件。
第三百六十四条 法庭审理过程中,~~对查封、扣押、冻结的财物及其孳息,应当调查其权属情况,是否属于违法所得或者依法应当追缴的其他涉案财物。~~ ~~案外人对查封、扣押、冻结的财物及其孳息提出权属异议的,人民法院应当审查并依法处理。~~	**第四百四十二条** 法庭审理过程中,**应当依照本解释第二百七十九条的规定,依法对查封、扣押、冻结的财物及其孳息进行审查。**

续表

2012 年《刑诉法解释》	2021 年《刑诉法解释》
~~经审查,不能确认查封、扣押、冻结的财物及其孳息属于违法所得或者依法应当追缴的其他涉案财物的,不得没收。~~	

适用要点

2021 年《刑诉法解释》第 442 条规定了对涉案财物进行审查的要求。2012 年《刑诉法解释》规定的有关涉案财物权属调查以及案外人异议的处理规则,本解释在第一审程序中专门作出规定。

2012 年《刑诉法解释》	2021 年《刑诉法解释》
	第四百四十三条　被告人将依法应当追缴的涉案财物用于投资或者置业的,对因此形成的财产及其收益,应当追缴。 **被告人将依法应当追缴的涉案财物与其他合法财产共同用于投资或者置业的,对因此形成的财产中与涉案财物对应的份额及其收益,应当追缴。**

适用要点

2021 年《刑诉法解释》第 443 条系新增规定。《涉财产执行规定》第 10 条规定,对赃款赃物及其收益,人民法院应当一并追缴。被执行人将赃款赃物投资或者置业,对因此形成的财产及其收益,人民法院应予追缴。被执行人将赃款赃物与其他合法财产共同投资或者置业,对因此形成的财产中与赃款赃物对应的份额及其收益,人民法院应予追缴。本条吸收了这一规定的主要内容,完善了涉案财物转化形态后的追缴规则。对于被告人将依法应当追缴的涉案财物用于投资或者置业,涉案财物已经转化形态的情形,不能仅追缴投资或置业的涉案财物本金,而应当对因此形成的财产及其收益一并予以追缴。同理,对于被告人将依法应当追缴的涉案财物与其他合法财产共同用于投资或者置业的情形，不能仅追缴投资或置业的涉案财物本金，也不能直接追缴投资或置业形成的资产，而是应当对因此形成的财产中与涉案财物对应的份额及其收益予以缴追。

2012 年《刑诉法解释》	2021 年《刑诉法解释》
第三百六十五条 对查封、扣押、冻结的财物及其孳息，应当在判决书中写明名称、金额、数量、存放地点及其处理方式等。涉案财物较多，不宜在判决主文中详细列明的，可以附清单。 ~~涉案财物未随案移送的，应当在判决书中写明，并写明由查封、扣押、冻结机关负责处理。~~	**第四百四十四条** 对查封、扣押、冻结的财物及其孳息，应当在判决书中写明名称、金额、数量、存放地点及其处理方式等。涉案财物较多，不宜在判决主文中详细列明的，可以附清单。 **判决追缴违法所得或者责令退赔的，应当写明追缴、退赔的金额或者财物的名称、数量等情况；已经发还的，应当在判决书中写明。**

适用要点

2021 年《刑诉法解释》第 444 条规定了判决书中写明涉案财物处理情况的规则。《涉财产执行规定》第 6 条规定，刑事裁判涉财产部分的裁判内容，应当明确、具体。涉案财物或者被害人人数较多，不宜在判决主文中详细列明的，可以概括叙明并另附清单。判处没收部分财产的，应当明确没收的具体财物或者金额。判处追缴或者责令退赔的，应当明确追缴或者退赔的金额或财物的名称、数量等相关情况。本条吸收了这一规定的主要内容。作为对物之诉的处理结果，对于查封、扣押、冻结的涉案财物，以及追缴违法所得或者责令退赔的金额或者财物，应当在判决书中写明相应的信息和处理方式，便于后续执行。

2012 年《刑诉法解释》	2021 年《刑诉法解释》
第三百六十六条 查封、扣押、冻结的财物及其孳息，经审查，确属违法所得或者依法应当追缴的其他涉案财物的，应当判决返还被害人，或者没收上缴国库，但法律另有规定的除外。	**第四百四十五条** 查封、扣押、冻结的财物及其孳息，经审查，确属违法所得或者依法应当追缴的其他涉案财物的，应当判决返还被害人，或者没收上缴国库，但法律另有规定的除外。

续表

2012 年《刑诉法解释》	2021 年《刑诉法解释》
判决返还被害人的涉案财物，应当通知被害人认领；无人认领的，应当公告通知；公告满三个月无人认领的，应当上缴国库；上缴国库后有人认领，经查证属实的，应当申请退库予以返还；原物已经拍卖、变卖的，应当返还价款。 对侵犯国有财产的案件，被害单位已经终止且没有权利义务继受人，或者损失已经被核销的，查封、扣押、冻结的财物及其孳息应当上缴国库。	**对判决时尚未追缴到案或者尚未足额退赔的违法所得，应当判决继续追缴或者责令退赔。** 判决返还被害人的涉案财物，应当通知被害人认领；无人认领的，应当公告通知；公告满**一年**无人认领的，应当上缴国库；上缴国库后有人认领，经查证属实的，应当申请退库予以返还；原物已经拍卖、变卖的，应当返还价款。 对侵犯国有财产的案件，被害单位已经终止且没有权利义务继受人，或者损失已经被核销的，查封、扣押、冻结的财物及其孳息应当上缴国库。

适用要点

2021 年《刑诉法解释》第 445 条规定了涉案财物的处理方式。在 2012 年《刑诉法解释》第 366 条规定的基础上，本条新增规定，对判决时尚未追缴到案或者尚未足额退赔的违法所得，应当判决继续追缴或者责令退赔。该条规定与本解释第 444 条第 2 款存在紧密衔接关系，判决追缴违法所得或者责令退赔的，应当写明追缴、退赔的金额或者财物的名称、数量等情况。

☞ 典型案例

许俊伟、张建英合同诈骗案[1]

裁判要旨：刑事涉案财物包括以下三种类型：一是刑事违法所得，即基于犯罪行为产生、由犯罪行为人占有和控制、没有合法根据的利益，具有违法性、价值性、占有性，包括财物及其孳息。二是供犯罪所用之物，即

〔1〕 参见《刑事审判参考》总第 90 集第 827 号案例。

犯罪行为人在实施犯罪时所使用的财物，包括已经供犯罪所用以及将要供犯罪所用的物。三是犯罪行为人所持有的违禁物品。《刑事诉讼法》对法院在判决书中对查封、扣押、冻结的财物及其孳息如何处理进行了明确规定，不管是哪个案件阶段、哪个办案机关扣押的涉案财产，法院均应当在判决中对其作出相关处理，有关机关应当按照判决执行。《刑事诉讼法》同时规定了犯罪嫌疑人、被告人逃匿、死亡案件违法所得没收的程序。但法律对由哪个机关以及依照何种程序来执行对涉案财物的追缴，目前尚未有明确规定。对于刑事诉讼中的继续追缴，应当本着合法、合理、经济的原则，根据案件所处的不同诉讼阶段，确定相应的执行主体。对于法院生效判决确定需要继续追缴的，如果人民法院能够独立完成，则由其独立完成；如果不能独立完成，则应当由其牵头，由公安、检察、审判、金融等管理部门配合完成。采取多元化的追缴模式，既符合立法对人民法院的定位，又能使有限的司法资源得到合理整合。

2012 年《刑诉法解释》	2021 年《刑诉法解释》
	第四百四十六条　第二审期间，发现第一审判决未对随案移送的涉案财物及其孳息作出处理的，可以裁定撤销原判，发回原审人民法院重新审判，由原审人民法院依法对涉案财物及其孳息一并作出处理。 **判决生效后，发现原判未对随案移送的涉案财物及其孳息作出处理的，由原审人民法院依法对涉案财物及其孳息另行作出处理。**

适用要点

2021 年《刑诉法解释》第 446 条系新增规定。作为与对人之诉并列的对物之诉，人民法院应当在判决中对涉案财物作出处理。对于漏判涉案财物的处理规则，需要注意以下事项：(1) 第二审期间发现一审漏判的处理方式。第二审人民法院发现第一审判决未对随案移送的涉案财物及其孳息作出处理的，因原判遗漏了对物之诉的处理事项，可以裁定撤销原判，发回原审人民法院重新审判，由原审人民法院依法对涉案财物及其孳息一并作出处理。此种情形因涉及漏判事项，不违反上诉不加刑原则的要求。需要指出的是，在第二审期间发现一审漏判涉案财物的情形中，漏判的涉案财物限于“随案移送的涉案财物及其孳息”。换言之，对于未随案移送的涉案财物及其孳息，因尚未成为对物之诉的对象，故不涉及漏判问题。(2)判决生效后发现原判漏判的处理方式。根据本条规定，判决生效后，发现原判未对随案移送的涉案财物及其孳息作出处理的，由原审人民法院依法对涉案财物及其孳息另行作出处理。对于此种情形，究竟如何“另行”处理，司法解释并未作出明确规定，有必要根据涉案财物是否经过法庭调查程序确定权属情况作出区别处理。如果法庭已经查清涉案财物的权属情况，并形成对物之诉的处理结论，只是并未在判决书中写明，则可以直接通过裁定方式予以补正。如果法庭并未对涉案财物的权属进行调查，也未形成处理结论，则有必要重新开庭对涉案财物的权属等情况进行调查，并对涉案财物的处理作出补充判决。

2012年《刑诉法解释》	2021年《刑诉法解释》
第三百六十七条　随案移送的或者人民法院查封、扣押的财物及其孳息，由第一审人民法院在判决生效后负责处理。 ~~涉案财物~~未随案移送的，人民法院应当在判决生效后十日内，将判决书、裁定书送达~~查封、~~扣押机关，并告知其在一个月内将执行回单送回。	**第四百四十七条**　随案移送的或者人民法院查封、扣押的财物及其孳息，由第一审人民法院在判决生效后负责处理。 **实物**未随案移送**、由扣押机关保管**的，人民法院应当在判决生效后十日**以内**，将判决书、裁定书送达扣押机关，并告知其在一个月**以内**将执行回单送回，**确因客观原因无法按时完成的，应当说明原因**。

适用要点

2021年《刑诉法解释》第447条规定了涉案财物的处理方式。《中共中央办公厅、国务院办公厅关于进一步规范刑事诉讼涉案财物处置工作的意见》第5条规定，探索建立跨部门的地方涉案财物集中管理信息平台。公安机关、人民检察院和人民法院查封、扣押、冻结、处理涉案财物，应当依照相关规定将财物清单及时录入信息平台，实现信息共享，确保涉案财物管理规范、移送顺畅、处置及时。涉案财物集中管理信息平台制度的引入,改变了涉案财物的处理方式。根据本条规定,涉案财物的处理可分为以下几种情形:(1)涉案财物的实物已经移送人民法院。对于此类情形,鉴于涉案财物实物在人民法院保管之下,应当由人民法院在判决生效后负责处理。(2)涉案财物的实物未随案移送,由扣押机关保管,但涉案财物清单已经录入信息平台。对于此种情形,随着诉讼程序推进,尽管涉案财物的实物处于扣押机关保管之下,但涉案财物清单已经移交人民法院,视为人民法院可以对涉案财物作出处理。人民法院应当在判决生效后10日以内,将判决书、裁定书送达扣押机关,并告知其在1个月以内将执行回单送回。为督促扣押机关及时执行人民法院的判决,本条新增规定,扣押机关确因客观原因无法按时完成的,应当说明原因。(3)涉案财物的实物未随案移送,涉案财物的清单也未录入信息平台。对于此种情形,鉴于涉案财物并未实际处于人民法院的审理范围,人民法院不能径行对涉案财物作出处理。

2012年《刑诉法解释》	2021年《刑诉法解释》
第三百六十八条 对冻结的存款、汇款、债券、股票、基金份额等财产判决没收的,第一审人民法院应当在判决生效后,将判决书、裁定书送达相关金融机构和财政部门,通知相关金融机构依法上缴国库并在接到执行通知书后十五日内,将上缴国库的凭证、执行回单送回。	**第四百四十八条** 对冻结的存款、汇款、债券、股票、基金份额等财产判决没收的,第一审人民法院应当在判决生效后,将判决书、裁定书送达相关金融机构和财政部门,通知相关金融机构依法上缴国库并在接到执行通知书后十五日**以**内,将上缴国库的凭证、执行回单送回。
第三百六十九条 查封、扣押、冻结的财物与本案无关但已列入清单的,应当由查封、扣押、冻结机关依法处理。 查封、扣押、冻结的财物属于被告人合法所有的,应当在赔偿被害人损失、执行财产刑后及时返还被告人~~;财物未随案移送的,应当通知查封、扣押、冻结机关将赔偿被害人损失、执行财产刑的部分移送人民法院~~。	**第四百四十九条** 查封、扣押、冻结的财物与本案无关但已列入清单的,应当由查封、扣押、冻结机关依法处理。 查封、扣押、冻结的财物属于被告人合法所有的,应当在赔偿被害人损失、执行财产刑后及时返还被告人。

续表

2012年《刑诉法解释》	2021年《刑诉法解释》
第三百七十条　查封、扣押、冻结财物及其处理，本解释没有规定的，参照适用~~法律~~、其他司法解释的有关规定。	**第四百五十条**　查封、扣押、冻结财物及其处理，本解释没有规定的，参照适用其他司法解释的有关规定。

第十九章　审判监督程序

2012 年《刑诉法解释》	2021 年《刑诉法解释》
第十七章　审判监督程序	**第十九章　审判监督程序**
第三百七十一条　当事人及其法定代理人、近亲属对已经发生法律效力的判决、裁定提出申诉的，人民法院应当审查处理。 案外人认为已经发生法律效力的判决、裁定侵害其合法权益，提出申诉的，人民法院应当审查处理。 申诉可以委托律师代为进行。	**第四百五十一条**　当事人及其法定代理人、近亲属对已经发生法律效力的判决、裁定提出申诉的，人民法院应当审查处理。 案外人认为已经发生法律效力的判决、裁定侵害其合法权益，提出申诉的，人民法院应当审查处理。 申诉可以委托律师代为进行。
第三百七十二条　向人民法院申诉，应当提交以下材料： （一）申诉状。应当写明当事人的基本情况、联系方式以及申诉的事实与理由； （二）原一、二审判决书、裁定书等法律文书。经过人民法院复查或者再审的，应当附有驳回通知书、再审决定书、再审判决书、裁定书； （三）其他相关材料。以有新的证据证明原判决、裁定认定的事实确有错误为由申诉的，应当同时附有相关证据材料；申请人民法院调查取证的，应当附有相关线索或者材料。 申诉不符合前款规定的，人民法院应当告知申诉人补充材料；申诉人~~对必要材料拒绝补充~~且无正当理由的，不予审查。	**第四百五十二条**　向人民法院申诉，应当提交以下材料： （一）申诉状。应当写明当事人的基本情况、联系方式以及申诉的事实与理由； （二）原一、二审判决书、裁定书等法律文书。经过人民法院复查或者再审的，应当附有驳回**申诉**通知书、再审决定书、再审判决书、裁定书； （三）其他相关材料。以有新的证据证明原判决、裁定认定的事实确有错误为由申诉的，应当同时附有相关证据材料；申请人民法院调查取证的，应当附有相关线索或者材料。 **申诉符合前款规定的，人民法院应当出具收到申诉材料的回执。**申诉不符合前款规定的，人民法院应当告知申诉人补充材料；申诉人**拒绝补充必要材料**且无正当理由的，不予审查。

适用要点

2021年《刑诉法解释》第452条规定了提起申诉应当提交的材料。在2012年《刑诉法解释》第372条规定的基础上，本条新增规定，申诉符合前款规定的，人民法院应当出具收到申诉材料的回执。这一要求为申诉人提供了已经提起申诉的凭据，同时督促有关法院履行申诉审查时限的要求。

2012年《刑诉法解释》	2021年《刑诉法解释》
第三百七十三条　申诉由终审人民法院审查处理。但是，第二审人民法院裁定准许撤回上诉的案件，申诉人对第一审判决提出申诉的，可以由第一审人民法院审查处理。 上一级人民法院对未经终审人民法院审查处理的申诉，可以告知申诉人向终审人民法院提出申诉，或者直接交终审人民法院审查处理，并告知申诉人；案件疑难、复杂、重大的，也可以直接审查处理。 对未经终审人民法院及其上一级人民法院审查处理，直接向上级人民法院申诉的，上级人民法院~~可以~~告知申诉人向下级人民法院提出。	**第四百五十三条**　申诉由终审人民法院审查处理。但是，第二审人民法院裁定准许撤回上诉的案件，申诉人对第一审判决提出申诉的，可以由第一审人民法院审查处理。 上一级人民法院对未经终审人民法院审查处理的申诉，可以告知申诉人向终审人民法院提出申诉，或者直接交终审人民法院审查处理，并告知申诉人；案件疑难、复杂、重大的，也可以直接审查处理。 对未经终审人民法院及其上一级人民法院审查处理，直接向上级人民法院申诉的，上级人民法院**应当**告知申诉人向下级人民法院提出。
	第四百五十四条　最高人民法院或者上级人民法院可以指定终审人民法院以外的人民法院对申诉进行审查。被指定的人民法院审查后，应当制作审查报告，提出处理意见，层报最高人民法院或者上级人民法院审查处理。

适用要点

2021年《刑诉法解释》第454条系新增规定。《刑事诉讼法》第255条规定，上级人民法院指令下级人民法院再审的，应当指令原审人民法院以外的下级人民法院审理;由原审人民法院审理更为适宜的,也可以指令原审人民法院审理。据此,指定异地法院对申诉进行审查,既是法律的应然要求,也是抵制办案压力、纠正冤假错案的重要途径。“聂树斌案”等冤假错案的再审经过就是典型例子。最高人民法院或者终审人民法院的上级人民法院,均可以指定终审人民法院以外的人民法院对申诉进行审查。通常情况下,最高人民法院或者上级人民法院指定终审人民法院以外的人民法院对申诉进行审查,应当指定与终审人民法院同级的人民法院,以便与再审案件的审级相适应。

2012 年《刑诉法解释》	2021 年《刑诉法解释》
第三百七十四条 对死刑案件的申诉,可以由原核准的人民法院直接审查处理,也可以交由原审人民法院审查。原审人民法院应当写出审查报告,提出处理意见,层报原核准的人民法院审查处理。	**第四百五十五条** 对死刑案件的申诉,可以由原核准的人民法院直接审查处理,也可以交由原审人民法院审查。原审人民法院应当**制作**审查报告,提出处理意见,层报原核准的人民法院审查处理。
	第四百五十六条 对立案审查的申诉案件,人民法院可以听取当事人和原办案单位的意见,也可以对原判据以定罪量刑的证据和新的证据进行核实。必要时,可以进行听证。

适用要点

2021 年《刑诉法解释》第 456 条系新增规定。对于立案审查的申诉案件,并不实行公开审理。为准确核实案件事实,依法纠正原判错误,本条规定了申诉案件的调查核实程序。(1)人民法院可以听取当事人和原办案单位的意见。当事人及其委托律师可以向人民法院提出口头意见,也可以提交书面意见。原办案单位可以针对当事人的申诉,提出相应的反馈意见。(2)人民法院可以对原判据以定罪量刑的证据和新的证据进行核实。对于当事人提出异议的事实证据,人民法院应当重点核实。人民法院核实新的证据,必要时将核实结论告知原办案单位和申诉人。(3)必要时,人民法院可以进行听证。尽管申诉案件通常实行书面审理,但对于社会广泛关注、重大复杂的申诉案件,人民法院在必要时可以进行公开听证。在公开听证过程中，人民法院可以邀请专家学者参加，并听取有关方面的意见。

2012年《刑诉法解释》	2021年《刑诉法解释》
第三百七十五条 对立案审查的申诉案件，应当在三个月内作出决定，至迟不得超过六个月。 经审查，具有下列情形之一的，应当根据刑事诉讼法第~~二百四十二~~条的规定，决定重新审判： （一）有新的证据证明原判决、裁定认定的事实确有错误，可能影响定罪量刑的； （二）据以定罪量刑的证据不确实、不充分、依法应当排除的； （三）证明案件事实的主要证据之间存在矛盾的； （四）主要事实依据被依法变更或者撤销的； （五）认定罪名错误的； （六）量刑明显不当的； （七）违反法律关于溯及力规定的； （八）违反~~法律规定的~~诉讼程序，可能影响公正裁判的； （九）审判人员在审理该案件时有贪污受贿、徇私舞弊、枉法裁判行为的。 申诉不具有上述情形的，应当说服申诉人撤回申诉；对仍然坚持申诉的，应当书面通知驳回。	**第四百五十七条** 对立案审查的申诉案件，应当在三个月**以**内作出决定，至迟不得超过六个月。**因案件疑难、复杂、重大或者其他特殊原因需要延长审查期限的，参照本解释第二百一十条的规定处理。** 经审查，具有下列情形之一的，应当根据刑事诉讼法第**二百五十三**条的规定，决定重新审判： （一）有新的证据证明原判决、裁定认定的事实确有错误，可能影响定罪量刑的； （二）据以定罪量刑的证据不确实、不充分、依法应当排除的； （三）证明案件事实的主要证据之间存在矛盾的； （四）主要事实依据被依法变更或者撤销的； （五）认定罪名错误的； （六）量刑明显不当的； **（七）对违法所得或者其他涉案财物的处理确有明显错误的；** （八）违反法律关于溯及力规定的； （九）违反**法定**诉讼程序，可能影响公正裁判的； （十）审判人员在审理该案件时有贪污受贿、徇私舞弊、枉法裁判行为的。 申诉不具有上述情形的，应当说服申诉人撤回申诉；对仍然坚持申诉的，应当书面通知驳回。

适用要点

2021 年《刑诉法解释》第 457 条规定了申诉案件的审理期限，以及再审案件的立案条件。在 2012 年《刑诉法解释》第 375 条规定的审理期限基础上，本条新增规定，因案件疑难、复杂、重大或者其他特殊原因需要延长审查期限的，参照本解释第 210 条的规定处理。即，对于此类需要延长审理期限的案件，上一级人民法院可以批准延长审理期限 1 次，期限为 3 个月。因特殊情况还需要延长的，应当报请最高人民法院批准。申请批准延长审理期限的，应当在期限届满 15 日以前层报。有权决定的人民法院不同意的，应当在审理期限届满 5 日以前作出决定。因特殊情况报请最高人民法院批准延长审理期限，最高人民法院经审查，予以批准的，可以延长 1~3 个月。期限届满案件仍然不能审结的，可以再次提出申请。

关于应当重新审判的情形，在 2012 年《刑诉法解释》第 375 条规定的基础上，本条新增一种情形，即，对违法所得或者其他涉案财物的处理确有明显错误的情形。这意味着，对物之诉的相对独立性，同样适用于审判监督程序。

2012 年《刑诉法解释》	2021 年《刑诉法解释》
第三百七十六条 具有下列情形之一，可能改变原判决、裁定据以定罪量刑的事实的证据，应当认定为刑事诉讼法第~~三百四十二~~条第一项规定的“新的证据”： （一）原判决、裁定生效后新发现的证据； （二）原判决、裁定生效前已经发现，但未予收集的证据； （三）原判决、裁定生效前已经收集，但未经质证的证据； （四）原判决、裁定所依据的鉴定意见，勘验、检查等笔录~~或者其他证据~~被改变或者否定的。	**第四百五十八条** 具有下列情形之一，可能改变原判决、裁定据以定罪量刑的事实的证据，应当认定为刑事诉讼法第**二百五十三**条第一项规定的“新的证据”： （一）原判决、裁定生效后新发现的证据； （二）原判决、裁定生效前已经发现，但未予收集的证据； （三）原判决、裁定生效前已经收集，但未经质证的证据； （四）原判决、裁定所依据的鉴定意见，勘验、检查等笔录被改变或者否定的； **（五）原判决、裁定所依据的被告人供述、证人证言等证据发生变化，影响定罪量刑，且有合理理由的。**

适用要点

2021年《刑诉法解释》第458条规定了审判监督程序中新的证据的认定标准。与2012年《刑诉法解释》第376条相比，本条对于证据发生变化的规定，区分了言词证据和客观证据两种情形。(1)原判决、裁定所依据的鉴定意见，勘验、检查等笔录被改变或者否定的情形。对于此种情形，鉴于此类客观证据通常是定案的关键证据，一旦被改变或者否定，将影响定罪量刑，因此属于新的证据范畴。(2)原判决、裁定所依据的被告人供述、证人证言等证据发生变化，影响定罪量刑，且有合理理由的情形。鉴于言词证据具有易变性，且存在各种变化的因素，有必要区分情形作出处理。对于言词证据发生变化，可能改变定罪量刑事实，并且存在合理理由的情形，应当属于新的证据范畴。相比之下，如果言词证据的变化不影响定罪量刑，或者翻供、翻证没有合理理由，则不应视为新的证据。

2012年《刑诉法解释》	2021年《刑诉法解释》
第三百七十七条 申诉人对驳回申诉不服的，可以向上一级人民法院申诉。上一级人民法院经审查认为申诉不符合刑事诉讼法第~~二百四十~~三条和本解释第~~三百七十~~五条第二款规定的，应当说服申诉人撤回申诉；对仍然坚持申诉的，应当驳回或者通知不予重新审判。	**第四百五十九条** 申诉人对驳回申诉不服的，可以向上一级人民法院申诉。上一级人民法院经审查认为申诉不符合刑事诉讼法第**二百五十三**条和本解释第**四百五十七**条第二款规定的，应当说服申诉人撤回申诉；对仍然坚持申诉的，应当驳回或者通知不予重新审判。
第三百七十八条 各级人民法院院长发现本院已经发生法律效力的判决、裁定确有错误的，应当提交审判委员会讨论决定是否再审。	**第四百六十条** 各级人民法院院长发现本院已经发生法律效力的判决、裁定确有错误的，应当提交审判委员会讨论决定是否再审。
第三百七十九条 上级人民法院发现下级人民法院已经发生法律效力的判决、裁定确有错误的，可以指令下级人民法院再审；原判决、裁定认定事实正确但适用法律错误，或者案件疑难、复杂、重大，或者有不宜由原审人民法院审理情形的，也可以提审。	**第四百六十一条** 上级人民法院发现下级人民法院已经发生法律效力的判决、裁定确有错误的，可以指令下级人民法院再审；原判决、裁定认定事实正确但适用法律错误，或者案件疑难、复杂、重大，或者有不宜由原审人民法院审理情形的，也可以提审。

续表

2012年《刑诉法解释》	2021年《刑诉法解释》
上级人民法院指令下级人民法院再审的，一般应当指令原审人民法院以外的下级人民法院审理；由原审人民法院审理更有利于查明案件事实、纠正裁判错误的，可以指令原审人民法院审理。	上级人民法院指令下级人民法院再审的，一般应当指令原审人民法院以外的下级人民法院审理；由原审人民法院审理更有利于查明案件事实、纠正裁判错误的，可以指令原审人民法院审理。
第三百八十条　对人民检察院依照审判监督程序提出抗诉的案件，人民法院应当在收到抗诉书后一个月内立案。但是，有下列情形之一的，应当区别情况予以处理： （一）对不属于本院管辖的，应当将案件退回人民检察院； （二）按照抗诉书提供的住址无法向被抗诉的原审被告人送达抗诉书的，应当通知人民检察院在三日内重新提供原审被告人的住址；逾期未提供的，将案件退回人民检察院； （三）以有新的证据为由提出抗诉，但未附相关证据材料或者有关证据不是指向原起诉事实的，应当通知人民检察院在三日内补送相关材料；逾期未补送的，将案件退回人民检察院。 决定退回的抗诉案件，人民检察院经补充相关材料后再次抗诉，经审查符合受理条件的，人民法院应当受理。	**第四百六十二条**　对人民检察院依照审判监督程序提出抗诉的案件，人民法院应当在收到抗诉书后一个月**以**内立案。但是，有下列情形之一的，应当区别情况予以处理： （一）不属于本院管辖的，应当将案件退回人民检察院； （二）按照抗诉书提供的住址无法向被抗诉的原审被告人送达抗诉书的，应当通知人民检察院在三日**以**内重新提供原审被告人的住址；逾期未提供的，将案件退回人民检察院； （三）以有新的证据为由提出抗诉，但未附相关证据材料或者有关证据不是指向原起诉事实的，应当通知人民检察院在三日**以**内补送相关材料；逾期未补送的，将案件退回人民检察院。 决定退回的抗诉案件，人民检察院经补充相关材料后再次抗诉，经审查符合受理条件的，人民法院应当受理。
第三百八十一条　对人民检察院依照审判监督程序提出抗诉的案件，接受抗诉的人民法院应当组成合议庭审理。对原判事实不清、证据不足，包括有新的证据证明原判可能有错误，需要指令下级人民法院再审的，应当	**第四百六十三条**　对人民检察院依照审判监督程序提出抗诉的案件，接受抗诉的人民法院应当组成合议庭审理。对原判事实不清、证据不足，包括有新的证据证明原判可能有错误，需要指令下级人民法院再审的，应当

续表

2012 年《刑诉法解释》	2021 年《刑诉法解释》
在立案之日起一个月内作出决定，并将指令再审决定书送达抗诉的人民检察院。	在立案之日起一个月**以**内作出决定，并将指令再审决定书送达抗诉的人民检察院。
第三百八十二条　对决定依照审判监督程序重新审判的案件，~~除人民检察院抗诉的以外~~，人民法院应当制作再审决定书。再审期间不停止原判决、裁定的执行，但被告人可能经再审改判无罪，或者可能经再审减轻原判刑罚而致刑期届满的，可以决定中止原判决、裁定的执行，必要时，可以对被告人采取取保候审、监视居住措施。	**第四百六十四条**　对决定依照审判监督程序重新审判的案件，人民法院应当制作再审决定书。再审期间不停止原判决、裁定的执行，但被告人可能经再审改判无罪，或者可能经再审减轻原判刑罚而致刑期届满的，可以决定中止原判决、裁定的执行，必要时，可以对被告人采取取保候审、监视居住措施。

适用要点

2021 年《刑诉法解释》第 464 条规定了依照审判监督程序重新审判案件的程序衔接。根据 2012 年《刑诉法解释》第 382 条规定，“除人民检察院抗诉的以外”，人民法院应当制作再审决定书，第 464 条规定删去了这一例外情形。据此，对于依照审判监督程序重新审判的案件，人民法院一律应当制作再审决定书。

2012 年《刑诉法解释》	2021 年《刑诉法解释》
第三百八十三条　依照审判监督程序重新审判的案件，人民法院应当重点针对申诉、抗诉和决定再审的理由进行审理。必要时，应当对原判决、裁定认定的事实、证据和适用法律进行全面审查。	**第四百六十五条**　依照审判监督程序重新审判的案件，人民法院应当重点针对申诉、抗诉和决定再审的理由进行审理。必要时，应当对原判决、裁定认定的事实、证据和适用法律进行全面审查。
第三百八十四条　原审人民法院审理依照审判监督程序重新审判的案件，应当另行组成合议庭。 原来是第一审案件，应当依照第一	**第四百六十六条**　原审人民法院审理依照审判监督程序重新审判的案件，应当另行组成合议庭。 原来是第一审案件，应当依照第一

续表

2012 年《刑诉法解释》	2021 年《刑诉法解释》
审程序进行审判，所作的判决、裁定可以上诉、抗诉；原来是第二审案件，或者是上级人民法院提审的案件，应当依照第二审程序进行审判，所作的判决、裁定是终审的判决、裁定。 ~~对原审被告人、原审自诉人已经死亡或者丧失行为能力的再审案件，可以不开庭审理。~~	审程序进行审判，所作的判决、裁定可以上诉、抗诉；原来是第二审案件，或者是上级人民法院提审的案件，应当依照第二审程序进行审判，所作的判决、裁定是终审的判决、裁定。 **符合刑事诉讼法第二百九十六条、第二百九十七条规定的，可以缺席审判。**

适用要点

2021 年《刑诉法解释》第 466 条规定了依照审判监督程序重新审判案件的审判组织和审理方式。根据 2012 年《刑诉法解释》第 384 条的规定，对原审被告人、原审自诉人已经死亡或者丧失行为能力的再审案件，可以不开庭审理。2018 年《刑事诉讼法》修改引入了缺席审判程序，本条据此删去了 2012 年《刑诉法解释》的上述内容，并新增规定，符合《刑事诉讼法》第 296 条、第 297 条规定的，可以缺席审判。具体言之，因原审被告人患有严重疾病无法出庭，中止审理超过 6 个月，原审被告人仍无法出庭，原审被告人及其法定代理人、近亲属申请或者同意恢复审理的，人民法院可以在原审被告人不出庭的情况下缺席审理，依法作出判决。同时，人民法院按照审判监督程序重新审判的案件，原审被告人死亡的，人民法院可以缺席审理，依法作出判决。

2012 年《刑诉法解释》	2021 年《刑诉法解释》
	第四百六十七条　对依照审判监督程序重新审判的案件，人民法院在依照第一审程序进行审判的过程中，发现原审被告人还有其他犯罪的，一般应当并案审理，但分案审理更为适宜的，可以分案审理。

适用要点

2021年《刑诉法解释》第467条系新增规定。对于依照审判监督程序重新审判的案件,原审被告人可能还有其他犯罪,为确保数罪并罚后量刑适当,一般应当并案审理。对于本条规定,需要注意以下事项:(1)依照第一审程序进行审判的情形。《刑事诉讼法》第256条规定,人民法院按照审判监督程序重新审判的案件,如果原来是第一审案件,应当依照第一审程序进行审判,所作的判决、裁定,可以上诉、抗诉;如果原来是第二审案件,或者是上级人民法院提审的案件,应当依照第二审程序进行审判,所作的判决、裁定,是终审的判决、裁定。据此,按照审判监督程序重新审判的案件,可以根据案件情况适用第一审或者第二审程序。本条规定所涉情形,主要是指依照第一审程序进行审判的案件。鉴于重新审判的案件与原审被告人所涉的其他犯罪均适用第一审程序,并案审理并无法律障碍。基于数罪并罚后量刑适当,以及节约司法资源等考虑,对于此种情形,一般应当并案审理。(2)分案审理更为适宜的情形。有的案件,原审被告人所涉的其他犯罪,还涉及其他同案人,或者犯罪事实比较复杂,需要较长时间补查补正。此种情况下,分案审理可能更为适宜,因此可以分案审理。(3)第二审程序中并案审理。对于第一审程序中分案审理的案件,根据案件情况,也可以在第二审程序中并案审理。例如,原审被告人对于重新审判的案件与针对其他犯罪所作的一审判决,在一审宣判后均提出上诉的,就可以考虑在第二审程序中并案审理。

2012年《刑诉法解释》	2021年《刑诉法解释》
第三百八十五条　开庭审理的再审案件,再审决定书或者抗诉书只针对部分原审被告人,其他同案原审被告人不出庭不影响审理的,可以不出庭参加诉讼。	**第四百六十八条**　开庭审理再审案件,再审决定书或者抗诉书只针对部分原审被告人,其他同案原审被告人不出庭不影响审理的,可以不出庭参加诉讼。
第三百八十六条　除人民检察院抗诉的以外,再审一般不得加重原审被告人的刑罚。再审决定书或者抗诉书只针对部分原审被告人的,不得加重其他同案原审被告人的刑罚。	**第四百六十九条**　除人民检察院抗诉的以外,再审一般不得加重原审被告人的刑罚。再审决定书或者抗诉书只针对部分原审被告人的,不得加重其他同案原审被告人的刑罚。

续表

2012年《刑诉法解释》	2021年《刑诉法解释》
第三百八十七条 人民法院审理人民检察院抗诉的再审案件,人民检察院在开庭审理前撤回抗诉的,应当裁定准许;人民检察院接到出庭通知后不派员出庭,且未说明原因的,可以裁定按撤回抗诉处理,并通知诉讼参与人。 人民法院审理申诉人申诉的再审案件,申诉人在再审期间撤回申诉的,~~应当~~裁定准许;申诉人经依法通知无正当理由拒不到庭,或者未经法庭许可中途退庭的,~~应当~~裁定按撤回申诉处理,但申诉人不是原审当事人的除外。	**第四百七十条** 人民法院审理人民检察院抗诉的再审案件,人民检察院在开庭审理前撤回抗诉的,应当裁定准许;人民检察院接到出庭通知后不派员出庭,且未说明原因的,可以裁定按撤回抗诉处理,并通知诉讼参与人。 人民法院审理申诉人申诉的再审案件,申诉人在再审期间撤回申诉的,**可以**裁定准许;**但认为原判确有错误的,应当不予准许,继续按照再审案件审理。**申诉人经依法通知无正当理由拒不到庭,或者未经法庭许可中途退庭的,**可以**裁定按撤回申诉处理,但申诉人不是原审当事人的除外。

适用要点

2021年《刑诉法解释》第470条规定了再审案件撤回抗诉和撤回申诉情形的处理规则。对于申诉人申诉的再审案件,根据2012年《刑诉法解释》第387条的规定,申诉人在再审期间撤回申诉的,"应当"裁定准许;申诉人经依法通知无正当理由拒不到庭,或者未经法庭许可中途退庭的,"应当"裁定按撤回申诉处理,但申诉人不是原审当事人的除外。为强化申诉程序的救济和纠错功能,本条规定将上述两处"应当"改为"可以",具体分为两种情形:(1)申诉人在再审期间撤回申诉的情形。人民法院不再基于"应当"的要求径行裁定准许,而是"可以"裁定准许。同时,本条新增规定,人民法院认为原判确有错误的,"应当"不予准许,继续按照再审案件审理。(2)申诉人经依法通知无正当理由拒不到庭,或者未经法庭许可中途退庭的情形。同理,人民法院不再基于"应当"的要求径行裁定准许,而是"可以"裁定按撤回申诉处理,但申诉人不是原审当事人的除外。

2012年《刑诉法解释》	2021年《刑诉法解释》
第三百八十八条　开庭审理的再审案件，系人民法院决定再审的，由合议庭组成人员宣读再审决定书；系人民检察院抗诉的，由~~检察人员~~宣读抗诉书；系申诉人申诉的，由申诉人或者其辩护人、诉讼代理人陈述申诉理由。	**第四百七十一条**　开庭审理的再审案件，系人民法院决定再审的，由合议庭组成人员宣读再审决定书；系人民检察院抗诉的，由**检察员**宣读抗诉书；系申诉人申诉的，由申诉人或者其辩护人、诉讼代理人陈述申诉理由。
第三百八十九条　再审案件经过重新审理后，应当按照下列情形分别处理： （一）原判决、裁定认定事实和适用法律正确、量刑适当的，应当裁定驳回申诉或者抗诉，维持原判决、裁定； （二）原判决、裁定定罪准确、量刑适当，但在认定事实、适用法律等方面有瑕疵的，应当裁定纠正并维持原判决、裁定； （三）原判决、裁定认定事实没有错误，但适用法律错误，或者量刑不当的，应当撤销原判决、裁定，依法改判； （四）依照第二审程序审理的案件，原判决、裁定事实不清或者证据不足的，可以在查清事实后改判，也可以裁定撤销原判，发回原审人民法院重新审判。 原判决、裁定事实不清或者证据不足，经审理事实已经查清的，应当根据查清的事实依法裁判；事实仍无法查清，证据不足，不能认定被告人有罪的，应当撤销原判决、裁定，判决宣告被告人无罪。	**第四百七十二条**　再审案件经过重新审理后，应当按照下列情形分别处理： （一）原判决、裁定认定事实和适用法律正确、量刑适当的，应当裁定驳回申诉或者抗诉，维持原判决、裁定； （二）原判决、裁定定罪准确、量刑适当，但在认定事实、适用法律等方面有瑕疵的，应当裁定纠正并维持原判决、裁定； （三）原判决、裁定认定事实没有错误，但适用法律错误或者量刑不当的，应当撤销原判决、裁定，依法改判； （四）依照第二审程序审理的案件，原判决、裁定事实不清、证据不足的，可以在查清事实后改判，也可以裁定撤销原判，发回原审人民法院重新审判。 原判决、裁定事实不清或者证据不足，经审理事实已经查清的，应当根据查清的事实依法裁判；事实仍无法查清，证据不足，不能认定被告人有罪的，应当撤销原判决、裁定，判决宣告被告人无罪。
第三百九十条　原判决、裁定认定被告人姓名等身份信息有误，但认定事实和适用法律正确、量刑适当的，作出生效判决、裁定的人民法院可以通过裁定对有关信息予以更正。	**第四百七十三条**　原判决、裁定认定被告人姓名等身份信息有误，但认定事实和适用法律正确、量刑适当的，作出生效判决、裁定的人民法院可以通过裁定对有关信息予以更正。

续表

2012 年《刑诉法解释》	2021 年《刑诉法解释》
第三百九十一条 对再审改判宣告无罪并依法享有申请国家赔偿权利的当事人,人民法院宣判时,应当告知其在判决发生法律效力后可以依法申请国家赔偿。	**第四百七十四条** 对再审改判宣告无罪并依法享有申请国家赔偿权利的当事人,人民法院宣判时,应当告知其在判决发生法律效力后可以依法申请国家赔偿。

第二十章　涉外刑事案件的审理和刑事司法协助

2012年《刑诉法解释》	2021年《刑诉法解释》
第十八章　涉外刑事案件的审理和司法协助	**第二十章　涉外刑事案件的审理和刑事司法协助**
	第一节　涉外刑事案件的审理
第三百九十二条　本解释所称的涉外刑事案件是指： （一）在中华人民共和国领域内，外国人犯罪的或者我国公民~~侵犯外国人合法权利~~的刑事案件； （二）符合刑法第七条、第十条规定情形的我国公民在中华人民共和国领域外犯罪的案件； （三）符合刑法第八条、第十条规定情形的外国人~~对中华人民共和国国家或者公民犯~~罪的案件； （四）符合刑法第九条规定情形的中华人民共和国在所承担国际条约义务范围内行使管辖权的案件。	**第四百七十五条**　本解释所称的涉外刑事案件是指： （一）在中华人民共和国领域内，外国人犯罪或者我国公民**对外国、外国人犯罪**的案件； （二）符合刑法第七条、第十条规定情形的我国公民在中华人民共和国领域外犯罪的案件； （三）符合刑法第八条、第十条规定情形的外国人犯罪的案件； （四）符合刑法第九条规定情形的中华人民共和国在所承担国际条约义务范围内行使管辖权的案件。

适用要点

2021年《刑诉法解释》第475条规定了涉外刑事案件的范围。在2012年《刑诉法解释》第392条规定的基础上，本条作出两处修改：(1)将第1项"我国公民侵犯外国人合法权利的刑事案件"调整为"我国公民对外国、外国人犯罪的案件"，主要是增加了针对外国犯罪的情形。(2)将第3项"外国人对中华人民共和国国家或者公民犯罪的案件"调整为"外国人犯罪的案件"，主要是增加了普遍管辖的情形。

2012 年《刑诉法解释》	2021 年《刑诉法解释》
第三百九十三条　第一审涉外刑事案件，除刑事诉讼法~~第二十条至第二十二条~~规定的以外，由基层人民法院管辖。必要时，中级人民法院可以指定辖区内若干基层人民法院集中管辖第一审涉外刑事案件，也可以依照刑事诉讼法~~第二十三条~~的规定，审理基层人民法院管辖的第一审涉外刑事案件。	**第四百七十六条**　第一审涉外刑事案件，除刑事诉讼法**第二十一条至第二十三条**规定的以外，由基层人民法院管辖。必要时，中级人民法院可以指定辖区内若干基层人民法院集中管辖第一审涉外刑事案件，也可以依照刑事诉讼法第**二十四**条的规定，审理基层人民法院管辖的第一审涉外刑事案件。
第三百九十四条　外国人的国籍，根据其入境时的有效证件确认；国籍不明的，根据公安机关或者有关国家驻华使、领馆出具的证明确认。 国籍无法查明的，以无国籍人对待，适用本章有关规定，在裁判文书中写明“国籍不明”。	**第四百七十七条**　外国人的国籍，根据其入境时**持用**的有效证件确认；国籍不明的，根据公安机关或者有关国家驻华使领馆出具的证明确认。 国籍无法查明的，以无国籍人对待，适用本章有关规定，在裁判文书中写明“国籍不明”。

适用要点

2021 年《刑诉法解释》第 477 条规定了确认外国人国籍的规则。本条规定将 2012 年《刑诉法解释》第 394 条中的“根据其入境时的有效证件确认”调整为“根据其入境时持用的有效证件确认”。据此，对于持有两国或者多国护照或身份证明的外国人，应当以其入境通关时持用的国籍证件作为确认国籍的依据。

☞ 典型案例

袁闵钢、包华敏骗取出境证件案[1]

裁判要旨：对被告人国籍的确认，不仅涉及对案件的属人管辖权，而且涉及法院审理此案是否适用涉外案件审理程序，以及是否适用对外国人独立或者附加适用的刑罚。根据国际惯例，对于自然人国籍的积极冲

〔1〕 参见《刑事审判参考》总第 9 辑第 69 号案例。

突（即包括双重国籍），原始国籍政府对国籍问题有优先管辖权。被告人原始国籍是中国籍，我国首先有权依据我国法律来确认被告人是否具有中国国籍或者是否丧失中国国籍。根据我国《国籍法》的规定，自动丧失中国国籍必须同时具备两个条件：一是中国公民定居外国；二是自愿加入或取得外国国籍。被告人只是购买某国护照，并未在该国定居，不符合自动丧失中国国籍的法定条件，在其未根据我国《国籍法》的规定办理退出中国国籍的申请并获有关部门批准以前，其仍具有中国国籍。我国不承认中国公民具有双重国籍。在已依法确定被告人具有中国国籍后，我国不承认其具有外国国籍。根据《国籍法》的规定，法院在审查被告人身份时，对被告人是否具有或者是否丧失中国国籍，应以我国公安部门确定的为准，以此作为认定被告人身份的依据。

2012年《刑诉法解释》	2021年《刑诉法解释》
第三百九十五条　在刑事诉讼中，外国籍当事人享有我国法律规定的诉讼权利并承担相应义务。	**第四百七十八条**　在刑事诉讼中，外国籍当事人享有我国法律规定的诉讼权利并承担相应义务。
第三百九十六条　涉外刑事案件审判期间，人民法院应当将下列事项及时通报同级人民政府外事主管部门，并通知有关国家驻华使、领馆： （一）人民法院决定对外国籍被告人采取强制措施的情况，包括外国籍当事人的姓名（包括译名）、性别、入境时间、护照或者证件号码、采取的强制措施及法律依据、羁押地点等； （二）开庭的时间、地点、是否公开审理等事项； （三）宣判的时间、地点。 涉外刑事案件宣判后，应当~~及时将处理结果~~通报同级人民政府外事主管部门。 对外国籍被告人执行死刑的，死刑裁决下达后执行前，应当通知其国籍国驻华使、领馆。 外国籍被告人在案件审理中死亡	**第四百七十九条**　涉外刑事案件审判期间，人民法院应当将下列事项及时通报同级人民政府外事主管部门，并**依照有关规定**通知有关国家驻华使领馆： （一）人民法院决定对外国籍被告人采取强制措施的情况，包括外国籍当事人的姓名（包括译名）、性别、入境时间、护照或者证件号码、采取的强制措施及法律依据、羁押地点等； （二）开庭的时间、地点、是否公开审理等事项； （三）宣判的时间、地点。 涉外刑事案件宣判后，应当**将处理结果及时**通报同级人民政府外事主管部门。 对外国籍被告人执行死刑的，死刑裁决下达后执行前，应当通知其国籍国驻华使领馆。

续表

2012年《刑诉法解释》	2021年《刑诉法解释》
的，应当及时通报同级人民政府外事主管部门，并通知有关国家驻华使、领馆。	外国籍被告人在案件审理中死亡的，应当及时通报同级人民政府外事主管部门，并通知有关国家驻华使领馆。
第三百九十七条 需要向有关国家驻华使、领馆通知有关事项的，应当层报高级人民法院，由高级人民法院按照下列规定通知： （一）外国籍当事人国籍国与我国签订有双边领事条约的，根据条约规定办理；未与我国签订双边领事条约，但参加《维也纳领事关系公约》的，根据公约规定办理；未与我国签订领事条约，也未参加《维也纳领事关系公约》，但与我国有外交关系的，可以根据外事主管部门的意见，按照互惠原则，根据有关规定和国际惯例办理； （二）在外国驻华领馆领区内发生的涉外刑事案件，通知有关外国驻该地区的领馆；在外国领馆领区外发生的涉外刑事案件，通知有关外国驻华使馆；与我国有外交关系，但未设使、领馆的国家，可以通知其代管国家驻华使、领馆；无代管国家~~或者~~代管国家不明的，可以不通知； （三）双边领事条约规定通知时限的，应当在规定的期限内通知；~~无双边领事条约~~规定的，应当根据或者参照《维也纳领事关系公约》和国际惯例尽快通知，至迟不得超过七日； （四）双边领事条约没有规定必须通知，外国籍当事人要求不通知其国籍国驻华使、领馆的，可以不通知，但应当由其本人出具书面声明。	**第四百八十条** 需要向有关国家驻华使领馆通知有关事项的，应当层报高级人民法院，由高级人民法院按照下列规定通知： （一）外国籍当事人国籍国与我国签订有双边领事条约的，根据条约规定办理；未与我国签订双边领事条约，但参加《维也纳领事关系公约》的，根据公约规定办理；未与我国签订领事条约，也未参加《维也纳领事关系公约》，但与我国有外交关系的，可以根据外事主管部门的意见，按照互惠原则，根据有关规定和国际惯例办理； （二）在外国驻华领馆领区内发生的涉外刑事案件，通知有关外国驻该地区的领馆；在外国领馆领区外发生的涉外刑事案件，通知有关外国驻华使馆；与我国有外交关系，但未设使领馆的国家，可以通知其代管国家驻华使领馆；无代管国家、代管国家不明的，可以不通知； （三）双边领事条约规定通知时限的，应当在规定的期限内通知；**没有**规定的，应当根据或者参照《维也纳领事关系公约》和国际惯例尽快通知，至迟不得超过七日； （四）双边领事条约没有规定必须通知，外国籍当事人要求不通知其国籍国驻华使领馆的，可以不通知，但应当由其本人出具书面声明。

续表

2012 年《刑诉法解释》	2021 年《刑诉法解释》
高级人民法院向外国驻华使、领馆通知有关事项，必要时，可以请人民政府外事主管部门协助。	高级人民法院向外国驻华使领馆通知有关事项，必要时，可以请人民政府外事主管部门协助。
第三百九十八条　人民法院受理涉外刑事案件后，应当告知在押的外国籍被告人享有与其国籍国驻华使、领馆联系，与其监护人、近亲属会见、通信，以及请求人民法院提供翻译的权利。	**第四百八十一条**　人民法院受理涉外刑事案件后，应当告知在押的外国籍被告人享有与其国籍国驻华使领馆联系，与其监护人、近亲属会见、通信，以及请求人民法院提供翻译的权利。
第三百九十九条　涉外刑事案件审判期间，外国籍被告人在押，其国籍国驻华使、领馆官员要求探视的，可以向受理案件的人民法院所在地的高级人民法院提出。人民法院应当根据我国与被告人国籍国签订的双边领事条约规定的时限予以安排；没有条约规定的，应当尽快安排。必要时，可以请人民政府外事主管部门协助。 涉外刑事案件审判期间，外国籍被告人在押，其监护人、近亲属申请会见的，可以向受理案件的人民法院所在地的高级人民法院提出，并依照本解释第~~四百零三~~条的规定提供与被告人关系的证明。人民法院经审查认为不妨碍案件审判的，可以批准。 被告人拒绝接受探视、会见的，可~~以不予安排，但~~应当由其本人出具书面声明。 探视、会见被告人应当遵守我国法律规定。	**第四百八十二条**　涉外刑事案件审判期间，外国籍被告人在押，其国籍国驻华使领馆官员要求探视的，可以向受理案件的人民法院所在地的高级人民法院提出。人民法院应当根据我国与被告人国籍国签订的双边领事条约规定的时限予以安排；没有条约规定的，应当尽快安排。必要时，可以请人民政府外事主管部门协助。 涉外刑事案件审判期间，外国籍被告人在押，其监护人、近亲属申请会见的，可以向受理案件的人民法院所在地的高级人民法院提出，并依照本解释第**四百八十六**条的规定提供与被告人关系的证明。人民法院经审查认为不妨碍案件审判的，可以批准。 被告人拒绝接受探视、会见的，应当由其本人出具书面声明。**拒绝出具书面声明的，应当记录在案；必要时，应当录音录像。** 探视、会见被告人应当遵守我国法律规定。

适用要点

2021年《刑诉法解释》第482条规定了探视、会见外国籍被告人的程序。根据2012年《刑诉法解释》第399条第3款的规定，被告人拒绝接受探视、会见的，可以不予安排，但应当由其本人出具书面声明。鉴于此种情形涉及探视、会见权的行使，为避免不必要的争议，本条进一步规范了相应的程序，即，被告人拒绝出具书面声明的，应当记录在案；必要时，应当录音录像。

2012年《刑诉法解释》	2021年《刑诉法解释》
第四百条 人民法院审理涉外刑事案件，应当公开进行，但依法不应公开审理的除外。 公开审理的涉外刑事案件，外国籍当事人国籍国驻华使、领馆官员要求旁听的，可以向受理案件的人民法院所在地的高级人民法院提出申请，人民法院应当安排。	**第四百八十三条** 人民法院审理涉外刑事案件，应当公开进行，但依法不应公开审理的除外。 公开审理的涉外刑事案件，外国籍当事人国籍国驻华使领馆官员要求旁听的，可以向受理案件的人民法院所在地的高级人民法院提出申请，人民法院应当安排。
第四百零一条 人民法院审判涉外刑事案件，使用中华人民共和国通用的语言、文字，应当为外国籍当事人提供翻译。 人民法院的诉讼文书为中文本。外国籍当事人不通晓中文的，应当附有外文译本，译本不加盖人民法院印章，以中文本为准。 外国籍当事人通晓中国语言、文字，拒绝他人翻译，或者不需要诉讼文书外文译本的，应当由其本人出具书面声明。	**第四百八十四条** 人民法院审判涉外刑事案件，使用中华人民共和国通用的语言、文字，应当为外国籍当事人提供翻译。**翻译人员应当在翻译文件上签名。** 人民法院的诉讼文书为中文本。外国籍当事人不通晓中文的，应当附有外文译本，译本不加盖人民法院印章，以中文本为准。 外国籍当事人通晓中国语言、文字，拒绝他人翻译，或者不需要诉讼文书外文译本的，应当由其本人出具书面声明。**拒绝出具书面声明的，应当记录在案；必要时，应当录音录像。**

适用要点

2021年《刑诉法解释》第484条规定了诉讼文书的翻译要求。在

2012年《刑诉法解释》第401条规定的基础上，为避免不必要的争议，本条新增规定，对于为外国籍当事人提供翻译的情形，翻译人员应当在翻译文件上签名。同时，对于外国籍当事人拒绝他人翻译，或者不需要诉讼文书外文译本，拒绝出具书面声明的，应当记录在案；必要时，应当录音录像。

2012年《刑诉法解释》	2021年《刑诉法解释》
第四百零二条　外国籍被告人委托律师辩护，或者外国籍附带民事诉讼原告人、自诉人委托律师代理诉讼的，应当委托具有中华人民共和国律师资格并依法取得执业证书的律师。 外国籍被告人在押的，其监护人、近亲属或者其国籍国驻华使、领馆可以代为委托辩护人。其监护人、近亲属代为委托的，应当提供与被告人关系的有效证明。 外国籍当事人委托其监护人、近亲属担任辩护人、诉讼代理人的，被委托人应当提供与当事人关系的有效证明。经审查，符合刑事诉讼法、有关司法解释规定的，人民法院应当准许。 外国籍被告人没有委托辩护人的，人民法院可以通知法律援助机构为其指派律师提供辩护。被告人拒绝辩护人辩护的，应当由其出具书面声明，或者将其口头声明记录在案。被告人属于应当提供法律援助情形的，依照本解释第~~四十五~~条规定处理。	**第四百八十五条**　外国籍被告人委托律师辩护，或者外国籍附带民事诉讼原告人、自诉人委托律师代理诉讼的，应当委托具有中华人民共和国律师资格并依法取得执业证书的律师。 外国籍被告人在押的，其监护人、近亲属或者其国籍国驻华使领馆可以代为委托辩护人。其监护人、近亲属代为委托的，应当提供与被告人关系的有效证明。 外国籍当事人委托其监护人、近亲属担任辩护人、诉讼代理人的，被委托人应当提供与当事人关系的有效证明。经审查，符合刑事诉讼法、有关司法解释规定的，人民法院应当准许。 外国籍被告人没有委托辩护人的，人民法院可以通知法律援助机构为其指派律师提供辩护。被告人拒绝辩护人辩护的，应当由其出具书面声明，或者将其口头声明记录在案**；必要时，应当录音录像**。被告人属于应当提供法律援助情形的，依照本解释第**五十**条规定处理。

适用要点

2021年《刑诉法解释》第485条规定了外国籍被告人委托辩护人的程序。2012年《刑诉法解释》第402条规定，被告人拒绝辩护人辩护的，应当由其出具书面声明，或者将其口头声明记录在案。本条在此基础上，新增“必要时，应当录音录像”这一规定。

2012 年《刑诉法解释》	2021 年《刑诉法解释》
第四百零三条　外国籍当事人从中华人民共和国领域外寄交或者托交给中国律师或者中国公民的委托书，以及外国籍当事人的监护人、近亲属提供的与当事人关系的证明，必须经所在国公证机关证明，所在国中央外交主管机关或者其授权机关认证，并经~~我国~~驻该国使、领馆认证，但我国与该国之间有互免认证协定的除外。	**第四百八十六条**　外国籍当事人从中华人民共和国领域外寄交或者托交给中国律师或者中国公民的委托书，以及外国籍当事人的监护人、近亲属提供的与当事人关系的证明，必须经所在国公证机关证明，所在国中央外交主管机关或者其授权机关认证，并经**中华人民共和国**驻该国使领馆认证，或者履行中华人民共和国与该所在国订立的有关条约中规定的证明手续，但我国与该国之间有互免认证协定的除外。

适用要点

2021 年《刑诉法解释》第 486 条规定了委托书和证明的认证手续。根据 2012 年《刑诉法解释》第 403 条的规定，委托书或证明文件除经所在国公证机关证明，所在国中央外交主管机关或者其授权机关认证，并经中华人民共和国驻该国使领馆认证外，本条新增规定，还可以履行中华人民共和国与该所在国订立的有关条约中规定的证明手续。

2012 年《刑诉法解释》	2021 年《刑诉法解释》
第四百零四条　对涉外刑事案件的被告人，可以决定限制出境；对开庭审理案件时必须到庭的证人，可以要求暂缓出境。~~作出限制出境的决定，应当通报同级公安机关或者国家安全机关；~~限制外国人出境的，应当同时通报同级人民政府外事主管部门和当事人国籍国驻华使、领馆。 人民法院决定限制外国人和中国公民出境的，应当书面通知被限制出境的人在案件审理终结前不得离境，	**第四百八十七条**　对涉外刑事案件的被告人，可以决定限制出境；对开庭审理案件时必须到庭的证人，可以要求暂缓出境。限制外国人出境的，应当通报同级人民政府外事主管部门和当事人国籍国驻华使领馆。 人民法院决定限制外国人和中国公民出境的，应当书面通知被限制出境的人在案件审理终结前不得离境，并可以采取扣留护照或者其他出入境证件的办法限制其出境；扣留证件的，

续表

2012年《刑诉法解释》	2021年《刑诉法解释》
并可以采取扣留护照或者其他出入境证件的办法限制其出境；扣留证件的，应当履行必要手续，并发给本人扣留证件的证明。 对需要~~在边防检查站阻止外国人和中国公民出境的，~~受理案件的人民法院应当层报高级人民法院~~，由高级人民法院填写口岸阻止人员出境通知书，向同级公安机关办理交控手续~~。~~控制口岸不在本省、自治区、直辖市的，应当通过有关省、自治区、直辖市公安机关~~办理交控手续。紧急情况下，~~确有必要的，也~~可以先向边防检查站交控，~~再补办交控~~手续。	应当履行必要手续，并发给本人扣留证件的证明。 需要**对外国人和中国公民在口岸采取边控措施的，**受理案件的人民法院应当**按照规定制作边控对象通知书，并附有关法律文书，**层报高级人民法院办理交控手续。紧急情况下，**需要采取临时边控措施的，受理案件的人民法院**可以先向**有关口岸所在地出入境**边防检查**机关**交控，**但应当在七日以内按照规定层报高级人民法院办理手续。**

适用要点

2021年《刑诉法解释》第487条规定了限制出境的程序。在2012年《刑诉法解释》第404条规定的基础上，本条新增以下要求：（1）限制出境的决定。作出限制出境的决定，应当通报同级公安机关或者国家安全机关。具体限制出境措施，由同级公安机关或者国家安全机关负责。（2）采取边控措施。《高检诉讼规则》第235条规定，为防止犯罪嫌疑人等涉案人员逃往境外，需要在边防口岸采取边控措施的，人民检察院应当按照有关规定制作边控对象通知书，商请公安机关办理边控手续。为规范边控措施的适用，本条对2012年《刑诉法解释》第404条规定的程序作出相应的调整，在保留层报高级人民法院制作边控手续的基础上，要求受理案件的人民法院按照规定制作边控对象通知书，并附有关法律文书。对于紧急情况下采取临时边控措施的情形，受理案件的人民法院应当在7日以内按照规定层报高级人民法院办理手续。

2012年《刑诉法解释》	2021年《刑诉法解释》
第四百零五条 对来自境外的证据材料,人民法院应当对材料来源、提供人、提供时间以及提取人、提取时间等进行审查。经审查,能够证明案件事实且符合刑事诉讼法规定的,可以作为证据使用,但提供人或者我国与有关国家签订的双边条约对材料的使用范围有明确限制的除外;材料来源不明或者其真实性无法确认的,不得作为定案的根据。 当事人及其辩护人、诉讼代理人提供来自境外的证据材料的,该证据材料应当经所在国公证机关证明,所在国中央外交主管机关或者其授权机关认证,并经我国驻该国使、领馆认证。	
第四百零六条 涉外刑事案件,符合刑事诉讼法第二百零二条第一款、第二百三十三条规定的,经有关人民法院批准或者决定,可以延长审理期限。	**第四百八十八条** 涉外刑事案件,符合刑事诉讼法第**二百零八**条第一款、第**二百四十三**条规定的,经有关人民法院批准或者决定,可以延长审理期限。
第四百零七条 涉外刑事案件宣判后,外国籍当事人国籍国驻华使、领馆要求提供裁判文书的,可以向受理案件的人民法院所在地的高级人民法院提出,人民法院可以提供。	**第四百八十九条** 涉外刑事案件宣判后,外国籍当事人国籍国驻华使领馆要求提供裁判文书的,可以向受理案件的人民法院所在地的高级人民法院提出,人民法院可以提供。
第四百一十四条 涉外刑事案件审理过程中的其他事宜,依照法律、司法解释和其他有关规定办理。	**第四百九十条** 涉外刑事案件审理过程中的其他事**项**,依照法律、司法解释和其他有关规定办理。
	第二节　刑事司法协助
第四百零九条 请求和提供司法协助,应当依照中华人民共和国缔结或者参加的国际条约规定的途径进行;没有条约关系的,通过外交途径进行。	**第四百九十一条** 请求和提供司法协助,应当依照**《中华人民共和国国际刑事司法协助法》、我国与有关国家、地区签订的刑事司法协助条约、移管被判刑人条约和有关法律规定**进行。

续表

2012年《刑诉法解释》	2021年《刑诉法解释》
	对请求书的签署机关、请求书及所附材料的语言文字、有关办理期限和具体程序等事项，在不违反中华人民共和国法律的基本原则的情况下，可以按照刑事司法协助条约规定或者双方协商办理。

适用要点

2021年《刑诉法解释》第491条规定了刑事司法协助的法律依据和条约的国内适用。《国际刑事司法协助法》第3条规定，中华人民共和国和外国之间开展刑事司法协助，依照该法进行。执行外国提出的刑事司法协助请求，适用《国际刑事司法协助法》《刑事诉讼法》及其他相关法律的规定。对于请求书的签署机关、请求书及所附材料的语言文字、有关办理期限和具体程序等事项，在不违反中华人民共和国法律的基本原则的情况下，可以按照刑事司法协助条约规定或者双方协商办理。本条吸收了这一规定的主要内容。据此，我国与有关国家、地区签订的刑事司法协助条约、移管被判刑人条约，可以直接在我国刑事诉讼过程中适用，这是条约国内适用的重要规定。

2012年《刑诉法解释》	2021年《刑诉法解释》
第四百零八条　~~根据中华人民共和国缔结或者参加的国际条约，或者按照互惠原则，人民法院和外国法院可以相互请求刑事司法协助。~~ 外国法院请求的事项有损中华人民共和国的主权、安全、社会公共利益的，人民法院不予协助。	**第四百九十二条**　外国法院请求的事项有损中华人民共和国的主权、安全、社会公共利益**以及违反中华人民共和国法律的基本原则**的，人民法院不予协助；**属于有关法律规定的可以拒绝提供刑事司法协助情形的，可以不予协助**。

适用要点

2021年《刑诉法解释》第492条规定了对于外国法院请求事项不予

协助的情形。《国际刑事司法协助法》第14条规定,外国向中华人民共和国提出的刑事司法协助请求,有下列情形之一的,可以拒绝提供协助:(1)根据中华人民共和国法律,请求针对的行为不构成犯罪;(2)在收到请求时,在中华人民共和国境内对于请求针对的犯罪正在进行调查、侦查、起诉、审判,已经作出生效判决,终止刑事诉讼程序,或者犯罪已过追诉时效期限;(3)请求针对的犯罪属于政治犯罪;(4)请求针对的犯罪纯属军事犯罪;(5)请求的目的是基于种族、民族、宗教、国籍、性别、政治见解或者身份等方面的原因而进行调查、侦查、起诉、审判、执行刑罚,或者当事人可能由于上述原因受到不公正待遇;(6)请求的事项与请求协助的案件之间缺乏实质性联系;(7)其他可以拒绝的情形。本条吸收了这一规定的核心内容。据此,对于外国法院请求的事项可以不予协助的,主要包括三种情形:(1)国家利益考量,即请求事项有损中华人民共和国的主权、安全、社会公共利益;(2)国内法治考量,即请求事项违反中华人民共和国法律的基本原则;(3)法律规范考量,即请求事项属于有关法律规定的可以拒绝提供刑事司法协助情形。

2012年《刑诉法解释》	2021年《刑诉法解释》
第四百一十条 人民法院请求外国提供司法协助的,应当~~经高级人民法院审查后报最高人民法院审核同~~意。 外国法院请求我国提供司法协助,属于人民法院职权范围的,经最高人民法院审核同意后转有关人民法院办理。	**第四百九十三条** 人民法院请求外国提供司法协助的,应当**层报最高人民法院,经最高人民法院审核同意后交由有关对外联系机关及时向外国提出请求**。 外国法院请求我国提供司法协助,**有关对外联系机关认为**属于人民法院职权范围的,经最高人民法院审核同意后转有关人民法院办理。

适用要点

2021年《刑诉法解释》第493条规定了请求或提供司法协助的审核程序。《国际刑事司法协助法》第5条规定,中华人民共和国和外国之间开展刑事司法协助,通过对外联系机关联系。中华人民共和国司法部等对外联系机关负责提出、接收和转递刑事司法协助请求,处理其他与国际刑事司法协助相关的事务。第6条规定,国家监察委员会、最高人民法院、最高人民检察院、公安部、国家安全部等部门是开展国际刑事司法协助的主管机关，按照职责分工，审核向外国提出的刑事司法协助请求，审查处理对外联系机关转递的外国提出的刑事司法协助请求，承担其他与国际刑事司法协助相关的工作。本条吸收了上述规定的主要内容。在2012年《刑诉法解释》第410条规定的基础上，本条对请求外国提供司法协助的情形，设置了层报最高人民法院的程序，经最高人民法院审核同意后交由有关对外联系机关及时向外国提出请求。同时，对于外国法院请求我国提供司法协助的情形，本条规定新增了对外联系机关审查程序，即，“有关对外联系机关认为”属于人民法院职权范围的，经最高人民法院审核同意后转有关人民法院办理。

2012年《刑诉法解释》	2021年《刑诉法解释》
第四百一十一条　人民法院请求外国提供司法协助的请求书~~及其所附文件~~，应当~~附有该国文字译本或者国际条约规定的其他文字文本~~。 外国法院请求我国提供司法协助的请求书~~及其所附文件~~，应当附有中文译本~~或者国际条约规定的其他文字文本~~。	**第四百九十四条**　人民法院请求外国提供司法协助的请求书，应当**依照刑事司法协助条约的规定提出；没有条约或者条约没有规定的，应当载明法律规定的相关信息并附相关材料。请求书及其所附材料应当以中文制作，并附有被请求国官方文字的译本**。 外国请求我国法院提供司法协助的请求书，应当**依照刑事司法协助条约的规定提出；没有条约或者条约没有规定的，应当载明我国法律规定的相关信息并附相关材料。请求书及所附材料**应当附有中文译本。

适用要点

2021年《刑诉法解释》第494条规定了请求或提供司法协助所需的材料。《国际刑事司法协助法》第9条规定，办案机关需要向外国请求刑事司法协助的，应当制作刑事司法协助请求书并附相关材料，经所属主管机关审核同意后，由对外联系机关及时向外国提出请求。第10条规定，向外国的刑事司法协助请求书，应当依照刑事司法协助条约的规定提出；没有条约或者条约没有规定的，可以参照《国际刑事司法协助法》第13条的规定提出；被请求国有特殊要求的，在不违反中华人民共和国法律的基本原则的情况下，可以按照被请求国的特殊要求提出。请求书及所附材料应当以中文制作，并附有被请求国官方文字的译文。第13条规定，外国向中华人民共和国提出刑事司法协助请求的，应当依照刑事司法协助条约的规定提出请求书。没有条约或者条约没有规定的，应当在请求书中载明下列事项并附相关材料：请求机关的名称；案件性质、涉案人员基本信息及犯罪事实；本案适用的法律规定；请求的事项和目的；请求的事项与案件之间的关联性；希望请求得以执行的期限；其他必要的信息或者附加的要求。在没有刑事司法协助条约的情况下，请求国应当作出互惠的承诺。请求书及所附材料应当附有中文译文。本条吸收了上述规定的主要内容。

2012年《刑诉法解释》	2021年《刑诉法解释》
第四百一十二条 人民法院向在中华人民共和国领域外居住的当事人送达刑事诉讼文书，可以采用下列方式： （一）根据受送达人所在国与中华人民共和国缔结或者共同参加的国际条约规定的方式送达； （二）通过外交途径送达； （三）对中国籍当事人，可以委托我国驻受送达人所在国的使、领馆代为送达； （四）当事人是自诉案件的自诉人或者附带民事诉讼原告人的，可以向有权代其接受送达的诉讼代理人送达； （五）当事人是外国单位的，可以向其在中华人民共和国领域内设立的代表机构或者有权接受送达的分支机构、业务代办人送达； （六）受送达人所在国法律允许的，可以邮寄送达；自邮寄之日起满三个月，送达回证未退回，但根据各种情况足以认定已经送达的，视为送达；	**第四百九十五条** 人民法院向在中华人民共和国领域外居住的当事人送达刑事诉讼文书，可以采用下列方式： （一）根据受送达人所在国与中华人民共和国缔结或者共同参加的国际条约规定的方式送达； （二）通过外交途径送达； （三）对中国籍当事人，**所在国法律允许或者经所在国同意的，**可以委托我国驻受送达人所在国的使领馆代为送达； （四）当事人是自诉案件的自诉人或者附带民事诉讼原告人的，可以向有权代其接受送达的诉讼代理人送达； （五）当事人是外国单位的，可以向其在中华人民共和国领域内设立的代表机构或者有权接受送达的分支机构、业务代办人送达； （六）受送达人所在国法律允许的，可以邮寄送达；自邮寄之日起满三个月，送达回证未退回，但根据各种情

续表

2012 年《刑诉法解释》	2021 年《刑诉法解释》
（七）受送达人所在国法律允许的，可以采用传真、电子邮件等能够确认受送达人收悉的方式送达。	况足以认定已经送达的，视为送达； （七）受送达人所在国法律允许的，可以采用传真、电子邮件等能够确认受送达人收悉的方式送达。
第四百一十三条 人民法院通过外交途径向在中华人民共和国领域外居住的受送达人送达刑事诉讼文书的，所送达的文书应当经高级人民法院审查后报最高人民法院审核。最高人民法院认为可以发出的，由最高人民法院交外交部主管部门转递。 外国法院通过外交途径请求人民法院送达刑事诉讼文书的，由该国驻华使馆将法律文书交我国外交部主管部门转最高人民法院。最高人民法院审核后认为属于人民法院职权范围，且可以代为送达的，应当转有关人民法院办理。	**第四百九十六条** 人民法院通过外交途径向在中华人民共和国领域外居住的受送达人送达刑事诉讼文书的，所送达的文书应当经高级人民法院审查后报最高人民法院审核。最高人民法院认为可以发出的，由最高人民法院交外交部主管部门转递。 外国法院通过外交途径请求人民法院送达刑事诉讼文书的，由该国驻华使馆将法律文书交我国外交部主管部门转最高人民法院。最高人民法院审核后认为属于人民法院职权范围，且可以代为送达的，应当转有关人民法院办理。

适用要点

2021 年《刑诉法解释》第 495 条规定了向中国领域外居住的当事人送达刑事诉讼文书的程序。在 2012 年《刑诉法解释》第 412 条规定的各种途径和方式的基础上，对中国籍当事人，委托我国驻受送达人所在国的使领馆代为送达的情形，2021 年《刑诉法解释》第 495 条新增一项要求，即，所在国法律允许或者经所在国同意的，可以委托我国驻受送达人所在国的使领馆代为送达。这一新增要求，主要是考虑到一些国家将境内送达刑事司法文书视为执法行为，不属于领事职务范畴，须由执法部门进行。此外，一些国家还要求执行送达不得违反国内法的规定。

第二十一章　执行程序

2012年《刑诉法解释》	2021年《刑诉法解释》
第十九章　执行程序	**第二十一章　执行程序**
第一节　死刑的执行	第一节　死刑的执行
第四百一十五条　被判处死刑缓期执行的罪犯，在死刑缓期执行期间故意犯罪的，应当由罪犯服刑地的中级人民法院依法审判，所作的判决可以上诉、抗诉。 认定构成故意犯罪的判决、裁定发生法律效力后，应当层报最高人民法院核准执行死刑。	**第四百九十七条**　被判处死刑缓期执行的罪犯，在死刑缓期执行期间犯罪的，应当由罪犯服刑地的中级人民法院依法审判，所作的判决可以上诉、抗诉。 认定故意犯罪，**情节恶劣，应当执行死刑的，**在判决、裁定发生法律效力后，应当层报最高人民法院核准执行死刑。 **对故意犯罪未执行死刑的，不再报高级人民法院核准，死刑缓期执行的期间重新计算，并层报最高人民法院备案。备案不影响判决、裁定的生效和执行。** **最高人民法院经备案审查，认为原判不予执行死刑错误，确需改判的，应当依照审判监督程序予以纠正。**

适用要点

2021年《刑诉法解释》第497条规定了死缓期间犯罪的处理规则。《刑事诉讼法》第261条规定，被判处死刑缓期二年执行的罪犯，在死刑缓期执行期间，如果没有故意犯罪，死刑缓期执行期满，应当予以减刑的，由执行机关提出书面意见，报请高级人民法院裁定；如果故意犯罪，情节恶劣，查证属实，应当执行死刑的，由高级人民法院报请最高人民法院核准；对于故意犯罪未执行死刑的，死刑缓期执行的期间重新计算，并报最高人民法院备案。本条进一步完善了死缓期间犯罪的处理规则。(1)管辖法院。根据2012年《刑诉法解释》第415条的规定,在死刑缓期执行期间故意犯罪的,应当由罪犯服刑地的中级人民法院依法审判。本条删去了"故意"犯罪的限定,被判处死刑缓期执行的罪犯,只要犯罪的,无论是故意犯罪还是过失犯罪,均由罪犯服刑地的中级人民法院依法审判。即使罪犯系脱逃后实施犯罪并在犯罪地被抓获的,也应当适用本条规定,由服刑地的中级人民法院审判。(2)层报和备案。《最高人民法院关于对死刑缓期执行期间故意犯罪未执行死刑案件进行备案的通知》规定,对故意犯罪未执行死刑的,不再报高级人民法院核准,死刑缓期执行的期间重新计算,并层报最高人民法院备案。备案不影响判决、裁定的生效和执行。最高人民法院经备案审查,认为原判不予执行死刑错误,确需改判的,应当依照审判监督程序予以纠正。本条吸收了这一规定的内容,区分故意犯罪是否应当执行死刑,设置了相应的层报和备案程序。需要指出的是,最高人民法院经备案审查,认为原判不予执行死刑错误,确需改判的,由最高人民法院应当依照审判监督程序予以纠正。

2012年《刑诉法解释》	2021年《刑诉法解释》
第四百一十六条 死刑缓期执行的期间,从判决或者裁定核准死刑缓期执行的法律文书宣告或者送达之日起计算。 死刑缓期执行期满,依法应当减刑的,人民法院应当及时减刑。死刑缓期执行期满减为无期徒刑、有期徒刑的,刑期自死刑缓期执行期满之日起计算。	**第四百九十八条** 死刑缓期执行的期间,从判决或者裁定核准死刑缓期执行的法律文书宣告或者送达之日起计算。 死刑缓期执行期满,依法应当减刑的,人民法院应当及时减刑。死刑缓期执行期满减为无期徒刑、有期徒刑的,刑期自死刑缓期执行期满之日起计算。
第四百一十七条 最高人民法院的执行死刑命令,由高级人民法院交付第一审人民法院执行。第一审人民法院接到执行死刑命令后,应当在七日内执行。 在死刑缓期执行期间故意犯罪,最高人民法院核准执行死刑的,由罪犯服刑地的中级人民法院执行。	**第四百九十九条** 最高人民法院的执行死刑命令,由高级人民法院交付第一审人民法院执行。第一审人民法院接到执行死刑命令后,应当在七日以内执行。 在死刑缓期执行期间故意犯罪,最高人民法院核准执行死刑的,由罪犯服刑地的中级人民法院执行。

续表

2012 年《刑诉法解释》	2021 年《刑诉法解释》
第四百一十八条 ~~第一~~审人民法院在接到执行死刑命令后、执行前,发现有下列情形之一的,应当暂停执行,并立即将请求停止执行死刑的报告和相关材料层报最高人民法院: (一)罪犯可能有其他犯罪的; (二)共同犯罪的其他犯罪嫌疑人到案,可能影响罪犯量刑的; (三)共同犯罪的其他罪犯被暂停或者停止执行死刑,可能影响罪犯量刑的; (四)罪犯揭发重大犯罪事实或者有其他重大立功表现,可能需要改判的; (五)罪犯怀孕的; (六)判决、裁定可能有影响定罪量刑的其他错误的。 最高人民法院经审查,认为可能影响罪犯定罪量刑的,应当裁定停止执行死刑;认为不影响的,应当决定继续执行死刑。	**第五百条** **下级**人民法院在接到执行死刑命令后、执行前,发现有下列情形之一的,应当暂停执行,并立即将请求停止执行死刑的报告和相关材料层报最高人民法院: (一)罪犯可能有其他犯罪的; (二)共同犯罪的其他犯罪嫌疑人到案,可能影响罪犯量刑的; (三)共同犯罪的其他罪犯被暂停或者停止执行死刑,可能影响罪犯量刑的; (四)罪犯揭发重大犯罪事实或者有其他重大立功表现,可能需要改判的; (五)罪犯怀孕的; (六)判决、裁定可能有影响定罪量刑的其他错误的。 最高人民法院经审查,认为可能影响罪犯定罪量刑的,应当裁定停止执行死刑;认为不影响的,应当决定继续执行死刑。

适用要点

2021 年《刑诉法解释》第 500 条规定了暂停执行死刑的程序。本条规定将 2012 年《刑诉法解释》第 418 条规定中“第一审人民法院”暂停执行死刑的程序,调整为对“下级人民法院”的统一要求,据此,高级人民法院认为应当暂停执行死刑的,也应当按照本条规定执行。

2012 年《刑诉法解释》	2021 年《刑诉法解释》
第四百一十九条 最高人民法院在执行死刑命令签发后、执行前,发现有前条第一款规定情形的,应当立即裁定停止执行死刑,并将有关材料移交下级人民法院。	**第五百零一条** 最高人民法院在执行死刑命令签发后、执行前,发现有前条第一款规定情形的,应当立即裁定停止执行死刑,并将有关材料移交下级人民法院。

续表

2012年《刑诉法解释》	2021年《刑诉法解释》
第四百二十条 下级人民法院接到最高人民法院停止执行死刑的裁定后，应当会同有关部门调查核实停止执行死刑的事由，并及时将调查结果和意见层报最高人民法院审核。	**第五百零二条** 下级人民法院接到最高人民法院停止执行死刑的裁定后，应当会同有关部门调查核实停止执行死刑的事由，并及时将调查结果和意见层报最高人民法院审核。
第四百二十一条 对下级人民法院报送的停止执行死刑的调查结果和意见，由最高人民法院原作出核准死刑判决、裁定的合议庭负责审查，必要时，另行组成合议庭进行审查。	**第五百零三条** 对下级人民法院报送的停止执行死刑的调查结果和意见，由最高人民法院原作出核准死刑判决、裁定的合议庭负责审查；必要时，另行组成合议庭进行审查。
第四百二十二条 最高人民法院对停止执行死刑的案件，应当按照下列情形分别处理： （一）确认罪犯怀孕的，应当改判； （二）确认罪犯有其他犯罪，依法应当追诉的，应当裁定不予核准死刑，撤销原判，发回重新审判； （三）确认原判决、裁定有错误或者罪犯有重大立功表现，需要改判的，应当裁定不予核准死刑，撤销原判，发回重新审判； （四）确认原判决、裁定没有错误，罪犯没有重大立功表现，或者重大立功表现不影响原判决、裁定执行的，应当裁定继续执行死刑，并由院长重新签发执行死刑的命令。	**第五百零四条** 最高人民法院对停止执行死刑的案件，应当按照下列情形分别处理： （一）确认罪犯怀孕的，应当改判； （二）确认罪犯有其他犯罪，依法应当追诉的，应当裁定不予核准死刑，撤销原判，发回重新审判； （三）确认原判决、裁定有错误或者罪犯有重大立功表现，需要改判的，应当裁定不予核准死刑，撤销原判，发回重新审判； （四）确认原判决、裁定没有错误，罪犯没有重大立功表现，或者重大立功表现不影响原判决、裁定执行的，应当裁定继续执行死刑，并由院长重新签发执行死刑的命令。
第四百二十三条 第一审人民法院在执行死刑前，应当告知罪犯有权会见其近亲属。罪犯申请会见并提供具体联系方式的，人民法院应当通知其近亲属。罪犯近亲属申请会见的，人民法院应当准许，并及时安排会见。	**第五百零五条** 第一审人民法院在执行死刑前，应当告知罪犯有权会见其近亲属。罪犯申请会见并提供具体联系方式的，人民法院应当通知其近亲属。**确实无法与罪犯近亲属取得联系，或者其近亲属拒绝会见的，应当告知罪犯。罪犯申请通过录音录像等方式留下遗言的，人民法院可以准许。**

续表

2012年《刑诉法解释》	2021年《刑诉法解释》
	罪犯近亲属申请会见的，人民法院应当准许并及时安排，**但罪犯拒绝会见的除外。罪犯拒绝会见的，应当记录在案并及时告知其近亲属；必要时，应当录音录像。** **罪犯申请会见近亲属以外的亲友，经人民法院审查，确有正当理由的，在确保安全的情况下可以准许。** **罪犯申请会见未成年子女的，应当经未成年子女的监护人同意；会见可能影响未成年人身心健康的，人民法院可以通过视频方式安排会见，会见时监护人应当在场。** **会见一般在罪犯羁押场所进行。** **会见情况应当记录在案，附卷存档。**

适用要点

2021年《刑诉法解释》第505规定了执行死刑前的会见程序。2019年《最高人民法院关于死刑复核及执行程序中保障当事人合法权益的若干规定》第6条规定，第一审人民法院在执行死刑前，应当告知罪犯可以申请会见其近亲属。罪犯申请会见并提供具体联系方式的，人民法院应当通知其近亲属。对经查找确实无法与罪犯近亲属取得联系的，或者其近亲属拒绝会见的，应当告知罪犯。罪犯提出通过录音录像等方式留下遗言的，人民法院可以准许。通知会见的相关情况，应当记录在案。第7条规定，罪犯近亲属申请会见的，人民法院应当准许，并在执行死刑前及时安排，但罪犯拒绝会见的除外。罪犯拒绝会见的情况，应当记录在案并及时告知其近亲属，必要时应当进行录音录像。第8条规定，罪犯提出会见近亲属以外的亲友，经人民法院审查，确有正当理由的，可以在确保会见安全的情况下予以准许。第9条规定，罪犯申请会见未成年子女的，应当经未成年子女的监护人同意；会见可能影响未成年人身心健康的，人民法院可以采取视频通话等适当方式安排会见，且监护人应当在场。第10

条规定，会见由人民法院负责安排，一般在罪犯羁押场所进行。第12条规定，会见情况应当记录在案，附卷存档。本条吸收了上述规定的核心内容。执行死刑前的会见程序，是司法人道的内在体现。

2012年《刑诉法解释》	2021年《刑诉法解释》
第四百二十四条　第一审人民法院在执行死刑三日前，应当通知同级人民检察院派员临场监督。	**第五百零六条**　第一审人民法院在执行死刑三日**以**前，应当通知同级人民检察院派员临场监督。
第四百二十五条　死刑采用枪决或者注射等方法执行。 采用注射方法执行死刑的，应当在指定的刑场或者羁押场所内执行。 采用枪决、注射以外的其他方法执行死刑的，应当事先层报最高人民法院批准。	**第五百零七条**　死刑采用枪决或者注射等方法执行。 采用注射方法执行死刑的，应当在指定的刑场或者羁押场所内执行。 采用枪决、注射以外的其他方法执行死刑的，应当事先层报最高人民法院批准。
第四百二十六条　执行死刑前，指挥执行的审判人员对罪犯应当验明正身，讯问有无遗言、信札，并制作笔录，再交执行人员执行死刑。 执行死刑应当公布，禁止游街示众或者其他有辱罪犯人格的行为。	**第五百零八条**　执行死刑前，指挥执行的审判人员应当对罪犯验明正身，讯问有无遗言、信札，并制作笔录，再交执行人员执行死刑。 执行死刑应当公布，禁止游街示众或者其他有辱罪犯人格的行为。
第四百二十七条　执行死刑后，应当由法医验明罪犯确实死亡，在场书记员制作笔录。负责执行的人民法院应当在执行死刑后十五日内将执行情况，包括罪犯被执行死刑前后的照片，上报最高人民法院。	**第五百零九条**　执行死刑后，应当由法医验明罪犯确实死亡，在场书记员制作笔录。负责执行的人民法院应当在执行死刑后十五日**以**内将执行情况，包括罪犯被执行死刑前后的照片，上报最高人民法院。
第四百二十八条　执行死刑后，负责执行的人民法院应当办理以下事项： （一）对罪犯的遗书、遗言笔录，应当及时审查；涉及财产继承、债务清偿、家事嘱托等内容的，将遗书、遗言笔录交给家属，同时复制附卷备查；涉及案件线索等问题的，抄送有关机关；	**第五百一十条**　执行死刑后，负责执行的人民法院应当办理以下事项： （一）对罪犯的遗书、遗言笔录，应当及时审查；涉及财产继承、债务清偿、家事嘱托等内容的，将遗书、遗言笔录交给家属，同时复制附卷备查；涉及案件线索等问题的，抄送有关机关；

续表

2012 年《刑诉法解释》	2021 年《刑诉法解释》
(二)通知罪犯家属在限期内领取罪犯骨灰;没有火化条件或者因民族、宗教等原因不宜火化的,通知领取尸体;过期不领取的,由人民法院通知有关单位处理,并要求有关单位出具处理情况的说明;对罪犯骨灰或者尸体的处理情况,应当记录在案; (三)对外国籍罪犯执行死刑后,通知外国驻华使、领馆的程序和时限,根据有关规定办理。	(二)通知罪犯家属在限期内领取罪犯骨灰;没有火化条件或者因民族、宗教等原因不宜火化的,通知领取尸体;过期不领取的,由人民法院通知有关单位处理,并要求有关单位出具处理情况的说明;对罪犯骨灰或者尸体的处理情况,应当记录在案; (三)对外国籍罪犯执行死刑后,通知外国驻华使领馆的程序和时限,根据有关规定办理。
第二节 死刑缓期执行、无期徒刑、有期徒刑、拘役的交付执行	第二节 死刑缓期执行、无期徒刑、有期徒刑、拘役的交付执行
第四百二十九条 被判处死刑缓期执行、无期徒刑、有期徒刑、拘役的罪犯,~~交付执行时在押的,~~第一审人民法院应当在判决、裁定生效后十日内,将判决书、裁定书、起诉书副本、自诉状复印件、执行通知书、结案登记表送达看守所~~,由公安机关将罪犯交付执~~行。 ~~罪犯需要收押执行刑罚,而判决、裁定生效前未被羁押的,人民法院应当根据生效的判决书、裁定书将罪犯送交看守所羁押,并依照前款的规定办理执行手续。~~	**第五百一十一条** 被判处死刑缓期执行、无期徒刑、有期徒刑、拘役的罪犯,第一审人民法院应当在判决、裁定生效后十日以内,将判决书、裁定书、起诉书副本、自诉状复印件、执行通知书、结案登记表送达**公安机关、监狱或者其他执行机关**。

适用要点

2021 年《刑诉法解释》第 511 条规定了被判处死刑缓期执行、无期徒刑、有期徒刑、拘役的罪犯的交付执行程序。《刑事诉讼法》第 264 条规定,罪犯被交付执行刑罚的时候,应当由交付执行的人民法院在判决生效后 10 日以内将有关的法律文书送达公安机关、监狱或者其他执行机关。对被判处死刑缓期二年执行、无期徒刑、有期徒刑的罪犯,由公安机关依法将该罪犯送交监狱执行刑罚。对被判处有期徒刑的罪犯,在被交付执行刑罚前,剩余刑期在3个月以下的,由看守所代为执行。对被判处拘役的罪犯,由公安机关执行。据此,裁判生效后,人民法院应当将有关法律文书送达公安机关、监狱或者其他执行机关,但相应的送交执行工作,是由公安机关负责,即,公安机关依法将罪犯送交监狱执行,或者由看守所代为执行,或者由公安机关具体执行。据此,本条删去2012年《刑诉法解释》中关于"罪犯需要收押执行刑罚,而判决、裁定生效前未被羁押的,人民法院应当根据生效的判决书、裁定书将罪犯送交看守所羁押,并依照前款的规定办理执行手续"的规定。相应地,关于罪犯的交付执行,人民法院的职责是将有关法律文书送达公安机关、监狱或者其他执行机关。

2012年《刑诉法解释》	2021年《刑诉法解释》
第四百三十条 同案审理的案件中,部分被告人被判处死刑,对未被判处死刑的同案被告人需要羁押执行刑罚的,应当~~在其判决、裁定生效后十日内~~交付执行。但是,该同案被告人参与实施有关死刑之罪的,应当在~~最高人民法院~~复核讯问被判处死刑的被告人后交付执行。	**第五百一十二条** 同案审理的案件中,部分被告人被判处死刑,对未被判处死刑的同案被告人需要羁押执行刑罚的,应当**根据前条规定及时**交付执行。但是,该同案被告人参与实施有关死刑之罪的,应当在复核讯问被判处死刑的被告人后交付执行。

适用要点

2021年《刑诉法解释》第512条规定了未被判处死刑的同案被告人需要羁押执行刑罚的处理程序。(1)交付执行的程序。根据本解释第511条的规定,送交执行由公安机关具体负责。鉴此,本条规定将2012年《刑诉法解释》规定的"应当在其判决、裁定生效后十日内交付执行",调整为"应当根据前条规定及时交付执行",即,人民法院的职责只是将将有关法律文书送达公安机关、监狱或者其他执行机关。(2)死刑复核的要求。为确保死刑复核程序顺利进行,对于未被判处死刑的同案被告人,如果其参与实施有关死刑之罪,就应当在最高人民法院复核讯问被判处死刑的被告人后交付执行。这一程序要求,主要是为了核实死刑案件各被告人的供述,确保死刑案件质量。

2012 年《刑诉法解释》	2021 年《刑诉法解释》
第四百三十一条 执行通知书回执经看守所盖章后，应当附卷备查。	**第五百一十三条** 执行通知书回执经看守所盖章后，应当附卷备查。
	第五百一十四条 罪犯在被交付执行前，因有严重疾病、怀孕或者正在哺乳自己婴儿的妇女、生活不能自理的原因，依法提出暂予监外执行的申请的，有关病情诊断、妊娠检查和生活不能自理的鉴别，由人民法院负责组织进行。

适用要点

2021 年《刑诉法解释》第 514 条系新增规定，规定了监外执行申请的鉴别程序。《全国人民代表大会常务委员会关于〈中华人民共和国刑事诉讼法〉第二百五十四条第五款、第二百五十七条第二款的解释》规定，罪犯在被交付执行前，因有严重疾病、怀孕或者正在哺乳自己婴儿的妇女、生活不能自理的原因，依法提出暂予监外执行的申请的，有关病情诊断、妊娠检查和生活不能自理的鉴别，由人民法院负责组织进行。本条吸收了这一规定的要求。对于罪犯被交付执行前，因相关原因申请暂予监外执行的，由人民法院组织鉴别工作。相关鉴别工作，应当按照规范的程序进行。《最高人民法院关于罪犯交付执行前暂予监外执行组织诊断工作有关问题的通知》第 3 条规定，罪犯交付执行前暂予监外执行组织诊断工作应当由法医人员进行或组织相关专业的临床医学人员和法医人员共同进行，临床医学人员应当具有副主任医师以上职称，法医人员应当具有副主任法医师以上职称。相关医学检查应当在省级人民政府指定的医院进行。第 4 条规定，组织诊断应当采用合议的形式进行，按照少数服从多数的原则出具诊断意见。罪犯或利害关系人对诊断意见有异议的，可在接到诊断意见之日起 10 日内向本地高级人民法院申请复核诊断，高级人民法院复核诊断意见为最终意见。

☞ 典型案例

吴秀龙等贩卖毒品案[1]

裁判要旨：对不符合《刑事诉讼法》及相关司法解释关于暂予监外执行条件的罪犯，法院不得决定暂予监外执行。看守所或监狱拒绝执行法院依法作出收监决定的，法院应当采取积极措施确保收监决定得到有效执行。在相关法律和司法解释出台前，法院可以通过加强与监管机关沟通协调、协调检察机关依法进行监督以及依靠地方党委采取措施等途径和方法使收监决定得到执行。本案被告人虽经省级人民政府指定医院证明具有严重疾病，但因其罪行严重，被判处无期徒刑，不符合暂予监外执行的条件，法院依法对其不适用暂予监外执行是正确的。

2012年《刑诉法解释》	2021年《刑诉法解释》
第四百三十二条　被判处无期徒刑、有期徒刑或者拘役的罪犯，符合刑事诉讼法第~~二百五十四~~条第一款、第二款的规定，人民法院决定暂予监外执行的，应当制作暂予监外执行决定书，写明罪犯基本情况、判决确定的罪名和刑罚、决定暂予监外执行的原因、依据等~~，通知罪犯居住地的县级司法行政机关派员办理交接手续，并将暂予监外执行决定书抄送罪犯居住地的县级人民检察院和公安机关~~。 人民检察院认为人民法院的暂予监外执行决定不当，在法定期限内提出书面意见的，人民法院应当立即对该决定重新核查，并在一个月内作出决定。	**第五百一十五条**　被判处无期徒刑、有期徒刑或者拘役的罪犯，符合刑事诉讼法第**二百六十五**条第一款、第二款的规定，人民法院决定暂予监外执行的，应当制作暂予监外执行决定书，写明罪犯基本情况、判决确定的罪名和刑罚、决定暂予监外执行的原因、依据等。 **人民法院在作出暂予监外执行决定前，应当征求人民检察院的意见。** 人民检察院认为人民法院的暂予监外执行决定不当，在法定期限内提出书面意见的，人民法院应当立即对该决定重新核查，并在一个月**以**内作出决定。 **对暂予监外执行的罪犯，适用本解释第五百一十九条的有关规定，依法实行社区矫正。**

〔1〕参见《刑事审判参考》总第87集第799号案例。

续表

2012 年《刑诉法解释》	2021 年《刑诉法解释》
	人民法院决定暂予监外执行的，由看守所或者执行取保候审、监视居住的公安机关自收到决定之日起十日以内将罪犯移送社区矫正机构。

适用要点

2021 年《刑诉法解释》第 515 条规定了决定暂予监外执行的程序。在 2012 年《刑诉法解释》规定的基础上，本条规定完善了暂予监外执行的决定和执行程序，主要包括以下事项：(1)征求人民检察院的意见。《暂予监外执行规定》第 18 条第 4 款规定，人民法院在作出暂予监外执行决定前，应当征求人民检察院的意见。本条吸收了这一规定的内容。据此，人民检察院对暂予监外执行的法律监督，并非事后监督，而是事先审查。将征求人民检察院意见作为前置性程序，有助于规范暂予监外执行的适用。(2)实行社区矫正。《刑事诉讼法》第 269 条规定，对被判处管制、宣告缓刑、假释或者暂予监外执行的罪犯，依法实行社区矫正，由社区矫正机构负责执行。《社区矫正法》第 20 条规定，社区矫正决定机关应当自判决、裁定或者决定生效之日起 5 日内通知执行地社区矫正机构，并在 10 日内送达有关法律文书，同时抄送人民检察院和执行地公安机关。社区矫正决定地与执行地不在同一地方的，由执行地社区矫正机构将法律文书转送所在地的人民检察院、公安机关。第 21 条第 2 款规定，人民法院决定暂予监外执行的社区矫正对象，由看守所或者执行取保候审、监视居住的公安机关自收到决定之日起 10 日内将社区矫正对象移送社区矫正机构。本条吸收了上述规定的主要内容，规定了暂予监外执行罪犯的社区矫正程序。

2012 年《刑诉法解释》	2021 年《刑诉法解释》
第四百三十三条 暂予监外执行的罪犯具有下列情形之一的，~~原作出暂予监外执行决定的人民法院，应当在收到执行机关的收监执行建议书后十五日内，~~作出收监执行的决定：	**第五百一十六条 人民法院收到社区矫正机构的收监执行建议书后，经审查，确认**暂予监外执行的罪犯具有下列情形之一的，**应当**作出收监执行的决定：

续表

2012 年《刑诉法解释》	2021 年《刑诉法解释》
（一）不符合暂予监外执行条件的； （二）未经批准离开所居住的市、县，经警告拒不改正，或者拒不报告行踪，脱离监管的； （三）因违反监督管理规定受到治安管理处罚，仍不改正的； （四）受到执行机关两次警告，仍不改正的； （五）保外就医期间不按规定提交病情复查情况，经警告拒不改正的； （六）暂予监外执行的情形消失后，刑期未满的； （七）保证人丧失保证条件或者因不履行义务被取消保证人资格，不能在规定期限内提出新的保证人的； （八）违反法律、行政法规和监督管理规定，情节严重的其他情形。 ~~人民法院收监执行决定书，一经作出，立即生效。~~	（一）不符合暂予监外执行条件的； （二）未经批准离开所居住的市、县，经警告拒不改正，或者拒不报告行踪，脱离监管的； （三）因违反监督管理规定受到治安管理处罚，仍不改正的； （四）受到执行机关两次警告，仍不改正的； （五）保外就医期间不按规定提交病情复查情况，经警告拒不改正的； （六）暂予监外执行的情形消失后，刑期未满的； （七）保证人丧失保证条件或者因不履行义务被取消保证人资格，不能在规定期限内提出新的保证人的； （八）违反法律、行政法规和监督管理规定，情节严重的其他情形。

适用要点

2021 年《刑诉法解释》第 516 条规定了收监执行的决定程序。《社区矫正法》第 49 条第 1 款规定，暂予监外执行的社区矫正对象具有《刑事诉讼法》规定的应当予以收监情形的，社区矫正机构应当向执行地或者原社区矫正决定机关提出收监执行建议，并将建议书抄送人民检察院。本条吸收了这一规定的主要内容。

2012 年《刑诉法解释》	2021 年《刑诉法解释》
第四百三十四条 人民法院应当将收监执行决定书~~送交罪犯居住地的县级司法行政机关，由其根据有关规~~定将罪犯交付执行。~~收监执行决定书~~	**第五百一十七条 人民法院应当在收到社区矫正机构的收监执行建议书后三十日以内作出决定。收监执行决定书一经作出，立即生效。**

续表

2012年《刑诉法解释》	2021年《刑诉法解释》
~~应当同时抄送罪犯居住地的同级人民检察院和公安机关~~。	人民法院应当将收监执行决定书**送达社区矫正机构和公安机关，并抄送人民检察院，由公安机关**将罪犯交付执行。

适用要点

2021年《刑诉法解释》第517条规定了收监执行决定的实现和执行程序。(1)决定时限。《社区矫正法》第49条第2款规定，社区矫正决定机关应当在收到建议书后30日内作出决定，将决定书送达社区矫正机构和公安机关，并抄送人民检察院。据此，本条规定将2012年《刑诉法解释》第433条中规定的在收到收监执行建议书后"十五日内"作出收监执行决定的时限，调整为"三十日以内"作出决定。(2)执行程序。《全国人民代表大会常务委员会关于〈中华人民共和国刑事诉讼法〉第二百五十四条第五款、第二百五十七条第二款的解释》规定，根据《刑事诉讼法》第257条第2款的规定，对人民法院决定暂予监外执行的罪犯，有《刑事诉讼法》第257条第1款规定的情形，依法应当予以收监的，在人民法院作出决定后，由公安机关依照《刑事诉讼法》第253条第2款的规定送交执行刑罚。《暂予监外执行规定》第24条第1款规定，人民法院对暂予监外执行罪犯决定收监执行的，决定暂予监外执行时剩余刑期在3个月以下的，由居住地公安机关送交看守所收监执行；决定暂予监外执行时剩余刑期在3个月以上的，由居住地公安机关送交监狱收监执行。据此，本条规定将收监执行决定书的送交对象确定为社区矫正机构和公安机关，并由公安机关将罪犯交付执行。

2012年《刑诉法解释》	2021年《刑诉法解释》
第四百三十五条 被收监执行的罪犯有不计入执行刑期情形的，人民法院应当在作出收监决定时，确定不计入执行刑期的具体时间。	**第五百一十八条** 被收监执行的罪犯有不计入执行刑期情形的，人民法院应当在作出收监决定时，确定不计入执行刑期的具体时间。

续表

2012 年《刑诉法解释》	2021 年《刑诉法解释》
第三节 管制、缓刑、剥夺政治权利的交付执行	第三节 管制、缓刑、剥夺政治权利的交付执行
第四百三十六条 对被判处管制、宣告缓刑的罪犯,人民法院应当核实其居住地。宣判时,应当书面告知罪犯到居住地县级司法行政机关报到的期限和不按期报到的后果。判决、裁定生效后十日内,应当将判决书、裁定书、执行通知书等法律文书送达罪犯居住地的县级司法行政机关,同时抄送罪犯居住地的县级人民检察院。	**第五百一十九条** 对被判处管制、宣告缓刑的罪犯,人民法院应当**依法确定社区矫正执行地。社区矫正执行地为罪犯的**居住地;**罪犯在多个地方居住的,可以确定其经常居住地为执行地;罪犯的居住地、经常居住地无法确定或者不适宜执行社区矫正的,应当根据有利于罪犯接受矫正、更好地融入社会的原则,确定执行地。** 宣判时,应当告知罪犯**自判决、裁定生效之日起十日以内到执行地社区矫正机构**报到,**以及**不按期报到的后果。 **人民法院应当自**判决、裁定生效**之日起五日以内通知执行地社区矫正机构,并在**十日**以**内将判决书、裁定书、执行通知书等法律文书送达**执行地社区矫正机构,**同时抄送人民检察院**和执行地公安机关。人民法院与社区矫正执行地不在同一地方的,由执行地社区矫正机构将法律文书转送所在地的人民检察院和公安机关。**

适用要点

2021 年《刑诉法解释》第 519 条规定了判处管制、宣告缓刑罪犯的社区矫正程序。《社区矫正法》第 17 条规定,社区矫正决定机关判处管制、宣告缓刑、裁定假释、决定或者批准暂予监外执行时应当确定社区矫正执行地。社区矫正执行地为社区矫正对象的居住地。社区矫正对象在多个地方居住的,可以确定经常居住地为执行地。社区矫正对象的居住地、经常居住地无法确定或者不适宜执行社区矫正的,社区矫正决定机关应当根据有利于社区矫正对象接受矫正、更好地融入社会的原则，确定执行地。第20条规定，社区矫正决定机关应当自判决、裁定或者决定生效之日起5日内通知执行地社区矫正机构，并在10日内送达有关法律文书，同时抄送人民检察院和执行地公安机关。社区矫正决定地与执行地不在同一地方的，由执行地社区矫正机构将法律文书转送所在地的人民检察院、公安机关。第21条第1款规定，人民法院判处管制、宣告缓刑、裁定假释的社区矫正对象，应当自判决、裁定生效之日起10日内到执行地社区矫正机构报到。本条吸收了上述规定的主要内容。除依法确定社区矫正执行地，在裁判生效后通知当地社区矫正机构之外，本条专门设立了权利告知条款，即，宣判时，应当告知罪犯自判决、裁定生效之日起10日以内到执行地社区矫正机构报到，以及不按期报到的后果。

2012年《刑诉法解释》	2021年《刑诉法解释》
第四百三十七条 对单处剥夺政治权利的罪犯，人民法院应当在判决、裁定生效后十日内，将判决书、裁定书、执行通知书等法律文书送达罪犯居住地的县级公安机关，并抄送罪犯居住地的县级人民检察院。	**第五百二十条** 对单处剥夺政治权利的罪犯，人民法院应当在判决、裁定生效后十日**以**内，将判决书、裁定书、执行通知书等法律文书送达罪犯居住地的县级公安机关，并抄送罪犯居住地的县级人民检察院。
第四节 ~~财产刑~~和附带民事裁判的执行	第四节 **刑事裁判涉财产部分**和附带民事裁判的执行
	第五百二十一条 刑事裁判涉财产部分的执行，是指发生法律效力的刑事裁判中下列判项的执行： **（一）罚金、没收财产；** **（二）追缴、责令退赔违法所得；** **（三）处置随案移送的赃款赃物；** **（四）没收随案移送的供犯罪所用本人财物；** **（五）其他应当由人民法院执行的相关涉财产的判项。**

适用要点

2021年《刑诉法解释》第521条系新增规定。《涉财产执行规定》第1

条规定，本规定所称刑事裁判涉财产部分的执行，是指发生法律效力的刑事裁判主文确定的下列事项的执行：(1)罚金、没收财产；(2)责令退赔；(3)处置随案移送的赃款赃物；(4)没收随案移送的供犯罪所用本人财物；(5)其他应当由人民法院执行的相关事项。刑事附带民事裁判的执行，适用民事执行的有关规定。《中共中央办公厅、国务院办公厅关于进一步规范刑事诉讼涉案财物处置工作的意见》第9条规定，对审判时尚未追缴到案或者尚未足额退赔的违法所得，人民法院应当判决继续追缴或者责令退赔，并由人民法院负责执行，人民检察院、公安机关、国家安全机关、司法行政机关等应当予以配合。本条吸收了上述规定的主要内容，明确了刑事裁判涉财产部分的主要判项。

2012年《刑诉法解释》	2021年《刑诉法解释》
第四百三十八条　~~财产刑~~和附带民事裁判由第一审人民法院负责裁判执行的机构执行。	**第五百二十二条**　**刑事裁判涉财产部分**和附带民事裁判**应当由人民法院执行的**，由第一审人民法院负责裁判执行的机构执行。
第四百三十九条第一、二款　罚金在判决规定的期限内一次或者分期缴纳。期满无故不缴纳或者未足额缴纳的，人民法院应当强制缴纳。经强制缴纳仍不能全部缴纳的，在任何时候，包括主刑执行完毕后，发现被执行人有可供执行的财产的，应当追缴。 行政机关对被告人就同一事实已经处以罚款的，人民法院判处罚金时应当折抵，扣除行政处罚已执行的部分。	**第五百二十三条**　罚金在判决规定的期限内一次或者分期缴纳。期满无故不缴纳或者未足额缴纳的，人民法院应当强制缴纳。经强制缴纳仍不能全部缴纳的，在任何时候，包括主刑执行完毕后，发现被执行人有可供执行的财产的，应当追缴。 行政机关对被告人就同一事实已经处以罚款的，人民法院判处罚金时应当折抵，扣除行政处罚已执行的部分。
第四百四十六条　因遭遇不能抗拒的灾祸缴纳罚金确有困难，被执行人申请减少或者免除罚金的，应当提交相关证明材料。人民法院应当在收到申请后一个月内作出裁定。符合法定~~减免~~条件的，应当准许；不符合条件的，驳回申请。	**第五百二十四条**　因遭遇不能抗拒的灾祸**等原因**缴纳罚金确有困难，被执行人申请**延期缴纳、酌情**减少或者免除罚金的，应当提交相关证明材料。人民法院应当在收到申请后一个月**以**内作出裁定。符合法定条件的，应当准许；不符合条件的，驳回申请。

适用要点

2021 年《刑诉法解释》第 524 条规定了缴纳罚金确有困难情形的处理规则。《刑事诉讼法》第 271 条规定，被判处罚金的罪犯，期满不缴纳的，人民法院应当强制缴纳；如果由于遭遇不能抗拒的灾祸等原因缴纳确实有困难的，经人民法院裁定，可以延期缴纳、酌情减少或者免除。据此，本条在 2012 年《刑诉法解释》第 446 条的基础上，本条规定明确了被执行人申请延期缴纳、酌情减少或者免除罚金的举证责任要求，以及人民法院的审查处理方式。

2012 年《刑诉法解释》	2021 年《刑诉法解释》
第四百三十九条第三款 判处没收财产的，判决生效后，应当立即执行。	**第五百二十五条 判处没收财产的，判决生效后，应当立即执行。**
	第五百二十六条 执行财产刑，应当参照被扶养人住所地政府公布的上年度当地居民最低生活费标准，保留被执行人及其所扶养人的生活必需费用。

适用要点

2021 年《刑诉法解释》第 526 条系新增规定。《涉财产执行规定》第 9 条第 2 款规定，执行没收财产或罚金刑，应当参照被扶养人住所地政府公布的上年度当地居民最低生活费标准，保留被执行人及其所扶养家属的生活必需费用。本条吸收了这一规定的内容，明确了执行财产刑的参照标准。

2012 年《刑诉法解释》	2021 年《刑诉法解释》
第四百四十一条 被判处财产刑，同时又承担附带民事赔偿责任的被执行人，应当先履行民事赔偿责任。 ~~判处财产刑之前被执行人所负正当债务，需要以被执行的财产偿还的，经债权人请求，应当偿还。~~	**第五百二十七条** 被判处财产刑，同时又承担附带民事赔偿责任的被执行人，应当先履行民事赔偿责任。

适用要点

2021年《刑诉法解释》第527条规定了民事赔偿责任的优先履行原则。2012年《刑诉法解释》第441条第2款规定，判处财产刑之前被执行人所负正当债务，需要以被执行人的财产偿还的，经债权人请求，应当偿还。《涉财产执行规定》第13条第1款规定，被执行人在执行中同时承担刑事责任、民事责任，其财产不足以支付的，按照下列顺序执行：(1)人身损害赔偿中的医疗费用；(2)退赔被害人的损失；(3)其他民事债务；(4)罚金；(5)没收财产。据此，其他民事债务的偿还，并不以该债务产生于“判处财产刑之前”为先决条件。相应地，本条删去了前述规定。

2012年《刑诉法解释》	2021年《刑诉法解释》
第四百四十条　执行~~财产刑和~~附带民事裁判过程中，~~案外人对被执行财产~~提出~~权属~~异议的，人民法院应当参照民事诉讼有关~~执行异议的~~规定~~进行审查并作出~~处理。	**第五百二十八条**　执行**刑事裁判涉财产部分**、附带民事裁判过程中，**当事人、利害关系人认为执行行为违反法律规定，或者案外人对被执行标的书面提出**异议的，人民法院应当参照民事诉讼**法的**有关规定处理。

适用要点

2021年《刑诉法解释》第528条规定了执行异议的处理规则。《涉财产执行规定》第14条第1款规定，执行过程中，当事人、利害关系人认为执行行为违反法律规定，或者案外人对执行标的主张足以阻止执行的实体权利，向执行法院提出书面异议的，执行法院应当依照《民事诉讼法》第225条的规定处理。《民事诉讼法》第225条规定，当事人、利害关系人认为执行行为违反法律规定的，可以向负责执行的人民法院提出书面异议。当事人、利害关系人提出书面异议的，人民法院应当自收到书面异议之日起15日内审查，理由成立的，裁定撤销或者改正；理由不成立的，裁定驳回。当事人、利害关系人对裁定不服的，可以自裁定送达之日起10日内向上一级人民法院申请复议。第227条规定，执行过程中，案外人对执行标的提出书面异议的，人民法院应当自收到书面异议之日起15日内审查，理由成立的，裁定中止对该标的的执行；理由不成立的，裁定驳回。案外人、当事人对裁定不服，认为原判决、裁定错误的，依照审判监督程序办理；与原判决、裁定无关的，可以自裁定送达之日起15日内向人民法院提起诉讼。

本条吸收了上述规定的核心内容，进一步明确了执行异议的处理规则。(1)案件范围。本条规定所涉的案件，不限于刑事裁判涉财产部分，还包括附带民事裁判的执行。(2)提出异议的主体和事项。除2012年《刑诉法解释》规定"案外人"可以针对"被执行财产提出权属异议"外，本条新增规定，当事人、利害关系人认为执行行为违反法律规定，或者案外人对被执行标的书面提出异议，均属执行异议的范畴。(3)处理依据。在2012年《刑诉法解释》规定的"参照民事诉讼有关执行异议的规定"(即《民事诉讼法》第225条)的基础上，本条拓展为"参照民事诉讼法的有关规定处理"，即，可以一并参照《民事诉讼法》第227条"案外人异议"等规定处理。

2012年《刑诉法解释》	2021年《刑诉法解释》
~~**第四百四十三条** 执行财产刑过程中，具有下列情形之一的，人民法院应当裁定中止执行：~~ ~~(一)执行标的物系人民法院或者仲裁机构正在审理案件的争议标的物，需等待该案件审理完毕确定权属的；~~ ~~(二)案外人对执行标的物提出异议的；~~ ~~(三)应当中止执行的其他情形。~~ ~~中止执行的原因消除后，应当恢复执行。~~	
第四百四十四条 执行~~财产刑~~过程中，具有下列情形之一的，人民法院应当裁定终结执行： (一)据以执行的判决、裁定被撤销的； (二)被执行人死亡或者被执行死刑，且无财产可供执行的； (三)被判处罚金的单位终止，且无财产可供执行的；	**第五百二十九条** 执行**刑事裁判涉财产部分、附带民事裁判**过程中，具有下列情形之一的，人民法院应当裁定终结执行： (一)据以执行的判决、裁定被撤销的； (二)被执行人死亡或者被执行死刑，且无财产可供执行的； (三)被判处罚金的单位终止，且

续表

2012 年《刑诉法解释》	2021 年《刑诉法解释》
（四）依照刑法第五十三条规定免除罚金的； （五）应当终结执行的其他情形。 裁定终结执行后，发现被执行人的财产有被隐匿、转移等情形的，应当追缴。	无财产可供执行的； （四）依照刑法第五十三条规定免除罚金的； （五）应当终结执行的其他情形。 裁定终结执行后，发现被执行人的财产有被隐匿、转移等情形的，应当追缴。
第四百四十二条　~~被执行人或者~~被执行财产在外地的，可以委托~~当地~~人民法院执行。 ~~受托法院在执行财产刑后，应当及时将执行的财产上缴国库。~~	**第五百三十条**　被执行财产在外地的，**第一审人民法院**可以委托**财产所在地的同级**人民法院执行。

适用要点

2021 年《刑诉法解释》第 530 条规定了外地被执行财产的处理规则。《涉财产执行规定》第 2 条规定，刑事裁判涉财产部分，由第一审人民法院执行。第一审人民法院可以委托财产所在地的同级人民法院执行。本条吸收了这一规定的主要内容。在 2012 年《刑诉法解释》的基础上，本条作出以下调整：（1）将 2012 年《刑诉法解释》规定的“被执行人或者被执行财产在外地”的情形，限定为“被执行财产在外地”的情形。（2）将 2012 年《刑诉法解释》规定的“可以委托当地人民法院执行”，调整为“第一审人民法院可以委托财产所在地的同级人民法院执行”。（3）删去 2012 年《刑诉法解释》规定的“受托法院在执行财产刑后，应当及时将执行的财产上缴国库”的内容。

2012 年《刑诉法解释》	2021 年《刑诉法解释》
第四百四十五条　~~财产刑~~全部或者部分被撤销的，已经执行的财产应当全部或者部分返还被执行人；无法返还的，应当依法赔偿。	**第五百三十一条**　**刑事裁判涉财产部分、附带民事裁判**全部或者部分被撤销的，已经执行的财产应当全部或者部分返还被执行人；无法返还的，应当依法赔偿。

续表

2012 年《刑诉法解释》	2021 年《刑诉法解释》
第四百四十七条 财产刑和附带民事裁判的执行，本解释没有规定的，参照适用民事执行的有关规定。	**第五百三十二条** **刑事裁判涉财产部分**、附带民事裁判的执行，刑事诉讼法及有关刑事司法解释没有规定的，参照适用民事执行的有关规定。
第五节 减刑、假释案件的审理	第五节 减刑、假释案件的审理
第四百四十八条 被判处死刑缓期执行的罪犯，在死刑缓期执行期间，没有故意犯罪的，死刑缓期执行期满后，应当裁定减刑；死刑缓期执行期满后，尚未裁定减刑前又犯罪的，应当依法减刑后对其所犯新罪另行审判。	**第五百三十三条** 被判处死刑缓期执行的罪犯，在死刑缓期执行期间，没有故意犯罪的，死刑缓期执行期满后，应当裁定减刑；死刑缓期执行期满后，尚未裁定减刑前又犯罪的，应当**在**依法减刑后，对其所犯新罪另行审判。
第四百四十九条 对减刑、假释案件，应当按照下列情形分别处理： （一）对被判处死刑缓期执行的罪犯的减刑，由罪犯服刑地的高级人民法院根据同级监狱管理机关审核同意的减刑建议书裁定； （二）对被判处无期徒刑的罪犯的减刑、假释，由罪犯服刑地的高级人民法院，在收到同级监狱管理机关审核同意的减刑、假释建议书后一个月内作出裁定，案情复杂或者情况特殊的，可以延长一个月； （三）对被判处有期徒刑和被减为有期徒刑的罪犯的减刑、假释，由罪犯服刑地的中级人民法院，在收到执行机关提出的减刑、假释建议书后一个月内作出裁定，案情复杂或者情况特殊的，可以延长一个月； （四）对被判处拘役、管制的罪犯的减刑，由罪犯服刑地中级人民法院，在收到同级执行机关审核同意的减刑、假释建议书后一个月内作出裁定。 对暂予监外执行罪犯的减刑，应	**第五百三十四条** 对减刑、假释案件，应当按照下列情形分别处理： （一）对被判处死刑缓期执行的罪犯的减刑，由罪犯服刑地的高级人民法院**在收到**同级监狱管理机关审核同意的减刑建议书**后一个月以内作出**裁定； （二）对被判处无期徒刑的罪犯的减刑、假释，由罪犯服刑地的高级人民法院在收到同级监狱管理机关审核同意的减刑、假释建议书后一个月**以**内作出裁定，案情复杂或者情况特殊的，可以延长一个月； （三）对被判处有期徒刑和被减为有期徒刑的罪犯的减刑、假释，由罪犯服刑地的中级人民法院在收到执行机关提出的减刑、假释建议书后一个月**以**内作出裁定，案情复杂或者情况特殊的，可以延长一个月； （四）对被判处**管制、拘役**的罪犯的减刑，由罪犯服刑地的中级人民法院在收到同级执行机关审核同意的**减刑建议书**后一个月**以**内作出裁定。

续表

2012 年《刑诉法解释》	2021 年《刑诉法解释》
~~当根据情况,分别适用前款的有关规定。~~	**对社区矫正对象的减刑,由社区矫正执行地的中级以上人民法院在收到社区矫正机构减刑建议书后三十日以内作出裁定。**

适用要点

2021 年《刑诉法解释》第 534 条规定了减刑、假释案件的处理程序。《减刑假释程序规定》第 1 条第 1 款第 1 项规定,对被判处死刑缓期执行的罪犯的减刑,由罪犯服刑地的高级人民法院在收到同级监狱管理机关审核同意的减刑建议书后 1 个月内作出裁定。《社区矫正法》第 33 条规定,社区矫正对象符合《刑法》规定的减刑条件的,社区矫正机构应当向社区矫正执行地的中级以上人民法院提出减刑建议,并将减刑建议书抄送同级人民检察院。人民法院应当在收到社区矫正机构的减刑建议书后 30 日内作出裁定,并将裁定书送达社区矫正机构,同时抄送人民检察院、公安机关。本条吸收了上述规定的主要内容,在 2012 年《刑诉法解释》规定的基础上,进一步明确了死缓罪犯和社区矫正对象减刑的程序和期限。

2012 年《刑诉法解释》	2021 年《刑诉法解释》
第四百五十条　受理减刑、假释案件,应当审查执行机关移送的材料是否包括下列内容: (一)减刑、假释建议书; (二)终审法院的裁判文书、执行通知书、历次减刑裁定书的复制件; (三)证明罪犯确有悔改、立功或者重大立功表现具体事实的书面材料; (四)罪犯评审鉴定表、奖惩审批表等; (五)罪犯假释后对所居住社区影响的调查评估报告;	**第五百三十五条**　受理减刑、假释案件,应当审查执行机关移送的材料是否包括下列内容: (一)减刑、假释建议书; (二)**原**审法院的裁判文书、执行通知书、历次减刑裁定书的复制件; (三)证明罪犯确有悔改、立功或者重大立功表现具体事实的书面材料; (四)罪犯评审鉴定表、奖惩审批表等; (五)罪犯假释后对所居住社区影响的调查评估报告;

续表

2012 年《刑诉法解释》	2021 年《刑诉法解释》
（六）根据案件情况需要移送的其他材料。 经审查，材料不全的，应当通知提请减刑、假释的执行机关补送。	**（六）刑事裁判涉财产部分、附带民事裁判的执行、履行情况；** （七）根据案件情况需要移送的其他材料。 **人民检察院对报请减刑、假释案件提出意见的，执行机关应当一并移送受理减刑、假释案件的人民法院。** 经审查，材料不全的，应当通知提请减刑、假释的执行机关**在三日以内**补送**；逾期未补送的，不予立案**。

适用要点

2021 年《刑诉法解释》第 535 条规定了减刑、假释案件执行机关移送材料的审查规则。在 2012 年《刑诉法解释》的基础上，本条增加以下内容：(1)刑事裁判涉财产部分、附带民事裁判的执行、履行情况。2016 年《最高人民法院关于办理减刑、假释案件具体应用法律的规定》第 38 条第 1 款规定，人民法院作出的刑事判决、裁定发生法律效力后，在依照《刑事诉讼法》第 253 条、第 254 条的规定将罪犯交付执行刑罚时，如果生效裁判中有财产性判项，人民法院应当将反映财产性判项执行、履行情况的有关材料一并随案移送刑罚执行机关。罪犯在服刑期间本人履行或者其亲属代为履行生效裁判中财产性判项的，应当及时向刑罚执行机关报告。刑罚执行机关报请减刑时应随案移送以上材料。本条吸收了这一规定的核心内容，将“刑事裁判涉财产部分、附带民事裁判的执行、履行情况”增加为执行机关应当移送的材料。(2)检察机关提出意见的要求。《减刑假释程序规定》第 2 条第 2 款规定，人民检察院对报请减刑、假释案件提出检察意见的，执行机关应当一并移送受理减刑、假释案件的人民法院。本条吸收了这一规定的内容。(3)人民法院的审查处理方式。2014 年《减刑假释程序规定》第 2 条第 4 款规定，经审查，材料齐备的，应当立案；材料不齐的，应当通知执行机关在 3 日内补送，逾期未补送的，不予立案。本条吸收了这一规定的内容。

2012 年《刑诉法解释》	2021 年《刑诉法解释》
第四百五十一条　审理减刑、假释案件，~~应当审查财产刑和附带民事裁判的执行情况，以及罪犯退赃、退赔情况。~~罪犯积极履行~~判决~~确定的义务的，可以认定有悔改表现，在减刑、假释时从宽掌握；确有履行能力而不履行的，在减刑、假释时从严掌握。	**第五百三十六条**　审理减刑、假释案件，**对**罪犯积极履行**刑事裁判涉财产部分、附带民事裁判**确定的义务的，可以认定有悔改表现，在减刑、假释时从宽掌握；**对**确有履行能力而不履行**或者不全部履行**的，在减刑、假释时从严掌握。
第四百五十二条　审理减刑、假释案件，应当对~~以下内容~~予以公示： （一）罪犯的姓名、年龄等个人基本情况； （二）原判认定的罪名和刑期； （三）罪犯历次减刑情况； （四）执行机关的减刑、假释建议和依据。 公示应当写明公示期限和提出意见的方式。~~公示地点为罪犯服刑场所的公共区域；有条件的地方，可以面向社会公示。~~	**第五百三十七条**　审理减刑、假释案件，应当**在立案后五日以内**对**下列事项**予以公示： （一）罪犯的姓名、年龄等个人基本情况； （二）原判认定的罪名和刑期； （三）罪犯历次减刑情况； （四）执行机关的减刑、假释建议和依据。 公示应当写明公示期限和提出意见的方式。

适用要点

2021 年《刑诉法解释》第 537 条规定了减刑、假释案件的公示程序。《减刑假释程序规定》第 3 条规定，人民法院审理减刑、假释案件，应当在立案后 5 日内将执行机关报请减刑、假释的建议书等材料依法向社会公示。公示内容应当包括罪犯的个人情况、原判认定的罪名和刑期、罪犯历次减刑情况、执行机关的建议及依据。公示应当写明公示期限和提出意见的方式。公示期限为 5 日。本条吸收了这一规定的主要内容，在 2012 年《刑诉法解释》规定的基础上，明确了公示的期限和要求。

2012 年《刑诉法解释》	2021 年《刑诉法解释》
第四百五十三条　审理减刑、假释案件，应当组成合议庭，可以采用书面审理的方式，但下列案件应当开庭审理：	**第五百三十八条**　审理减刑、假释案件，应当组成合议庭，可以采用书面审理的方式，但下列案件应当开庭审理：

续表

2012年《刑诉法解释》	2021年《刑诉法解释》
(一)因罪犯有重大立功表现提请减刑的; (二)提请减刑的起始时间、间隔时间或者减刑幅度不符合一般规定的; (三)社会影响重大或者社会关注度高的; (四)公示期间收到~~投诉~~意见的; (五)人民检察院有异议的; (六)有必要开庭审理的其他案件。	(一)因罪犯有重大立功表现提请减刑的; (二)提请减刑的起始时间、间隔时间或者减刑幅度不符合一般规定的; **(三)被提请减刑、假释罪犯系职务犯罪罪犯,组织、领导、参加、包庇、纵容黑社会性质组织罪犯,破坏金融管理秩序罪犯或者金融诈骗罪犯的;** (四)社会影响重大或者社会关注度高的; (五)公示期间收到**不同**意见的; (六)人民检察院**提出**异议的; (七)有必要开庭审理的其他案件。

适用要点

2021年《刑诉法解释》第538条规定了减刑、假释案件的公示程序。《减刑假释程序规定》第6条规定,人民法院审理减刑、假释案件,可以采取开庭审理或者书面审理的方式。但下列减刑、假释案件,应当开庭审理:(1)因罪犯有重大立功表现报请减刑的;(2)报请减刑的起始时间、间隔时间或者减刑幅度不符合司法解释一般规定的;(3)公示期间收到不同意见的;(4)人民检察院有异议的;(5)被报请减刑、假释罪犯系职务犯罪罪犯,组织(领导、参加、包庇、纵容)黑社会性质组织犯罪罪犯,破坏金融管理秩序和金融诈骗犯罪罪犯及其他在社会上有重大影响或社会关注度高的;(6)人民法院认为其他应当开庭审理的。本条吸收了这一规定的主要内容。在2012年《刑诉法解释》规定的基础上,本条增加规定了应当公开审理的特定类型的案件,包括职务犯罪罪犯,组织(领导、参加、包庇、纵容)黑社会性质组织犯罪罪犯,破坏金融管理秩序和金融诈骗犯罪罪犯及其他在社会上有重大影响或社会关注度高的案件。

2012 年《刑诉法解释》	2021 年《刑诉法解释》
第四百五十四条 人民法院作出减刑、假释裁定后,应当在七日内送达提请减刑、假释的执行机关、同级人民检察院以及罪犯本人。人民检察院认为减刑、假释裁定不当,在法定期限内提出书面纠正意见的,人民法院应当在收到意见后另行组成合议庭审理,并在一个月内作出裁定。	**第五百三十九条** 人民法院作出减刑、假释裁定后,应当在七日**以**内送达提请减刑、假释的执行机关、同级人民检察院以及罪犯本人。人民检察院认为减刑、假释裁定不当,在法定期限内提出书面纠正意见的,人民法院应当在收到意见后另行组成合议庭审理,并在一个月**以**内作出裁定。 **对假释的罪犯,适用本解释第五百一十九条的有关规定,依法实行社区矫正。**

适用要点

2021 年《刑诉法解释》第 539 条规定了减刑、假释案件的送达和执行程序。《减刑假释程序规定》第 18 条规定,人民法院作出减刑、假释裁定后,应当在 7 日内送达报请减刑、假释的执行机关、同级人民检察院以及罪犯本人。作出假释裁定的,还应当送达社区矫正机构或者基层组织。本条吸收了这一规定的主要内容,增加了对假释罪犯依法实行社区矫正的规定。

☞ 典型案例

蔡某等 12 人减刑监督案[1]

案例要旨:对于判处拘役或者 3 年以下有期徒刑并宣告缓刑的罪犯,在缓刑考验期内确有悔改表现或者有一般立功表现,一般不适用减刑。在缓刑考验期内有重大立功表现的,可以参照《刑法》第 78 条的规定予以减刑。人民法院对宣告缓刑罪犯裁定减刑适用法律错误的,人民检察院应当依法提出纠正意见。人民法院裁定维持原减刑裁定的,人民检察院应当继续予以监督。

---

〔1〕 参见最高人民检察院检例第 70 号。

2012 年《刑诉法解释》	2021 年《刑诉法解释》
第四百五十五条 减刑、假释裁定作出前，执行机关书面提请撤回减刑、假释建议的，是~~否准许，由~~人民法院决定。	**第五百四十条** 减刑、假释裁定作出前，执行机关书面提请撤回减刑、假释建议的，人民法院**可以决定是否准许**。
第四百五十六条 人民法院发现本院已经生效的减刑、假释裁定确有错误的，应当另行组成合议庭审理；发现下级人民法院已经生效的减刑、假释裁定确有错误的，可以指令下级人民法院另行组成合议庭审理。	**第五百四十一条** 人民法院发现本院已经生效的减刑、假释裁定确有错误的，应当另行组成合议庭审理；发现下级人民法院已经生效的减刑、假释裁定确有错误的，可以指令下级人民法院另行组成合议庭审理**，也可以自行组成合议庭审理**。

适用要点

2021 年《刑诉法解释》第 541 条规定了减刑、假释案件的重新审理程序。《减刑假释程序规定》第 21 条规定，人民法院发现本院已经生效的减刑、假释裁定确有错误的，应当依法重新组成合议庭进行审理并作出裁定；上级人民法院发现下级人民法院已经生效的减刑、假释裁定确有错误的，应当指令下级人民法院另行组成合议庭审理，也可以自行依法组成合议庭进行审理并作出裁定。本条吸收了这一规定内容。在 2012 年《刑诉法解释》规定的基础上，本条规定，对于下级人民法院已经生效的减刑、假释裁定确有错误的，除指令下级人民法院另行组成合议庭审理之外，也可以自行组成合议庭审理。这一新增规定，强化了上级人民法院的依法纠错职能。

2012 年《刑诉法解释》	2021 年《刑诉法解释》
第六节　缓刑、假释的撤销	第六节　缓刑、假释的撤销
第四百五十七条 罪犯在缓刑、假释考验期限内犯新罪或者被发现在判决宣告前还有其他罪没有判决，应当撤销缓刑、假释的，由审判新罪的人民法院撤销原判决、裁定宣告的缓刑、假释，并书面通知原审人民法院和执行机关。	**第五百四十二条** 罪犯在缓刑、假释考验期限内犯新罪或者被发现在判决宣告前还有其他罪没有判决，应当撤销缓刑、假释的，由审判新罪的人民法院撤销原判决、裁定宣告的缓刑、假释，并书面通知原审人民法院和执行机关。

续表

2012 年《刑诉法解释》	2021 年《刑诉法解释》
第四百五十八条　罪犯在缓刑~~、假释~~考验期限内，有下列情形之一的，~~原作出缓刑、假释判决、裁定的人民法院应当在收到执行机关的撤销缓刑、假释建议书后一个月内，~~作出撤销缓刑~~、假释~~的裁定： （一）违反禁止令，情节严重的； （二）无正当理由不按规定时间报到或者接受社区矫正期间脱离监管，超过一个月的； （三）因违反监督管理规定受到治安管理处罚，仍不改正的； （四）受到执行机关三次警告仍不改正的； （五）违反~~有关~~法律、行政法规和监督管理规定，情节严重的其他情形。 人民法院撤销缓刑、假释的裁定，一经作出，立即生效。 人民法院~~应当将撤销缓刑、假释裁定书送交罪犯居住地的县级司法行政机关，由其根据有关规定将罪犯交付执行。撤销缓刑、假释裁定书应当同时抄送罪犯居住地的同级人民检察院和公安机关。~~	**第五百四十三条　人民法院收到社区矫正机构的撤销缓刑建议书后，经审查，确认**罪犯在缓刑考验期限内具有下列情形之一的，**应当**作出撤销缓刑的裁定： （一）违反禁止令，情节严重的； （二）无正当理由不按规定时间报到或者接受社区矫正期间脱离监管，超过一个月的； （三）因违反监督管理规定受到治安管理处罚，仍不改正的； （四）受到执行机关**二**次警告，仍不改正的； （五）违反法律、行政法规和监督管理规定，情节严重的其他情形。 人民法院**收到社区矫正机构的撤销假释建议书后，经审查，确认罪犯在假释考验期限内具有前款第二项、第四项规定情形之一，或者有其他违反监督管理规定的行为，尚未构成新的犯罪的，应当作出撤销假释的裁定。**

适用要点

2021 年《刑诉法解释》第 543 条规定了撤销缓刑、假释的程序。2012 年《刑诉法解释》并未区分缓刑和假释的撤销条件。关于缓刑的撤销，《刑法》第 77 条第 2 款规定，被宣告缓刑的犯罪分子，在缓刑考验期限内，违反法律、行政法规或者国务院有关部门关于缓刑的监督管理规定，或者违反人民法院判决中的禁止令，情节严重的，应当撤销缓刑，执行原判刑罚。关于假释的撤销，《刑法》第 86 条第 3 款规定，被假释的犯罪分子，在假释考验期限内，有违反法律、行政法规或者国务院有关部门关于假释的监督管理规定的行为，尚未构成新的犯罪的，应当依照法定程序撤销假释，收监执行未执行完毕的刑罚，据此，《刑法》对缓刑和假释的撤销设定了不同的法律条件。相应地，本条规定对撤销缓刑和假释的条件进行了区分，不再笼统一并加以规定。此外，《社区矫正法》第46条规定，社区矫正对象具有《刑法》规定的撤销缓刑、假释情形的，应当由人民法院撤销缓刑、假释。对于有第2款规定以外的其他需要撤销缓刑、假释情形的，社区矫正机构应当向原审人民法院或者执行地人民法院提出撤销缓刑、假释建议，并将建议书抄送人民检察院。本条规定吸收了这一规定的主要内容，明确了人民法院收到社区矫正机构的撤销缓刑、假释建议书后审查处理的程序。

2012年《刑诉法解释》	2021年《刑诉法解释》
	第五百四十四条　被提请撤销缓刑、假释的罪犯可能逃跑或者可能发生社会危险，社区矫正机构在提出撤销缓刑、假释建议的同时，提请人民法院决定对其予以逮捕的，人民法院应当在四十八小时以内作出是否逮捕的决定。决定逮捕的，由公安机关执行。逮捕后的羁押期限不得超过三十日。

适用要点

2021年《刑诉法解释》第544条系新增规定。《社区矫正法》第47条规定，被提请撤销缓刑、假释的社区矫正对象可能逃跑或者可能发生社会危险的，社区矫正机构可以在提出撤销缓刑、假释建议的同时，提请人民法院决定对其予以逮捕。人民法院应当在48小时内作出是否逮捕的决定。决定逮捕的，由公安机关执行。逮捕后的羁押期限不得超过30日。本条吸收了这一规定的内容，明确了撤销缓刑、假释后的决定逮捕及其执行程序。

2012年《刑诉法解释》	2021年《刑诉法解释》
	第五百四十五条　人民法院应当在收到社区矫正机构的撤销缓刑、假

续表

2012年《刑诉法解释》	2021年《刑诉法解释》
	释建议书后三十日以内作出裁定。撤销缓刑、假释的裁定一经作出,立即生效。 人民法院应当将撤销缓刑、假释裁定书送达社区矫正机构和公安机关,并抄送人民检察院,由公安机关将罪犯送交执行。执行以前被逮捕的,羁押一日折抵刑期一日。

适用要点

2021年《刑诉法解释》第545条系新增规定。《社区矫正法》第48条规定,人民法院应当在收到社区矫正机构撤销缓刑、假释建议书后30日内作出裁定,将裁定书送达社区矫正机构和公安机关,并抄送人民检察院。人民法院拟撤销缓刑、假释的,应当听取社区矫正对象的申辩及其委托的律师的意见。人民法院裁定撤销缓刑、假释的,公安机关应当及时将社区矫正对象送交监狱或者看守所执行。执行以前被逮捕的,羁押1日折抵刑期1日。人民法院裁定不予撤销缓刑、假释的,对被逮捕的社区矫正对象,公安机关应当立即予以释放。本条吸收了这一规定的主要内容,明确了撤销缓刑、假释的裁定时限及其执行程序。

第二十二章 未成年人刑事案件诉讼程序

2012 年《刑诉法解释》	2021 年《刑诉法解释》
第二十章 未成年人刑事案件诉讼程序	**第二十二章 未成年人刑事案件诉讼程序**
第一节 一般规定	第一节 一般规定
第四百五十九条 人民法院审理未成年人刑事案件，应当贯彻教育、感化、挽救的方针，坚持教育为主、惩罚为辅的原则，加强对未成年人的特殊保护。	**第五百四十六条** 人民法院审理未成年人刑事案件，应当贯彻教育、感化、挽救的方针，坚持教育为主、惩罚为辅的原则，加强对未成年人的特殊保护。
第四百六十条 人民法院应当加强同政府有关部门~~以及共青团、妇联、工会、未成年人保护组织等团体的联系~~，推动未成年人刑事案件人民陪审、情况调查、安置帮教等工作的开展，充分保障未成年人的合法权益，积极参与社会~~管理~~综合治理。	**第五百四十七条** 人民法院应当加强同政府有关部门**、人民团体、社会组织等的配合**，推动未成年人刑事案件人民陪审、情况调查、安置帮教等工作的开展，充分保障未成年人的合法权益，积极参与社会**治安**综合治理。
	第五百四十八条 人民法院应当加强同政府有关部门、人民团体、社会组织等的配合，对遭受性侵害或者暴力伤害的未成年被害人及其家庭实施必要的心理干预、经济救助、法律援助、转学安置等保护措施。

适用要点

2021 年《刑诉法解释》第 548 条系新增规定。《未成年人保护法》第 111 条规定，公安机关、人民检察院、人民法院应当与其他有关政府部门、人民团体、社会组织互相配合，对遭受性侵害或者暴力伤害的未成年被害人及其家庭实施必要的心理干预、经济救助、法律援助、转学安置等保护措施。本条吸收了这一规定的内容，体现了对未成年人及其家庭的特殊保护。

2012 年《刑诉法解释》	2021 年《刑诉法解释》
第四百六十一条 ~~审理未成年人刑事案件，应当由熟悉未成年人身心特点、善于做未成年人思想教育工作的审判人员进行，并应当保持有关审判人员工作的相对稳定性。~~ ~~未成年人刑事案件的人民陪审员，一般由熟悉未成年人身心特点，热心教育、感化、挽救失足未成年人工作，并经过必要培训的共青团、妇联、工会、学校、未成年人保护组织等单位的工作人员或者有关单位的退休人员担任。~~	**第五百四十九条 人民法院应当确定专门机构或者指定专门人员，负责审理未成年人刑事案件。审理未成年人刑事案件的人员应当经过专门培训，熟悉未成年人身心特点、善于做未成年人思想教育工作。** **参加审理未成年人刑事案件的人民陪审员，可以从熟悉未成年人身心特点、关心未成年人保护工作的人民陪审员名单中随机抽取确定。**

适用要点

2021 年《刑诉法解释》第 549 条规定了审理未成年人案件的专门机构和人员要求。《未成年人保护法》第 101 条规定，公安机关、人民检察院、人民法院和司法行政部门应当确定专门机构或者指定专门人员，负责办理涉及未成年人案件。办理涉及未成年人案件的人员应当经过专门培训，熟悉未成年人身心特点。专门机构或者专门人员中，应当有女性工作人员。《最高人民法院关于适用〈中华人民共和国人民陪审员法〉若干问题的解释》第 3 条第 3 款规定，因案件类型需要具有相应专业知识的人民陪审员参与合议庭审判的，可以根据具体案情，在符合专业需求的人民陪审员名单中随机抽取确定。本条吸收了上述规定的主要内容，明确了审理未成年人刑事案件的审判员和陪审员的资质条件。

2012 年《刑诉法解释》	2021 年《刑诉法解释》
第四百六十二条 中级人民法院和基层人民法院可以设立独立建制的未成年人案件审判庭。尚不具备条件的,应当在刑事审判庭内设立未成年人刑事案件合议庭,或者由专人负责审理未成年人刑事案件。 高级人民法院应当在刑事审判庭内设立未成年人刑事案件合议庭。具备条件的,可以设立独立建制的未成年人案件审判庭。 未成年人案件审判庭和未成年人刑事案件合议庭统称少年法庭。 **第四百六十三条** 下列案件由少年法庭审理: (一)被告人实施被指控的犯罪时不满十八周岁、人民法院立案时不满二十周岁的案件; (二)被告人实施被指控的犯罪时不满十八周岁、人民法院立案时不满二十周岁,并被指控为首要分子或者主犯的共同犯罪案件。 其他共同犯罪案件有未成年被告人的,或者其他涉及未成年人的刑事案件是否由少年法庭审理,由院长根据少年法庭工作的实际情况决定。	**第五百五十条 被告人实施被指控的犯罪时不满十八周岁、人民法院立案时不满二十周岁的案件,由未成年人案件审判组织审理。** **下列案件可以由未成年人案件审判组织审理:** **(一)人民法院立案时不满二十二周岁的在校学生犯罪案件;** **(二)强奸、猥亵、虐待、遗弃未成年人等侵害未成年人人身权利的犯罪案件;** **(三)由未成年人案件审判组织审理更为适宜的其他案件。** **共同犯罪案件**有未成年被告人的或者其他涉及未成年人的刑事案件,是否由**未成年人案件审判组织**审理,由院长根据实际情况决定。

适用要点

2021 年《刑诉法解释》第 550 条规定了未成年人审判组织审理案件的范围。在 2012 年《刑诉法解释》规定的基础上,本条规定主要作出以下调整:(1)未成年人案件审判组织的定位。本条规定将 2012 年《刑诉法解释》中规定的"少年法庭"调整为"未成年人案件审判组织",与未成年人刑事案件诉讼程序的名称相对应。(2)应当由未成年人案件审判组织审理的案件范围。根据本条规定,被告人实施被指控的犯罪时不满 18 周岁、人民法院立案时不满 20 周岁的案件,由未成年人案件审判组织审理。

2012年《刑诉法解释》中规定的"被告人实施被指控的犯罪时不满十八周岁、人民法院立案时不满二十周岁,并被指控为首要分子或者主犯的共同犯罪案件",不再属于应当由未成年人案件审判组织审理的案件范围。(3)可以由未成年人案件审判组织审理的案件范围。本条规定主要列举了两类情形:一类是特殊的被告人,即,人民法院立案时不满22周岁的在校学生犯罪案件。这一规定体现出对在校学生被告人的特殊政策考虑。另一类是特殊的被害人,即,强奸、猥亵、虐待、遗弃未成年人等侵害未成年人人身权利的犯罪案件。这体现出对未成年被害人的特殊保护,特别是着眼于开展未成年被害人心理干预、经济救助、法律援助、转学安置等帮扶救助工作。(4)共同犯罪案件的裁量决定。共同犯罪案件有未成年被告人的或者其他涉及未成年人的刑事案件,是否由未成年人案件审判组织审理,不再一概而论,而是由院长根据实际情况决定。

2012年《刑诉法解释》	2021年《刑诉法解释》
第四百六十四条　对分案起诉至同一人民法院的未成年人与成年人共同犯罪案件,可以由同一个审判组织审理;不宜由同一个审判组织审理的,可以分别~~由少年法庭、刑事审判庭~~审理。 未成年人与成年人共同犯罪案件,由不同人民法院或者不同审判组织分别审理的,有关人民法院或者审判组织应当互相了解共同犯罪被告人的审判情况,注意全案的量刑平衡。	**第五百五十一条**　对分案起诉至同一人民法院的未成年人与成年人共同犯罪案件,可以由同一个审判组织审理;不宜由同一个审判组织审理的,可以分别审理。 未成年人与成年人共同犯罪案件,由不同人民法院或者不同审判组织分别审理的,有关人民法院或者审判组织应当互相了解共同犯罪被告人的审判情况,注意全案的量刑平衡。
第四百六十五条　对未成年人刑事案件,必要时,上级人民法院可以根据刑事诉讼法第~~二十六~~条的规定,指定下级人民法院将案件移送其他人民法院审判。	**第五百五十二条**　对未成年人刑事案件,必要时,上级人民法院可以根据刑事诉讼法第**二十七**条的规定,指定下级人民法院将案件移送其他人民法院审判。
	第五百五十三条　对未成年被告人应当严格限制适用逮捕措施。 **人民法院决定逮捕,应当讯问未成年被告人,听取辩护律师的意见。**

续表

2012 年《刑诉法解释》	2021 年《刑诉法解释》
	对被逮捕且没有完成义务教育的未成年被告人,人民法院应当与教育行政部门互相配合,保证其接受义务教育。

适用要点

2021 年《刑诉法解释》第 553 条系新增规定。《刑事诉讼法》第 280 条第 1 款规定,对未成年犯罪嫌疑人、被告人应当严格限制适用逮捕措施。人民检察院审查批准逮捕和人民法院决定逮捕,应当讯问未成年犯罪嫌疑人、被告人,听取辩护律师的意见。《预防未成年人犯罪法》第 53 条第 2 款规定,对有上述情形且没有完成义务教育的未成年人,公安机关、人民检察院、人民法院、司法行政部门应当与教育行政部门相互配合,保证其继续接受义务教育。本条吸收了上述规定的内容,确立了对未成年被告人"严格限制适用逮捕措施"的基本原则,明确了决定逮捕的程序和保证义务教育的义务。

2012 年《刑诉法解释》	2021 年《刑诉法解释》
	第五百五十四条　人民法院对无固定住所、无法提供保证人的未成年被告人适用取保候审的,应当指定合适成年人作为保证人,必要时可以安排取保候审的被告人接受社会观护。

适用要点

2021 年《刑诉法解释》第 554 条系新增规定。《预防未成年人犯罪法》第 52 条规定,公安机关、人民检察院、人民法院对于无固定住所、无法提供保证人的未成年人适用取保候审的,应当指定合适成年人作为保证人,必要时可以安排取保候审的未成年人接受社会观护。本条吸收了这一规定的内容,确定了对未成年人适用取保候审的程序要求。

2012 年《刑诉法解释》	2021 年《刑诉法解释》
第四百六十六条　人民法院审理未成年人刑事案件，在讯问和开庭时，应当通知未成年被告人的法定代理人到场。法定代理人无法通知、不能到场或者是共犯的，~~也可以通知未成年被告人的其他成年亲属，所在学校、单位、居住地的基层组织或者未成年人保护组织的代表到场，~~并将有关情况记录在案。 ~~到场的其他人员，~~除依法行使刑事诉讼法第~~三百七十~~条第二款规定的权利外，经法庭同意，可以参与对未成年被告人的法庭教育等工作。 适用简易程序审理未成年人刑事案件，适用前两款的规定。 询问未成年被害人、证人，适用第~~一款、第二款的~~规定。	**第五百五十五条**　人民法院审理未成年人刑事案件，在讯问和开庭时，应当通知未成年被告人的法定代理人到场。法定代理人无法通知、不能到场或者是共犯的，**也可以通知合适成年人到场，**并将有关情况记录在案。 **到场的法定代理人或者其他人员，**除依法行使刑事诉讼法第**二百八十一**条第二款规定的权利外，经法庭同意，可以参与对未成年被告人的法庭教育等工作。 适用简易程序审理未成年人刑事案件，适用前两款规定。 **第五百五十六条**　询问未成年被害人、证人，适用**前条**规定。 **审理未成年人遭受性侵害或者暴力伤害案件，在询问未成年被害人、证人时，应当采取同步录音录像等措施，尽量一次完成；未成年被害人、证人是女性的，应当由女性工作人员进行。**

适用要点

2021 年《刑诉法解释》第 556 条规定了询问未成年证人、被害人的程序规则。《未成年人保护法》第 112 条规定，公安机关、人民检察院、人民法院办理未成年人遭受性侵害或者暴力伤害案件，在询问未成年被害人、证人时，应当采取同步录音录像等措施，尽量一次完成；未成年被害人、证人是女性的，应当由女性工作人员进行。本条吸收了这一规定的要求。询问遭受性侵害或者暴力伤害的未成年被害人、证人，应当避免造成二次心理伤害，必要时可以由心理专家参与询问。

2012 年《刑诉法解释》	2021 年《刑诉法解释》
第四百六十七条　开庭审理时被告人不满十八周岁的案件，一律不公开	**第五百五十七条**　开庭审理时被告人不满十八周岁的案件，一律不公开

续表

2012 年《刑诉法解释》	2021 年《刑诉法解释》
审理。经未成年被告人及其法定代理人同意，未成年被告人所在学校和未成年人保护组织可以派代表到场。到场代表的人数和范围，由法庭决定。到场代表经法庭同意，可以参与对未成年被告人的法庭教育工作。 对依法公开审理，但可能需要封存犯罪记录的案件，不得组织人员旁听。	审理。经未成年被告人及其法定代理人同意，未成年被告人所在学校和未成年人保护组织可以派代表到场。到场代表的人数和范围，由法庭决定。经法庭同意，到场代表可以参与对未成年被告人的法庭教育工作。 对依法公开审理，但可能需要封存犯罪记录的案件，不得组织人员旁听；**有旁听人员的，应当告知其不得传播案件信息**。

适用要点

2021 年《刑诉法解释》第 557 条规定了不公开审理原则及公开审理的程序要求。在 2012 年《刑诉法解释》规定的“对于依法公开审理，但可能需要封存犯罪记录的案件，不得组织人员旁听”的基础上，本条新增规定，有旁听人员的，应当告知其不得传播案件信息。

2012 年《刑诉法解释》	2021 年《刑诉法解释》
第四百六十八条　~~确有必要通知未成年被害人、证人出庭作证的，人民法院应当根据案件情况采取相应的保护措施。有条件的，可以采取视频等方式对其陈述、证言进行质证~~。	**第五百五十八条　开庭审理涉及未成年人的刑事案件，未成年被害人、证人一般不出庭作证；必须出庭的，应当采取保护其隐私的技术手段和心理干预等保护措施。**

适用要点

2021 年《刑诉法解释》第 558 条规定了未成年被害人、证人一般不出庭作证的原则，以及出庭作证的保护措施。《未成年人保护法》第 110 条第 2 款规定，人民法院开庭审理涉及未成年人案件，未成年被害人、证人一般不出庭作证；必须出庭的，应当采取保护其隐私的技术手段和心理干预等保护措施。本条吸收了这一规定的内容。在此基础上，对于必须未成年人当庭作证的，也可考虑可以采取视频等方式对其陈述、证言进行质证。

2012 年《刑诉法解释》	2021 年《刑诉法解释》
第四百六十九条　审理未成年人刑事案件，不得向外界披露该未成年人的姓名、住所、照片以及可能推断出该未成年人身份的其他资料。 查阅、摘抄、复制的~~未成年人刑事案件~~的案卷材料，不得公开和传播。 ~~被害人是未成年人的刑事案件，适用前两款的规定~~。	**第五百五十九条**　审理**涉及**未成年人的刑事案件，不得向外界披露未成年人的姓名、住所、照片以及可能推断出未成年人身份的其他资料。 查阅、摘抄、复制的案卷材料，**涉及未成年人的**，不得公开和传播。

适用要点

2021 年《刑诉法解释》第 559 条规定了涉及未成年人刑事案件的保密要求。在 2012 年《刑诉法解释》规定的基础上，本条主要有两处调整：(1)将 2012 年《刑诉法解释》中“未成年人刑事案件”的表述，调整为“涉及未成年人的刑事案件”，由此将被害人是未成年人的刑事案件涵盖在内。(2)关于不得公开传播的查阅、摘抄、复制材料，本条将 2012 年《刑诉法解释》中规定的“未成年人刑事案件的案卷材料”调整为“案卷材料，涉及未成年人的”，进一步明确了需要保密的材料范围。

2012 年《刑诉法解释》	2021 年《刑诉法解释》
	第五百六十条　人民法院发现有关单位未尽到未成年人教育、管理、救助、看护等保护职责的，应当向该单位提出司法建议。

适用要点

2021 年《刑诉法解释》第 560 条系新增规定。《未成年人保护法》第 114 条规定，公安机关、人民检察院、人民法院和司法行政部门发现有关单位未尽到未成年人教育、管理、救助、看护等保护职责的，应当向该单位提出建议。被建议单位应当在 1 个月内作出书面回复。本条吸收了这一规定的内容。

2012年《刑诉法解释》	2021年《刑诉法解释》
	第五百六十一条　人民法院应当结合实际，根据涉及未成年人刑事案件的特点，开展未成年人法治宣传教育工作。

适用要点

2021年《刑诉法解释》第561条系新增规定。《未成年人保护法》第115条规定，公安机关、人民检察院、人民法院和司法行政部门应当结合实际，根据涉及未成年人案件的特点，开展未成年人法治宣传教育工作。本条吸收了这一规定的内容。

2012年《刑诉法解释》	2021年《刑诉法解释》
第四百七十条　审理未成年人刑事案件，本章没有规定的，适用本解释的有关规定。	**第五百六十二条**　审理未成年人刑事案件，本章没有规定的，适用本解释的有关规定。
第二节　开庭准备	第二节　开庭准备
第四百七十一条　人民法院向未成年被告人送达起诉书副本时，应当向其讲明被指控的罪行和有关法律规定，并告知其审判程序和诉讼权利、义务。	**第五百六十三条**　人民法院向未成年被告人送达起诉书副本时，应当向其讲明被指控的罪行和有关法律规定，并告知其审判程序和诉讼权利、义务。
第四百七十二条　审判时不满十八周岁的未成年被告人没有委托辩护人的，人民法院应当通知法律援助机构指派律师为其提供辩护。	**第五百六十四条**　审判时不满十八周岁的未成年被告人没有委托辩护人的，人民法院应当通知法律援助机构指派**熟悉未成年人身心特点的**律师为其提供辩护。

适用要点

2021年《刑诉法解释》第564条规定了为未成年被告人提供法律援助的要求。《未成年人保护法》第104条第2款规定，法律援助机构应当指派熟悉未成年人身心特点的律师为未成年人提供法律援助服务。本条吸收了这一规定的核心内容，强调指派“熟悉未成年人身心特点的律师”为未成年被告人提供辩护。司法解释起草者认为，本条规定中的“审判时”宜理解为“立案时”，只要被告人在人民法院受理案件时系未成年人的，就属于应当提供法律援助的情形。

2012 年《刑诉法解释》	2021 年《刑诉法解释》
第四百七十三条　未成年被害人及其法定代理人因经济困难或者其他原因没有委托诉讼代理人的，人民法院应当帮助其申请法律援助。	**第五百六十五条**　未成年被害人及其法定代理人因经济困难或者其他原因没有委托诉讼代理人的，人民法院应当帮助其申请法律援助。
第四百七十四条　对未成年人刑事案件，人民法院决定适用简易程序审理的，应当征求未成年被告人及其法定代理人、辩护人的意见。上述人员提出异议的，不适用简易程序。	**第五百六十六条**　对未成年人刑事案件，人民法院决定适用简易程序审理的，应当征求未成年被告人及其法定代理人、辩护人的意见。上述人员提出异议的，不适用简易程序。
第四百七十五条　被告人实施被指控的犯罪时不满十八周岁，开庭时已满十八周岁、不满二十周岁的，人民法院开庭时，一般应当通知其近亲属到庭。经法庭同意，近亲属可以发表意见。近亲属无法通知、不能到场或者是共犯的，应当记录在案。	**第五百六十七条**　被告人实施被指控的犯罪时不满十八周岁，开庭时已满十八周岁、不满二十周岁的，人民法院开庭时，一般应当通知其近亲属到庭。经法庭同意，近亲属可以发表意见。近亲属无法通知、不能到场或者是共犯的，应当记录在案。
第四百七十六条　对人民检察院移送的关于未成年被告人性格特点、家庭情况、社会交往、成长经历、犯罪原因、犯罪前后的表现、监护教育等情况的调查报告，以及辩护人提交的反映未成年被告人上述情况的书面材料，法庭应当接受。 必要时，人民法院可以委托~~未成年被告人居住地的县级司法行政机关、共青团组织以及其他社会团体组~~织对未成年被告人的上述情况进行调查，或者自行调查。	**第五百六十八条**　对人民检察院移送的关于未成年被告人性格特点、家庭情况、社会交往、成长经历、犯罪原因、犯罪前后的表现、监护教育等情况的调查报告，以及辩护人提交的反映未成年被告人上述情况的书面材料，法庭应当接受。 必要时，人民法院可以委托**社区矫正机构、共青团、社会组织等**对未成年被告人的上述情况进行调查，或者自行调查。

适用要点

2021年《刑诉法解释》第568条规定了社区调查报告的制作程序。《社区矫正法》第18条规定，社区矫正决定机关根据需要，可以委托社区矫正机构或者有关社会组织对被告人或者罪犯的社会危险性和对所居住社区的影响，进行调查评估，提出意见，供决定社区矫正时参考。居民委员会、村民委员会等组织应当提供必要的协助。本条吸收了这一规定的主要内容，明确了社区矫正机构的调查职责。

2012年《刑诉法解释》	2021年《刑诉法解释》
第四百七十七条 ~~对未成年人刑事案件，~~人民法院根据情况，可以对未成年~~被告人~~进行心理疏导；经未成年被告人及其法定代理人同意，~~也~~可以对未成年被告人进行心理测评。	**第五百六十九条** 人民法院根据情况，可以对未成年**被告人、被害人、证人**进行心理疏导；**根据实际需要并**经未成年被告人及其法定代理人同意，可以对未成年被告人进行心理测评。 **心理疏导、心理测评可以委托专门机构、专业人员进行。** **心理测评报告可以作为办理案件和教育未成年人的参考。**

适用要点

2021年《刑诉法解释》第569条规定了未成年人心理疏导、心理测评的程序要求。《预防未成年人犯罪法》第51条规定，公安机关、人民检察院、人民法院办理未成年人刑事案件，可以自行或者委托有关社会组织、机构对未成年犯罪嫌疑人或者被告人的成长经历、犯罪原因、监护、教育等情况进行社会调查；根据实际需要并经未成年犯罪嫌疑人、被告人及其法定代理人同意，可以对未成年犯罪嫌疑人、被告人进行心理测评。社会调查和心理测评的报告可以作为办理案件和教育未成年人的参考。本条吸收了这一规定的主要内容。在2012年《刑诉法解释》的基础上，本条规定将心理疏导的范围由"被告人"，拓展为"被告人、被害人、证人"。同时，本条新增规定，心理疏导、心理测评可以委托专门机构、专业人员进行。心理测评报告可以作为办理案件和教育未成年人的参考。

2012年《刑诉法解释》	2021年《刑诉法解释》
第四百七十八条　开庭前和休庭时，法庭根据情况，可以安排未成年被告人与其法定代理人或者~~刑事诉讼法第二百七十条第一款规定的其他成年亲属、代表~~会见。	**第五百七十条**　开庭前和休庭时，法庭根据情况，可以安排未成年被告人与其法定代理人或者**合适成年人**会见。
第三节　审　　判	第三节　审　　判
第四百七十九条　人民法院应当在辩护台靠近旁听区一侧为未成年被告人的法定代理人或者~~刑事诉讼法第二百七十条第一款规定的其他成年亲属、代表~~设置席位。 审理可能判处五年有期徒刑以下刑罚或者过失犯罪的未成年人刑事案件，可以采取适合未成年人特点的方式设置法庭席位。	**第五百七十一条**　人民法院应当在辩护台靠近旁听区一侧为未成年被告人的法定代理人或者**合适成年人**设置席位。 审理可能判处五年有期徒刑以下刑罚或者过失犯罪的未成年人刑事案件，可以采取适合未成年人特点的方式设置法庭席位。
~~**第四百八十条**　在法庭上不得对未成年被告人使用戒具，但被告人人身危险性大，可能妨碍庭审活动的除外。必须使用戒具的，在现实危险消除后，应当立即停止使用。~~	
第四百八十一条　未成年被告人或者其法定代理人当庭拒绝辩护人辩护的，适用本解释~~第二百五十四条第一款、第二款~~的规定。 重新开庭后，未成年被告人或者其法定代理人再次当庭拒绝辩护人辩护的，不予准许。重新开庭时被告人已满十八周岁的，可以准许，但不得再另行委托辩护人或者要求另行指派律师，由其自行辩护。	**第五百七十二条**　未成年被告人或者其法定代理人当庭拒绝辩护人辩护的，适用本解释**第三百一十一条第二款、第三款**的规定。 重新开庭后，未成年被告人或者其法定代理人再次当庭拒绝辩护人辩护的，不予准许。重新开庭时被告人已满十八周岁的，可以准许，但不得再另行委托辩护人或者要求另行指派律师，由其自行辩护。
第四百八十二条　法庭审理过程中，审判人员应当根据未成年被告人的智力发育程度和心理状态，使用适合未成年人的语言表达方式。	**第五百七十三条**　法庭审理过程中，审判人员应当根据未成年被告人的智力发育程度和心理状态，使用适合未成年人的语言表达方式。

续表

2012 年《刑诉法解释》	2021 年《刑诉法解释》
发现有对未成年被告人~~诱供、训斥、讽刺~~或者~~威胁~~等情形的，审判长应当制止。	发现有对未成年被告人**威胁、训斥、诱供**或者**讽刺**等情形的，审判长应当制止。
第四百八十三条 控辩双方提出对未成年被告人判处管制、宣告缓刑等量刑建议的，应当向法庭提供有关未成年被告人能够获得监护、帮教以及对所居住社区无重大不良影响的书面材料。	**第五百七十四条** 控辩双方提出对未成年被告人判处管制、宣告缓刑等量刑建议的，应当向法庭提供有关未成年被告人能够获得监护、帮教以及对所居住社区无重大不良影响的书面材料。
第四百八十四条 对未成年被告人情况的调查报告，以及辩护人提交的有关未成年被告人情况的书面材料，法庭应当审查并听取控辩双方意见。上述报告和材料可以作为~~法庭教育和量刑~~的参考。	**第五百七十五条** 对未成年被告人情况的调查报告，以及辩护人提交的有关未成年被告人情况的书面材料，法庭应当审查并听取控辩双方意见。上述报告和材料可以作为**办理案件和教育未成年人**的参考。 **人民法院可以通知作出调查报告的人员出庭说明情况，接受控辩双方和法庭的询问。**

适用要点

2021 年《刑诉法解释》第 575 条规定了未成年被告人调查报告的使用规则。在 2012 年《刑诉法解释》的基础上，本条规定作出以下调整：(1)有关报告和材料的价值。本条规定将 2012 年《刑诉法解释》规定的“可以作为法庭教育和量刑的参考”，调整为“可以作为办理案件和教育未成年人的参考”。这一规定，意味着有关报告和材料有了更广泛的用途。(2)调查报告的质证。本条新增规定，人民法院可以通知作出调查报告的人员出庭说明情况，接受控辩双方和法庭的询问。鉴于调查报告在案件中发挥重要作用，有必要强调对其关联性和真实性等情况的调查核实。

2012 年《刑诉法解释》	2021 年《刑诉法解释》
第四百八十五条　法庭辩论结束后，法庭可以根据案件情况，对未成年被告人进行教育；判决未成年被告人有罪的，宣判后，应当对未成年被告人进行教育。 对未成年被告人进行教育，~~可以邀请诉讼参与人、刑事诉讼法第二百七十条第一款规定的其他成年亲属、代表以及社会调查员、心理咨询师等参加~~。 适用简易程序审理的案件，对未成年被告人进行法庭教育，适用前两款的规定。	**第五百七十六条**　法庭辩论结束后，法庭可以根据**未成年人的生理、心理特点和**案件情况，对未成年被告人进行法治教育；判决未成年被告人有罪的，宣判后，应当对未成年被告人进行**法治**教育。 对未成年被告人进行教育，**其法定代理人以外的成年亲属或者教师、辅导员等参与有利于感化、挽救未成年人的，人民法院应当邀请其参加有关活动。** 适用简易程序审理的案件，对未成年被告人进行法庭教育，适用前两款规定。

适用要点

2021 年《刑诉法解释》第 576 条规定了对未成年被告人进行法庭教育的要求。《预防未成年人犯罪法》第 50 条规定，公安机关、人民检察院、人民法院办理未成年人刑事案件，应当根据未成年人的生理、心理特点和犯罪的情况，有针对性地进行法治教育。对涉及刑事案件的未成年人进行教育，其法定代理人以外的成年亲属或者教师、辅导员等参与有利于感化、挽救未成年人的，公安机关、人民检察院、人民法院应当邀请其参加有关活动。本条吸收了这一规定的主要内容，在 2012 年《刑诉法解释》规定的基础上，增加由其法定代理人以外的成年亲属或者教师、辅导员等参与教育的规定。

2012 年《刑诉法解释》	2021 年《刑诉法解释》
第四百八十六条　未成年被告人最后陈述后，法庭应当询问其法定代理人是否补充陈述。	**第五百七十七条**　未成年被告人最后陈述后，法庭应当询问其法定代理人是否补充陈述。
第四百八十七条　对未成年人刑事案件宣告判决应当公开进行~~，但不得采取召开大会等形式~~。	**第五百七十八条**　对未成年人刑事案件，宣告判决应当公开进行。 对依法应当封存犯罪记录的案件，

续表

2012年《刑诉法解释》	2021年《刑诉法解释》
对依法应当封存犯罪记录的案件,宣判时,不得组织人员旁听;有旁听人员的,应当告知其不得传播案件信息。	宣判时,不得组织人员旁听;有旁听人员的,应当告知其不得传播案件信息。
第四百八十八条 定期宣告判决的未成年人刑事案件,未成年被告人的法定代理人无法通知、不能到庭或者是共犯的,法庭可以通知~~刑事诉讼法第二百七十条第一款规定的其他成年亲属、代表~~到庭,并在宣判后向未成年被告人的成年亲属送达判决书。	**第五百七十九条** 定期宣告判决的未成年人刑事案件,未成年被告人的法定代理人无法通知、不能到场或者是共犯的,法庭可以通知**合适成年人**到庭,并在宣判后向未成年被告人的成年亲属送达判决书。
第四节 执 行	第四节 执 行
第四百八十九条 将未成年罪犯送监执行刑罚或者送交社区矫正时,人民法院应当将有关未成年罪犯的调查报告及其在案件审理中的表现材料,连同有关法律文书,一并送达执行机关。	**第五百八十条** 将未成年罪犯送监执行刑罚或者送交社区矫正时,人民法院应当将有关未成年罪犯的调查报告及其在案件审理中的表现材料,连同有关法律文书,一并送达执行机关。
第四百九十条 犯罪时不满十八周岁,被判处五年有期徒刑以下刑罚以及免除刑事处罚的未成年人的犯罪记录,应当封存。 ~~2012年12月31日以前审结的案件符合前款规定的,相关犯罪记录也应当封存。~~ 司法机关或者有关单位向人民法院申请查询封存的犯罪记录的,应当提供查询的理由和依据。对查询申请,人民法院应当及时作出是否同意的决定。	**第五百八十一条** 犯罪时不满十八周岁,被判处五年有期徒刑以下刑罚以及免予刑事处罚的未成年人的犯罪记录,应当封存。 司法机关或者有关单位向人民法院申请查询封存的犯罪记录的,应当提供查询的理由和依据。对查询申请,人民法院应当及时作出是否同意的决定。
第四百九十一条 人民法院可以与未成年罪犯管教所等服刑场所建立联系,了解未成年罪犯的改造情况,协	**第五百八十二条** 人民法院可以与未成年犯管教所等服刑场所建立联系,了解未成年罪犯的改造情况,协助

续表

2012 年《刑诉法解释》	2021 年《刑诉法解释》
助做好帮教、改造工作，并可以对正在服刑的未成年罪犯进行回访考察。	做好帮教、改造工作，并可以对正在服刑的未成年罪犯进行回访考察。
第四百九十二条　人民法院认为必要时，可以督促被收监服刑的未成年罪犯的父母或者其他监护人及时探视。	**第五百八十三条**　人民法院认为必要时，可以督促被收监服刑的未成年罪犯的父母或者其他监护人及时探视。
第四百九十三条　对被判处管制、宣告缓刑、裁定假释、决定暂予监外执行的未成年罪犯，人民法院可以协助社区矫正机构制定帮教措施。	**第五百八十四条**　对被判处管制、宣告缓刑、裁定假释、决定暂予监外执行的未成年罪犯，人民法院可以协助社区矫正机构制定帮教措施。
第四百九十四条　人民法院可以适时走访被判处管制、宣告缓刑、免除刑事处罚、裁定假释、决定暂予监外执行等的未成年罪犯及其家庭，了解未成年罪犯的管理和教育情况，引导未成年罪犯的家庭承担管教责任，为未成年罪犯改过自新创造良好环境。	**第五百八十五条**　人民法院可以适时走访被判处管制、宣告缓刑、免予刑事处罚、裁定假释、决定暂予监外执行等的未成年罪犯及其家庭，了解未成年罪犯的管理和教育情况，引导未成年罪犯的家庭承担管教责任，为未成年罪犯改过自新创造良好环境。
第四百九十五条　被判处管制、宣告缓刑、免除刑事处罚、裁定假释、决定暂予监外执行等的未成年罪犯，具备就学、就业条件的，人民法院可以就其安置问题向有关部门提出司法建议，并附送必要的材料。	**第五百八十六条**　被判处管制、宣告缓刑、免予刑事处罚、裁定假释、决定暂予监外执行等的未成年罪犯，具备就学、就业条件的，人民法院可以就其安置问题向有关部门提出建议，并附送必要的材料。

第二十三章　当事人和解的公诉案件诉讼程序

2012 年《刑诉法解释》	2021 年《刑诉法解释》
第二十一章　当事人和解的公诉案件诉讼程序	**第二十三章　当事人和解的公诉案件诉讼程序**
第四百九十六条　对符合刑事诉讼法第~~三百七十七~~条规定的公诉案件，事实清楚、证据充分的，人民法院应当告知当事人可以自行和解；当事人提出申请的，人民法院可以主持双方当事人协商以达成和解。 根据案件情况，人民法院可以邀请人民调解员、辩护人、诉讼代理人、当事人亲友等参与促成双方当事人和解。	**第五百八十七条**　对符合刑事诉讼法第**二百八十八**条规定的公诉案件，事实清楚、证据充分的，人民法院应当告知当事人可以自行和解；当事人提出申请的，人民法院可以主持双方当事人协商以达成和解。 根据案件情况，人民法院可以邀请人民调解员、辩护人、诉讼代理人、当事人亲友等参与促成双方当事人和解。
第四百九十七条　符合刑事诉讼法第~~三百七十七~~条规定的公诉案件，被害人死亡的，其近亲属可以与被告人和解。近亲属有多人的，达成和解协议，应当经处于~~同一~~继承顺序的所有近亲属同意。 被害人系无行为能力或者限制行为能力人的，其法定代理人、近亲属可以代为和解。	**第五百八十八条**　符合刑事诉讼法第**二百八十八**条规定的公诉案件，被害人死亡的，其近亲属可以与被告人和解。近亲属有多人的，达成和解协议，应当经处于**最先**继承顺序的所有近亲属同意。 被害人系无行为能力或者限制行为能力人的，其法定代理人、近亲属可以代为和解。

适用要点

2021 年《刑诉法解释》第 588 条规定了被害人死亡等情形下，其近亲属等代为和解的规则。《刑事诉讼法》第 108 条第 6 项规定，近亲属包括夫、妻、父、母、子、女、同胞兄弟姊妹等，分别处于不同继承顺序。对于存在第一顺序继承人的情形，第一序位的近亲属未同意和解的，即使第二继承顺序的近亲属全部同意和解，也无权和被告人达成和解协议。据此，对于被害人死亡，近亲属有多人的情形，为依法达成和解协议，本条规定将2012年《刑诉法解释》规定的"应当经处于同一继承顺序的所有近亲属同意"，调整为"应当经处于最先继承顺序的所有近亲属同意"。

2012年《刑诉法解释》	2021年《刑诉法解释》
第四百九十八条　被告人的近亲属经被告人同意，可以代为和解。 被告人系限制行为能力人的，其法定代理人可以代为和解。 被告人的法定代理人、近亲属依照前两款规定代为和解的，和解协议约定的赔礼道歉等事项，应当由被告人本人履行。	**第五百八十九条**　被告人的近亲属经被告人同意，可以代为和解。 被告人系限制行为能力人的，其法定代理人可以代为和解。 被告人的法定代理人、近亲属依照前两款规定代为和解的，和解协议约定的赔礼道歉等事项，应当由被告人本人履行。
第四百九十九条　对公安机关、人民检察院主持制作的和解协议书，当事人提出异议的，人民法院应当审查。经审查，和解自愿、合法的，予以确认，无需重新制作和解协议书；和解~~不具有~~自愿~~性~~、合法~~性~~的，应当认定无效。和解协议被认定无效后，双方当事人重新达成和解的，人民法院应当主持制作新的和解协议书。	**第五百九十条**　对公安机关、人民检察院主持制作的和解协议书，当事人提出异议的，人民法院应当审查。经审查，和解自愿、合法的，予以确认，无需重新制作和解协议书；和解**违反**自愿、合法**原则**的，应当认定无效。和解协议被认定无效后，双方当事人重新达成和解的，人民法院应当主持制作新的和解协议书。
第五百条　审判期间，双方当事人和解的，人民法院应当听取当事人及其法定代理人等有关人员的意见。双方当事人在庭外达成和解的，人民法院应当通知人民检察院，并听取其意见。经审查，和解自愿、合法的，应当主持制作和解协议书。	**第五百九十一条**　审判期间，双方当事人和解的，人民法院应当听取当事人及其法定代理人等有关人员的意见。双方当事人在庭外达成和解的，人民法院应当通知人民检察院，并听取其意见。经审查，和解自愿、合法的，应当主持制作和解协议书。
第五百零一条　和解协议书应当包括以下内容： （一）被告人承认自己所犯罪行，对犯罪事实没有异议，并真诚悔罪； （二）被告人通过向被害人赔礼道歉、赔偿损失等方式获得被害人谅解；涉及赔偿损失的，应当写明赔偿的	**第五百九十二条**　和解协议书应当包括以下内容： （一）被告人承认自己所犯罪行，对犯罪事实没有异议，并真诚悔罪； （二）被告人通过向被害人赔礼道歉、赔偿损失等方式获得被害人谅解；涉及赔偿损失的，应当写明赔偿的

续表

2012 年《刑诉法解释》	2021 年《刑诉法解释》
数额、方式等；提起附带民事诉讼的，由附带民事诉讼原告人撤回附带民事诉讼； （三）被害人自愿和解，请求或者同意对被告人依法从宽处罚。 和解协议书应当由双方当事人和审判人员签名，但不加盖人民法院印章。 和解协议书一式三份，双方当事人各持一份，另一份交人民法院附卷备查。 对和解协议中的赔偿损失内容，双方当事人要求保密的，人民法院应当准许，并采取相应的保密措施。	数额、方式等；提起附带民事诉讼的，由附带民事诉讼原告人撤回**起诉**； （三）被害人自愿和解，请求或者同意对被告人依法从宽处罚。 和解协议书应当由双方当事人和审判人员签名，但不加盖人民法院印章。 和解协议书一式三份，双方当事人各持一份，另一份交人民法院附卷备查。 对和解协议中的赔偿损失内容，双方当事人要求保密的，人民法院应当准许，并采取相应的保密措施。
第五百零二条 和解协议约定的赔偿损失内容，被告人应当在协议签署后即时履行。 和解协议已经全部履行，当事人反悔的，人民法院不予支持，但有证据证明和解违反自愿、合法原则的除外。	**第五百九十三条** 和解协议约定的赔偿损失内容，被告人应当在协议签署后即时履行。 和解协议已经全部履行，当事人反悔的，人民法院不予支持，但有证据证明和解违反自愿、合法原则的除外。
第五百零三条 双方当事人在侦查、审查起诉期间已经达成和解协议并全部履行，被害人或者其法定代理人、近亲属又提起附带民事诉讼的，人民法院不予受理，但有证据证明和解违反自愿、合法原则的除外。	**第五百九十四条** 双方当事人在侦查、审查起诉期间已经达成和解协议并全部履行，被害人或者其法定代理人、近亲属又提起附带民事诉讼的，人民法院不予受理，但有证据证明和解违反自愿、合法原则的除外。
第五百零四条 被害人或者其法定代理人、近亲属提起附带民事诉讼后，双方愿意和解，但被告人不能即时履行全部赔偿义务的，人民法院应当制作附带民事调解书。	**第五百九十五条** 被害人或者其法定代理人、近亲属提起附带民事诉讼后，双方愿意和解，但被告人不能即时履行全部赔偿义务的，人民法院应当制作附带民事调解书。
第五百零五条 对达成和解协议的案件，人民法院应当对被告人从轻	**第五百九十六条** 对达成和解协议的案件，人民法院应当对被告人从

续表

2012 年《刑诉法解释》	2021 年《刑诉法解释》
处罚;符合非监禁刑适用条件的,应当适用非监禁刑;判处法定最低刑仍然过重的,可以减轻处罚;综合全案认为犯罪情节轻微不需要判处刑罚的,可以免除刑事处罚。 共同犯罪案件,部分被告人与被害人达成和解协议的,可以依法对该部分被告人从宽处罚,但应当注意全案的量刑平衡。	轻处罚;符合非监禁刑适用条件的,应当适用非监禁刑;判处法定最低刑仍然过重的,可以减轻处罚;综合全案认为犯罪情节轻微不需要判处刑罚的,可以免予刑事处罚。 共同犯罪案件,部分被告人与被害人达成和解协议的,可以依法对该部分被告人从宽处罚,但应当注意全案的量刑平衡。
第五百零六条　达成和解协议的,裁判文书应当作出叙述,并援引刑事诉讼法的相关条文。	**第五百九十七条**　达成和解协议的,裁判文书应当叙明,并援引刑事诉讼法的相关条文。

第二十四章　缺席审判程序

2012年《刑诉法解释》	2021年《刑诉法解释》
	第二十四章　缺席审判程序
	第五百九十八条　对人民检察院依照刑事诉讼法第二百九十一条第一款的规定提起公诉的案件，人民法院应当重点审查以下内容： （一）是否属于可以适用缺席审判程序的案件范围； （二）是否属于本院管辖； （三）是否写明被告人的基本情况，包括明确的境外居住地、联系方式等； （四）是否写明被告人涉嫌有关犯罪的主要事实，并附证据材料； （五）是否写明被告人有无近亲属以及近亲属的姓名、身份、住址、联系方式等情况； （六）是否列明违法所得及其他涉案财产的种类、数量、价值、所在地等，并附证据材料； （七）是否附有查封、扣押、冻结违法所得及其他涉案财产的清单和相关法律手续。 前款规定的材料需要翻译件的，人民法院应当要求人民检察院一并移送。

适用要点

2021年《刑诉法解释》第598条系新增规定。《刑事诉讼法》第291条第1款规定，对于贪污贿赂犯罪案件，以及需要及时进行审判，经最高人民检察院核准的严重危害国家安全犯罪、恐怖活动犯罪案件，犯罪嫌疑人、被告人在境外,监察机关、公安机关移送起诉,人民检察院认为犯罪事实已经查清,证据确实、充分,依法应当追究刑事责任的,可以向人民法院提起公诉。人民法院进行审查后,对于起诉书中有明确的指控犯罪事实,符合缺席审判程序适用条件的,应当决定开庭审判。缺席审判程序是2018年《刑事诉讼法》修改新增的特别程序,因涉及被告人不在案的缺席审判,为确保审判的公正性,人民法院应当在案件入口审查上严格把关。除审查起诉书是否具有明确的指控犯罪事实外,还应当对是否符合缺席审判程序适用条件进行审查。据此,本条参照公诉案件立案审查的基本事项,规定了缺席审判程序重点审查的事项。需要指出的是,本条要求,人民法院应当审查是否写明被告人的基本情况,包括明确的境外居住地、联系方式等。这是保证相关法律文书能够送达,依法适用缺席审判程序的前提;如果在起诉时仍未查明被告人的境外居住地、联系方式等信息,就无法通过请求司法协助等方式向被告人送达起诉书副本,也就依法不能进行缺席审判。同时,《高检诉讼规则》第505条第4款亦要求,人民检察院提起公诉的,应当向人民法院提交被告人已出境的证据。除案件自身所涉事项外,本条专门强调,有关材料需要翻译件的,人民法院应当要求人民检察院一并移送。

2012年《刑诉法解释》	2021年《刑诉法解释》
	第五百九十九条　对人民检察院依照刑事诉讼法第二百九十一条第一款的规定提起公诉的案件,人民法院审查后,应当按照下列情形分别处理: **(一)符合缺席审判程序适用条件,属于本院管辖,且材料齐全的,应当受理;** **(二)不属于可以适用缺席审判程序的案件范围、不属于本院管辖或者不符合缺席审判程序的其他适用条件的,应当退回人民检察院;** **(三)材料不全的,应当通知人民检察院在三十日以内补送;三十日以内不能补送的,应当退回人民检察院。**

适用要点

2021年《刑诉法解释》第599条系新增规定。为规范缺席审判程序的适用，参照公诉案件立案审查后的处理方式，人民法院对案件进行审查后，应当区分情形作出处理。(1)依法应当受理的情形。对于符合缺席审判程序适用条件，属于本院管辖，且材料齐全的，应当受理。(2)不符合程序适用条件的情形。对于不属于可以适用缺席审判程序的案件范围、不属于本院管辖或者不符合缺席审判程序的其他适用条件的，应当退回人民检察院。需要指出的是，《刑事诉讼法》第292条规定，人民法院应当通过有关国际条约规定的或者外交途径提出的司法协助方式，或者被告人所在地法律允许的其他方式，将传票和人民检察院的起诉书副本送达被告人。这一规定强调的是送达传票和起诉书副本的方式，并不以与被告人取得联系为前提。(3)不符合开庭审判条件的情形。对于材料不全的，应当通知人民检察院在30日以内补送；30日以内不能补送的，应当退回人民检察院。

2012年《刑诉法解释》	2021年《刑诉法解释》
	第六百条　对人民检察院依照刑事诉讼法第二百九十一条第一款的规定提起公诉的案件，人民法院立案后，应当将传票和起诉书副本送达被告人，传票应当载明被告人到案期限以及不按要求到案的法律后果等事项；应当将起诉书副本送达被告人近亲属，告知其有权代为委托辩护人，并通知其敦促被告人归案。

适用要点

2021年《刑诉法解释》第600条系新增规定。《刑事诉讼法》第292条规定，人民法院应当通过有关国际条约规定的或者外交途径提出的司法协助方式，或者被告人所在地法律允许的其他方式，将传票和人民检察院的起诉书副本送达被告人。据此，本条进一步明确了传票的内容要求，即，传票应当载明被告人到案期限以及不按要求到案的法律后果等事项。

同时，为保障被告人的辩护权，本条规定，人民法院应当将起诉书副本送达被告人近亲属，告知其有权代为委托辩护人，并通知其敦促被告人归案。

2012年《刑诉法解释》	2021年《刑诉法解释》
	第六百零一条　人民法院审理人民检察院依照刑事诉讼法第二百九十一条第一款的规定提起公诉的案件，被告人有权委托或者由近亲属代为委托一至二名辩护人。委托律师担任辩护人的，应当委托具有中华人民共和国律师资格并依法取得执业证书的律师；在境外委托的，应当依照本解释第四百八十六条的规定对授权委托进行公证、认证。 **被告人及其近亲属没有委托辩护人的，人民法院应当通知法律援助机构指派律师为被告人提供辩护。** **被告人及其近亲属拒绝法律援助机构指派的律师辩护的，依照本解释第五十条第二款的规定处理。**

适用要点

2021年《刑诉法解释》第601条系新增规定。《刑事诉讼法》第293条规定，人民法院缺席审判案件，被告人有权委托辩护人，被告人的近亲属可以代为委托辩护人。被告人及其近亲属没有委托辩护人的，人民法院应当通知法律援助机构指派律师为其提供辩护。据此，本条规定了缺席审判程序的辩护制度，主要涉及以下事项：(1)辩护人数量。《刑事诉讼法》第33条规定，犯罪嫌疑人、被告人除自己行使辩护权以外，还可以委托1~2人作为辩护人。据此，本条将辩护人或其近亲属委托的辩护人数量确定为1~2名。(2)委托律师的资质。本条规定，委托律师担任辩护人的，应当委托具有中华人民共和国律师资格并依法取得执业证书的律师；在境外委托的，应当依照本解释第486条的规定对授权委托进行公证、认证。据此，不具有中国律师资格并依法取得职业证书的律师，不得接受委托担任辩护人。(3)强制辩护的要求。基于缺席审判程序的特殊性,《刑事诉讼法》确立了强制辩护制度,即,被告人及其近亲属没有委托辩护人的,人民法院应当通知法律援助机构指派律师为被告人提供辩护。

2012 年《刑诉法解释》	2021 年《刑诉法解释》
	第六百零二条　人民法院审理人民检察院依照刑事诉讼法第二百九十一条第一款的规定提起公诉的案件,被告人的近亲属申请参加诉讼的,应当在收到起诉书副本后、第一审开庭前提出,并提供与被告人关系的证明材料。有多名近亲属的,应当推选一至二人参加诉讼。 **对被告人的近亲属提出申请的,人民法院应当及时审查决定。**

适用要点

2021 年《刑诉法解释》第 602 条系新增规定。鉴于缺席审判案件的被告人未参与审判,被告人的近亲属可以参加诉讼。本条规定了被告人近亲属参加诉讼的程序。(1)申请时限和要求。被告人的近亲属申请参加诉讼的,应当在收到起诉书副本后、第一审开庭前提出,并提供与被告人关系的证明材料。这一规定是为了核实被告人近亲属的身份,督促其在开庭前提出申请,以便有效参与诉讼。(2)参加诉讼的人数。有多名近亲属的,应当推选 1~2 人参加诉讼。(3)人民法院的审查处理。对被告人的近亲属提出申请的,人民法院应当及时审查决定。为确保被告人的近亲属有效参加诉讼,人民法院应当在开庭审理前作出决定。

2012 年《刑诉法解释》	2021 年《刑诉法解释》
	第六百零三条　人民法院审理人民检察院依照刑事诉讼法第二百九十一条第一款的规定提起公诉的案件,参照适用公诉案件第一审普通程序的

续表

2012 年《刑诉法解释》	2021 年《刑诉法解释》
	有关规定。被告人的近亲属参加诉讼的，可以发表意见，出示证据，申请法庭通知证人、鉴定人等出庭，进行辩论。

适用要点

2021 年《刑诉法解释》第 603 条系新增规定。对于缺席审判程序，参照公诉案件第一审普通程序的规定。被告人的近亲属参加诉讼，其作为被告人的权利信托人，可以在一定程度上代行被告人的诉讼权利。

2012 年《刑诉法解释》	2021 年《刑诉法解释》
	第六百零四条　对人民检察院依照刑事诉讼法第二百九十一条第一款的规定提起公诉的案件，人民法院审理后应当参照本解释第二百九十五条的规定作出判决、裁定。 **作出有罪判决的，应当达到证据确实、充分的证明标准。** **经审理认定的罪名不属于刑事诉讼法第二百九十一条第一款规定的罪名的，应当终止审理。** **适用缺席审判程序审理案件，可以对违法所得及其他涉案财产一并作出处理。**

适用要点

2021 年《刑诉法解释》第 604 条系新增规定。关于缺席审判程序的案件处理方式，本条规定了以下主要事项：(1) 裁判方式。人民法院审理后应当参照本解释第 295 条的规定作出判决、裁定，主要包括以下情形：①起诉指控的事实清楚，证据确实、充分，依据法律认定指控被告人的罪名成立的，应当作出有罪判决；②起诉指控的事实清楚，证据确实、充分，但指控的罪名不当的，应当依据法律和审理认定的事实作出有罪判决；③案件事实清楚，证据确实、充分，依据法律认定被告人无罪的，应当判决宣告被告人无罪；④证据不足，不能认定被告人有罪的，应当以证据不足、指控的犯罪不能成立，判决宣告被告人无罪；⑤案件部分事实清楚，证据确实、充分的，应当作出有罪或者无罪的判决；对事实不清、证据不足部分，不予认定；⑥犯罪已过追诉时效期限且不是必须追诉，或者经特赦令免除刑罚的，应当裁定终止审理。(2)证明标准。缺席审判程序仍属对人之诉，解决的是被告人的罪责刑问题。根据《刑事诉讼法》第 291 条第 1 款的规定，人民检察院对缺席审判案件提起公诉的前提是“犯罪事实已经查清，证据确实、充分，依法应当追究刑事责任”。据此，通过缺席审判认定被告人有罪的证明标准，与普通公诉案件相同，应当达到证据确实、充分的证明标准。(3)罪名认定。经审理认定的罪名不属于《刑事诉讼法》第 291 条第 1 款规定的罪名的，因不符合缺席审判程序的适用条件，应当终止审理。(4)涉案财物处理。适用缺席审判程序审理案件，可以对违法所得及其他涉案财产一并作出处理。需要指出的是，鉴于缺席审判程序可以直接对涉案财物作出处理，并且适用缺席审判程序需要将传票、起诉书副本送达被告人，因此，没有必要再适用违法所得没收程序中的公告程序。

2012 年《刑诉法解释》	2021 年《刑诉法解释》
	第六百零五条　因被告人患有严重疾病导致缺乏受审能力，无法出庭受审，中止审理超过六个月，被告人仍无法出庭，被告人及其法定代理人、近亲属申请或者同意恢复审理的，人民法院可以根据刑事诉讼法第二百九十六条的规定缺席审判。 **符合前款规定的情形，被告人无法表达意愿的，其法定代理人、近亲属可以代为申请或者同意恢复审理。**

适用要点

2021 年《刑诉法解释》第 605 条系新增规定。《刑事诉讼法》第 296

条规定,因被告人患有严重疾病无法出庭,中止审理超过6个月,被告人仍无法出庭,被告人及其法定代理人、近亲属申请或者同意恢复审理的,人民法院可以在被告人不出庭的情况下缺席审理,依法作出判决。需要指出的是,该条规定的“患有严重疾病无法出庭”,应当是指因患有严重疾病而缺乏受审能力,而不能作其他泛化解释,不能将被告人因身体残疾不便到庭参加诉讼视为“患有严重疾病无法出庭”。据此,本条规定将“患有严重疾病无法出庭”,进一步限定为“患有严重疾病导致缺乏受审能力,无法出庭受审”。在此基础上,本条新增规定,符合前款规定的情形,被告人无法表达意愿的,其法定代理人、近亲属可以代为申请或者同意恢复审理。

2012年《刑诉法解释》	2021年《刑诉法解释》
	第六百零六条　人民法院受理案件后被告人死亡的,应当裁定终止审理;但有证据证明被告人无罪,经缺席审理确认无罪的,应当判决宣告被告人无罪。 **前款所称“有证据证明被告人无罪,经缺席审理确认无罪”,包括案件事实清楚,证据确实、充分,依据法律认定被告人无罪的情形,以及证据不足,不能认定被告人有罪的情形。**

适用要点

2021年《刑诉法解释》第606条系新增规定。《刑事诉讼法》第297条第1款规定,被告人死亡的,人民法院应当裁定终止审理,但有证据证明被告人无罪,人民法院经缺席审理确认无罪的,应当依法作出判决。本条对法律规定的“有证据证明被告人无罪,经缺席审理确认无罪”的情形作出了细化解释。实践中主要包括以下情形:(1)案件事实清楚,证据确实、充分,依据法律认定被告人无罪的情形。这主要是指,根据刑法规定,指控的事实不符合法律规定的犯罪构成要件,依法应当认定被告人无罪。(2)证据不足,不能认定被告人有罪的情形。这主要是指,指控的事实未能达到事实清楚,证据确实、充分的证明标准,不能认定被告人有罪,依法应当作出证据不足,指控的犯罪不能成立的无罪判决。此外,对于有证据证明被告人不在犯罪现场、未达到刑事责任年龄、属于依法不负刑事责任的精神病人等情形,也属于依据法律认定被告人无罪的情形。

2012年《刑诉法解释》	2021年《刑诉法解释》
	第六百零七条　人民法院按照审判监督程序重新审判的案件,被告人死亡的,可以缺席审理。有证据证明被告人无罪,经缺席审理确认被告人无罪的,应当判决宣告被告人无罪;虽然构成犯罪,但原判量刑畸重的,应当依法作出判决。
	第六百零八条　人民法院缺席审理案件,本章没有规定的,参照适用本解释的有关规定。

适用要点

2021年《刑诉法解释》第607条系新增规定。《刑事诉讼法》第297条第2款规定,人民法院按照审判监督程序重新审判的案件,被告人死亡的,人民法院可以缺席审理,依法作出判决。在此基础上,2021年《刑诉法解释》第607条规定了依法宣告被告人无罪或者改判的情形。人民法院按照审判监督程序重新审判的案件,被告人死亡的,对于人民检察院认为原判量刑畸轻(包括因定罪错误导致量刑畸轻)而提起抗诉,人民法院因原审量刑畸轻而启动审判监督程序,或者经审查认为原判正确或者量刑畸轻等情形,应当裁定终止审理。除此之外,经缺席审理,确认被告人无罪或者证据不足,不能认定被告人有罪的,或者虽然构成犯罪但是原判量刑畸重的,应当依法作出判决。

第二十五章　犯罪嫌疑人、被告人逃匿、死亡案件违法所得的没收程序

2012年《刑诉法解释》	2021年《刑诉法解释》
第二十二章　犯罪嫌疑人、被告人逃匿、死亡案件违法所得的没收程序	第二十五章　犯罪嫌疑人、被告人逃匿、死亡案件违法所得的没收程序
~~**第五百零七条**　依照刑法规定应当追缴违法所得及其他涉案财产，且符合下列情形之一的，人民检察院可以向人民法院提出没收违法所得的申请：~~ ~~（一）犯罪嫌疑人、被告人实施了贪污贿赂犯罪、恐怖活动犯罪等重大犯罪后逃匿，在通缉一年后不能到案的；~~ ~~（二）犯罪嫌疑人、被告人死亡的。~~	
	第六百零九条　刑事诉讼法第二百九十八条规定的"贪污贿赂犯罪、恐怖活动犯罪等"犯罪案件，是指下列案件： （一）贪污贿赂、失职渎职等职务犯罪案件； （二）刑法分则第二章规定的相关恐怖活动犯罪案件，以及恐怖活动组织、恐怖活动人员实施的杀人、爆炸、绑架等犯罪案件； （三）危害国家安全、走私、洗钱、金融诈骗、黑社会性质组织、毒品犯罪案件； （四）电信诈骗、网络诈骗犯罪案件。

适用要点

2021年《刑诉法解释》第609条系新增规定。《违法所得没收程序规定》第1条规定，下列犯罪案件，应当认定为《刑事诉讼法》第280条第1款规定的“犯罪案件”：(1)贪污、挪用公款、巨额财产来源不明、隐瞒境外存款、私分国有资产、私分罚没财物犯罪案件；(2)受贿、单位受贿、利用影响力受贿、行贿、对有影响力的人行贿、对单位行贿、介绍贿赂、单位行贿犯罪案件；(3)组织、领导、参加恐怖组织，帮助恐怖活动，准备实施恐怖活动，宣扬恐怖主义、极端主义、煽动实施恐怖活动，利用极端主义破坏法律实施，强制穿戴宣扬恐怖主义、极端主义服饰、标志，非法持有宣扬恐怖主义、极端主义物品犯罪案件；(4)危害国家安全、走私、洗钱、金融诈骗、黑社会性质的组织、毒品犯罪案件。电信诈骗、网络诈骗犯罪案件，依照前款规定的犯罪案件处理。本条吸收了这一规定的主要内容，明确了法律规定的“贪污贿赂犯罪、恐怖活动犯罪等”犯罪案件的范围，需要注意以下事项：(1)贪污贿赂犯罪案件的范围。参考《国家监察委员会管辖规定(试行)》第4章关于职务犯罪案件管辖范围的规定，可以将2017年《违法所得没收程序规定》第1条第1项、第2项所列情形统称为“贪污贿赂犯罪案件”。(2)失职渎职犯罪案件的范围。《监察法》第48条规定，监察机关在调查贪污贿赂、失职渎职等职务犯罪案件过程中，被调查人逃匿或者死亡，有必要继续调查的，经省级以上监察机关批准，应当继续调查并作出结论。被调查人逃匿，在通缉1年后不能到案，或者死亡的，由监察机关提请人民检察院依照法定程序，向人民法院提出没收违法所得的申请，据此，本条第1项规定新增“失职渎职等职务犯罪案件”。

2012年《刑诉法解释》	2021年《刑诉法解释》
第五百零八条 ~~具有下列情形之一的，~~应当认定为刑事诉讼法第~~二百八十~~条第一款规定的“重大犯罪案件”： ~~(一)犯罪嫌疑人、被告人可能被判处无期徒刑以上刑罚的；~~ ~~(二)案件~~在本省、自治区、直辖市或者全国范围内有较大影响的； ~~(三)其他重大犯罪案件~~。	**第六百一十条** 在省、自治区、直辖市或者全国范围内**具**有较大影响的**犯罪案件，或者犯罪嫌疑人、被告人逃匿境外的犯罪案件**，应当认定为刑事诉讼法第**二百九十八**条第一款规定的“重大犯罪案件”。

适用要点

《违法所得没收程序规定》第2条规定，在省、自治区、直辖市或者全国范围内具有较大影响，或者犯罪嫌疑人、被告人逃匿境外的，应当认定为《刑事诉讼法》第280条第1款规定的“重大”。2021年《刑诉法解释》第610条吸收了这一规定的主要内容。将犯罪嫌疑人、被告人逃匿境外的犯罪案件视为重大犯罪案件，主要是考虑此类案件的社会影响及办案难度。

2012年《刑诉法解释》	2021年《刑诉法解释》
~~**第五百零九条**　实施犯罪行为所取得的财物及其孳息，以及被告人非法持有的违禁品、供犯罪所用的本人财物，应当认定为刑事诉讼法第二百八十条第一款规定的“违法所得及其他涉案财产”。~~	
	第六百一十一条　犯罪嫌疑人、被告人死亡，依照刑法规定应当追缴其违法所得及其他涉案财产，人民检察院提出没收违法所得申请的，人民法院应当依法受理。

适用要点

2021年《刑诉法解释》第611条系新增规定。《“六部委”规定》第37条规定，犯罪嫌疑人、被告人死亡，依照《刑法》规定应当追缴其违法所得及其他涉案财产，人民检察院提出没收违法所得申请的，人民法院应当依法受理。本条吸收了这一规定的内容。对于犯罪嫌疑人、被告人死亡，依照《刑法》规定应当追缴其违法所得及其他涉案财产的情形，除适用缺席审判程序的情形外，通常不再启动对人之诉，这意味着，违法所得没收程序作为对物之诉，既是唯一的诉讼请求，也是没收违法所得的唯一途径。此种情况下，人民检察院提出没收违法所得申请的，人民法院应当依法受理。需要注意的是，被告人死亡的，如果依照《刑法》规定应当追缴其违法所得及其他涉案财产，人民检察院提出没收违法所得申请，人民法院应当依法受理，不受罪名限制。

2012 年《刑诉法解释》	2021 年《刑诉法解释》
第五百一十条　对人民检察院提出的没收违法所得申请，人民法院应当审查以下内容： （一）是否属于本院管辖； （二）是否写明犯罪嫌疑人、被告人涉嫌有关犯罪的情况，并附~~相关~~证据材料； ~~（三）是否附有通缉令或者死亡证明；~~ （四）是否列明违法所得及其他涉案财产的种类、数量、所在地，并附~~相关~~证据材料； （五）是否附有查封、扣押、冻结违法所得及其他涉案财产的清单和~~相关~~法律手续； （六）是否写明犯罪嫌疑人、被告人~~的近亲属和其他~~利害关系人的姓名、住址、联系方式及其要求等情况； （七）是否写明申请没收的理由和法律依据。	**第六百一十二条**　对人民检察院提出的没收违法所得申请，人民法院应当审查以下内容： **（一）是否属于可以适用违法所得没收程序的案件范围；** （二）是否属于本院管辖； （三）是否写明犯罪嫌疑人、被告人**基本情况，以及涉嫌**有关犯罪的情况，并附证据材料； **（四）是否写明犯罪嫌疑人、被告人逃匿、被通缉、脱逃、下落不明、死亡等情况，并附证据材料；** （五）是否列明违法所得及其他涉案财产的种类、**数量、价值**、所在地**等**，并附证据材料； （六）是否附有查封、扣押、冻结违法所得及其他涉案财产的清单和法律手续； （七）是否写明犯罪嫌疑人、被告人**有无**利害关系人，利害关系人的姓名、**身份**、住址、联系方式及其要求等情况； （八）是否写明申请没收的理由和法律依据； **（九）其他依法需要审查的内容和材料。** **前款规定的材料需要翻译件的，人民法院应当要求人民检察院一并移送。**

适用要点

2021 年《刑诉法解释》第 612 条规定了人民法院对没收违法所得申请的审查要点。《违法所得没收程序规定》第 8 条规定，人民检察院向人民法院提出没收违法所得的申请，应当制作没收违法所得申请书。没收违法所得申请书应当载明以下内容：(1)犯罪嫌疑人、被告人的基本情况；(2)案由及案件来源；(3)犯罪嫌疑人、被告人涉嫌犯罪的事实及相关证据材料；(4)犯罪嫌疑人、被告人逃匿、被通缉、脱逃、下落不明、死亡的情况；(5)申请没收的财产的种类、数量、价值、所在地以及已查封、扣押、冻结财产清单和相关法律手续；(6)申请没收的财产属于违法所得及其他涉案财产的相关事实及证据材料；(7)提出没收违法所得申请的理由和法律依据；(8)有无利害关系人以及利害关系人的姓名、身份、住址、联系方式；(9)其他应当载明的内容。上述材料需要翻译件的，人民检察院应当将翻译件随没收违法所得申请书一并移送人民法院。本条吸收了这一规定的有关内容。在2012年《刑诉法解释》规定的基础上，本条完善了人民法院对违法所得没收申请的审查要点，新增若干要求，例如，是否属于可以适用违法所得没收程序的案件范围，以及是否写明犯罪嫌疑人、被告人逃匿、被通缉、脱逃、下落不明、死亡等情况，并附证据材料。此外，本条新增规定，前款规定的材料需要翻译件的，人民法院应当要求人民检察院一并移送。

2012年《刑诉法解释》	2021年《刑诉法解释》
第五百一十一条　对没收违法所得的申请，人民法院应当在七日内审查完毕，并按照下列情形分别处理： （一）不属于本院管辖的，应当退回人民检察院； （二）材料不全的，应当通知人民检察院在三日内补送； ~~（三）属于违法所得没收程序受案范围和本院管辖，且材料齐全的，应当受理。~~ 人民检察院尚未查封、扣押、冻结申请没收的财产或者查封、扣押、冻结期限即将届满，涉案财产有被隐匿、转移或者毁损、灭失危险的，人民法院可以查封、扣押、冻结申请没收的财产。	**第六百一十三条**　对没收违法所得的申请，人民法院应当在**三十日以**内审查完毕，并按照下列情形分别处理： **（一）属于没收违法所得申请受案范围和本院管辖，且材料齐全、有证据证明有犯罪事实的，应当受理；** （二）不属于**没收违法所得申请受案范围或者**本院管辖的，应当退回人民检察院； **（三）没收违法所得申请不符合“有证据证明有犯罪事实”标准要求的，应当通知人民检察院撤回申请；** （四）材料不全的，应当通知人民检察院在**七**日**以**内补送；**七日以内不能补送的，应当退回人民检察院。**

续表

2012年《刑诉法解释》	2021年《刑诉法解释》
	人民检察院尚未查封、扣押、冻结申请没收的财产或者查封、扣押、冻结期限即将届满,涉案财产有被隐匿、转移或者毁损、灭失危险的,人民法院可以查封、扣押、冻结申请没收的财产。

适用要点

2021年《刑诉法解释》第613条规定了人民法院对没收违法所得申请的处理方式。《违法所得没收程序规定》第9条规定,对于没收违法所得的申请,人民法院应当在30日内审查完毕,并根据以下情形分别处理:(1)属于没收违法所得申请受案范围和本院管辖,且材料齐全、有证据证明有犯罪事实的,应当受理;(2)不属于没收违法所得申请受案范围或者本院管辖的,应当退回人民检察院;(3)对于没收违法所得申请不符合"有证据证明有犯罪事实"标准要求的,应当通知人民检察院撤回申请,人民检察院应当撤回;(4)材料不全的,应当通知人民检察院在7日内补送,7日内不能补送的,应当退回人民检察院。本条吸收了这一规定的主要内容。在2012年《刑诉法解释》规定的基础上,本条规定主要作出以下调整:(1)审查期限。本条规定将2012年《刑诉法解释》规定的"在七日内"审查完毕,调整为"在三十日以内"审查完毕。(2)受理条件。在2012年《刑诉法解释》第511条规定的"属于违法所得没收程序受案范围和本院管辖"和"材料齐全"基础上,本条增加了"有证据证明有犯罪事实"的条件。(3)退回人民检察院的情形。在2012年《刑诉法解释》规定的"不属于本院管辖"基础上,本条增加了"不属于没收违法所得申请受案范围"的情形。(4)材料不全的情形。将2012年《刑诉法解释》规定的"应当通知人民检察院在三日内补送",调整为"应当通知人民检察院在七日以内补送"。同时规定,"七日以内不能补送的,应当退回人民检察院"。(5)通过人民检察院撤回申请。本条新增规定,没收违法所得申请不符合"有证据证明有犯罪事实"标准要求的,应当通知人民检察院撤回申请。据此,关于没收违法所得的申请,人民法院的审查内容和处理方式与普通公诉案件存在一定差异，体现出对物之诉的特殊性。

2012 年《刑诉法解释》	2021 年《刑诉法解释》
第五百一十二条　人民法院决定受理没收违法所得的申请后，应当在十五日内发出公告，公告期为六个月。公告应当写明以下内容： （一）案由； （二）犯罪嫌疑人、被告人~~通缉在逃或者死亡~~等基本情况； （三）申请没收财产的种类、数量、所在地； （四）~~犯罪嫌疑人、被告人的近亲属和其他利害关系人~~申请参加诉讼的期限、方式； （五）应当公告的其他情况。 公告应当在全国公开发行的报纸~~或者人民法院的官方网站刊登，~~并在人民法院公告栏~~张贴、~~发布；必要时，可以在犯罪地、犯罪嫌疑人、被告人居住地~~、申请没收的不动产~~所在地~~张贴、~~发布。 ~~人民法院已经掌握犯罪嫌疑人、被告人的近亲属和其他利害关系人的联系方式的，~~应当采取~~电话、传真、~~邮件等方式~~直接告知其公告内容~~，并记录在案。	**第六百一十四条**　人民法院受理没收违法所得的申请后，应当在十五日**以**内发**布**公告。公告应当**载**明以下内容： （一）案由**、案件来源**； （二）犯罪嫌疑人、被告人**的**基本情况； **（三）犯罪嫌疑人、被告人涉嫌犯罪的事实；** （四）犯罪嫌疑人、被告人**逃匿、被通缉、脱逃、下落不明、死亡等情况**； （五）申请没收的财产的种类、数量**、价值**、所在地**等以及已查封、扣押、冻结财产的清单和法律手续**； **（六）申请没收的财产属于违法所得及其他涉案财产的相关事实；** **（七）申请没收的理由和法律依据；** （八）**利害关系人**申请参加诉讼的期限、方式**以及未按照该期限、方式申请参加诉讼可能承担的不利法律后果**； （九）**其他**应当公告的情况。 **公告期为六个月，公告期间不适用中止、中断、延长的规定。**
	第六百一十五条　公告应当在全国公开发行的报纸**、信息网络媒体、最高人民法院的官方网站发布，**并在人民法院公告栏发布。必要时，**公告**可以在犯罪地、犯罪嫌疑人、被告人居住地**或者被申请没收财产**所在地发布。**最后发布的公告的日期为公告日期。发布公告的，**应当采取**拍照、录像**等方式**记录发布过程**。

续表

2012 年《刑诉法解释》	2021 年《刑诉法解释》
	人民法院已经掌握境内利害关系人联系方式的，应当直接送达含有公告内容的通知；直接送达有困难的，可以委托代为送达、邮寄送达。经受送达人同意的，可以采用传真、电子邮件等能够确认其收悉的方式告知公告内容，并记录在案。 **人民法院已经掌握境外犯罪嫌疑人、被告人、利害关系人联系方式，经受送达人同意的，可以采用传真、电子邮件等能够确认其收悉的方式告知公告内容，并记录在案；受送达人未表示同意，或者人民法院未掌握境外犯罪嫌疑人、被告人、利害关系人联系方式，其所在国、地区的主管机关明确提出应当向受送达人送达含有公告内容的通知的，人民法院可以决定是否送达。决定送达的，应当依照本解释第四百九十三条的规定请求所在国、地区提供司法协助。**

适用要点

2021 年《刑诉法解释》第 614 条、第 615 条规定了人民法院受理没收违法所得申请后的公告程序。《违法所得没收程序规定》第 11 条规定，人民法院受理没收违法所得的申请后，应当在 15 日内发布公告，公告期为 6 个月。公告期间不适用中止、中断、延长的规定。公告应当载明以下内容：(1) 案由、案件来源以及属于本院管辖；(2) 犯罪嫌疑人、被告人的基本情况；(3) 犯罪嫌疑人、被告人涉嫌犯罪的事实；(4) 犯罪嫌疑人、被告人逃匿、被通缉、脱逃、下落不明、死亡的情况；(5) 申请没收的财产的种类、数量、价值、所在地以及已查封、扣押、冻结财产的清单和相关法律手续；(6) 申请没收的财产属于违法所得及其他涉案财产的相关事实；(7) 申请没收的理由和法律依据；(8) 利害关系人申请参加诉讼的期限、方式以及未按照该期限、方式申请参加诉讼可能承担的不利法律后果；(9)其他应当公告的情况。2021年《刑诉法解释》第614条吸收了这一规定的主要内容。对于没收违法所得申请的公告，其主要包含申请所涉的犯罪信息，当事人的基本情况，申请没收财产的基本情况，以及利害关系人申请参与诉讼的程序等要素。

《违法所得没收程序规定》第12条规定，公告应当在全国公开发行的报纸、信息网络等媒体和最高人民法院的官方网站刊登、发布，并在人民法院公告栏张贴。必要时，公告可以在犯罪地、犯罪嫌疑人、被告人居住地或者被申请没收财产所在地张贴。公告最后被刊登、发布、张贴日期为公告日期。人民法院张贴公告的，应当采取拍照、录像等方式记录张贴过程。人民法院已经掌握境内利害关系人联系方式的，应当直接送达含有公告内容的通知；直接送达有困难的，可以委托代为送达、邮寄送达。经受送达人同意的，可以采用传真、电子邮件等能够确认其收悉的方式告知其公告内容，并记录在案；人民法院已经掌握境外犯罪嫌疑人、被告人、利害关系人联系方式，经受送达人同意的，可以采用传真、电子邮件等能够确认其收悉的方式告知其公告内容，并记录在案；受送达人未作出同意意思表示，或者人民法院未掌握境外犯罪嫌疑人、被告人、利害关系人联系方式，其所在地国(区)主管机关明确提出应当向受送达人送达含有公告内容的通知的，受理没收违法所得申请案件的人民法院可以决定是否送达。决定送达的，应当将公告内容层报最高人民法院，由最高人民法院依照刑事司法协助条约、多边公约，或者按照对等互惠原则，请求受送达人所在地国(区)的主管机关协助送达。2021年《刑诉法解释》第615条吸收了这一规定的主要内容。

2012年《刑诉法解释》	2021年《刑诉法解释》
第五百一十三条第一款　~~对申请没收的财产主张所有权的人，应当认定为刑事诉讼法第二百八十一条第三款规定的~~“其他利害关系人”。	**第六百一十六条**　刑事诉讼法第二百九十九条第二款、第三百条第二款规定的“其他利害关系人”，**是指除犯罪嫌疑人、被告人的近亲属以外的，对申请没收的财产主张权利的自然人和单位。**

适用要点

2021年《刑诉法解释》第616条规定了其他利害关系人的范围。《违法所得没收程序规定》第7条规定,《刑事诉讼法》第281条第3款规定的"利害关系人"包括犯罪嫌疑人、被告人的近亲属和其他对申请没收的财产主张权利的自然人和单位。《刑事诉讼法》第281条第2款、第282条第1款规定的"其他利害关系人"是指"其他对申请没收的财产主张权利的自然人和单位"。本条吸收了这一规定的内容,明确了其他利害关系人的范围。需要指出的是,对于没收违法所得申请所涉的对象,既包括利害关系人,也包括其他利害关系人。利害关系人和其他利害关系人的范围,既包括自然人,也包括单位。

2012年《刑诉法解释》	2021年《刑诉法解释》
第五百一十三条第二、三款 犯罪嫌疑人、被告人的近亲属和其他利害关系人申请参加诉讼的,应当在公告期间提出。犯罪嫌疑人、被告人的近亲属应当提供其与犯罪嫌疑人、被告人关系的证明材料,其他利害关系人应当提供~~申请没收的财产系其所有~~的证据材料。 ~~犯罪嫌疑人、被告人的近亲属和~~其他利害关系人在公告期满后申请参加诉讼,能够合理说明~~原因,并提供证明申请没收的财产系其所有的证据材~~料的,人民法院应当准许。	**第六百一十七条** 犯罪嫌疑人、被告人的近亲属和其他利害关系人申请参加诉讼的,应当在公告期间**内**提出。犯罪嫌疑人、被告人的近亲属应当提供其与犯罪嫌疑人、被告人关系的证明材料,其他利害关系人应当提供**证明其对违法所得及其他涉案财产主张权利**的证据材料。 **利害关系人可以委托诉讼代理人参加诉讼。委托律师担任诉讼代理人的,应当委托具有中华人民共和国律师资格并依法取得执业证书的律师;在境外委托的,应当依照本解释第四百八十六条的规定对授权委托进行公证、认证。** 利害关系人在公告期满后申请参加诉讼,能够合理说明**理由**的,人民法院应当准许。

适用要点

2021年《刑诉法解释》第617条规定了利害关系人的范围。《违法所得没收程序规定》第13条规定,利害关系人申请参加诉讼的,应当在公告期间内提出，并提供与犯罪嫌疑人、被告人关系的证明材料或者证明其可以对违法所得及其他涉案财产主张权利的证据材料。利害关系人可以委托诉讼代理人参加诉讼。利害关系人在境外委托的，应当委托具有中华人民共和国律师资格并依法取得执业证书的律师，依照 2012 年《刑诉法解释》第 403 条[1]的规定对授权委托进行公证、认证。利害关系人在公告期满后申请参加诉讼，能够合理说明理由的，人民法院应当准许。本条吸收了这一规定的要求。需要指出的是，利害关系人和其他利害关系人参与诉讼，其诉讼角色和请求并不相同，因此，参与诉讼的程序要求也不同。对于犯罪嫌疑人、被告人的近亲属，其作为利害关系人参与诉讼，主要是代行犯罪嫌疑人、被告人的权利，因此，应当提供其与犯罪嫌疑人、被告人关系的证明材料。相比之下，对于其他利害关系人，参与诉讼的主要目的是对涉案财物主张权利，因此，应当提供证明其对违法所得及其他涉案财产主张权利的证据材料。

2012 年《刑诉法解释》	2021 年《刑诉法解释》
	第六百一十八条　犯罪嫌疑人、被告人逃匿境外，委托诉讼代理人申请参加诉讼，且违法所得或者其他涉案财产所在国、地区主管机关明确提出意见予以支持的，人民法院可以准许。 **人民法院准许参加诉讼的，犯罪嫌疑人、被告人的诉讼代理人依照本解释关于利害关系人的诉讼代理人的规定行使诉讼权利。**

适用要点

2021 年《刑诉法解释》第 618 条系新增规定。《违法所得没收程序规定》第 19 条规定，犯罪嫌疑人、被告人逃匿境外，委托诉讼代理人申请参加诉讼，且违法所得或者其他涉案财产所在地国（区）主管机关明确提出意见予以支持的，人民法院可以准许。人民法院准许参加诉讼的，犯罪嫌疑人、被告人的诉讼代理人依照本解释关于利害关系人的诉讼代理人的规定行使诉讼权利。犯罪嫌

[1] 对应 2021 年《刑诉法解释》第 486 条。

疑人、被告人的诉讼代理人依照本规定关于利害关系人的诉讼代理人的规定行使诉讼权利。本条吸收了这一规定的要求，明确了诉讼代理人参与诉讼的程序。犯罪嫌疑人、被告人委托诉讼代理人参加诉讼，依照利害关系人的诉讼代理人的规定行使诉讼权利。

2012年《刑诉法解释》	2021年《刑诉法解释》
第五百一十四条 公告期满后，人民法院应当组成合议庭对申请没收违法所得的案件进行审理。 利害关系人申请参加诉讼的，人民法院应当开庭审理。没有利害关系人申请参加诉讼的，可以不开庭审理。	**第六百一十九条** 公告期满后，人民法院应当组成合议庭对申请没收违法所得的案件进行审理。 利害关系人申请参加**或者委托诉讼代理人参加**诉讼的，应当开庭审理。没有利害关系人申请参加诉讼的，**或者利害关系人及其诉讼代理人无正当理由拒不到庭的**，可以不开庭审理。 **人民法院确定开庭日期后，应当将开庭的时间、地点通知人民检察院、利害关系人及其诉讼代理人、证人、鉴定人、翻译人员。通知书应当依照本解释第六百一十五条第二款、第三款规定的方式，至迟在开庭审理三日以前送达；受送达人在境外的，至迟在开庭审理三十日以前送达。**

适用要点

2021年《刑诉法解释》第619条规定了申请没收违法所得案件的审理方式。《违法所得没收程序规定》第14条规定，人民法院在公告期满后由合议庭对没收违法所得申请案件进行审理。利害关系人申请参加及委托诉讼代理人参加诉讼的，人民法院应当开庭审理。利害关系人及其诉讼代理人无正当理由拒不到庭，且无其他利害关系人和其他诉讼代理人参加诉讼的，人民法院可以不开庭审理。人民法院对没收违法所得申请案件开庭审理的，人民检察院应当派员出席。人民法院确定开庭日期后，应当将开庭的时间、地点通知人民检察院、利害关系人及其诉讼代理人、证人、鉴定人员、翻译人员。通知书应当依照该规定第12条第2款规定的方式至迟在开庭审理3日前送达；受送达人在境外的，至迟在开庭审理

30日前送达。本条吸收了这一规定的主要内容。在2012年《刑诉法解释》规定的基础上，本条以利害关系人是否申请参加或者委托诉讼代理人参加诉讼，作为是否开庭审理的先决条件。对于没有利害关系人申请参加诉讼的，或者利害关系人及其诉讼代理人无正当理由拒不到庭的，因没有利害关系人参与，可以不开庭审理。需要指出的，《违法所得没收程序规定》第14条还规定，人民法院对没收违法所得申请案件开庭审理的，人民检察院应当派员出席。本条并未直接作出这一规定，不过，鉴于人民检察院是申请没收违法所得的主体，加上人民法院确定开庭日期后，应当将开庭的时间、地点通知人民检察院，因此，人民检察院派员出庭是应有之义。

2012年《刑诉法解释》	2021年《刑诉法解释》
第五百一十五条　开庭审理申请没收违法所得的案件，按照下列程序进行： （一）审判长宣布法庭调查开始后，先由检察员宣读申请书，后由利害关系人、诉讼代理人发表意见； （二）法庭应当依次就犯罪嫌疑人、被告人是否实施了贪污贿赂犯罪、恐怖活动犯罪等重大犯罪并已经通缉一年不能到案，或者是否已经死亡，以及申请没收的财产是否依法应当追缴进行调查；调查时，先由检察员出示有关证据，后由利害关系人~~发表意见、~~出示~~有关~~证据，并进行质证； （三）法庭辩论阶段，先由检察员发言，后由利害关系人~~及其~~诉讼代理人发言，并进行辩论。 利害关系人接到通知后无正当理由拒不到庭，或者未经法庭许可中途退庭的，可以转为不开庭审理，但还有其他利害关系人参加诉讼的除外。	**第六百二十条**　开庭审理申请没收违法所得的案件，按照下列程序进行： （一）审判长宣布法庭调查开始后，先由检察员宣读申请书，后由利害关系人、诉讼代理人发表意见； （二）法庭应当依次就犯罪嫌疑人、被告人是否实施了贪污贿赂犯罪、恐怖活动犯罪等重大犯罪并已经通缉一年不能到案，或者是否已经死亡，以及申请没收的财产是否依法应当追缴进行调查；调查时，先由检察员出示证据，后由利害关系人**、诉讼代理人**出示证据，并进行质证； （三）法庭辩论阶段，先由检察员发言，后由利害关系人、诉讼代理人发言，并进行辩论。 利害关系人接到通知后无正当理由拒不到庭，或者未经法庭许可中途退庭的，可以转为不开庭审理，但还有其他利害关系人参加诉讼的除外。
第五百一十六条　对申请没收违法所得的案件，人民法院审理后，应当按照下列情形分别处理：	**第六百二十一条**　对申请没收违法所得的案件，人民法院审理后，应当按照下列情形分别处理：

续表

2012年《刑诉法解释》	2021年《刑诉法解释》
（一）~~案件事实清楚，证据确实、充分，~~申请没收的财产~~确属~~违法所得及其他涉案财产的，除依法返还被害人的以外，应当裁定没收； （二）不符合~~本解释第五百零七条~~规定的条件的，应当裁定驳回申请。	（一）申请没收的财产**属于**违法所得及其他涉案财产的，除依法返还被害人的以外，应当裁定没收； （二）不符合**刑事诉讼法第二百九十八条第一款**规定的条件的，应当裁定驳回申请，**解除查封、扣押、冻结措施**。 **申请没收的财产具有高度可能属于违法所得及其他涉案财产的，应当认定为前款规定的"申请没收的财产属于违法所得及其他涉案财产"。巨额财产来源不明犯罪案件中，没有利害关系人对违法所得及其他涉案财产主张权利，或者利害关系人对违法所得及其他涉案财产虽然主张权利但提供的证据没有达到相应证明标准的，应当视为"申请没收的财产属于违法所得及其他涉案财产"。**

适用要点

2021年《刑诉法解释》第621条规定了申请没收违法所得案件的处理方式。《违法所得没收程序规定》第16条规定，人民法院经审理认为，申请没收的财产属于违法所得及其他涉案财产的，除依法应当返还被害人的以外，应当予以没收；申请没收的财产不属于违法所得或者其他涉案财产的，应当裁定驳回申请，解除查封、扣押、冻结措施。第17条规定，申请没收的财产具有高度可能属于违法所得及其他涉案财产的，应当认定为该规定第16条规定的"申请没收的财产属于违法所得及其他涉案财产"。巨额财产来源不明犯罪案件中，没有利害关系人对违法所得及其他涉案财产主张权利，或者利害关系人对违法所得及其他涉案财产虽然主张权利但提供的相关证据没有达到相应证明标准的，应当视为该规定第16条规定的"申请没收的财产属于违法所得及其他涉案财产"。本条吸收了上述规定的主要内容。关于本条规定，需要注意以下事项：(1)裁定没收的情形。经审理查明，申请没收的财产属于违法所得及其他涉案财产的，除依法返还被害人的以外，应当裁定没收。据此，返还被害人合法财产优于没收违法所得。(2)裁定驳回申请的情形。对于不符合法定条件的情形，即，对于贪污贿赂犯罪、恐怖活动犯罪等重大犯罪案件，犯罪嫌疑人、被告人逃匿，在通缉1年后不能到案，或者犯罪嫌疑人、被告人死亡，依照《刑法》规定应当追缴其违法所得及其他涉案财产的情形，依法应当裁定驳回申请。《刑事诉讼法》第300条第1款规定，对不属于应当追缴的财产的，应当裁定驳回申请，解除查封、扣押、冻结措施。鉴此，对于裁定申请的情形，还应当一并解除查封扣押、冻结措施。这意味着，一旦对物之诉结束，针对涉案财物采取的强制措施也应当停止适用。(3)违法所得的证明标准。与犯罪事实的证明不同，作为对物之诉，违法所得的证明标准无需达到证据确实、充分的证明标准。本条规定，申请没收的财产"具有高度"可能属于违法所得及其他涉案财产的，应当认定为前款规定的"申请没收的财产属于违法所得及其他涉案财产"。(4)其他案件的参照适用。本条规定，巨额财产来源不明犯罪案件中，没有利害关系人对违法所得及其他涉案财产主张权利，或者利害关系人对违法所得及其他涉案财产虽然主张权利但提供的证据没有达到相应证明标准的，应当视为"申请没收的财产属于违法所得及其他涉案财产"。

☞ 典型案例

没收姚升违法所得案[1]

裁判要旨：没收违法所得案件是新类型案件，目前尚无标准的法律文书样式，在制作公告及刑事裁定书时，应当结合审判实践，力求涵盖《刑事诉讼法》及司法解释规定的相关内容。根据《刑事诉讼法》的规定，"罪犯"是对经过法庭审判后已经发生法律效力的被告人的称谓，"犯罪嫌疑人"是在检察机关向法院提起公诉前对受刑事追诉者的称谓，在检察机关正式向法院提起公诉以后，则称为"被告人"。本案中，嫌疑人已经死亡，不能参加法庭审判，对其称为"罪犯"或者"犯罪嫌疑人"都有违相关法律的规定，最后确定在法律文书中对其采用"被告人"的称谓。

---

[1] 参见《刑事审判参考》总第97集第975号案例。

2012 年《刑诉法解释》	2021 年《刑诉法解释》
第五百一十七条 对没收违法所得或者驳回申请的裁定，犯罪嫌疑人、被告人的近亲属和其他利害关系人或者人民检察院可以在五日内提出上诉、抗诉。	**第六百二十二条** 对没收违法所得或者驳回申请的裁定，犯罪嫌疑人、被告人的近亲属和其他利害关系人或者人民检察院可以在五日**以**内提出上诉、抗诉。
第五百一十八条 对不服第一审没收违法所得或者驳回申请裁定的上诉、抗诉案件，第二审人民法院经审理，应当按照下列情形分别~~作出裁定~~： （一）原裁定正确的，应当驳回上诉或者抗诉，维持原裁定； ~~（二）原裁定确有错误的，可以在查清事实后改变原裁定，也可以撤销原裁定，发回重新审判；~~ （三）~~原审~~违反法定诉讼程序，可能影响公正审判的，应当撤销原裁定，发回重新审判。	**第六百二十三条** 对不服第一审没收违法所得或者驳回申请裁定的上诉、抗诉案件，第二审人民法院经审理，应当按照下列情形分别**处理**： （一）**第一审裁定认定事实清楚和适用法律**正确的，应当驳回上诉或者抗诉，维持原裁定； **（二）第一审裁定认定事实清楚，但适用法律有错误的，应当改变原裁定；** **（三）第一审裁定认定事实不清的，可以在查清事实后改变原裁定，也可以撤销原裁定，发回原审人民法院重新审判；** **（四）第一审裁定**违反法定诉讼程序，可能影响公正审判的，应当撤销原裁定，发回**原审人民法院**重新审判。 **第一审人民法院对发回重新审判的案件作出裁定后，第二审人民法院对不服第一审人民法院裁定的上诉、抗诉，应当依法作出裁定，不得再发回原审人民法院重新审判；但是，第一审人民法院在重新审判过程中违反法定诉讼程序，可能影响公正审判的除外。**

适用要点

2021 年《刑诉法解释》第 623 条规定了没收违法所得上诉、抗诉案件的处理方式。《违法所得没收程序规定》第 21 条规定，第二审人民法院对不服第一审裁定的上诉、抗诉案件，经审理，应当按照下列情形分别处理：(1) 第一审裁定认定事实清楚和适用法律正确的，应当驳回上诉或者抗诉，维持原裁定；(2) 第一审裁定认定事实清楚，但适用法律有错误的，应当改变原裁定;(3)第一审裁定认定事实不清的,可以在查清事实后改变原裁定,也可以撤销原裁定,发回原审人民法院重新审判;(4)第一审裁定违反法定诉讼程序,可能影响公正审判的,应当撤销原裁定,发回原审人民法院重新审判。第一审人民法院对于依照前款第3项规定发回重新审判的案件作出裁定后,第二审人民法院对不服第一审人民法院裁定的上诉、抗诉,应当依法作出裁定,不得再发回原审人民法院重新审判。本条吸收了这一规定的主要内容,细化了没收违法所得上诉、抗诉案件的处理方式。有关处理方式,遵循了公诉案件第二审程序的基本规定,体现了不得反复发回重新审判的内在要求。

2012年《刑诉法解释》	2021年《刑诉法解释》
	第六百二十四条　利害关系人非因故意或者重大过失在第一审期间未参加诉讼,在第二审期间申请参加诉讼的,人民法院应当准许,并撤销原裁定,发回原审人民法院重新审判。

适用要点

2021年《刑诉法解释》第624条系新增规定。《违法所得没收程序规定》第18条规定,利害关系人非因故意或者重大过失在第一审期间未参加诉讼,在第二审期间申请参加诉讼的,人民法院应当准许,并发回原审人民法院重新审判。本条吸收了这一规定的内容,明确了因利害关系人未能参加诉讼而发回重审的情形。这意味着,在针对违法所得的对物之诉中,利害关系人是关键的诉讼主体,尽管犯罪嫌疑人、被告人可以缺席审判,但利害关系人不能缺席审判。

2012年《刑诉法解释》	2021年《刑诉法解释》
第五百一十九条　在审理申请没收违法所得的案件过程中,在逃的犯罪嫌疑人、被告人到案的,人民法院应当裁定终止审理。人民检察院向原受理申请的人民法院提起公诉的,可以由同一审判组织审理。	**第六百二十五条**　在审理申请没收违法所得的案件过程中,在逃的犯罪嫌疑人、被告人到案的,人民法院应当裁定终止审理。人民检察院向原受理申请的人民法院提起公诉的,可以由同一审判组织审理。

☞ 典型案例

李华波贪污案[1]

案例要旨:对于贪污贿赂等重大职务犯罪案件,犯罪嫌疑人、被告人逃匿,在通缉1年后不能到案,如果有证据证明有犯罪事实,依照刑法规定应当追缴其违法所得及其他涉案财产的,应当依法适用违法所得没收程序办理。违法所得没收裁定生效后,在逃的职务犯罪嫌疑人自动投案或者被抓获,监察机关调查终结移送起诉的,检察机关应当依照普通刑事诉讼程序办理,并与原没收裁定程序做好衔接。

2012年《刑诉法解释》	2021年《刑诉法解释》
第五百二十条 在审理案件过程中,被告人~~死亡或者脱逃~~,符合刑事诉讼法第~~三百八十~~条第一款规定的,人民检察院可以向人民法院提出没收违法所得的申请。 人民检察院向原受理案件的人民法院提出申请的,可以由同一审判组织~~依照本章规定的程序~~审理。	**第六百二十六条** 在审理案件过程中,被告人**脱逃或者死亡**,符合刑事诉讼法第**二百九十八**条第一款规定的,人民检察院可以向人民法院提出没收违法所得的申请;**符合刑事诉讼法第二百九十一条第一款规定的,人民检察院可以按照缺席审判程序向人民法院提起公诉**。 人民检察院向原受理案件的人民法院提出**没收违法所得**申请的,可以由同一审判组织审理。

适用要点

2021年《刑诉法解释》第626条规定了违法所得没收程序与缺席审判程序的衔接机制。在2012年《刑诉法解释》规定的基础上,本条新增规定,在审理案件过程中,被告人脱逃或者死亡,符合《刑事诉讼法》第291条第1款规定的,人民检察院可以按照缺席审判程序向人民法院提起公诉。

[1] 参见最高人民检察院检例第74号。

2012年《刑诉法解释》	2021年《刑诉法解释》
第五百二十一条　审理申请没收违法所得案件的期限，参照公诉案件第一审普通程序和第二审程序的审理期限执行。 公告期间和请求刑事司法协助的时间不计入审理期限。	**第六百二十七条**　审理申请没收违法所得案件的期限，参照公诉案件第一审普通程序和第二审程序的审理期限执行。 公告期间和请求刑事司法协助的时间不计入审理期限。
第五百二十二条　没收违法所得裁定生效后，犯罪嫌疑人、被告人到案并对没收裁定提出异议，人民检察院向原作出裁定的人民法院提起公诉的，可以由同一审判组织审理。 人民法院经审理，应当按照下列情形分别处理： （一）原裁定正确的，予以维持，不再对涉案财产作出判决； （二）原裁定确有错误的，应当撤销原裁定，并在判决中对有关涉案财产一并作出处理。 人民法院生效的没收裁定确有错误的，除第一款规定的情形外，应当依照审判监督程序予以纠正。~~已经没收的财产，应当及时返还；财产已经上缴国库的，由原没收机关从财政机关申请退库，予以返还；原物已经出卖、拍卖的，应当退还价款；造成犯罪嫌疑人、被告人以及利害关系人财产损失的，应当依法赔偿。~~	**第六百二十八条**　没收违法所得裁定生效后，犯罪嫌疑人、被告人到案并对没收裁定提出异议，人民检察院向原作出裁定的人民法院提起公诉的，可以由同一审判组织审理。 人民法院经审理，应当按照下列情形分别处理： （一）原裁定正确的，予以维持，不再对涉案财产作出判决； （二）原裁定确有错误的，应当撤销原裁定，并在判决中对有关涉案财产一并作出处理。 人民法院生效的没收裁定确有错误的，除第一款规定的情形外，应当依照审判监督程序予以纠正。
第五百二十三条　人民法院审理申请没收违法所得的案件，本章没有规定的，参照适用本解释的有关规定。	**第六百二十九条**　人民法院审理申请没收违法所得的案件，本章没有规定的，参照适用本解释的有关规定。

第二十六章　依法不负刑事责任的精神病人的强制医疗程序

2012 年《刑诉法解释》	2021 年《刑诉法解释》
第二十三章　依法不负刑事责任的精神病人的强制医疗程序	**第二十六章　依法不负刑事责任的精神病人的强制医疗程序**
第五百二十四条　实施暴力行为,危害公共安全或者严重危害公民人身安全,社会危害性已经达到犯罪程度,但经法定程序鉴定依法不负刑事责任的精神病人,有继续危害社会可能的,可以予以强制医疗。	**第六百三十条**　实施暴力行为,危害公共安全或者严重危害公民人身安全,社会危害性已经达到犯罪程度,但经法定程序鉴定依法不负刑事责任的精神病人,有继续危害社会可能的,可以予以强制医疗。

☞ 典型案例

朱某被强制医疗案[1]

裁判要旨:强制医疗的前提必须是行为人“实施暴力行为,危害公共安全或者严重危害公民人身安全”。实践中对于危害公共安全,主要是比照《刑法》分则第 2 章危害公共安全罪中所表述的行为进行判断;对于严重危害公民人身安全,主要是比照《刑法》分则第 4 章所表述的行为进行判断。被申请人实施的暴力行为,其社会危害性应当与犯罪程度相当。对情节轻微,与犯罪程度不相当的行为,不应适用强制医疗程序。至于行为在具体性质上是否被认定为抢劫,不是适用强制医疗程序的主要参考指标。对被申请人“有继续危害社会的可能”的认定需要综合案件实际情况分析判断,不属于必须鉴定的情形,实际上司法鉴定机构也不可能对此作出鉴定意见。实践中,一般是根据案件情况、被申请人一贯表现、被申请人实际病情、治疗医生有关病情的描述和诊断,并结合相关鉴定意见进行判断,必要时可以通过有专门知识的人出庭作证等方式进一步查明。

---

〔1〕 参见《刑事审判参考》总第 93 集第 886 号案例。

确定被申请人是否有必要进行强制医疗时,要综合分析被申请人本人的自知力、家属有关监管、治疗的意愿、能力和条件:(1)在被申请人有必要接受治疗的情况下,首先要审查被申请人是否有自知力,能够自行主动进行治疗。如果被申请人有自知力,能够自行主动进行治疗,就没有必要进行强制医疗。(2)在被申请人仅能被动接受治疗的情形下,要审查被申请人家属是否有对被申请人进行监管、治疗的意愿。如果被申请人家属不具备这样的意愿,则只能由政府对被申请人进行强制医疗。(3)在被申请人家属愿意对被申请人进行监管、治疗的情况下,要审查被申请人家属是否具备监管、治疗的条件与能力。如果被申请人家属愿意承担被申请人的监管、治疗职责,并且具备治疗的能力和条件,就有必要向法院提供一份较为详尽的治疗、监管方案。对该方案的可行性可审查以下内容:①家属是否讳疾忌医,是否存在碍于"面子"而不愿送病人去专业精神医疗机构治疗的心理;②家属提供的医疗机构是否专业,对具有暴力倾向的重度精神病人是否能够治疗和监管,是否愿意接收被申请人;③家属能否尽到监管、治疗职责,是否具备对被申请人进行长期治疗的实际条件。如果被申请人家属虽愿意承担被申请人的监管、治疗职责,但却不具备治疗的能力和条件,就有必要对被申请人进行强制治疗。

宋某被强制医疗案[1]

裁判要旨:认定被申请人是否具有"继续危害社会的可能",应当着重从以下两个方面进行审查:(1)被申请人所患精神疾病的类型。精神病人一般分为冲动攻击型、极度妄想型和社会能力衰退型三种类型,其中冲动攻击型精神病人的人身危险性最为明显,如果没有得到有效治疗,其再次实施攻击行为的可能性也比较大。对这类精神病人,可结合其既往病史及治疗情况判断其危险性。(2)实施本次暴力行为的起因、经过。精神病人既可能因病情自动发作实施攻击行为,也可能受现实因素的刺激侵害他人。前者的人身危险性更大,此时精神病人处于随时可能实施攻击行为的状态,何时发作具有极大的不确定性;而后者的人身危险性相对较小,此类病人一般病情比较稳定,如无现实因素的刺激,通常不会实施暴力行为。强制医疗属于社会防卫措施,是否对被申请人予以强制医疗,不

[1] 参见《刑事审判参考》总第93集第887号案例。

取决于其家人的看管、治疗条件，而是看是否符合法律规定的适用条件。在决定是否对被申请人进行强制医疗时可以适当考虑其监护人的看管、治疗能力，但不能混淆国家责任和个人责任，对符合强制医疗条件的被申请人，必须由国家履行监管、治疗责任。即使个人具有较好的看管、治疗条件，也不能轻易将此责任转由个人承担。

荣某被强制医疗案〔1〕

裁判要旨：适用强制医疗，并不要求一定有致人死亡、重伤的后果，但如果行为人只是偶尔实施轻微暴力行为，依法不可能构成犯罪，则不属于严重危害公民人身安全的情形，不应适用强制医疗。在认定被申请人的行为是否达到犯罪的程度时，既不能简单以是否达到重伤、死亡后果进行判断，也不能简单认为凡是仅造成轻微伤后果的都属于没有达到犯罪程度，而应当从一个正常具备刑事责任能力的人实施相应的行为是否应当承担刑事责任的层面进行分析、判断。被申请人必须是经法定程序鉴定依法不负刑事责任的精神病人。对鉴定意见，不能盲目相信，特别是对司法实践中出现的补充鉴定或者重新鉴定的问题，法官应当明确法院是争议的最终裁决者，拥有对鉴定意见的证明价值进行审查判断的最终权力，应当在对鉴定意见是否科学、客观进行审查后，结合全案证据综合评估鉴定意见的证明价值，作出是否采纳的决定。

马艳雷强制医疗案〔2〕

裁判要旨：实施强制医疗有三个条件：(1)“犯罪”行为的暴力性和后果的严重性；(2)对无刑事责任能力的精神病人鉴定的必经性；(3)有继续危害社会可能的人身危险性。三个条件之间是递进式的位阶关系，只有满足前一条件，才能继续判断是否满足后一条件，三个条件均齐备，方可实施强制医疗。除《刑法》第17条规定的故意杀人、故意伤害致人重伤或者死亡、强奸、抢劫、贩卖毒品放火、爆炸、投毒罪这些罪名涉及的行为，《刑法》分则第2章危害公共安全犯罪、第4章侵犯公民人身权利、民主权利犯罪和第5章侵犯财产罪中的抢劫等罪名涉及的行为，只要属于暴力

〔1〕参见《刑事审判参考》总第93集第888号案例。
〔2〕参见《刑事审判参考》总第97集第974号案例。

危害公共安全和公民人身安全的都可认定为暴力行为。认定被申请人因患有精神病而无刑事责任能力是适用强制医疗的关键步骤。应当分两步审查判断被申请人是否满足此条件:一是被申请人是否有精神病;二是被申请人是否因精神病而失去辨认能力或者控制能力。鉴定意见需对被鉴定人的辨认能力和控制能力分别进行判断,具体分析其丧失的是辨认能力还是控制能力。法官在审理过程中需要审查鉴定程序是否合法并结合其他证据,综合评判鉴定意见是否可作为证据予以采信。判断涉案的精神病人有无继续危害社会可能,可以从精神病人的人身危险和其家属的管控能力两个角度进行审查。精神病人的人身危险包括病理和经验两个层面。病理层面是指涉案精神病人的病情尚未得到有效控制,正在继续发病甚至病情正在恶化,导致其实施暴力行为的病理基础仍然存在甚至出现增强的趋势。经验层面是指涉案精神病人频繁实施暴力行为或者案发后实施了新的暴力行为,根据经验常识判断其具有继续实施暴力行为的可能性。审查家属的管控能力,包括审查涉案精神病人有无家属,家属有无对其进行看管和医疗的意愿及条件。

徐加富强制医疗案〔1〕

裁判要点:审理强制医疗案件,对被申请人或者被告人是否"有继续危害社会可能",应当综合被申请人或者被告人所患精神病的种类、症状,案件审理时其病情是否已经好转,以及其家属或者监护人有无严加看管和自行送医治疗的意愿和能力等情况予以判定。必要时,可以委托相关机构或者专家进行评估。

2012年《刑诉法解释》	2021年《刑诉法解释》
第五百二十五条　人民检察院申请对依法不负刑事责任的精神病人强制医疗的案件,由被申请人实施暴力行为所在地的基层人民法院管辖;由被申请人居住地的人民法院审判更为适宜的,可以由被申请人居住地的基层人民法院管辖。	**第六百三十一条**　人民检察院申请对依法不负刑事责任的精神病人强制医疗的案件,由被申请人实施暴力行为所在地的基层人民法院管辖;由被申请人居住地的人民法院审判更为适宜的,可以由被申请人居住地的基层人民法院管辖。

〔1〕参见最高人民法院第63号指导案例。

续表

2012 年《刑诉法解释》	2021 年《刑诉法解释》
第五百二十六条 对人民检察院提出的强制医疗申请,人民法院应当审查以下内容: (一)是否属于本院管辖; (二)是否写明被申请人的身份,实施暴力行为的时间、地点、手段、所造成的损害等情况,并附相关证据材料; (三)是否附有法医精神病鉴定意见和其他证明被申请人属于依法不负刑事责任的精神病人的证据材料; (四)是否列明被申请人的法定代理人的姓名、住址、联系方式; (五)需要审查的其他事项。	**第六百三十二条** 对人民检察院提出的强制医疗申请,人民法院应当审查以下内容: (一)是否属于本院管辖; (二)是否写明被申请人的身份,实施暴力行为的时间、地点、手段、所造成的损害等情况,并附证据材料; (三)是否附有法医精神病鉴定意见和其他证明被申请人属于依法不负刑事责任的精神病人的证据材料; (四)是否列明被申请人的法定代理人的姓名、住址、联系方式; (五)需要审查的其他事项。
第五百二十七条 对人民检察院提出的强制医疗申请,人民法院应当在七日内审查完毕,并按照下列情形分别处理: (一)不属于本院管辖的,应当退回人民检察院; (二)材料不全的,应当通知人民检察院在三日内补送; (三)属于强制医疗程序受案范围和本院管辖,且材料齐全的,应当受理。	**第六百三十三条** 对人民检察院提出的强制医疗申请,人民法院应当在七日**以**内审查完毕,并按照下列情形分别处理: (一)属于强制医疗程序受案范围和本院管辖,且材料齐全的,应当受理; (二)不属于本院管辖的,应当退回人民检察院; (三)材料不全的,应当通知人民检察院在三日**以**内补送;**三日以内不能补送的,应当退回人民检察院。**

适用要点

2021 年《刑诉法解释》第 633 条规定了人民法院对强制医疗申请的审查处理方式。在 2012 年《刑诉法解释》规定的基础上,对于材料不全的情形,本条新增规定,人民检察院经通知,在 3 日以内不能补送的,应当退回人民检察院。

2012 年《刑诉法解释》	2021 年《刑诉法解释》
第五百二十八条　审理强制医疗案件,应当通知被申请人或者被告人的法定代理人到场。被申请人或者被告人没有委托诉讼代理人的,应当通知法律援助机构指派律师担任其诉讼代理人,为其提供法律帮助。	**第六百三十四条**　审理强制医疗案件,应当通知被申请人或者被告人的法定代理人到场;**被申请人或者被告人的法定代理人经通知未到场的,可以通知被申请人或者被告人的其他近亲属到场。** 被申请人或者被告人没有委托诉讼代理人的,应当**自受理强制医疗申请或者发现被告人符合强制医疗条件之日起三日以内,**通知法律援助机构指派律师担任其诉讼代理人,为其提供法律帮助。

适用要点

2021 年《刑诉法解释》第 634 条规定了诉讼代理人提供法律帮助的要求。《最高人民法院、最高人民检察院、公安部、司法部关于刑事诉讼法律援助工作的规定》第 11 条第 1 款规定,人民法院自受理强制医疗申请或者发现被告人符合强制医疗条件之日起 3 日内,对于被申请人或者被告人没有委托诉讼代理人的,应当向法律援助机构送交通知代理公函,通知其指派律师担任被申请人或被告人的诉讼代理人,为其提供法律帮助。本条吸收了这一规定的主要内容。在 2012 年《刑诉法解释》的基础上,本条规定了两种诉讼权利保障机制:(1)法定代理人或者近亲属到场。在 2012 年《刑诉法解释》规定的法定代理人到场制度的基础上,本条新增规定,法定代理人经通知未到场的,可以通知被申请人或者被告人的其他近亲属到场。(2)指派律师担任诉讼代理人。对于没有委托诉讼代理人的情形,本条设置了强制委托诉讼代理人制度,通知法律援助机构指派律师担任其诉讼代理人,为其提供法律帮助。

2012 年《刑诉法解释》	2021 年《刑诉法解释》
第五百二十九条　审理强制医疗案件,应当组成合议庭,开庭审理。但是,被申请人、被告人的法定代理人请	**第六百三十五条**　审理强制医疗案件,应当组成合议庭,开庭审理。但是,被申请人、被告人的法定代理人请

续表

2012 年《刑诉法解释》	2021 年《刑诉法解释》
求不开庭审理，并经人民法院审查同意的除外。 审理~~人民检察院申请~~强制医疗的案件，应当会见被申请人。	求不开庭审理，并经人民法院审查同意的除外。 审理强制医疗案件，应当会见被申请人**，听取被害人及其法定代理人的意见**。

适用要点

2021 年《刑诉法解释》第 635 条规定了强制医疗案件的审理程序。在 2012 年《刑诉法解释》规定的基础上，本条规定，法院审理强制医疗案件，除应当会见被申请人外，还应当听取被害人及其法定代理人的意见。这一新增规定，有助于加强对被害方的权利保障。

☞ 典型案例

高康球被强制医疗案[1]

裁判要旨：《刑事诉讼法》及司法解释要求审理申请强制医疗案件必须依法组成合议庭，但对合议庭成员的组成没有明确规定。人民法院审理此类案件，应当结合具体案情决定是否需要由具有相关专业背景的人员组成合议庭。具备条件的法院，可以安排 1～2 名具有相关专业知识的人员作为合议庭成员参与案件审理。合议庭在审理案件过程中会见被申请人，可以更加有利于直观地了解被申请人的精神状况，对最终形成更加准确的内心确信具有重要意义。有必要在司法实践中规范会见的程序、方式与方法。有必要将会见材料作为证据当庭出示的，应当将上述材料提交法庭进行质证。

2012 年《刑诉法解释》	2021 年《刑诉法解释》
第五百三十条　开庭审理申请强制医疗的案件，按照下列程序进行：	**第六百三十六条**　开庭审理申请强制医疗的案件，按照下列程序进行：

〔1〕 参见《刑事审判参考》总第 93 集第 889 号案例。

续表

2012年《刑诉法解释》	2021年《刑诉法解释》
(一)审判长宣布法庭调查开始后,先由检察员宣读申请书,后由被申请人的法定代理人、诉讼代理人发表意见; (二)法庭依次就被申请人是否实施了危害公共安全或者严重危害公民人身安全的暴力行为、是否属于依法不负刑事责任的精神病人、是否有继续危害社会的可能进行调查;调查时,先由检察员出示~~有关~~证据,后由被申请人的法定代理人、诉讼代理人~~发表意见、~~出示~~有关~~证据,并进行质证; (三)法庭辩论阶段,先由检察员发言,后由被申请人的法定代理人、诉讼代理人发言,并进行辩论。 被申请人要求出庭,人民法院经审查其身体和精神状态,认为可以出庭的,应当准许。出庭的被申请人,在法庭调查、辩论阶段,可以发表意见。 检察员宣读申请书后,被申请人的法定代理人、诉讼代理人无异议的,法庭调查可以简化。	(一)审判长宣布法庭调查开始后,先由检察员宣读申请书,后由被申请人的法定代理人、诉讼代理人发表意见; (二)法庭依次就被申请人是否实施了危害公共安全或者严重危害公民人身安全的暴力行为、是否属于依法不负刑事责任的精神病人、是否有继续危害社会的可能进行调查;调查时,先由检察员出示证据,后由被申请人的法定代理人、诉讼代理人出示证据,并进行质证;**必要时,可以通知鉴定人出庭对鉴定意见作出说明;** (三)法庭辩论阶段,先由检察员发言,后由被申请人的法定代理人、诉讼代理人发言,并进行辩论。 被申请人要求出庭,人民法院经审查其身体和精神状态,认为可以出庭的,应当准许。出庭的被申请人,在法庭调查、辩论阶段,可以发表意见。 检察员宣读申请书后,被申请人的法定代理人、诉讼代理人无异议的,法庭调查可以简化。

适用要点

2021年《刑诉法解释》第636条规定了强制医疗案件的开庭审理程序。关于法庭调查环节,本条在2012年《刑诉法解释》规定的基础上新增规定,“必要时,可以通知鉴定人出庭对鉴定意见作出说明”。强制医疗案件的法庭调查,主要围绕司法精神病鉴定意见进行,因此,为查明案件是否符合强制医疗条件,在必要时可以通知鉴定人出庭。所谓“必要时”,主要是指人民检察院和被申请人的法定代理人、诉讼代理人对司法精神病鉴定意见的科学性等问题存在争议,或者人民法院对司法精神病鉴定意见产生疑问,需要通知鉴定人出庭对鉴定意见作出说明。

2012 年《刑诉法解释》	2021 年《刑诉法解释》
第五百三十一条 对申请强制医疗的案件，人民法院审理后，应当按照下列情形分别处理： （一）符合刑事诉讼法第~~二百八十四~~条规定的强制医疗条件的，应当作出对被申请人强制医疗的决定； （二）被申请人属于依法不负刑事责任的精神病人，但不符合强制医疗条件的，应当作出驳回强制医疗申请的决定；被申请人已经造成危害结果的，应当同时责令其家属或者监护人严加看管和医疗； （三）被申请人具有完全或者部分刑事责任能力，依法应当追究刑事责任的，应当作出驳回强制医疗申请的决定，并退回人民检察院依法处理。	**第六百三十七条** 对申请强制医疗的案件，人民法院审理后，应当按照下列情形分别处理： （一）符合刑事诉讼法第**三百零二**条规定的强制医疗条件的，应当作出对被申请人强制医疗的决定； （二）被申请人属于依法不负刑事责任的精神病人，但不符合强制医疗条件的，应当作出驳回强制医疗申请的决定；被申请人已经造成危害结果的，应当同时责令其家属或者监护人严加看管和医疗； （三）被申请人具有完全或者部分刑事责任能力，依法应当追究刑事责任的，应当作出驳回强制医疗申请的决定，并退回人民检察院依法处理。
第五百三十二条 第一审人民法院在审理案件过程中发现被告人可能符合强制医疗条件的，应当依照法定程序对被告人进行法医精神病鉴定。经鉴定，被告人属于依法不负刑事责任的精神病人的，应当适用强制医疗程序，对案件进行审理。 开庭审理前款规定的案件，应当先由合议庭组成人员宣读对被告人的法医精神病鉴定意见，说明被告人可能符合强制医疗的条件，后依次由公诉人和被告人的法定代理人、诉讼代理人发表意见。经审判长许可，公诉人和被告人的法定代理人、诉讼代理人可以进行辩论。	**第六百三十八条** 第一审人民法院在审理**刑事**案件过程中**，**发现被告人可能符合强制医疗条件的，应当依照法定程序对被告人进行法医精神病鉴定。经鉴定，被告人属于依法不负刑事责任的精神病人的，应当适用强制医疗程序，对案件进行审理。 开庭审理前款规定的案件，应当先由合议庭组成人员宣读对被告人的法医精神病鉴定意见，说明被告人可能符合强制医疗的条件，后依次由公诉人和被告人的法定代理人、诉讼代理人发表意见。经审判长许可，公诉人和被告人的法定代理人、诉讼代理人可以进行辩论。
第五百三十三条 对前条规定的案件，人民法院审理后，应当按照下列情形分别处理：	**第六百三十九条** 对前条规定的案件，人民法院审理后，应当按照下列情形分别处理：

续表

2012 年《刑诉法解释》	2021 年《刑诉法解释》
(一)被告人符合强制医疗条件的,应当判决宣告被告人不负刑事责任,同时作出对被告人强制医疗的决定; (二)被告人属于依法不负刑事责任的精神病人,但不符合强制医疗条件的,应当判决宣告被告人无罪或者不负刑事责任;被告人已经造成危害结果的,应当同时责令其家属或者监护人严加看管和医疗; (三)被告人具有完全或者部分刑事责任能力,依法应当追究刑事责任的,应当依照普通程序继续审理。	(一)被告人符合强制医疗条件的,应当判决宣告被告人不负刑事责任,同时作出对被告人强制医疗的决定; (二)被告人属于依法不负刑事责任的精神病人,但不符合强制医疗条件的,应当判决宣告被告人无罪或者不负刑事责任;被告人已经造成危害结果的,应当同时责令其家属或者监护人严加看管和医疗; (三)被告人具有完全或者部分刑事责任能力,依法应当追究刑事责任的,应当依照普通程序继续审理。
第五百三十四条　人民法院在审理~~第二审~~刑事案件过程中,发现被告人可能符合强制医疗条件的,可以依照强制医疗程序对案件作出处理,也可以裁定发回原审人民法院重新审判。	**第六百四十条**　**第二审**人民法院在审理刑事案件过程中,发现被告人可能符合强制医疗条件的,可以依照强制医疗程序对案件作出处理,也可以裁定发回原审人民法院重新审判。
第五百三十五条　人民法院决定强制医疗的,应当在作出决定后五日内,向公安机关送达强制医疗决定书和强制医疗执行通知书,由公安机关将被决定强制医疗的人送交强制医疗。	**第六百四十一条**　人民法院决定强制医疗的,应当在作出决定后五日**以**内,向公安机关送达强制医疗决定书和强制医疗执行通知书,由公安机关将被决定强制医疗的人送交强制医疗。
第五百三十六条　被决定强制医疗的人、被害人及其法定代理人、近亲属对强制医疗决定不服的,可以自收到决定书之日起五日内向上一级人民法院申请复议。复议期间不停止执行强制医疗的决定。	**第六百四十二条**　被决定强制医疗的人、被害人及其法定代理人、近亲属对强制医疗决定不服的,可以自收到决定书**第二**日起五日**以**内向上一级人民法院申请复议。复议期间不停止执行强制医疗的决定。

适用要点

2021年《刑诉法解释》第642条规定了对强制医疗决定不服的申请复议期限。《刑事诉讼法》第230条规定,不服判决的上诉和抗诉的期限为10日,不服裁定的上诉和抗诉的期限为5日,从接到判决书、裁定书的第二日起算。据此,本条对申请复议的期限作出调整,将2012年《刑诉法解释》规定的"自收到决定书之日起五日内向上一级人民法院申请复议",调整为"自收到决定书第二日起五日以内向上一级人民法院申请复议"。

2012年《刑诉法解释》	2021年《刑诉法解释》
第五百三十七条 对不服强制医疗决定的复议申请,上一级人民法院应当组成合议庭审理,并在一个月内,按照下列情形分别作出复议决定: (一)被决定强制医疗的人符合强制医疗条件的,应当驳回复议申请,维持原决定; (二)被决定强制医疗的人不符合强制医疗条件的,应当撤销原决定; (三)原审违反法定诉讼程序,可能影响公正审判的,应当撤销原决定,发回原审人民法院重新审判。	**第六百四十三条** 对不服强制医疗决定的复议申请,上一级人民法院应当组成合议庭审理,并在一个月**以**内,按照下列情形分别作出复议决定: (一)被决定强制医疗的人符合强制医疗条件的,应当驳回复议申请,维持原决定; (二)被决定强制医疗的人不符合强制医疗条件的,应当撤销原决定; (三)原审违反法定诉讼程序,可能影响公正审判的,应当撤销原决定,发回原审人民法院重新审判。
第五百三十八条 对本解释第~~五百三十三~~条第一项规定的判决、决定,人民检察院提出抗诉,同时被决定强制医疗的人、被害人及其法定代理人、近亲属申请复议的,上一级人民法院应当依照第二审程序一并处理。	**第六百四十四条** 对本解释第**六百三十九**条第一项规定的判决、决定,人民检察院提出抗诉,同时被决定强制医疗的人、被害人及其法定代理人、近亲属申请复议的,上一级人民法院应当依照第二审程序一并处理。
第五百四十条 被强制医疗的人及其近亲属申请解除强制医疗的,应当向决定强制医疗的人民法院提出。 被强制医疗的人及其近亲属提出的解除强制医疗申请被人民法院驳回,六个月后再次提出申请的,人民法院应当受理。	**第六百四十五条** 被强制医疗的人及其近亲属申请解除强制医疗的,应当向决定强制医疗的人民法院提出。 被强制医疗的人及其近亲属提出的解除强制医疗申请被人民法院驳回,六个月后再次提出申请的,人民法院应当受理。

续表

2012 年《刑诉法解释》	2021 年《刑诉法解释》
第五百四十一条　强制医疗机构提出解除强制医疗意见,或者被强制医疗的人及其近亲属申请解除强制医疗的,人民法院应当审查是否附有对被强制医疗的人的诊断评估报告。 强制医疗机构提出解除强制医疗意见,未附诊断评估报告的,人民法院应当要求其提供。 被强制医疗的人及其近亲属向人民法院申请解除强制医疗,强制医疗机构未提供诊断评估报告的,申请人可以申请人民法院调取。必要时,人民法院可以委托鉴定机构对被强制医疗的人进行鉴定。	**第六百四十六条**　强制医疗机构提出解除强制医疗意见,或者被强制医疗的人及其近亲属申请解除强制医疗的,人民法院应当审查是否附有对被强制医疗的人的诊断评估报告。 强制医疗机构提出解除强制医疗意见,未附诊断评估报告的,人民法院应当要求其提供。 被强制医疗的人及其近亲属向人民法院申请解除强制医疗,强制医疗机构未提供诊断评估报告的,申请人可以申请人民法院调取。必要时,人民法院可以委托鉴定机构对被强制医疗的人进行鉴定。
第五百四十二条　强制医疗机构提出解除强制医疗意见,或者被强制医疗的人及其近亲属申请解除强制医疗的,人民法院应当组成合议庭进行审查,并在一个月内,按照下列情形分别处理: (一)被强制医疗的人已不具有人身危险性,不需要继续强制医疗的,应当作出解除强制医疗的决定,并可责令被强制医疗的人的家属严加看管和医疗; (二)被强制医疗的人仍具有人身危险性,需要继续强制医疗的,应当作出继续强制医疗的决定。 人民法院应当在作出决定后五日内,将决定书送达强制医疗机构、申请解除强制医疗的人、被决定强制医疗的人和人民检察院。决定解除强制医疗的,应当通知强制医疗机构在收到决定书的当日解除强制医疗。	**第六百四十七条**　强制医疗机构提出解除强制医疗意见,或者被强制医疗的人及其近亲属申请解除强制医疗的,人民法院应当组成合议庭进行审查,并在一个月**以**内,按照下列情形分别处理: (一)被强制医疗的人已不具有人身危险性,不需要继续强制医疗的,应当作出解除强制医疗的决定,并可责令被强制医疗的人的家属严加看管和医疗; (二)被强制医疗的人仍具有人身危险性,需要继续强制医疗的,应当作出继续强制医疗的决定。 **对前款规定的案件,必要时,人民法院可以开庭审理,通知人民检察院派员出庭。** 人民法院应当在作出决定后五日**以**内,将决定书送达强制医疗机构、申请解除强制医疗的人、被决定强制医疗的人和人民检察院。决定解除强制

续表

2012 年《刑诉法解释》	2021 年《刑诉法解释》
	医疗的,应当通知强制医疗机构在收到决定书的当日解除强制医疗。

适用要点

2021 年《刑诉法解释》第 647 条规定了解除强制医疗案件的审查方式。在 2012 年《刑诉法解释》规定的基础上,为便于人民检察院对强制医疗的解除履行法律监督职责,本条新增规定,对解除强制医疗的案件,必要时,人民法院可以开庭审理,通知人民检察院派员出庭。通知人民检察院派员出庭,主要是听取其对解除强制医疗的意见。

2012 年《刑诉法解释》	2021 年《刑诉法解释》
第五百四十三条 人民检察院认为强制医疗决定或者解除强制医疗决定不当,在收到决定书后二十日内提出书面纠正意见的,人民法院应当另行组成合议庭审理,并在一个月内作出决定。	**第六百四十八条** 人民检察院认为强制医疗决定或者解除强制医疗决定不当,在收到决定书后二十日**以**内提出书面纠正意见的,人民法院应当另行组成合议庭审理,并在一个月**以**内作出决定。
第五百三十九条 审理强制医疗案件,本章没有规定的,参照适用~~公诉案件第一审普通程序和第二审程序~~的有关规定。	**第六百四十九条** 审理强制医疗案件,本章没有规定的,参照适用**本解释**的有关规定。

第二十七章　附　　则

2012 年《刑诉法解释》	2021 年《刑诉法解释》
第二十四章　附　　则	**第二十七章　附　　则**
第五百四十四条　人民法院讯问被告人，宣告判决，审理减刑、假释案件，根据~~案件~~情况~~，可以~~采取视频方式~~进行~~。	**第六百五十条**　人民法院讯问被告人，宣告判决，审理减刑、假释案件**等，可以**根据情况采取视频方式。

适用要点

2021 年《刑诉法解释》第 650 条规定了视频方式的适用范围。2012 年《刑诉法解释》将视频方式限于“人民法院讯问被告人，宣告判决，审理减刑、假释案件”，随着在线诉讼的兴起，本条适度拓展了视频开庭的适用范围，即“讯问被告人，宣告判决，审理减刑、假释案件等，可以根据情况采取视频方式”。这意味着，对于适用速裁程序审理案件等情形，都可以采取视频方式进行。需要指出的是，通过视频方式审理案件，应当充分保障当事人的程序选择权和其他诉讼权利，确保案件审理质量。

2012 年《刑诉法解释》	2021 年《刑诉法解释》
第五百四十五条　向人民法院提出自诉、上诉、申诉、申请等的，应当以书面形式提出。书写有困难的，除另有规定的以外，可以口头提出，由人民法院工作人员制作笔录或者记录在案，并向口述人宣读或者交其阅读。	**第六百五十一条**　向人民法院提出自诉、上诉、申诉、申请等的，应当以书面形式提出。书写有困难的，除另有规定的以外，可以口头提出，由人民法院工作人员制作笔录或者记录在案，并向口述人宣读或者交其阅读。

适用要点

2021 年《刑诉法解释》第 651 条规定了提取自诉、上诉、申诉、申请等的方式。随着社会经济文化的发展，以及法律援助和法律帮助范围的拓展，对于当事人提出各种申请的情形，有必要确立以书面形式提出的原则。同时,鉴于个别当事人存在书写困难的问题,为充分保障其诉讼权利,也应当允许其口头提出。需要指出的是,对于法律、司法解释明确规定应当以书面形式提出申请的情形,不得以口头形式提出。同时,"制作笔录"和"记录在案"在属性上存在差别。"制作笔录"往往是指制作单独或者专门的笔录,而"记录在案"则无此要求,可以在其他笔录中一并予以记录。

2012 年《刑诉法解释》	2021 年《刑诉法解释》
第五百四十六条 诉讼期间制作、形成的工作记录、告知笔录等材料,应当由制作人员和其他有关人员签名、盖章。宣告或者送达~~判决书、裁定书、决定书~~、通知书等诉讼文书的,应当由接受宣告或者送达的人在诉讼文书、送达回证上签名、盖章。 诉讼参与人未签名、盖章的,应当捺指印;刑事被告人除签名、盖章外,还应当捺指印。 当事人拒绝签名、盖章、捺指印的,办案人员应当在诉讼文书或者笔录材料中注明情况,有~~相关~~见证人见证,或者有录音录像证明的,不影响相关诉讼文书或者笔录材料的效力。	**第六百五十二条** 诉讼期间制作、形成的工作记录、告知笔录等材料,应当由制作人员和其他有关人员签名、盖章。宣告或者送达**裁判文书**、通知书等诉讼文书的,应当由接受宣告或者送达的人在诉讼文书、送达回证上签名、盖章。 诉讼参与人未签名、盖章的,应当捺指印;刑事被告人除签名、盖章外,还应当捺指印。 当事人拒绝签名、盖章、捺指印的,办案人员应当在诉讼文书或者笔录材料中注明情况,有见证人见证或者有录音录像证明的,不影响相关诉讼文书或者笔录材料的效力。

适用要点

2021 年《刑诉法解释》第 652 条规定了签名、盖章、捺指印的具体要求。需要指出的是,对于自然人,应当签名,不要求盖章;未签名的,应当捺指印。自然人盖章的,也应当捺指印,因为个人印章往往没有备案,难以鉴定真伪。对于单位,应当盖章,不要求其法定代表人或者其他个人签名,除非另有规定,因为单位印章一般有备案,容易鉴定真伪。对于刑事被告人,除签名外,还应当捺指印。对于被告单位,可以只盖章,不要求其法定代表人或者其他个人捺指印。

2012 年《刑诉法解释》	2021 年《刑诉法解释》
第五百四十七条 本解释的有关规定适用于军事法院~~、铁路运输法院~~等专门人民法院。	**第六百五十三条** 本解释的有关规定适用于军事法院等专门人民法院。

适用要点

2021 年《刑诉法解释》第 653 条规定了专门人民法院的范围。《人民法院组织法》第 15 条第 1 款规定，专门人民法院包括军事法院、海事法院、知识产权法院、金融法院等。据此，铁路运输法院已不再列为专门人民法院。鉴此，本条删去了 2012 年《刑诉法解释》中关于铁路运输法院的规定。

2012 年《刑诉法解释》	2021 年《刑诉法解释》
	第六百五十四条 本解释有关公安机关的规定，依照刑事诉讼法的有关规定，适用于国家安全机关、军队保卫部门、中国海警局和监狱。

适用要点

2021 年《刑诉法解释》第 654 条规定了有关公安机关的规定的适用范围。《刑事诉讼法》第 308 条规定，军队保卫部门对军队内部发生的刑事案件行使侦查权。中国海警局履行海上维权执法职责，对海上发生的刑事案件行使侦查权。对罪犯在监狱内犯罪的案件由监狱进行侦查。军队保卫部门、中国海警局、监狱办理刑事案件，适用该法的有关规定。据此，本条规定，本解释有关公安机关的规定，一并适用于国家安全机关、军队保卫部门、中国海警局和监狱。需要指出的是，由于各机关的法律职责存在一定差异，本解释关于公安机关的规定，并不必然适用于其他侦查机关，具体需要根据《刑事诉讼法》的有关规定加以分析。

2012年《刑诉法解释》	2021年《刑诉法解释》
第五百四十八条　本解释自~~2013年1月1日~~起施行，最高人民法院~~1998年9月2日~~公布的~~《关于执行〈中华人民共和国刑事诉讼法〉若干问题的解释》~~同时废止；最高人民法院以前发布的司法解释和规范性文件，与本解释不一致的，以本解释为准。	**第六百五十五条**　本解释自**2021年3月1日**起施行。最高人民法院**2012年12月20日发**布的《**关于适用〈中华人民共和国刑事诉讼法〉的解释**》(**法释〔2012〕21号**)同时废止。最高人民法院以前发布的司法解释和规范性文件，与本解释不一致的，以本解释为准。

适用要点

2021年《刑诉法解释》第655条规定了本解释的时间效力。需要注意的是，最高人民法院以前发布的司法解释和规范性文件，与本解释不一致的，以本解释为准；与本解释不冲突的，在明令废止前仍可适用。

附录一

中华人民共和国刑事诉讼法

（1979年7月1日第五届全国人民代表大会第二次会议通过　根据1996年3月17日第八届全国人民代表大会第四次会议《关于修改〈中华人民共和国刑事诉讼法〉的决定》第一次修正　根据2012年3月14日第十一届全国人民代表大会第五次会议《关于修改〈中华人民共和国刑事诉讼法〉的决定》第二次修正　根据2018年10月26日第十三届全国人民代表大会常务委员会第六次会议《关于修改〈中华人民共和国刑事诉讼法〉的决定》第三次修正）

目　　录

第一编　总　　则

第一章　任务和基本原则

第一条　为了保证刑法的正确实施，惩罚犯罪，保护人民，保障国家安全和社会公共安全，维护社会主义社会秩序，根据宪法，制定本法。

第二条　中华人民共和国刑事诉讼法的任务，是保证准确、及时地查明犯罪事实，正确应用法律，惩罚犯罪分子，保障无罪的人不受刑事追究，教育公民自觉遵守法律，积极同犯罪行为作斗争，维护社会主义法制，尊重和保障人权，保护公民的人身权利、财产权利、民主权利和其他权利，保障社会主义建设事业的顺利进行。

第三条　对刑事案件的侦查、拘留、执行逮捕、预审，由公安机关负责。检察、批准逮捕、检察机关直接受理的案件的侦查、提起公诉，由人民检察院负责。审判由人民法院负责。除法律特别规定的以外，其他任何机关、团体和个人都无权行使这些权力。

人民法院、人民检察院和公安机关进行刑事诉讼，必须严格遵守本法和其他法律的有关规定。

第四条　国家安全机关依照法律规定，办理危害国家安全的刑事案件，行使与公安机关相同的职权。

第五条　人民法院依照法律规定独立行使审判权，人民检察院依照法律规定独立行使检察权，不受行政机关、社会团体和个人的干涉。

第六条　人民法院、人民检察院和公安机关进行刑事诉讼，必须依靠群众，必须以事实为根据，以法律为准绳。对于一切公民，在适用法律上一律平等，在法律面前，不允许有任何特权。

第七条　人民法院、人民检察院和公安机关进行刑事诉讼，应当分工负责，互相配合，互相制约，以保证准确有效地执行法律。

第八条　人民检察院依法对刑事诉讼实行法律监督。

第九条　各民族公民都有用本民族语言文字进行诉讼的权利。人民法院、人民检察院和公安机关对于不通晓当地通用的语言文字的诉讼参与人，应当为他们翻译。

在少数民族聚居或者多民族杂居的地区,应当用当地通用的语言进行审讯,用当地通用的文字发布判决书、布告和其他文件。

第十条 人民法院审判案件,实行两审终审制。

第十一条 人民法院审判案件,除本法另有规定的以外,一律公开进行。被告人有权获得辩护,人民法院有义务保证被告人获得辩护。

第十二条 未经人民法院依法判决,对任何人都不得确定有罪。

第十三条 人民法院审判案件,依照本法实行人民陪审员陪审的制度。

第十四条 人民法院、人民检察院和公安机关应当保障犯罪嫌疑人、被告人和其他诉讼参与人依法享有的辩护权和其他诉讼权利。

诉讼参与人对于审判人员、检察人员和侦查人员侵犯公民诉讼权利和人身侮辱的行为,有权提出控告。

第十五条 犯罪嫌疑人、被告人自愿如实供述自己的罪行,承认指控的犯罪事实,愿意接受处罚的,可以依法从宽处理。

第十六条 有下列情形之一的,不追究刑事责任,已经追究的,应当撤销案件,或者不起诉,或者终止审理,或者宣告无罪:

(一)情节显著轻微、危害不大,不认为是犯罪的;

(二)犯罪已过追诉时效期限的;

(三)经特赦令免除刑罚的;

(四)依照刑法告诉才处理的犯罪,没有告诉或者撤回告诉的;

(五)犯罪嫌疑人、被告人死亡的;

(六)其他法律规定免予追究刑事责任的。

第十七条 对于外国人犯罪应当追究刑事责任的,适用本法的规定。

对于享有外交特权和豁免权的外国人犯罪应当追究刑事责任的,通过外交途径解决。

第十八条 根据中华人民共和国缔结或者参加的国际条约,或者按照互惠原则,我国司法机关和外国司法机关可以相互请求刑事司法协助。

第二章 管　　辖

第十九条 刑事案件的侦查由公安机关进行,法律另有规定的除外。

人民检察院在对诉讼活动实行法律监督中发现的司法工作人员利用

职权实施的非法拘禁、刑讯逼供、非法搜查等侵犯公民权利、损害司法公正的犯罪，可以由人民检察院立案侦查。对于公安机关管辖的国家机关工作人员利用职权实施的重大犯罪案件，需要由人民检察院直接受理的时候，经省级以上人民检察院决定，可以由人民检察院立案侦查。

自诉案件，由人民法院直接受理。

第二十条　基层人民法院管辖第一审普通刑事案件，但是依照本法由上级人民法院管辖的除外。

第二十一条　中级人民法院管辖下列第一审刑事案件：

（一）危害国家安全、恐怖活动案件；

（二）可能判处无期徒刑、死刑的案件。

第二十二条　高级人民法院管辖的第一审刑事案件，是全省（自治区、直辖市）性的重大刑事案件。

第二十三条　最高人民法院管辖的第一审刑事案件，是全国性的重大刑事案件。

第二十四条　上级人民法院在必要的时候，可以审判下级人民法院管辖的第一审刑事案件；下级人民法院认为案情重大、复杂需要由上级人民法院审判的第一审刑事案件，可以请求移送上一级人民法院审判。

第二十五条　刑事案件由犯罪地的人民法院管辖。如果由被告人居住地的人民法院审判更为适宜的，可以由被告人居住地的人民法院管辖。

第二十六条　几个同级人民法院都有权管辖的案件，由最初受理的人民法院审判。在必要的时候，可以移送主要犯罪地的人民法院审判。

第二十七条　上级人民法院可以指定下级人民法院审判管辖不明的案件，也可以指定下级人民法院将案件移送其他人民法院审判。

第二十八条　专门人民法院案件的管辖另行规定。

第三章　回　避

第二十九条　审判人员、检察人员、侦查人员有下列情形之一的，应当自行回避，当事人及其法定代理人也有权要求他们回避：

（一）是本案的当事人或者是当事人的近亲属的；

（二）本人或者他的近亲属和本案有利害关系的；

（三）担任过本案的证人、鉴定人、辩护人、诉讼代理人的；

(四)与本案当事人有其他关系,可能影响公正处理案件的。

第三十条 审判人员、检察人员、侦查人员不得接受当事人及其委托的人的请客送礼,不得违反规定会见当事人及其委托的人。

审判人员、检察人员、侦查人员违反前款规定的,应当依法追究法律责任。当事人及其法定代理人有权要求他们回避。

第三十一条 审判人员、检察人员、侦查人员的回避,应当分别由院长、检察长、公安机关负责人决定;院长的回避,由本院审判委员会决定;检察长和公安机关负责人的回避,由同级人民检察院检察委员会决定。

对侦查人员的回避作出决定前,侦查人员不能停止对案件的侦查。

对驳回申请回避的决定,当事人及其法定代理人可以申请复议一次。

第三十二条 本章关于回避的规定适用于书记员、翻译人员和鉴定人。

辩护人、诉讼代理人可以依照本章的规定要求回避、申请复议。

第四章 辩护与代理

第三十三条 犯罪嫌疑人、被告人除自己行使辩护权以外,还可以委托一至二人作为辩护人。下列的人可以被委托为辩护人:

(一)律师;

(二)人民团体或者犯罪嫌疑人、被告人所在单位推荐的人;

(三)犯罪嫌疑人、被告人的监护人、亲友。

正在被执行刑罚或者依法被剥夺、限制人身自由的人,不得担任辩护人。

被开除公职和被吊销律师、公证员执业证书的人,不得担任辩护人,但系犯罪嫌疑人、被告人的监护人、近亲属的除外。

第三十四条 犯罪嫌疑人自被侦查机关第一次讯问或者采取强制措施之日起,有权委托辩护人;在侦查期间,只能委托律师作为辩护人。被告人有权随时委托辩护人。

侦查机关在第一次讯问犯罪嫌疑人或者对犯罪嫌疑人采取强制措施的时候,应当告知犯罪嫌疑人有权委托辩护人。人民检察院自收到移送审查起诉的案件材料之日起三日以内,应当告知犯罪嫌疑人有权委托辩护人。人民法院自受理案件之日起三日以内,应当告知被告人有权委托辩护人。犯罪嫌疑人、被告人在押期间要求委托辩护人的，人民法院、人民检察院和公安机关应当及时转达其要求。

犯罪嫌疑人、被告人在押的，也可以由其监护人、近亲属代为委托辩护人。

辩护人接受犯罪嫌疑人、被告人委托后，应当及时告知办理案件的机关。

第三十五条　犯罪嫌疑人、被告人因经济困难或者其他原因没有委托辩护人的，本人及其近亲属可以向法律援助机构提出申请。对符合法律援助条件的，法律援助机构应当指派律师为其提供辩护。

犯罪嫌疑人、被告人是盲、聋、哑人，或者是尚未完全丧失辨认或者控制自己行为能力的精神病人，没有委托辩护人的，人民法院、人民检察院和公安机关应当通知法律援助机构指派律师为其提供辩护。

犯罪嫌疑人、被告人可能被判处无期徒刑、死刑，没有委托辩护人的，人民法院、人民检察院和公安机关应当通知法律援助机构指派律师为其提供辩护。

第三十六条　法律援助机构可以在人民法院、看守所等场所派驻值班律师。犯罪嫌疑人、被告人没有委托辩护人，法律援助机构没有指派律师为其提供辩护的，由值班律师为犯罪嫌疑人、被告人提供法律咨询、程序选择建议、申请变更强制措施、对案件处理提出意见等法律帮助。

人民法院、人民检察院、看守所应当告知犯罪嫌疑人、被告人有权约见值班律师，并为犯罪嫌疑人、被告人约见值班律师提供便利。

第三十七条　辩护人的责任是根据事实和法律，提出犯罪嫌疑人、被告人无罪、罪轻或者减轻、免除其刑事责任的材料和意见，维护犯罪嫌疑人、被告人的诉讼权利和其他合法权益。

第三十八条　辩护律师在侦查期间可以为犯罪嫌疑人提供法律帮助；代理申诉、控告；申请变更强制措施；向侦查机关了解犯罪嫌疑人涉嫌的罪名和案件有关情况，提出意见。

第三十九条　辩护律师可以同在押的犯罪嫌疑人、被告人会见和通信。其他辩护人经人民法院、人民检察院许可，也可以同在押的犯罪嫌疑人、被告人会见和通信。

辩护律师持律师执业证书、律师事务所证明和委托书或者法律援助公函要求会见在押的犯罪嫌疑人、被告人的,看守所应当及时安排会见,至迟不得超过四十八小时。

危害国家安全犯罪、恐怖活动犯罪案件,在侦查期间辩护律师会见在押的犯罪嫌疑人,应当经侦查机关许可。上述案件,侦查机关应当事先通知看守所。

辩护律师会见在押的犯罪嫌疑人、被告人,可以了解案件有关情况,提供法律咨询等;自案件移送审查起诉之日起,可以向犯罪嫌疑人、被告人核实有关证据。辩护律师会见犯罪嫌疑人、被告人时不被监听。

辩护律师同被监视居住的犯罪嫌疑人、被告人会见、通信,适用第一款、第三款、第四款的规定。

第四十条　辩护律师自人民检察院对案件审查起诉之日起,可以查阅、摘抄、复制本案的案卷材料。其他辩护人经人民法院、人民检察院许可,也可以查阅、摘抄、复制上述材料。

第四十一条　辩护人认为在侦查、审查起诉期间公安机关、人民检察院收集的证明犯罪嫌疑人、被告人无罪或者罪轻的证据材料未提交的,有权申请人民检察院、人民法院调取。

第四十二条　辩护人收集的有关犯罪嫌疑人不在犯罪现场、未达到刑事责任年龄、属于依法不负刑事责任的精神病人的证据,应当及时告知公安机关、人民检察院。

第四十三条　辩护律师经证人或者其他有关单位和个人同意,可以向他们收集与本案有关的材料,也可以申请人民检察院、人民法院收集、调取证据,或者申请人民法院通知证人出庭作证。

辩护律师经人民检察院或者人民法院许可,并且经被害人或者其近亲属、被害人提供的证人同意,可以向他们收集与本案有关的材料。

第四十四条　辩护人或者其他任何人,不得帮助犯罪嫌疑人、被告人隐匿、毁灭、伪造证据或者串供,不得威胁、引诱证人作伪证以及进行其他干扰司法机关诉讼活动的行为。

违反前款规定的,应当依法追究法律责任,辩护人涉嫌犯罪的,应当由办理辩护人所承办案件的侦查机关以外的侦查机关办理。辩护人是律师的,应当及时通知其所在的律师事务所或者所属的律师协会。

第四十五条　在审判过程中,被告人可以拒绝辩护人继续为他辩护,也可以另行委托辩护人辩护。

第四十六条　公诉案件的被害人及其法定代理人或者近亲属，附带民事诉讼的当事人及其法定代理人，自案件移送审查起诉之日起，有权委托诉讼代理人。自诉案件的自诉人及其法定代理人，附带民事诉讼的当事人及其法定代理人，有权随时委托诉讼代理人。

人民检察院自收到移送审查起诉的案件材料之日起三日以内，应当告知被害人及其法定代理人或者其近亲属、附带民事诉讼的当事人及其法定代理人有权委托诉讼代理人。人民法院自受理自诉案件之日起三日以内，应当告知自诉人及其法定代理人、附带民事诉讼的当事人及其法定代理人有权委托诉讼代理人。

第四十七条　委托诉讼代理人，参照本法第三十三条的规定执行。

第四十八条　辩护律师对在执业活动中知悉的委托人的有关情况和信息，有权予以保密。但是，辩护律师在执业活动中知悉委托人或者其他人，准备或者正在实施危害国家安全、公共安全以及严重危害他人人身安全的犯罪的，应当及时告知司法机关。

第四十九条　辩护人、诉讼代理人认为公安机关、人民检察院、人民法院及其工作人员阻碍其依法行使诉讼权利的，有权向同级或者上一级人民检察院申诉或者控告。人民检察院对申诉或者控告应当及时进行审查，情况属实的，通知有关机关予以纠正。

第五章　证　　据

第五十条　可以用于证明案件事实的材料，都是证据。

证据包括：

（一）物证；

（二）书证；

（三）证人证言；

（四）被害人陈述；

（五）犯罪嫌疑人、被告人供述和辩解；

（六）鉴定意见；

（七）勘验、检查、辨认、侦查实验等笔录；

（八）视听资料、电子数据。

证据必须经过查证属实，才能作为定案的根据。

第五十一条 公诉案件中被告人有罪的举证责任由人民检察院承担，自诉案件中被告人有罪的举证责任由自诉人承担。

第五十二条 审判人员、检察人员、侦查人员必须依照法定程序，收集能够证实犯罪嫌疑人、被告人有罪或者无罪、犯罪情节轻重的各种证据。严禁刑讯逼供和以威胁、引诱、欺骗以及其他非法方法收集证据，不得强迫任何人证实自己有罪。必须保证一切与案件有关或者了解案情的公民，有客观地充分地提供证据的条件，除特殊情况外，可以吸收他们协助调查。

第五十三条 公安机关提请批准逮捕书、人民检察院起诉书、人民法院判决书，必须忠实于事实真象。故意隐瞒事实真象的，应当追究责任。

第五十四条 人民法院、人民检察院和公安机关有权向有关单位和个人收集、调取证据。有关单位和个人应当如实提供证据。

行政机关在行政执法和查办案件过程中收集的物证、书证、视听资料、电子数据等证据材料，在刑事诉讼中可以作为证据使用。

对涉及国家秘密、商业秘密、个人隐私的证据，应当保密。

凡是伪造证据、隐匿证据或者毁灭证据的，无论属于何方，必须受法律追究。

第五十五条 对一切案件的判处都要重证据，重调查研究，不轻信口供。只有被告人供述，没有其他证据的，不能认定被告人有罪和处以刑罚；没有被告人供述，证据确实、充分的，可以认定被告人有罪和处以刑罚。

证据确实、充分，应当符合以下条件：

（一）定罪量刑的事实都有证据证明；

（二）据以定案的证据均经法定程序查证属实；

（三）综合全案证据，对所认定事实已排除合理怀疑。

第五十六条 采用刑讯逼供等非法方法收集的犯罪嫌疑人、被告人供述和采用暴力、威胁等非法方法收集的证人证言、被害人陈述，应当予以排除。收集物证、书证不符合法定程序，可能严重影响司法公正的，应当予以补正或者作出合理解释；不能补正或者作出合理解释的，对该证据应当予以排除。

在侦查、审查起诉、审判时发现有应当排除的证据的，应当依法予以排除，不得作为起诉意见、起诉决定和判决的依据。

第五十七条　人民检察院接到报案、控告、举报或者发现侦查人员以非法方法收集证据的，应当进行调查核实。对于确有以非法方法收集证据情形的，应当提出纠正意见；构成犯罪的，依法追究刑事责任。

第五十八条　法庭审理过程中，审判人员认为可能存在本法第五十六条规定的以非法方法收集证据情形的，应当对证据收集的合法性进行法庭调查。

当事人及其辩护人、诉讼代理人有权申请人民法院对以非法方法收集的证据依法予以排除。申请排除以非法方法收集的证据的，应当提供相关线索或者材料。

第五十九条　在对证据收集的合法性进行法庭调查的过程中，人民检察院应当对证据收集的合法性加以证明。

现有证据材料不能证明证据收集的合法性的，人民检察院可以提请人民法院通知有关侦查人员或者其他人员出庭说明情况；人民法院可以通知有关侦查人员或者其他人员出庭说明情况。有关侦查人员或者其他人员也可以要求出庭说明情况。经人民法院通知，有关人员应当出庭。

第六十条　对于经过法庭审理，确认或者不能排除存在本法第五十六条规定的以非法方法收集证据情形的，对有关证据应当予以排除。

第六十一条　证人证言必须在法庭上经过公诉人、被害人和被告人、辩护人双方质证并且查实以后，才能作为定案的根据。法庭查明证人有意作伪证或者隐匿罪证的时候，应当依法处理。

第六十二条　凡是知道案件情况的人，都有作证的义务。

生理上、精神上有缺陷或者年幼，不能辨别是非、不能正确表达的人，不能作证人。

第六十三条　人民法院、人民检察院和公安机关应当保障证人及其近亲属的安全。

对证人及其近亲属进行威胁、侮辱、殴打或者打击报复，构成犯罪的，依法追究刑事责任；尚不够刑事处罚的，依法给予治安管理处罚。

第六十四条　对于危害国家安全犯罪、恐怖活动犯罪、黑社会性质的组织犯罪、毒品犯罪等案件，证人、鉴定人、被害人因在诉讼中作证，本人或者其近亲属的人身安全面临危险的，人民法院、人民检察院和公安机关应当采取以下一项或者多项保护措施：

（一）不公开真实姓名、住址和工作单位等个人信息；

（二）采取不暴露外貌、真实声音等出庭作证措施；

（三）禁止特定的人员接触证人、鉴定人、被害人及其近亲属；

（四）对人身和住宅采取专门性保护措施；

（五）其他必要的保护措施。

证人、鉴定人、被害人认为因在诉讼中作证，本人或者其近亲属的人身安全面临危险的，可以向人民法院、人民检察院、公安机关请求予以保护。

人民法院、人民检察院、公安机关依法采取保护措施，有关单位和个人应当配合。

第六十五条 证人因履行作证义务而支出的交通、住宿、就餐等费用，应当给予补助。证人作证的补助列入司法机关业务经费，由同级政府财政予以保障。

有工作单位的证人作证，所在单位不得克扣或者变相克扣其工资、奖金及其他福利待遇。

第六章 强制措施

第六十六条 人民法院、人民检察院和公安机关根据案件情况，对犯罪嫌疑人、被告人可以拘传、取保候审或者监视居住。

第六十七条 人民法院、人民检察院和公安机关对有下列情形之一的犯罪嫌疑人、被告人，可以取保候审：

（一）可能判处管制、拘役或者独立适用附加刑的；

（二）可能判处有期徒刑以上刑罚，采取取保候审不致发生社会危险性的；

（三）患有严重疾病、生活不能自理，怀孕或者正在哺乳自己婴儿的妇女，采取取保候审不致发生社会危险性的；

（四）羁押期限届满，案件尚未办结，需要采取取保候审的。

取保候审由公安机关执行。

第六十八条 人民法院、人民检察院和公安机关决定对犯罪嫌疑人、被告人取保候审,应当责令犯罪嫌疑人、被告人提出保证人或者交纳保证金。

第六十九条　保证人必须符合下列条件:

(一)与本案无牵连;

(二)有能力履行保证义务;

(三)享有政治权利,人身自由未受到限制;

(四)有固定的住处和收入。

第七十条　保证人应当履行以下义务:

(一)监督被保证人遵守本法第七十一条的规定;

(二)发现被保证人可能发生或者已经发生违反本法第七十一条规定的行为的,应当及时向执行机关报告。

被保证人有违反本法第七十一条规定的行为,保证人未履行保证义务的,对保证人处以罚款,构成犯罪的,依法追究刑事责任。

第七十一条　被取保候审的犯罪嫌疑人、被告人应当遵守以下规定:

(一)未经执行机关批准不得离开所居住的市、县;

(二)住址、工作单位和联系方式发生变动的,在二十四小时以内向执行机关报告;

(三)在传讯的时候及时到案;

(四)不得以任何形式干扰证人作证;

(五)不得毁灭、伪造证据或者串供。

人民法院、人民检察院和公安机关可以根据案件情况,责令被取保候审的犯罪嫌疑人、被告人遵守以下一项或者多项规定:

(一)不得进入特定的场所;

(二)不得与特定的人员会见或者通信;

(三)不得从事特定的活动;

(四)将护照等出入境证件、驾驶证件交执行机关保存。

被取保候审的犯罪嫌疑人、被告人违反前两款规定,已交纳保证金的,没收部分或者全部保证金,并且区别情形,责令犯罪嫌疑人、被告人具结悔过,重新交纳保证金、提出保证人,或者监视居住、予以逮捕。

对违反取保候审规定,需要予以逮捕的,可以对犯罪嫌疑人、被告人先行拘留。

第七十二条 取保候审的决定机关应当综合考虑保证诉讼活动正常进行的需要,被取保候审人的社会危险性,案件的性质、情节,可能判处刑罚的轻重,被取保候审人的经济状况等情况,确定保证金的数额。

提供保证金的人应当将保证金存入执行机关指定银行的专门账户。

第七十三条 犯罪嫌疑人、被告人在取保候审期间未违反本法第七十一条规定的,取保候审结束的时候,凭解除取保候审的通知或者有关法律文书到银行领取退还的保证金。

第七十四条 人民法院、人民检察院和公安机关对符合逮捕条件,有下列情形之一的犯罪嫌疑人、被告人,可以监视居住:

(一)患有严重疾病、生活不能自理的;

(二)怀孕或者正在哺乳自己婴儿的妇女;

(三)系生活不能自理的人的唯一扶养人;

(四)因为案件的特殊情况或者办理案件的需要,采取监视居住措施更为适宜的;

(五)羁押期限届满,案件尚未办结,需要采取监视居住措施的。

对符合取保候审条件,但犯罪嫌疑人、被告人不能提出保证人,也不交纳保证金的,可以监视居住。

监视居住由公安机关执行。

第七十五条 监视居住应当在犯罪嫌疑人、被告人的住处执行;无固定住处的,可以在指定的居所执行。对于涉嫌危害国家安全犯罪、恐怖活动犯罪,在住处执行可能有碍侦查的,经上一级公安机关批准,也可以在指定的居所执行。但是,不得在羁押场所、专门的办案场所执行。

指定居所监视居住的,除无法通知的以外,应当在执行监视居住后二十四小时以内,通知被监视居住人的家属。

被监视居住的犯罪嫌疑人、被告人委托辩护人,适用本法第三十四条的规定。

人民检察院对指定居所监视居住的决定和执行是否合法实行监督。

第七十六条 指定居所监视居住的期限应当折抵刑期。被判处管制的,监视居住一日折抵刑期一日;被判处拘役、有期徒刑的,监视居住二日折抵刑期一日。

第七十七条 被监视居住的犯罪嫌疑人、被告人应当遵守以下规定:

（一）未经执行机关批准不得离开执行监视居住的处所；

（二）未经执行机关批准不得会见他人或者通信；

（三）在传讯的时候及时到案；

（四）不得以任何形式干扰证人作证；

（五）不得毁灭、伪造证据或者串供；

（六）将护照等出入境证件、身份证件、驾驶证件交执行机关保存。

被监视居住的犯罪嫌疑人、被告人违反前款规定，情节严重的，可以予以逮捕；需要予以逮捕的，可以对犯罪嫌疑人、被告人先行拘留。

第七十八条　执行机关对被监视居住的犯罪嫌疑人、被告人，可以采取电子监控、不定期检查等监视方法对其遵守监视居住规定的情况进行监督；在侦查期间，可以对被监视居住的犯罪嫌疑人的通信进行监控。

第七十九条　人民法院、人民检察院和公安机关对犯罪嫌疑人、被告人取保候审最长不得超过十二个月，监视居住最长不得超过六个月。

在取保候审、监视居住期间，不得中断对案件的侦查、起诉和审理。对于发现不应当追究刑事责任或者取保候审、监视居住期限届满的，应当及时解除取保候审、监视居住。解除取保候审、监视居住，应当及时通知被取保候审、监视居住人和有关单位。

第八十条　逮捕犯罪嫌疑人、被告人，必须经过人民检察院批准或者人民法院决定，由公安机关执行。

第八十一条　对有证据证明有犯罪事实，可能判处徒刑以上刑罚的犯罪嫌疑人、被告人，采取取保候审尚不足以防止发生下列社会危险性的，应当予以逮捕：

（一）可能实施新的犯罪的；

（二）有危害国家安全、公共安全或者社会秩序的现实危险的；

（三）可能毁灭、伪造证据，干扰证人作证或者串供的；

（四）可能对被害人、举报人、控告人实施打击报复的；

（五）企图自杀或者逃跑的。

批准或者决定逮捕，应当将犯罪嫌疑人、被告人涉嫌犯罪的性质、情节，认罪认罚等情况，作为是否可能发生社会危险性的考虑因素。

对有证据证明有犯罪事实，可能判处十年有期徒刑以上刑罚的，或者有证据证明有犯罪事实，可能判处徒刑以上刑罚，曾经故意犯罪或者身份不明的,应当予以逮捕。

被取保候审、监视居住的犯罪嫌疑人、被告人违反取保候审、监视居住规定,情节严重的,可以予以逮捕。

第八十二条 公安机关对于现行犯或者重大嫌疑分子,如果有下列情形之一的,可以先行拘留:

(一)正在预备犯罪、实行犯罪或者在犯罪后即时被发觉的;

(二)被害人或者在场亲眼看见的人指认他犯罪的;

(三)在身边或者住处发现有犯罪证据的;

(四)犯罪后企图自杀、逃跑或者在逃的;

(五)有毁灭、伪造证据或者串供可能的;

(六)不讲真实姓名、住址,身份不明的;

(七)有流窜作案、多次作案、结伙作案重大嫌疑的。

第八十三条 公安机关在异地执行拘留、逮捕的时候,应当通知被拘留、逮捕人所在地的公安机关,被拘留、逮捕人所在地的公安机关应当予以配合。

第八十四条 对于有下列情形的人,任何公民都可以立即扭送公安机关、人民检察院或者人民法院处理:

(一)正在实行犯罪或者在犯罪后即时被发觉的;

(二)通缉在案的;

(三)越狱逃跑的;

(四)正在被追捕的。

第八十五条 公安机关拘留人的时候,必须出示拘留证。

拘留后,应当立即将被拘留人送看守所羁押,至迟不得超过二十四小时。除无法通知或者涉嫌危害国家安全犯罪、恐怖活动犯罪通知可能有碍侦查的情形以外,应当在拘留后二十四小时以内,通知被拘留人的家属。有碍侦查的情形消失以后,应当立即通知被拘留人的家属。

第八十六条 公安机关对被拘留的人,应当在拘留后的二十四小时以内进行讯问。在发现不应当拘留的时候,必须立即释放,发给释放证明。

第八十七条 公安机关要求逮捕犯罪嫌疑人的时候,应当写出提请批准逮捕书,连同案卷材料、证据,一并移送同级人民检察院审查批准。

必要的时候,人民检察院可以派人参加公安机关对于重大案件的讨论。

第八十八条　人民检察院审查批准逮捕,可以讯问犯罪嫌疑人;有下列情形之一的,应当讯问犯罪嫌疑人:

(一)对是否符合逮捕条件有疑问的;

(二)犯罪嫌疑人要求向检察人员当面陈述的;

(三)侦查活动可能有重大违法行为的。

人民检察院审查批准逮捕,可以询问证人等诉讼参与人,听取辩护律师的意见;辩护律师提出要求的,应当听取辩护律师的意见。

第八十九条　人民检察院审查批准逮捕犯罪嫌疑人由检察长决定。重大案件应当提交检察委员会讨论决定。

第九十条　人民检察院对于公安机关提请批准逮捕的案件进行审查后,应当根据情况分别作出批准逮捕或者不批准逮捕的决定。对于批准逮捕的决定,公安机关应当立即执行,并且将执行情况及时通知人民检察院。对于不批准逮捕的,人民检察院应当说明理由,需要补充侦查的,应当同时通知公安机关。

第九十一条　公安机关对被拘留的人,认为需要逮捕的,应当在拘留后的三日以内,提请人民检察院审查批准。在特殊情况下,提请审查批准的时间可以延长一日至四日。

对于流窜作案、多次作案、结伙作案的重大嫌疑分子,提请审查批准的时间可以延长至三十日。

人民检察院应当自接到公安机关提请批准逮捕书后的七日以内,作出批准逮捕或者不批准逮捕的决定。人民检察院不批准逮捕的,公安机关应当在接到通知后立即释放,并且将执行情况及时通知人民检察院。对于需要继续侦查,并且符合取保候审、监视居住条件的,依法取保候审或者监视居住。

第九十二条　公安机关对人民检察院不批准逮捕的决定,认为有错误的时候,可以要求复议,但是必须将被拘留的人立即释放。如果意见不被接受,可以向上一级人民检察院提请复核。上级人民检察院应当立即复核,作出是否变更的决定,通知下级人民检察院和公安机关执行。

第九十三条　公安机关逮捕人的时候,必须出示逮捕证。

逮捕后,应当立即将被逮捕人送看守所羁押。除无法通知的以外,应当在逮捕后二十四小时以内,通知被逮捕人的家属。

第九十四条 人民法院、人民检察院对于各自决定逮捕的人,公安机关对于经人民检察院批准逮捕的人,都必须在逮捕后的二十四小时以内进行讯问。在发现不应当逮捕的时候,必须立即释放,发给释放证明。

第九十五条 犯罪嫌疑人、被告人被逮捕后,人民检察院仍应当对羁押的必要性进行审查。对不需要继续羁押的,应当建议予以释放或者变更强制措施。有关机关应当在十日以内将处理情况通知人民检察院。

第九十六条 人民法院、人民检察院和公安机关如果发现对犯罪嫌疑人、被告人采取强制措施不当的,应当及时撤销或者变更。公安机关释放被逮捕的人或者变更逮捕措施的,应当通知原批准的人民检察院。

第九十七条 犯罪嫌疑人、被告人及其法定代理人、近亲属或者辩护人有权申请变更强制措施。人民法院、人民检察院和公安机关收到申请后,应当在三日以内作出决定;不同意变更强制措施的,应当告知申请人,并说明不同意的理由。

第九十八条 犯罪嫌疑人、被告人被羁押的案件,不能在本法规定的侦查羁押、审查起诉、一审、二审期限内办结的,对犯罪嫌疑人、被告人应当予以释放;需要继续查证、审理的,对犯罪嫌疑人、被告人可以取保候审或者监视居住。

第九十九条 人民法院、人民检察院或者公安机关对被采取强制措施法定期限届满的犯罪嫌疑人、被告人,应当予以释放、解除取保候审、监视居住或者依法变更强制措施。犯罪嫌疑人、被告人及其法定代理人、近亲属或者辩护人对于人民法院、人民检察院或者公安机关采取强制措施法定期限届满的,有权要求解除强制措施。

第一百条 人民检察院在审查批准逮捕工作中,如果发现公安机关的侦查活动有违法情况,应当通知公安机关予以纠正,公安机关应当将纠正情况通知人民检察院。

第七章 附带民事诉讼

第一百零一条 被害人由于被告人的犯罪行为而遭受物质损失的,在刑事诉讼过程中,有权提起附带民事诉讼。被害人死亡或者丧失行为能力的,被害人的法定代理人、近亲属有权提起附带民事诉讼。

如果是国家财产、集体财产遭受损失的,人民检察院在提起公诉的时候,可以提起附带民事诉讼。

第一百零二条　人民法院在必要的时候,可以采取保全措施,查封、扣押或者冻结被告人的财产。附带民事诉讼原告人或者人民检察院可以申请人民法院采取保全措施。人民法院采取保全措施,适用民事诉讼法的有关规定。

第一百零三条　人民法院审理附带民事诉讼案件,可以进行调解,或者根据物质损失情况作出判决、裁定。

第一百零四条　附带民事诉讼应当同刑事案件一并审判,只有为了防止刑事案件审判的过分迟延,才可以在刑事案件审判后,由同一审判组织继续审理附带民事诉讼。

第八章　期间、送达

第一百零五条　期间以时、日、月计算。

期间开始的时和日不算在期间以内。

法定期间不包括路途上的时间。上诉状或者其他文件在期满前已经交邮的,不算过期。

期间的最后一日为节假日的,以节假日后的第一日为期满日期,但犯罪嫌疑人、被告人或者罪犯在押期间,应当至期满之日为止,不得因节假日而延长。

第一百零六条　当事人由于不能抗拒的原因或者有其他正当理由而耽误期限的,在障碍消除后五日以内,可以申请继续进行应当在期满以前完成的诉讼活动。

前款申请是否准许,由人民法院裁定。

第一百零七条　送达传票、通知书和其他诉讼文件应当交给收件人本人;如果本人不在,可以交给他的成年家属或者所在单位的负责人员代收。

收件人本人或者代收人拒绝接收或者拒绝签名、盖章的时候,送达人可以邀请他的邻居或者其他见证人到场,说明情况,把文件留在他的住处,在送达证上记明拒绝的事由、送达的日期,由送达人签名,即认为已经送达。

第九章 其他规定

第一百零八条 本法下列用语的含意是：

（一）“侦查”是指公安机关、人民检察院对于刑事案件，依照法律进行的收集证据、查明案情的工作和有关的强制性措施；

（二）“当事人”是指被害人、自诉人、犯罪嫌疑人、被告人、附带民事诉讼的原告人和被告人；

（三）“法定代理人”是指被代理人的父母、养父母、监护人和负有保护责任的机关、团体的代表；

（四）“诉讼参与人”是指当事人、法定代理人、诉讼代理人、辩护人、证人、鉴定人和翻译人员；

（五）“诉讼代理人”是指公诉案件的被害人及其法定代理人或者近亲属、自诉案件的自诉人及其法定代理人委托代为参加诉讼的人和附带民事诉讼的当事人及其法定代理人委托代为参加诉讼的人；

（六）“近亲属”是指夫、妻、父、母、子、女、同胞兄弟姊妹。

第二编 立案、侦查和提起公诉

第一章 立 案

第一百零九条 公安机关或者人民检察院发现犯罪事实或者犯罪嫌疑人，应当按照管辖范围，立案侦查。

第一百一十条 任何单位和个人发现有犯罪事实或者犯罪嫌疑人，有权利也有义务向公安机关、人民检察院或者人民法院报案或者举报。

被害人对侵犯其人身、财产权利的犯罪事实或者犯罪嫌疑人，有权向公安机关、人民检察院或者人民法院报案或者控告。

公安机关、人民检察院或者人民法院对于报案、控告、举报，都应当接受。对于不属于自己管辖的，应当移送主管机关处理，并且通知报案人、控告人、举报人；对于不属于自己管辖而又必须采取紧急措施的，应当先采取紧急措施，然后移送主管机关。

犯罪人向公安机关、人民检察院或者人民法院自首的，适用第三款规定。

第一百一十一条 报案、控告、举报可以用书面或者口头提出。接受口头报案、控告、举报的工作人员，应当写成笔录，经宣读无误后，由报案人、控告人、举报人签名或者盖章。

接受控告、举报的工作人员，应当向控告人、举报人说明诬告应负的法律责任。但是，只要不是捏造事实，伪造证据，即使控告、举报的事实有出入，甚至是错告的，也要和诬告严格加以区别。

公安机关、人民检察院或者人民法院应当保障报案人、控告人、举报人及其近亲属的安全。报案人、控告人、举报人如果不愿公开自己的姓名和报案、控告、举报的行为，应当为他保守秘密。

第一百一十二条 人民法院、人民检察院或者公安机关对于报案、控告、举报和自首的材料，应当按照管辖范围，迅速进行审查，认为有犯罪事实需要追究刑事责任的时候，应当立案；认为没有犯罪事实，或者犯罪事实显著轻微，不需要追究刑事责任的时候，不予立案，并且将不立案的原因通知控告人。控告人如果不服，可以申请复议。

第一百一十三条 人民检察院认为公安机关对应当立案侦查的案件而不立案侦查的，或者被害人认为公安机关对应当立案侦查的案件而不立案侦查，向人民检察院提出的，人民检察院应当要求公安机关说明不立案的理由。人民检察院认为公安机关不立案理由不能成立的，应当通知公安机关立案，公安机关接到通知后应当立案。

第一百一十四条 对于自诉案件，被害人有权向人民法院直接起诉。被害人死亡或者丧失行为能力的，被害人的法定代理人、近亲属有权向人民法院起诉。人民法院应当依法受理。

第二章 侦　　查

第一节 一 般 规 定

第一百一十五条 公安机关对已经立案的刑事案件，应当进行侦查，收集、调取犯罪嫌疑人有罪或者无罪、罪轻或者罪重的证据材料。对现行犯或者重大嫌疑分子可以依法先行拘留，对符合逮捕条件的犯罪嫌疑人，应当依法逮捕。

第一百一十六条 公安机关经过侦查,对有证据证明有犯罪事实的案件,应当进行预审,对收集、调取的证据材料予以核实。

第一百一十七条 当事人和辩护人、诉讼代理人、利害关系人对于司法机关及其工作人员有下列行为之一的,有权向该机关申诉或者控告:

(一)采取强制措施法定期限届满,不予以释放、解除或者变更的;

(二)应当退还取保候审保证金不退还的;

(三)对与案件无关的财物采取查封、扣押、冻结措施的;

(四)应当解除查封、扣押、冻结不解除的;

(五)贪污、挪用、私分、调换、违反规定使用查封、扣押、冻结的财物的。

受理申诉或者控告的机关应当及时处理。对处理不服的,可以向同级人民检察院申诉;人民检察院直接受理的案件,可以向上一级人民检察院申诉。人民检察院对申诉应当及时进行审查,情况属实的,通知有关机关予以纠正。

第二节 讯问犯罪嫌疑人

第一百一十八条 讯问犯罪嫌疑人必须由人民检察院或者公安机关的侦查人员负责进行。讯问的时候,侦查人员不得少于二人。

犯罪嫌疑人被送交看守所羁押以后,侦查人员对其进行讯问,应当在看守所内进行。

第一百一十九条 对不需要逮捕、拘留的犯罪嫌疑人,可以传唤到犯罪嫌疑人所在市、县内的指定地点或者到他的住处进行讯问,但是应当出示人民检察院或者公安机关的证明文件。对在现场发现的犯罪嫌疑人,经出示工作证件,可以口头传唤,但应当在讯问笔录中注明。

传唤、拘传持续的时间不得超过十二小时;案情特别重大、复杂,需要采取拘留、逮捕措施的,传唤、拘传持续的时间不得超过二十四小时。

不得以连续传唤、拘传的形式变相拘禁犯罪嫌疑人。传唤、拘传犯罪嫌疑人,应当保证犯罪嫌疑人的饮食和必要的休息时间。

第一百二十条 侦查人员在讯问犯罪嫌疑人的时候,应当首先讯问犯罪嫌疑人是否有犯罪行为,让他陈述有罪的情节或者无罪的辩解,然后向他提出问题。犯罪嫌疑人对侦查人员的提问,应当如实回答。但是对与本案无关的问题，有拒绝回答的权利。

侦查人员在讯问犯罪嫌疑人的时候，应当告知犯罪嫌疑人享有的诉讼权利，如实供述自己罪行可以从宽处理和认罪认罚的法律规定。

第一百二十一条 讯问聋、哑的犯罪嫌疑人，应当有通晓聋、哑手势的人参加，并且将这种情况记明笔录。

第一百二十二条 讯问笔录应当交犯罪嫌疑人核对，对于没有阅读能力的，应当向他宣读。如果记载有遗漏或者差错，犯罪嫌疑人可以提出补充或者改正。犯罪嫌疑人承认笔录没有错误后，应当签名或者盖章。侦查人员也应当在笔录上签名。犯罪嫌疑人请求自行书写供述的，应当准许。必要的时候，侦查人员也可以要犯罪嫌疑人亲笔书写供词。

第一百二十三条 侦查人员在讯问犯罪嫌疑人的时候，可以对讯问过程进行录音或者录像；对于可能判处无期徒刑、死刑的案件或者其他重大犯罪案件，应当对讯问过程进行录音或者录像。

录音或者录像应当全程进行，保持完整性。

第三节 询问证人

第一百二十四条 侦查人员询问证人，可以在现场进行，也可以到证人所在单位、住处或者证人提出的地点进行，在必要的时候，可以通知证人到人民检察院或者公安机关提供证言。在现场询问证人，应当出示工作证件，到证人所在单位、住处或者证人提出的地点询问证人，应当出示人民检察院或者公安机关的证明文件。

询问证人应当个别进行。

第一百二十五条 询问证人，应当告知他应当如实地提供证据、证言和有意作伪证或者隐匿罪证要负的法律责任。

第一百二十六条 本法第一百二十二条的规定，也适用于询问证人。

第一百二十七条 询问被害人，适用本节各条规定。

第四节 勘验、检查

第一百二十八条 侦查人员对于与犯罪有关的场所、物品、人身、尸体应当进行勘验或者检查。在必要的时候，可以指派或者聘请具有专门知识的人，在侦查人员的主持下进行勘验、检查。

第一百二十九条 任何单位和个人,都有义务保护犯罪现场,并且立即通知公安机关派员勘验。

第一百三十条 侦查人员执行勘验、检查,必须持有人民检察院或者公安机关的证明文件。

第一百三十一条 对于死因不明的尸体,公安机关有权决定解剖,并且通知死者家属到场。

第一百三十二条 为了确定被害人、犯罪嫌疑人的某些特征、伤害情况或者生理状态,可以对人身进行检查,可以提取指纹信息,采集血液、尿液等生物样本。

犯罪嫌疑人如果拒绝检查,侦查人员认为必要的时候,可以强制检查。

检查妇女的身体,应当由女工作人员或者医师进行。

第一百三十三条 勘验、检查的情况应当写成笔录,由参加勘验、检查的人和见证人签名或者盖章。

第一百三十四条 人民检察院审查案件的时候,对公安机关的勘验、检查,认为需要复验、复查时,可以要求公安机关复验、复查,并且可以派检察人员参加。

第一百三十五条 为了查明案情,在必要的时候,经公安机关负责人批准,可以进行侦查实验。

侦查实验的情况应当写成笔录,由参加实验的人签名或者盖章。

侦查实验,禁止一切足以造成危险、侮辱人格或者有伤风化的行为。

第五节 搜 查

第一百三十六条 为了收集犯罪证据、查获犯罪人,侦查人员可以对犯罪嫌疑人以及可能隐藏罪犯或者犯罪证据的人的身体、物品、住处和其他有关的地方进行搜查。

第一百三十七条 任何单位和个人,有义务按照人民检察院和公安机关的要求,交出可以证明犯罪嫌疑人有罪或者无罪的物证、书证、视听资料等证据。

第一百三十八条 进行搜查,必须向被搜查人出示搜查证。

在执行逮捕、拘留的时候,遇有紧急情况,不另用搜查证也可以进行搜查。

第一百三十九条 在搜查的时候,应当有被搜查人或者他的家属,邻居或者其他见证人在场。

搜查妇女的身体,应当由女工作人员进行。

第一百四十条 搜查的情况应当写成笔录,由侦查人员和被搜查人或者他的家属,邻居或者其他见证人签名或者盖章。如果被搜查人或者他的家属在逃或者拒绝签名、盖章,应当在笔录上注明。

第六节 查封、扣押物证、书证

第一百四十一条 在侦查活动中发现的可用以证明犯罪嫌疑人有罪或者无罪的各种财物、文件,应当查封、扣押;与案件无关的财物、文件,不得查封、扣押。

对查封、扣押的财物、文件,要妥善保管或者封存,不得使用、调换或者损毁。

第一百四十二条 对查封、扣押的财物、文件,应当会同在场见证人和被查封、扣押财物、文件持有人查点清楚,当场开列清单一式二份,由侦查人员、见证人和持有人签名或者盖章,一份交给持有人,另一份附卷备查。

第一百四十三条 侦查人员认为需要扣押犯罪嫌疑人的邮件、电报的时候,经公安机关或者人民检察院批准,即可通知邮电机关将有关的邮件、电报检交扣押。

不需要继续扣押的时候,应即通知邮电机关。

第一百四十四条 人民检察院、公安机关根据侦查犯罪的需要,可以依照规定查询、冻结犯罪嫌疑人的存款、汇款、债券、股票、基金份额等财产。有关单位和个人应当配合。

犯罪嫌疑人的存款、汇款、债券、股票、基金份额等财产已被冻结的,不得重复冻结。

第一百四十五条 对查封、扣押的财物、文件、邮件、电报或者冻结的存款、汇款、债券、股票、基金份额等财产,经查明确实与案件无关的,应当在三日以内解除查封、扣押、冻结,予以退还。

第七节　鉴　　定

第一百四十六条　为了查明案情，需要解决案件中某些专门性问题的时候，应当指派、聘请有专门知识的人进行鉴定。

第一百四十七条　鉴定人进行鉴定后，应当写出鉴定意见，并且签名。

鉴定人故意作虚假鉴定的，应当承担法律责任。

第一百四十八条　侦查机关应当将用作证据的鉴定意见告知犯罪嫌疑人、被害人。如果犯罪嫌疑人、被害人提出申请，可以补充鉴定或者重新鉴定。

第一百四十九条　对犯罪嫌疑人作精神病鉴定的期间不计入办案期限。

第八节　技术侦查措施

第一百五十条　公安机关在立案后，对于危害国家安全犯罪、恐怖活动犯罪、黑社会性质的组织犯罪、重大毒品犯罪或者其他严重危害社会的犯罪案件，根据侦查犯罪的需要，经过严格的批准手续，可以采取技术侦查措施。

人民检察院在立案后，对于利用职权实施的严重侵犯公民人身权利的重大犯罪案件，根据侦查犯罪的需要，经过严格的批准手续，可以采取技术侦查措施，按照规定交有关机关执行。

追捕被通缉或者批准、决定逮捕的在逃的犯罪嫌疑人、被告人，经过批准，可以采取追捕所必需的技术侦查措施。

第一百五十一条　批准决定应当根据侦查犯罪的需要，确定采取技术侦查措施的种类和适用对象。批准决定自签发之日起三个月以内有效。对于不需要继续采取技术侦查措施的，应当及时解除；对于复杂、疑难案件，期限届满仍有必要继续采取技术侦查措施的，经过批准，有效期可以延长，每次不得超过三个月。

第一百五十二条　采取技术侦查措施，必须严格按照批准的措施种类、适用对象和期限执行。

侦查人员对采取技术侦查措施过程中知悉的国家秘密、商业秘密和个人隐私，应当保密；对采取技术侦查措施获取的与案件无关的材料，必须及时销毁。

采取技术侦查措施获取的材料，只能用于对犯罪的侦查、起诉和审判，不得用于其他用途。

公安机关依法采取技术侦查措施，有关单位和个人应当配合，并对有关情况予以保密。

第一百五十三条　为了查明案情，在必要的时候，经公安机关负责人决定，可以由有关人员隐匿其身份实施侦查。但是，不得诱使他人犯罪，不得采用可能危害公共安全或者发生重大人身危险的方法。

对涉及给付毒品等违禁品或者财物的犯罪活动，公安机关根据侦查犯罪的需要，可以依照规定实施控制下交付。

第一百五十四条　依照本节规定采取侦查措施收集的材料在刑事诉讼中可以作为证据使用。如果使用该证据可能危及有关人员的人身安全，或者可能产生其他严重后果的，应当采取不暴露有关人员身份、技术方法等保护措施，必要的时候，可以由审判人员在庭外对证据进行核实。

第九节　通　　缉

第一百五十五条　应当逮捕的犯罪嫌疑人如果在逃，公安机关可以发布通缉令，采取有效措施，追捕归案。

各级公安机关在自己管辖的地区以内，可以直接发布通缉令；超出自己管辖的地区，应当报请有权决定的上级机关发布。

第十节　侦查终结

第一百五十六条　对犯罪嫌疑人逮捕后的侦查羁押期限不得超过二个月。案情复杂、期限届满不能终结的案件，可以经上一级人民检察院批准延长一个月。

第一百五十七条　因为特殊原因，在较长时间内不宜交付审判的特别重大复杂的案件，由最高人民检察院报请全国人民代表大会常务委员会批准延期审理。

第一百五十八条　下列案件在本法第一百五十六条规定的期限届满不能侦查终结的，经省、自治区、直辖市人民检察院批准或者决定，可以延长二个月：

（一）交通十分不便的边远地区的重大复杂案件；

（二）重大的犯罪集团案件；

（三）流窜作案的重大复杂案件；

（四）犯罪涉及面广，取证困难的重大复杂案件。

第一百五十九条 对犯罪嫌疑人可能判处十年有期徒刑以上刑罚，依照本法第一百五十八条规定延长期限届满，仍不能侦查终结的，经省、自治区、直辖市人民检察院批准或者决定，可以再延长二个月。

第一百六十条 在侦查期间，发现犯罪嫌疑人另有重要罪行的，自发现之日起依照本法第一百五十六条的规定重新计算侦查羁押期限。

犯罪嫌疑人不讲真实姓名、住址，身份不明的，应当对其身份进行调查，侦查羁押期限自查清其身份之日起计算，但是不得停止对其犯罪行为的侦查取证。对于犯罪事实清楚，证据确实、充分，确实无法查明其身份的，也可以按其自报的姓名起诉、审判。

第一百六十一条 在案件侦查终结前，辩护律师提出要求的，侦查机关应当听取辩护律师的意见，并记录在案。辩护律师提出书面意见的，应当附卷。

第一百六十二条 公安机关侦查终结的案件，应当做到犯罪事实清楚，证据确实、充分，并且写出起诉意见书，连同案卷材料、证据一并移送同级人民检察院审查决定；同时将案件移送情况告知犯罪嫌疑人及其辩护律师。

犯罪嫌疑人自愿认罪的，应当记录在案，随案移送，并在起诉意见书中写明有关情况。

第一百六十三条 在侦查过程中，发现不应对犯罪嫌疑人追究刑事责任的，应当撤销案件；犯罪嫌疑人已被逮捕的，应当立即释放，发给释放证明，并且通知原批准逮捕的人民检察院。

第十一节 人民检察院对直接受理的案件的侦查

第一百六十四条 人民检察院对直接受理的案件的侦查适用本章规定。

第一百六十五条　人民检察院直接受理的案件中符合本法第八十一条、第八十二条第四项、第五项规定情形，需要逮捕、拘留犯罪嫌疑人的，由人民检察院作出决定，由公安机关执行。

第一百六十六条　人民检察院对直接受理的案件中被拘留的人，应当在拘留后的二十四小时以内进行讯问。在发现不应当拘留的时候，必须立即释放，发给释放证明。

第一百六十七条　人民检察院对直接受理的案件中被拘留的人，认为需要逮捕的，应当在十四日以内作出决定。在特殊情况下，决定逮捕的时间可以延长一日至三日。对不需要逮捕的，应当立即释放；对需要继续侦查，并且符合取保候审、监视居住条件的，依法取保候审或者监视居住。

第一百六十八条　人民检察院侦查终结的案件，应当作出提起公诉、不起诉或者撤销案件的决定。

第三章　提起公诉

第一百六十九条　凡需要提起公诉的案件，一律由人民检察院审查决定。

第一百七十条　人民检察院对于监察机关移送起诉的案件，依照本法和监察法的有关规定进行审查。人民检察院经审查，认为需要补充核实的，应当退回监察机关补充调查，必要时可以自行补充侦查。

对于监察机关移送起诉的已采取留置措施的案件，人民检察院应当对犯罪嫌疑人先行拘留，留置措施自动解除。人民检察院应当在拘留后的十日以内作出是否逮捕、取保候审或者监视居住的决定。在特殊情况下，决定的时间可以延长一日至四日。人民检察院决定采取强制措施的期间不计入审查起诉期限。

第一百七十一条　人民检察院审查案件的时候，必须查明：

（一）犯罪事实、情节是否清楚，证据是否确实、充分，犯罪性质和罪名的认定是否正确；

（二）有无遗漏罪行和其他应当追究刑事责任的人；

（三）是否属于不应追究刑事责任的；

（四）有无附带民事诉讼；

（五）侦查活动是否合法。

第一百七十二条 人民检察院对于监察机关、公安机关移送起诉的案件,应当在一个月以内作出决定,重大、复杂的案件,可以延长十五日;犯罪嫌疑人认罪认罚,符合速裁程序适用条件的,应当在十日以内作出决定,对可能判处的有期徒刑超过一年的,可以延长至十五日。

人民检察院审查起诉的案件,改变管辖的,从改变后的人民检察院收到案件之日起计算审查起诉期限。

第一百七十三条 人民检察院审查案件,应当讯问犯罪嫌疑人,听取辩护人或者值班律师、被害人及其诉讼代理人的意见,并记录在案。辩护人或者值班律师、被害人及其诉讼代理人提出书面意见的,应当附卷。

犯罪嫌疑人认罪认罚的,人民检察院应当告知其享有的诉讼权利和认罪认罚的法律规定,听取犯罪嫌疑人、辩护人或者值班律师、被害人及其诉讼代理人对下列事项的意见,并记录在案:

(一)涉嫌的犯罪事实、罪名及适用的法律规定;

(二)从轻、减轻或者免除处罚等从宽处罚的建议;

(三)认罪认罚后案件审理适用的程序;

(四)其他需要听取意见的事项。

人民检察院依照前两款规定听取值班律师意见的,应当提前为值班律师了解案件有关情况提供必要的便利。

第一百七十四条 犯罪嫌疑人自愿认罪,同意量刑建议和程序适用的,应当在辩护人或者值班律师在场的情况下签署认罪认罚具结书。

犯罪嫌疑人认罪认罚,有下列情形之一的,不需要签署认罪认罚具结书:

(一)犯罪嫌疑人是盲、聋、哑人,或者是尚未完全丧失辨认或者控制自己行为能力的精神病人的;

(二)未成年犯罪嫌疑人的法定代理人、辩护人对未成年人认罪认罚有异议的;

(三)其他不需要签署认罪认罚具结书的情形。

第一百七十五条 人民检察院审查案件,可以要求公安机关提供法庭审判所必需的证据材料;认为可能存在本法第五十六条规定的以非法方法收集证据情形的,可以要求其对证据收集的合法性作出说明。

人民检察院审查案件,对于需要补充侦查的,可以退回公安机关补充侦查,也可以自行侦查。

对于补充侦查的案件,应当在一个月以内补充侦查完毕。补充侦查以二次为限。补充侦查完毕移送人民检察院后,人民检察院重新计算审查起诉期限。

对于二次补充侦查的案件,人民检察院仍然认为证据不足,不符合起诉条件的,应当作出不起诉的决定。

第一百七十六条 人民检察院认为犯罪嫌疑人的犯罪事实已经查清,证据确实、充分,依法应当追究刑事责任的,应当作出起诉决定,按照审判管辖的规定,向人民法院提起公诉,并将案卷材料、证据移送人民法院。

犯罪嫌疑人认罪认罚的,人民检察院应当就主刑、附加刑、是否适用缓刑等提出量刑建议,并随案移送认罪认罚具结书等材料。

第一百七十七条 犯罪嫌疑人没有犯罪事实,或者有本法第十六条规定的情形之一的,人民检察院应当作出不起诉决定。

对于犯罪情节轻微,依照刑法规定不需要判处刑罚或者免除刑罚的,人民检察院可以作出不起诉决定。

人民检察院决定不起诉的案件,应当同时对侦查中查封、扣押、冻结的财物解除查封、扣押、冻结。对被不起诉人需要给予行政处罚、处分或者需要没收其违法所得的,人民检察院应当提出检察意见,移送有关主管机关处理。有关主管机关应当将处理结果及时通知人民检察院。

第一百七十八条 不起诉的决定,应当公开宣布,并且将不起诉决定书送达被不起诉人和他的所在单位。如果被不起诉人在押,应当立即释放。

第一百七十九条 对于公安机关移送起诉的案件,人民检察院决定不起诉的,应当将不起诉决定书送达公安机关。公安机关认为不起诉的决定有错误的时候,可以要求复议,如果意见不被接受,可以向上一级人民检察院提请复核。

第一百八十条 对于有被害人的案件,决定不起诉的,人民检察院应当将不起诉决定书送达被害人。被害人如果不服,可以自收到决定书后七日以内向上一级人民检察院申诉,请求提起公诉。人民检察院应当将复查决定告知被害人。对人民检察院维持不起诉决定的,被害人可以向人民法院起诉。被害人也可以不经申诉,直接向人民法院起诉。人民法院受理案件后,人民检察院应当将有关案件材料移送人民法院。

第一百八十一条 对于人民检察院依照本法第一百七十七条第二款规定作出的不起诉决定,被不起诉人如果不服,可以自收到决定书后七日以内向人民检察院申诉。人民检察院应当作出复查决定,通知被不起诉的人,同时抄送公安机关。

第一百八十二条 犯罪嫌疑人自愿如实供述涉嫌犯罪的事实,有重大立功或者案件涉及国家重大利益的,经最高人民检察院核准,公安机关可以撤销案件,人民检察院可以作出不起诉决定,也可以对涉嫌数罪中的一项或者多项不起诉。

根据前款规定不起诉或者撤销案件的,人民检察院、公安机关应当及时对查封、扣押、冻结的财物及其孳息作出处理。

第三编 审 判

第一章 审判组织

第一百八十三条 基层人民法院、中级人民法院审判第一审案件,应当由审判员三人或者由审判员和人民陪审员共三人或者七人组成合议庭进行,但是基层人民法院适用简易程序、速裁程序的案件可以由审判员一人独任审判。

高级人民法院审判第一审案件,应当由审判员三人至七人或者由审判员和人民陪审员共三人或者七人组成合议庭进行。

最高人民法院审判第一审案件,应当由审判员三人至七人组成合议庭进行。

人民法院审判上诉和抗诉案件,由审判员三人或者五人组成合议庭进行。

合议庭的成员人数应当是单数。

第一百八十四条 合议庭进行评议的时候,如果意见分歧,应当按多数人的意见作出决定,但是少数人的意见应当写入笔录。评议笔录由合议庭的组成人员签名。

第一百八十五条　合议庭开庭审理并且评议后，应当作出判决。对于疑难、复杂、重大的案件，合议庭认为难以作出决定的，由合议庭提请院长决定提交审判委员会讨论决定。审判委员会的决定，合议庭应当执行。

第二章　第一审程序

第一节　公诉案件

第一百八十六条　人民法院对提起公诉的案件进行审查后，对于起诉书中有明确的指控犯罪事实的，应当决定开庭审判。

第一百八十七条　人民法院决定开庭审判后，应当确定合议庭的组成人员，将人民检察院的起诉书副本至迟在开庭十日以前送达被告人及其辩护人。

在开庭以前，审判人员可以召集公诉人、当事人和辩护人、诉讼代理人，对回避、出庭证人名单、非法证据排除等与审判相关的问题，了解情况，听取意见。

人民法院确定开庭日期后，应当将开庭的时间、地点通知人民检察院，传唤当事人，通知辩护人、诉讼代理人、证人、鉴定人和翻译人员，传票和通知书至迟在开庭三日以前送达。公开审判的案件，应当在开庭三日以前先期公布案由、被告人姓名、开庭时间和地点。

上述活动情形应当写入笔录，由审判人员和书记员签名。

第一百八十八条　人民法院审判第一审案件应当公开进行。但是有关国家秘密或者个人隐私的案件，不公开审理；涉及商业秘密的案件，当事人申请不公开审理的，可以不公开审理。

不公开审理的案件，应当当庭宣布不公开审理的理由。

第一百八十九条　人民法院审判公诉案件，人民检察院应当派员出席法庭支持公诉。

第一百九十条　开庭的时候，审判长查明当事人是否到庭，宣布案由；宣布合议庭的组成人员、书记员、公诉人、辩护人、诉讼代理人、鉴定人和翻译人员的名单；告知当事人有权对合议庭组成人员、书记员、公诉人、鉴定人和翻译人员申请回避；告知被告人享有辩护权利。

被告人认罪认罚的，审判长应当告知被告人享有的诉讼权利和认罪认罚的法律规定，审查认罪认罚的自愿性和认罪认罚具结书内容的真实性、合法性。

第一百九十一条 公诉人在法庭上宣读起诉书后，被告人、被害人可以就起诉书指控的犯罪进行陈述，公诉人可以讯问被告人。

被害人、附带民事诉讼的原告人和辩护人、诉讼代理人，经审判长许可，可以向被告人发问。

审判人员可以讯问被告人。

第一百九十二条 公诉人、当事人或者辩护人、诉讼代理人对证人证言有异议，且该证人证言对案件定罪量刑有重大影响，人民法院认为证人有必要出庭作证的，证人应当出庭作证。

人民警察就其执行职务时目击的犯罪情况作为证人出庭作证，适用前款规定。

公诉人、当事人或者辩护人、诉讼代理人对鉴定意见有异议，人民法院认为鉴定人有必要出庭的，鉴定人应当出庭作证。经人民法院通知，鉴定人拒不出庭作证的，鉴定意见不得作为定案的根据。

第一百九十三条 经人民法院通知，证人没有正当理由不出庭作证的，人民法院可以强制其到庭，但是被告人的配偶、父母、子女除外。

证人没有正当理由拒绝出庭或者出庭后拒绝作证的，予以训诫，情节严重的，经院长批准，处以十日以下的拘留。被处罚人对拘留决定不服的，可以向上一级人民法院申请复议。复议期间不停止执行。

第一百九十四条 证人作证，审判人员应当告知他要如实地提供证言和有意作伪证或者隐匿罪证要负的法律责任。公诉人、当事人和辩护人、诉讼代理人经审判长许可，可以对证人、鉴定人发问。审判长认为发问的内容与案件无关的时候，应当制止。

审判人员可以询问证人、鉴定人。

第一百九十五条 公诉人、辩护人应当向法庭出示物证，让当事人辨认，对未到庭的证人的证言笔录、鉴定人的鉴定意见、勘验笔录和其他作为证据的文书，应当当庭宣读。审判人员应当听取公诉人、当事人和辩护人、诉讼代理人的意见。

第一百九十六条 法庭审理过程中，合议庭对证据有疑问的，可以宣布休庭，对证据进行调查核实。

人民法院调查核实证据，可以进行勘验、检查、查封、扣押、鉴定和查询、冻结。

第一百九十七条　法庭审理过程中，当事人和辩护人、诉讼代理人有权申请通知新的证人到庭，调取新的物证，申请重新鉴定或者勘验。

公诉人、当事人和辩护人、诉讼代理人可以申请法庭通知有专门知识的人出庭，就鉴定人作出的鉴定意见提出意见。

法庭对于上述申请，应当作出是否同意的决定。

第二款规定的有专门知识的人出庭，适用鉴定人的有关规定。

第一百九十八条　法庭审理过程中，对与定罪、量刑有关的事实、证据都应当进行调查、辩论。

经审判长许可，公诉人、当事人和辩护人、诉讼代理人可以对证据和案件情况发表意见并且可以互相辩论。

审判长在宣布辩论终结后，被告人有最后陈述的权利。

第一百九十九条　在法庭审判过程中，如果诉讼参与人或者旁听人员违反法庭秩序，审判长应当警告制止。对不听制止的，可以强行带出法庭；情节严重的，处以一千元以下的罚款或者十五日以下的拘留。罚款、拘留必须经院长批准。被处罚人对罚款、拘留的决定不服的，可以向上一级人民法院申请复议。复议期间不停止执行。

对聚众哄闹、冲击法庭或者侮辱、诽谤、威胁、殴打司法工作人员或者诉讼参与人，严重扰乱法庭秩序，构成犯罪的，依法追究刑事责任。

第二百条　在被告人最后陈述后，审判长宣布休庭，合议庭进行评议，根据已经查明的事实、证据和有关的法律规定，分别作出以下判决：

（一）案件事实清楚，证据确实、充分，依据法律认定被告人有罪的，应当作出有罪判决；

（二）依据法律认定被告人无罪的，应当作出无罪判决；

（三）证据不足，不能认定被告人有罪的，应当作出证据不足、指控的犯罪不能成立的无罪判决。

第二百零一条　对于认罪认罚案件，人民法院依法作出判决时，一般应当采纳人民检察院指控的罪名和量刑建议，但有下列情形的除外：

（一）被告人的行为不构成犯罪或者不应当追究其刑事责任的；

（二）被告人违背意愿认罪认罚的；

（三）被告人否认指控的犯罪事实的；

（四）起诉指控的罪名与审理认定的罪名不一致的；

（五）其他可能影响公正审判的情形。

人民法院经审理认为量刑建议明显不当，或者被告人、辩护人对量刑建议提出异议的，人民检察院可以调整量刑建议。人民检察院不调整量刑建议或者调整量刑建议后仍然明显不当的，人民法院应当依法作出判决。

第二百零二条 宣告判决，一律公开进行。

当庭宣告判决的，应当在五日以内将判决书送达当事人和提起公诉的人民检察院；定期宣告判决的，应当在宣告后立即将判决书送达当事人和提起公诉的人民检察院。判决书应当同时送达辩护人、诉讼代理人。

第二百零三条 判决书应当由审判人员和书记员署名，并且写明上诉的期限和上诉的法院。

第二百零四条 在法庭审判过程中，遇有下列情形之一，影响审判进行的，可以延期审理：

（一）需要通知新的证人到庭，调取新的物证，重新鉴定或者勘验的；

（二）检察人员发现提起公诉的案件需要补充侦查，提出建议的；

（三）由于申请回避而不能进行审判的。

第二百零五条 依照本法第二百零四条第二项的规定延期审理的案件，人民检察院应当在一个月以内补充侦查完毕。

第二百零六条 在审判过程中，有下列情形之一，致使案件在较长时间内无法继续审理的，可以中止审理：

（一）被告人患有严重疾病，无法出庭的；

（二）被告人脱逃的；

（三）自诉人患有严重疾病，无法出庭，未委托诉讼代理人出庭的；

（四）由于不能抗拒的原因。

中止审理的原因消失后，应当恢复审理。中止审理的期间不计入审理期限。

第二百零七条 法庭审判的全部活动，应当由书记员写成笔录，经审判长审阅后，由审判长和书记员签名。

法庭笔录中的证人证言部分，应当当庭宣读或者交给证人阅读。证人在承认没有错误后,应当签名或者盖章。

法庭笔录应当交给当事人阅读或者向他宣读。当事人认为记载有遗漏或者差错的,可以请求补充或者改正。当事人承认没有错误后,应当签名或者盖章。

第二百零八条　人民法院审理公诉案件,应当在受理后二个月以内宣判,至迟不得超过三个月。对于可能判处死刑的案件或者附带民事诉讼的案件,以及有本法第一百五十八条规定情形之一的,经上一级人民法院批准,可以延长三个月;因特殊情况还需要延长的,报请最高人民法院批准。

人民法院改变管辖的案件,从改变后的人民法院收到案件之日起计算审理期限。

人民检察院补充侦查的案件,补充侦查完毕移送人民法院后,人民法院重新计算审理期限。

第二百零九条　人民检察院发现人民法院审理案件违反法律规定的诉讼程序,有权向人民法院提出纠正意见。

第二节　自诉案件

第二百一十条　自诉案件包括下列案件:

(一)告诉才处理的案件;

(二)被害人有证据证明的轻微刑事案件;

(三)被害人有证据证明对被告人侵犯自己人身、财产权利的行为应当依法追究刑事责任,而公安机关或者人民检察院不予追究被告人刑事责任的案件。

第二百一十一条　人民法院对于自诉案件进行审查后,按照下列情形分别处理:

(一)犯罪事实清楚,有足够证据的案件,应当开庭审判;

(二)缺乏罪证的自诉案件,如果自诉人提不出补充证据,应当说服自诉人撤回自诉,或者裁定驳回。

自诉人经两次依法传唤,无正当理由拒不到庭的,或者未经法庭许可中途退庭的,按撤诉处理。

法庭审理过程中,审判人员对证据有疑问,需要调查核实的,适用本法第一百九十六条的规定。

第二百一十二条 人民法院对自诉案件,可以进行调解;自诉人在宣告判决前,可以同被告人自行和解或者撤回自诉。本法第二百一十条第三项规定的案件不适用调解。

人民法院审理自诉案件的期限,被告人被羁押的,适用本法第二百零八条第一款、第二款的规定;未被羁押的,应当在受理后六个月以内宣判。

第二百一十三条 自诉案件的被告人在诉讼过程中,可以对自诉人提起反诉。反诉适用自诉的规定。

第三节 简易程序

第二百一十四条 基层人民法院管辖的案件,符合下列条件的,可以适用简易程序审判:

(一)案件事实清楚、证据充分的;

(二)被告人承认自己所犯罪行,对指控的犯罪事实没有异议的;

(三)被告人对适用简易程序没有异议的。

人民检察院在提起公诉的时候,可以建议人民法院适用简易程序。

第二百一十五条 有下列情形之一的,不适用简易程序:

(一)被告人是盲、聋、哑人,或者是尚未完全丧失辨认或者控制自己行为能力的精神病人的;

(二)有重大社会影响的;

(三)共同犯罪案件中部分被告人不认罪或者对适用简易程序有异议的;

(四)其他不宜适用简易程序审理的。

第二百一十六条 适用简易程序审理案件,对可能判处三年有期徒刑以下刑罚的,可以组成合议庭进行审判,也可以由审判员一人独任审判;对可能判处的有期徒刑超过三年的,应当组成合议庭进行审判。

适用简易程序审理公诉案件,人民检察院应当派员出席法庭。

第二百一十七条 适用简易程序审理案件,审判人员应当询问被告人对指控的犯罪事实的意见,告知被告人适用简易程序审理的法律规定,确认被告人是否同意适用简易程序审理。

第二百一十八条 适用简易程序审理案件,经审判人员许可,被告人及其辩护人可以同公诉人、自诉人及其诉讼代理人互相辩论。

第二百一十九条　适用简易程序审理案件，不受本章第一节关于送达期限、讯问被告人、询问证人、鉴定人、出示证据、法庭辩论程序规定的限制。但在判决宣告前应当听取被告人的最后陈述意见。

第二百二十条　适用简易程序审理案件，人民法院应当在受理后二十日以内审结；对可能判处的有期徒刑超过三年的，可以延长至一个半月。

第二百二十一条　人民法院在审理过程中，发现不宜适用简易程序的，应当按照本章第一节或者第二节的规定重新审理。

第四节　速 裁 程 序

第二百二十二条　基层人民法院管辖的可能判处三年有期徒刑以下刑罚的案件，案件事实清楚，证据确实、充分，被告人认罪认罚并同意适用速裁程序的，可以适用速裁程序，由审判员一人独任审判。

人民检察院在提起公诉的时候，可以建议人民法院适用速裁程序。

第二百二十三条　有下列情形之一的，不适用速裁程序：

（一）被告人是盲、聋、哑人，或者是尚未完全丧失辨认或者控制自己行为能力的精神病人的；

（二）被告人是未成年人的；

（三）案件有重大社会影响的；

（四）共同犯罪案件中部分被告人对指控的犯罪事实、罪名、量刑建议或者适用速裁程序有异议的；

（五）被告人与被害人或者其法定代理人没有就附带民事诉讼赔偿等事项达成调解或者和解协议的；

（六）其他不宜适用速裁程序审理的。

第二百二十四条　适用速裁程序审理案件，不受本章第一节规定的送达期限的限制，一般不进行法庭调查、法庭辩论，但在判决宣告前应当听取辩护人的意见和被告人的最后陈述意见。

适用速裁程序审理案件，应当当庭宣判。

第二百二十五条　适用速裁程序审理案件，人民法院应当在受理后十日以内审结；对可能判处的有期徒刑超过一年的，可以延长至十五日。

第二百二十六条 人民法院在审理过程中,发现有被告人的行为不构成犯罪或者不应当追究其刑事责任、被告人违背意愿认罪认罚、被告人否认指控的犯罪事实或者其他不宜适用速裁程序审理的情形的,应当按照本章第一节或者第三节的规定重新审理。

第三章 第二审程序

第二百二十七条 被告人、自诉人和他们的法定代理人,不服地方各级人民法院第一审的判决、裁定,有权用书状或者口头向上一级人民法院上诉。被告人的辩护人和近亲属,经被告人同意,可以提出上诉。

附带民事诉讼的当事人和他们的法定代理人,可以对地方各级人民法院第一审的判决、裁定中的附带民事诉讼部分,提出上诉。

对被告人的上诉权,不得以任何借口加以剥夺。

第二百二十八条 地方各级人民检察院认为本级人民法院第一审的判决、裁定确有错误的时候,应当向上一级人民法院提出抗诉。

第二百二十九条 被害人及其法定代理人不服地方各级人民法院第一审的判决的,自收到判决书后五日以内,有权请求人民检察院提出抗诉。人民检察院自收到被害人及其法定代理人的请求后五日以内,应当作出是否抗诉的决定并且答复请求人。

第二百三十条 不服判决的上诉和抗诉的期限为十日,不服裁定的上诉和抗诉的期限为五日,从接到判决书、裁定书的第二日起算。

第二百三十一条 被告人、自诉人、附带民事诉讼的原告人和被告人通过原审人民法院提出上诉的,原审人民法院应当在三日以内将上诉状连同案卷、证据移送上一级人民法院,同时将上诉状副本送交同级人民检察院和对方当事人。

被告人、自诉人、附带民事诉讼的原告人和被告人直接向第二审人民法院提出上诉的,第二审人民法院应当在三日以内将上诉状交原审人民法院送交同级人民检察院和对方当事人。

第二百三十二条 地方各级人民检察院对同级人民法院第一审判决、裁定的抗诉,应当通过原审人民法院提出抗诉书,并且将抗诉书抄送上一级人民检察院。原审人民法院应当将抗诉书连同案卷、证据移送上一级人民法院,并且将抗诉书副本送交当事人。

上级人民检察院如果认为抗诉不当，可以向同级人民法院撤回抗诉，并且通知下级人民检察院。

第二百三十三条　第二审人民法院应当就第一审判决认定的事实和适用法律进行全面审查，不受上诉或者抗诉范围的限制。

共同犯罪的案件只有部分被告人上诉的，应当对全案进行审查，一并处理。

第二百三十四条　第二审人民法院对于下列案件，应当组成合议庭，开庭审理：

（一）被告人、自诉人及其法定代理人对第一审认定的事实、证据提出异议，可能影响定罪量刑的上诉案件；

（二）被告人被判处死刑的上诉案件；

（三）人民检察院抗诉的案件；

（四）其他应当开庭审理的案件。

第二审人民法院决定不开庭审理的，应当讯问被告人，听取其他当事人、辩护人、诉讼代理人的意见。

第二审人民法院开庭审理上诉、抗诉案件，可以到案件发生地或者原审人民法院所在地进行。

第二百三十五条　人民检察院提出抗诉的案件或者第二审人民法院开庭审理的公诉案件，同级人民检察院都应当派员出席法庭。第二审人民法院应当在决定开庭审理后及时通知人民检察院查阅案卷。人民检察院应当在一个月以内查阅完毕。人民检察院查阅案卷的时间不计入审理期限。

第二百三十六条　第二审人民法院对不服第一审判决的上诉、抗诉案件，经过审理后，应当按照下列情形分别处理：

（一）原判决认定事实和适用法律正确、量刑适当的，应当裁定驳回上诉或者抗诉，维持原判；

（二）原判决认定事实没有错误，但适用法律有错误，或者量刑不当的，应当改判；

（三）原判决事实不清楚或者证据不足的，可以在查清事实后改判；也可以裁定撤销原判，发回原审人民法院重新审判。

原审人民法院对于依照前款第三项规定发回重新审判的案件作出判

决后,被告人提出上诉或者人民检察院提出抗诉的,第二审人民法院应当依法作出判决或者裁定,不得再发回原审人民法院重新审判。

第二百三十七条 第二审人民法院审理被告人或者他的法定代理人、辩护人、近亲属上诉的案件,不得加重被告人的刑罚。第二审人民法院发回原审人民法院重新审判的案件,除有新的犯罪事实,人民检察院补充起诉的以外,原审人民法院也不得加重被告人的刑罚。

人民检察院提出抗诉或者自诉人提出上诉的,不受前款规定的限制。

第二百三十八条 第二审人民法院发现第一审人民法院的审理有下列违反法律规定的诉讼程序的情形之一的,应当裁定撤销原判,发回原审人民法院重新审判:

(一)违反本法有关公开审判的规定的;

(二)违反回避制度的;

(三)剥夺或者限制了当事人的法定诉讼权利,可能影响公正审判的;

(四)审判组织的组成不合法的;

(五)其他违反法律规定的诉讼程序,可能影响公正审判的。

第二百三十九条 原审人民法院对于发回重新审判的案件,应当另行组成合议庭,依照第一审程序进行审判。对于重新审判后的判决,依照本法第二百二十七条、第二百二十八条、第二百二十九条的规定可以上诉、抗诉。

第二百四十条 第二审人民法院对不服第一审裁定的上诉或者抗诉,经过审查后,应当参照本法第二百三十六条、第二百三十八条和第二百三十九条的规定,分别情形用裁定驳回上诉、抗诉,或者撤销、变更原裁定。

第二百四十一条 第二审人民法院发回原审人民法院重新审判的案件,原审人民法院从收到发回的案件之日起,重新计算审理期限。

第二百四十二条 第二审人民法院审判上诉或者抗诉案件的程序,除本章已有规定的以外,参照第一审程序的规定进行。

第二百四十三条 第二审人民法院受理上诉、抗诉案件,应当在二个月以内审结。对于可能判处死刑的案件或者附带民事诉讼的案件,以及有本法第一百五十八条规定情形之一的,经省、自治区、直辖市高级人民法院批准或者决定,可以延长二个月;因特殊情况还需要延长的,报请最高人民法院批准。

最高人民法院受理上诉、抗诉案件的审理期限，由最高人民法院决定。

第二百四十四条　第二审的判决、裁定和最高人民法院的判决、裁定，都是终审的判决、裁定。

第二百四十五条　公安机关、人民检察院和人民法院对查封、扣押、冻结的犯罪嫌疑人、被告人的财物及其孳息，应当妥善保管，以供核查，并制作清单，随案移送。任何单位和个人不得挪用或者自行处理。对被害人的合法财产，应当及时返还。对违禁品或者不宜长期保存的物品，应当依照国家有关规定处理。

对作为证据使用的实物应当随案移送，对不宜移送的，应当将其清单、照片或者其他证明文件随案移送。

人民法院作出的判决，应当对查封、扣押、冻结的财物及其孳息作出处理。

人民法院作出的判决生效以后，有关机关应当根据判决对查封、扣押、冻结的财物及其孳息进行处理。对查封、扣押、冻结的赃款赃物及其孳息，除依法返还被害人的以外，一律上缴国库。

司法工作人员贪污、挪用或者私自处理查封、扣押、冻结的财物及其孳息的，依法追究刑事责任；不构成犯罪的，给予处分。

第四章　死刑复核程序

第二百四十六条　死刑由最高人民法院核准。

第二百四十七条　中级人民法院判处死刑的第一审案件，被告人不上诉的，应当由高级人民法院复核后，报请最高人民法院核准。高级人民法院不同意判处死刑的，可以提审或者发回重新审判。

高级人民法院判处死刑的第一审案件被告人不上诉的，和判处死刑的第二审案件，都应当报请最高人民法院核准。

第二百四十八条　中级人民法院判处死刑缓期二年执行的案件，由高级人民法院核准。

第二百四十九条　最高人民法院复核死刑案件，高级人民法院复核死刑缓期执行的案件，应当由审判员三人组成合议庭进行。

第二百五十条 最高人民法院复核死刑案件,应当作出核准或者不核准死刑的裁定。对于不核准死刑的,最高人民法院可以发回重新审判或者予以改判。

第二百五十一条 最高人民法院复核死刑案件,应当讯问被告人,辩护律师提出要求的,应当听取辩护律师的意见。

在复核死刑案件过程中,最高人民检察院可以向最高人民法院提出意见。最高人民法院应当将死刑复核结果通报最高人民检察院。

第五章 审判监督程序

第二百五十二条 当事人及其法定代理人、近亲属,对已经发生法律效力的判决、裁定,可以向人民法院或者人民检察院提出申诉,但是不能停止判决、裁定的执行。

第二百五十三条 当事人及其法定代理人、近亲属的申诉符合下列情形之一的,人民法院应当重新审判:

(一)有新的证据证明原判决、裁定认定的事实确有错误,可能影响定罪量刑的;

(二)据以定罪量刑的证据不确实、不充分、依法应当予以排除,或者证明案件事实的主要证据之间存在矛盾的;

(三)原判决、裁定适用法律确有错误的;

(四)违反法律规定的诉讼程序,可能影响公正审判的;

(五)审判人员在审理该案件的时候,有贪污受贿,徇私舞弊,枉法裁判行为的。

第二百五十四条 各级人民法院院长对本院已经发生法律效力的判决和裁定,如果发现在认定事实上或者在适用法律上确有错误,必须提交审判委员会处理。

最高人民法院对各级人民法院已经发生法律效力的判决和裁定,上级人民法院对下级人民法院已经发生法律效力的判决和裁定,如果发现确有错误,有权提审或者指令下级人民法院再审。

最高人民检察院对各级人民法院已经发生法律效力的判决和裁定,上级人民检察院对下级人民法院已经发生法律效力的判决和裁定,如果发现确有错误,有权按照审判监督程序向同级人民法院提出抗诉。

人民检察院抗诉的案件，接受抗诉的人民法院应当组成合议庭重新审理，对于原判决事实不清楚或者证据不足的，可以指令下级人民法院再审。

第二百五十五条　上级人民法院指令下级人民法院再审的，应当指令原审人民法院以外的下级人民法院审理；由原审人民法院审理更为适宜的，也可以指令原审人民法院审理。

第二百五十六条　人民法院按照审判监督程序重新审判的案件，由原审人民法院审理的，应当另行组成合议庭进行。如果原来是第一审案件，应当依照第一审程序进行审判，所作的判决、裁定，可以上诉、抗诉；如果原来是第二审案件，或者是上级人民法院提审的案件，应当依照第二审程序进行审判，所作的判决、裁定，是终审的判决、裁定。

人民法院开庭审理的再审案件，同级人民检察院应当派员出席法庭。

第二百五十七条　人民法院决定再审的案件，需要对被告人采取强制措施的，由人民法院依法决定；人民检察院提出抗诉的再审案件，需要对被告人采取强制措施的，由人民检察院依法决定。

人民法院按照审判监督程序审判的案件，可以决定中止原判决、裁定的执行。

第二百五十八条　人民法院按照审判监督程序重新审判的案件，应当在作出提审、再审决定之日起三个月以内审结，需要延长期限的，不得超过六个月。

接受抗诉的人民法院按照审判监督程序审判抗诉的案件，审理期限适用前款规定；对需要指令下级人民法院再审的，应当自接受抗诉之日起一个月以内作出决定，下级人民法院审理案件的期限适用前款规定。

第四编　执　　行

第二百五十九条　判决和裁定在发生法律效力后执行。

下列判决和裁定是发生法律效力的判决和裁定：

（一）已过法定期限没有上诉、抗诉的判决和裁定；

（二）终审的判决和裁定；

（三）最高人民法院核准的死刑的判决和高级人民法院核准的死刑缓期二年执行的判决。

第二百六十条 第一审人民法院判决被告人无罪、免除刑事处罚的，如果被告人在押，在宣判后应当立即释放。

第二百六十一条 最高人民法院判处和核准的死刑立即执行的判决，应当由最高人民法院院长签发执行死刑的命令。

被判处死刑缓期二年执行的罪犯，在死刑缓期执行期间，如果没有故意犯罪，死刑缓期执行期满，应当予以减刑的，由执行机关提出书面意见，报请高级人民法院裁定；如果故意犯罪，情节恶劣，查证属实，应当执行死刑的，由高级人民法院报请最高人民法院核准；对于故意犯罪未执行死刑的，死刑缓期执行的期间重新计算，并报最高人民法院备案。

第二百六十二条 下级人民法院接到最高人民法院执行死刑的命令后，应当在七日以内交付执行。但是发现有下列情形之一的，应当停止执行，并且立即报告最高人民法院，由最高人民法院作出裁定：

（一）在执行前发现判决可能有错误的；

（二）在执行前罪犯揭发重大犯罪事实或者有其他重大立功表现，可能需要改判的；

（三）罪犯正在怀孕。

前款第一项、第二项停止执行的原因消失后，必须报请最高人民法院院长再签发执行死刑的命令才能执行；由于前款第三项原因停止执行的，应当报请最高人民法院依法改判。

第二百六十三条 人民法院在交付执行死刑前，应当通知同级人民检察院派员临场监督。

死刑采用枪决或者注射等方法执行。

死刑可以在刑场或者指定的羁押场所内执行。

指挥执行的审判人员，对罪犯应当验明正身，讯问有无遗言、信札，然后交付执行人员执行死刑。在执行前，如果发现可能有错误，应当暂停执行，报请最高人民法院裁定。

执行死刑应当公布，不应示众。

执行死刑后，在场书记员应当写成笔录。交付执行的人民法院应当将执行死刑情况报告最高人民法院。

执行死刑后，交付执行的人民法院应当通知罪犯家属。

第二百六十四条 罪犯被交付执行刑罚的时候，应当由交付执行的人民法院在判决生效后十日以内将有关的法律文书送达公安机关、监狱或者其他执行机关。

对被判处死刑缓期二年执行、无期徒刑、有期徒刑的罪犯，由公安机关依法将该罪犯送交监狱执行刑罚。对被判处有期徒刑的罪犯，在被交付执行刑罚前，剩余刑期在三个月以下的，由看守所代为执行。对被判处拘役的罪犯，由公安机关执行。

对未成年犯应当在未成年犯管教所执行刑罚。

执行机关应当将罪犯及时收押，并且通知罪犯家属。

判处有期徒刑、拘役的罪犯，执行期满，应当由执行机关发给释放证明书。

第二百六十五条 对被判处有期徒刑或者拘役的罪犯，有下列情形之一的，可以暂予监外执行：

（一）有严重疾病需要保外就医的；

（二）怀孕或者正在哺乳自己婴儿的妇女；

（三）生活不能自理，适用暂予监外执行不致危害社会的。

对被判处无期徒刑的罪犯，有前款第二项规定情形的，可以暂予监外执行。

对适用保外就医可能有社会危险性的罪犯，或者自伤自残的罪犯，不得保外就医。

对罪犯确有严重疾病，必须保外就医的，由省级人民政府指定的医院诊断并开具证明文件。

在交付执行前，暂予监外执行由交付执行的人民法院决定；在交付执行后，暂予监外执行由监狱或者看守所提出书面意见，报省级以上监狱管理机关或者设区的市一级以上公安机关批准。

第二百六十六条 监狱、看守所提出暂予监外执行的书面意见的，应当将书面意见的副本抄送人民检察院。人民检察院可以向决定或者批准机关提出书面意见。

第二百六十七条 决定或者批准暂予监外执行的机关应当将暂予监外执行决定抄送人民检察院。人民检察院认为暂予监外执行不当的，应当自接到通知之日起一个月以内将书面意见送交决定或者批准暂予监外执行的机关，决定或者批准暂予监外执行的机关接到人民检察院的书面意见后,应当立即对该决定进行重新核查。

第二百六十八条 对暂予监外执行的罪犯,有下列情形之一的,应当及时收监:

(一)发现不符合暂予监外执行条件的;

(二)严重违反有关暂予监外执行监督管理规定的;

(三)暂予监外执行的情形消失后,罪犯刑期未满的。

对于人民法院决定暂予监外执行的罪犯应当予以收监的,由人民法院作出决定,将有关的法律文书送达公安机关、监狱或者其他执行机关。

不符合暂予监外执行条件的罪犯通过贿赂等非法手段被暂予监外执行的,在监外执行的期间不计入执行刑期。罪犯在暂予监外执行期间脱逃的,脱逃的期间不计入执行刑期。

罪犯在暂予监外执行期间死亡的,执行机关应当及时通知监狱或者看守所。

第二百六十九条 对被判处管制、宣告缓刑、假释或者暂予监外执行的罪犯,依法实行社区矫正,由社区矫正机构负责执行。

第二百七十条 对被判处剥夺政治权利的罪犯,由公安机关执行。执行期满,应当由执行机关书面通知本人及其所在单位、居住地基层组织。

第二百七十一条 被判处罚金的罪犯,期满不缴纳的,人民法院应当强制缴纳;如果由于遭遇不能抗拒的灾祸等原因缴纳确实有困难的,经人民法院裁定,可以延期缴纳、酌情减少或者免除。

第二百七十二条 没收财产的判决,无论附加适用或者独立适用,都由人民法院执行;在必要的时候,可以会同公安机关执行。

第二百七十三条 罪犯在服刑期间又犯罪的,或者发现了判决的时候所没有发现的罪行,由执行机关移送人民检察院处理。

被判处管制、拘役、有期徒刑或者无期徒刑的罪犯,在执行期间确有悔改或者立功表现,应当依法予以减刑、假释的时候,由执行机关提出建议书,报请人民法院审核裁定,并将建议书副本抄送人民检察院。人民检察院可以向人民法院提出书面意见。

第二百七十四条 人民检察院认为人民法院减刑、假释的裁定不当,应当在收到裁定书副本后二十日以内,向人民法院提出书面纠正意见。

人民法院应当在收到纠正意见后一个月以内重新组成合议庭进行审理，作出最终裁定。

第二百七十五条 监狱和其他执行机关在刑罚执行中，如果认为判决有错误或者罪犯提出申诉，应当转请人民检察院或者原判人民法院处理。

第二百七十六条 人民检察院对执行机关执行刑罚的活动是否合法实行监督。如果发现有违法的情况，应当通知执行机关纠正。

第五编 特别程序

第一章 未成年人刑事案件诉讼程序

第二百七十七条 对犯罪的未成年人实行教育、感化、挽救的方针，坚持教育为主、惩罚为辅的原则。

人民法院、人民检察院和公安机关办理未成年人刑事案件，应当保障未成年人行使其诉讼权利，保障未成年人得到法律帮助，并由熟悉未成年人身心特点的审判人员、检察人员、侦查人员承办。

第二百七十八条 未成年犯罪嫌疑人、被告人没有委托辩护人的，人民法院、人民检察院、公安机关应当通知法律援助机构指派律师为其提供辩护。

第二百七十九条 公安机关、人民检察院、人民法院办理未成年人刑事案件，根据情况可以对未成年犯罪嫌疑人、被告人的成长经历、犯罪原因、监护教育等情况进行调查。

第二百八十条 对未成年犯罪嫌疑人、被告人应当严格限制适用逮捕措施。人民检察院审查批准逮捕和人民法院决定逮捕，应当讯问未成年犯罪嫌疑人、被告人，听取辩护律师的意见。

对被拘留、逮捕和执行刑罚的未成年人与成年人应当分别关押、分别管理、分别教育。

第二百八十一条 对于未成年人刑事案件，在讯问和审判的时候，应当通知未成年犯罪嫌疑人、被告人的法定代理人到场。无法通知、法定代理人不能到场或者法定代理人是共犯的，也可以通知未成年犯罪嫌疑人、被告人的其他成年亲属,所在学校、单位、居住地基层组织或者未成年人保护组织的代表到场,并将有关情况记录在案。到场的法定代理人可以代为行使未成年犯罪嫌疑人、被告人的诉讼权利。

到场的法定代理人或者其他人员认为办案人员在讯问、审判中侵犯未成年人合法权益的,可以提出意见。讯问笔录、法庭笔录应当交给到场的法定代理人或者其他人员阅读或者向他宣读。

讯问女性未成年犯罪嫌疑人,应当有女工作人员在场。

审判未成年人刑事案件,未成年被告人最后陈述后,其法定代理人可以进行补充陈述。

询问未成年被害人、证人,适用第一款、第二款、第三款的规定。

第二百八十二条 对于未成年人涉嫌刑法分则第四章、第五章、第六章规定的犯罪,可能判处一年有期徒刑以下刑罚,符合起诉条件,但有悔罪表现的,人民检察院可以作出附条件不起诉的决定。人民检察院在作出附条件不起诉的决定以前,应当听取公安机关、被害人的意见。

对附条件不起诉的决定,公安机关要求复议、提请复核或者被害人申诉的,适用本法第一百七十九条、第一百八十条的规定。

未成年犯罪嫌疑人及其法定代理人对人民检察院决定附条件不起诉有异议的,人民检察院应当作出起诉的决定。

第二百八十三条 在附条件不起诉的考验期内,由人民检察院对被附条件不起诉的未成年犯罪嫌疑人进行监督考察。未成年犯罪嫌疑人的监护人,应当对未成年犯罪嫌疑人加强管教,配合人民检察院做好监督考察工作。

附条件不起诉的考验期为六个月以上一年以下,从人民检察院作出附条件不起诉的决定之日起计算。

被附条件不起诉的未成年犯罪嫌疑人,应当遵守下列规定:

(一)遵守法律法规,服从监督;

(二)按照考察机关的规定报告自己的活动情况;

(三)离开所居住的市、县或者迁居,应当报经考察机关批准;

(四)按照考察机关的要求接受矫治和教育。

第二百八十四条 被附条件不起诉的未成年犯罪嫌疑人,在考验期内有下列情形之一的,人民检察院应当撤销附条件不起诉的决定,提起公诉：

（一）实施新的犯罪或者发现决定附条件不起诉以前还有其他犯罪需要追诉的；

（二）违反治安管理规定或者考察机关有关附条件不起诉的监督管理规定，情节严重的。

被附条件不起诉的未成年犯罪嫌疑人，在考验期内没有上述情形，考验期满的，人民检察院应当作出不起诉的决定。

第二百八十五条　审判的时候被告人不满十八周岁的案件，不公开审理。但是，经未成年被告人及其法定代理人同意，未成年被告人所在学校和未成年人保护组织可以派代表到场。

第二百八十六条　犯罪的时候不满十八周岁，被判处五年有期徒刑以下刑罚的，应当对相关犯罪记录予以封存。

犯罪记录被封存的，不得向任何单位和个人提供，但司法机关为办案需要或者有关单位根据国家规定进行查询的除外。依法进行查询的单位，应当对被封存的犯罪记录的情况予以保密。

第二百八十七条　办理未成年人刑事案件，除本章已有规定的以外，按照本法的其他规定进行。

第二章　当事人和解的公诉案件诉讼程序

第二百八十八条　下列公诉案件，犯罪嫌疑人、被告人真诚悔罪，通过向被害人赔偿损失、赔礼道歉等方式获得被害人谅解，被害人自愿和解的，双方当事人可以和解：

（一）因民间纠纷引起，涉嫌刑法分则第四章、第五章规定的犯罪案件，可能判处三年有期徒刑以下刑罚的；

（二）除渎职犯罪以外的可能判处七年有期徒刑以下刑罚的过失犯罪案件。

犯罪嫌疑人、被告人在五年以内曾经故意犯罪的，不适用本章规定的程序。

第二百八十九条　双方当事人和解的，公安机关、人民检察院、人民法院应当听取当事人和其他有关人员的意见，对和解的自愿性、合法性进行审查，并主持制作和解协议书。

第二百九十条 对于达成和解协议的案件,公安机关可以向人民检察院提出从宽处理的建议。人民检察院可以向人民法院提出从宽处罚的建议;对于犯罪情节轻微,不需要判处刑罚的,可以作出不起诉的决定。人民法院可以依法对被告人从宽处罚。

第三章 缺席审判程序

第二百九十一条 对于贪污贿赂犯罪案件,以及需要及时进行审判,经最高人民检察院核准的严重危害国家安全犯罪、恐怖活动犯罪案件,犯罪嫌疑人、被告人在境外,监察机关、公安机关移送起诉,人民检察院认为犯罪事实已经查清,证据确实、充分,依法应当追究刑事责任的,可以向人民法院提起公诉。人民法院进行审查后,对于起诉书中有明确的指控犯罪事实,符合缺席审判程序适用条件的,应当决定开庭审判。

前款案件,由犯罪地、被告人离境前居住地或者最高人民法院指定的中级人民法院组成合议庭进行审理。

第二百九十二条 人民法院应当通过有关国际条约规定的或者外交途径提出的司法协助方式,或者被告人所在地法律允许的其他方式,将传票和人民检察院的起诉书副本送达被告人。传票和起诉书副本送达后,被告人未按要求到案的,人民法院应当开庭审理,依法作出判决,并对违法所得及其他涉案财产作出处理。

第二百九十三条 人民法院缺席审判案件,被告人有权委托辩护人,被告人的近亲属可以代为委托辩护人。被告人及其近亲属没有委托辩护人的,人民法院应当通知法律援助机构指派律师为其提供辩护。

第二百九十四条 人民法院应当将判决书送达被告人及其近亲属、辩护人。被告人或者其近亲属不服判决的,有权向上一级人民法院上诉。辩护人经被告人或者其近亲属同意,可以提出上诉。

人民检察院认为人民法院的判决确有错误的,应当向上一级人民法院提出抗诉。

第二百九十五条 在审理过程中,被告人自动投案或者被抓获的,人民法院应当重新审理。

罪犯在判决、裁定发生法律效力后到案的,人民法院应当将罪犯交付执行刑罚。交付执行刑罚前,人民法院应当告知罪犯有权对判决、裁定提出异议。罪犯对判决、裁定提出异议的，人民法院应当重新审理。

依照生效判决、裁定对罪犯的财产进行的处理确有错误的，应当予以返还、赔偿。

第二百九十六条　因被告人患有严重疾病无法出庭，中止审理超过六个月，被告人仍无法出庭，被告人及其法定代理人、近亲属申请或者同意恢复审理的，人民法院可以在被告人不出庭的情况下缺席审理，依法作出判决。

第二百九十七条　被告人死亡的，人民法院应当裁定终止审理，但有证据证明被告人无罪，人民法院经缺席审理确认无罪的，应当依法作出判决。

人民法院按照审判监督程序重新审判的案件，被告人死亡的，人民法院可以缺席审理，依法作出判决。

第四章　犯罪嫌疑人、被告人逃匿、死亡案件违法所得的没收程序

第二百九十八条　对于贪污贿赂犯罪、恐怖活动犯罪等重大犯罪案件，犯罪嫌疑人、被告人逃匿，在通缉一年后不能到案，或者犯罪嫌疑人、被告人死亡，依照刑法规定应当追缴其违法所得及其他涉案财产的，人民检察院可以向人民法院提出没收违法所得的申请。

公安机关认为有前款规定情形的，应当写出没收违法所得意见书，移送人民检察院。

没收违法所得的申请应当提供与犯罪事实、违法所得相关的证据材料，并列明财产的种类、数量、所在地及查封、扣押、冻结的情况。

人民法院在必要的时候，可以查封、扣押、冻结申请没收的财产。

第二百九十九条　没收违法所得的申请，由犯罪地或者犯罪嫌疑人、被告人居住地的中级人民法院组成合议庭进行审理。

人民法院受理没收违法所得的申请后，应当发出公告。公告期间为六个月。犯罪嫌疑人、被告人的近亲属和其他利害关系人有权申请参加诉讼，也可以委托诉讼代理人参加诉讼。

人民法院在公告期满后对没收违法所得的申请进行审理。利害关系人参加诉讼的，人民法院应当开庭审理。

第三百条 人民法院经审理,对经查证属于违法所得及其他涉案财产,除依法返还被害人的以外,应当裁定予以没收;对不属于应当追缴的财产的,应当裁定驳回申请,解除查封、扣押、冻结措施。

对于人民法院依照前款规定作出的裁定,犯罪嫌疑人、被告人的近亲属和其他利害关系人或者人民检察院可以提出上诉、抗诉。

第三百零一条 在审理过程中,在逃的犯罪嫌疑人、被告人自动投案或者被抓获的,人民法院应当终止审理。

没收犯罪嫌疑人、被告人财产确有错误的,应当予以返还、赔偿。

第五章 依法不负刑事责任的精神病人的强制医疗程序

第三百零二条 实施暴力行为,危害公共安全或者严重危害公民人身安全,经法定程序鉴定依法不负刑事责任的精神病人,有继续危害社会可能的,可以予以强制医疗。

第三百零三条 根据本章规定对精神病人强制医疗的,由人民法院决定。

公安机关发现精神病人符合强制医疗条件的,应当写出强制医疗意见书,移送人民检察院。对于公安机关移送的或者在审查起诉过程中发现的精神病人符合强制医疗条件的,人民检察院应当向人民法院提出强制医疗的申请。人民法院在审理案件过程中发现被告人符合强制医疗条件的,可以作出强制医疗的决定。

对实施暴力行为的精神病人,在人民法院决定强制医疗前,公安机关可以采取临时的保护性约束措施。

第三百零四条 人民法院受理强制医疗的申请后,应当组成合议庭进行审理。

人民法院审理强制医疗案件,应当通知被申请人或者被告人的法定代理人到场。被申请人或者被告人没有委托诉讼代理人的,人民法院应当通知法律援助机构指派律师为其提供法律帮助。

第三百零五条 人民法院经审理,对于被申请人或者被告人符合强制医疗条件的,应当在一个月以内作出强制医疗的决定。

被决定强制医疗的人、被害人及其法定代理人、近亲属对强制医疗决定不服的,可以向上一级人民法院申请复议。

第三百零六条 强制医疗机构应当定期对被强制医疗的人进行诊断评估。对于已不具有人身危险性,不需要继续强制医疗的,应当及时提出解除意见,报决定强制医疗的人民法院批准。

被强制医疗的人及其近亲属有权申请解除强制医疗。

第三百零七条 人民检察院对强制医疗的决定和执行实行监督。

附　　则

第三百零八条 军队保卫部门对军队内部发生的刑事案件行使侦查权。

中国海警局履行海上维权执法职责,对海上发生的刑事案件行使侦查权。

对罪犯在监狱内犯罪的案件由监狱进行侦查。

军队保卫部门、中国海警局、监狱办理刑事案件,适用本法的有关规定。

附录二

图表速查[1]

1. 诉讼参与人

- 当事人
  - 被害人
    - **公诉案件中**的犯罪行为直接受害者，包括自然人和法人
      - (1)不享有完全的上诉权，只有申请抗诉权和申诉权；
      - (2)自案件移送审查起诉之日起，有权委托诉讼代理人
  - 自诉人
    - 自诉案件中，以**自己的名义**直接向法院起诉的人
      - (1)地位相当于原告，承担控诉职能，可以上诉；
      - (2)可随时委托诉讼代理人；调解、和解；
      - (3)经两次依法传唤无正当理由不到庭，或未经许可中途退庭的，按**撤诉**处理
  - 犯罪嫌疑人、被告人
    - (1)公诉案件中对涉嫌犯罪而受到刑事追诉的人的两种**阶段性称谓**；(2)在自诉案件中只有被告人称谓
      - (1)防御性权利：对抗追诉方指控的诉讼权利；如辩护权、最后陈述权；
      - (2)救济性权利：对国家专门机关所作的对其不利的行为、决定或者裁判，要求另一专门机关予以救济的诉讼权利，主要包括申请回避、控告权、申请取保候审、申诉权、上诉权
  - 附带民事诉讼原告
    - 因刑事诉讼被告人的犯罪行为遭受物质损失而提出赔偿请求的人，不限于刑事诉讼中的被害人或自诉人
      - (1)因犯罪行为遭受物质损失的公民；
      - (2)因犯罪行为遭受物质损失的企业、事业单位、机关、团体等；
      - (3)当被害人是未成年人或精神病患者等无诉讼行为能力人时，其法定代理人或监护人可以代为提附带民事诉讼；
      - (4)死亡被害人的法定继承人；
      - (5)检察院：在公诉案件中，国家或者集体财产遭受损失
  - 附带民事诉讼被告
    - 对犯罪行为所造成的物质损失负有赔偿责任的人，**不限**于刑事诉讼中的被告人
      - (1)刑事被告人；
      - (2)刑事被告人的监护人；
      - (3)死刑罪犯的遗产继承人；
      - (4)共同犯罪案件中，案件审结前死亡的被告人的遗产继承人；
      - (5)对被害人的物质损失依法应当承担赔偿责任的其他单位或个人

---

[1] 参见法律考试中心组编：《2020年国家统一法律职业资格考试专题攻略：图表口诀好记通》，法律出版社2019年版。

其他诉讼参与人

- 法定代理人 —— 被代理人的父母、养父母、监护人和负有保护责任的机关、团体的代表 —— （1）在诉讼中有**独立法律地位**；（2）已满16周岁不满18周岁公民，以自己的劳动收入为主要生活来源的，视为完全行为能力人
- 诉讼代理人 —— 有权**委托**诉讼代理人的主体：在授权范围内活动
  - （1）公诉案件：被害人及其法定代理人或者近亲属；
  - （2）自诉案件：自诉人及其法定代理人；
  - （3）附带民事诉讼：原告人、被告人及其法定代理人
- 证 人 —— 在刑事诉讼中，证人只能是当事人之外的自然人，而在民事诉讼中，单位也可做证人
- 辩护人 —— （1）犯罪嫌疑人、被告人合法权益的专门维护者；（2）**独立**的诉讼参与人，以**自己的名义**参加诉讼
- 鉴定人、翻译人员

2. 法定不追究刑事责任的情形及其处理方式

机 关	进入刑事诉讼程序之前	侦查阶段	审查起诉阶段	审判阶段
公安机关	不予立案（公诉案件）	撤销案件		
检察机关	不予立案（公诉案件）	撤销案件	不起诉	
人民法院	不予受理（自诉案件）			见下图

- ◆情节显著轻微，危害不大，不认为是犯罪的 ——→ 宣告无罪
- ◆犯罪已过追诉时效期限，经特赦令免除刑罚的
- ◆告诉才处理的犯罪，没有告诉或撤回告诉的
- ◆犯罪嫌疑人、被告人死亡的

（以上三项）——→ **裁定终止审理**，如被告人死亡的对于根据已查明的案件事实和认定的证据材料，能够确认被告人无罪的，应当**判决**宣告被告人**无罪**

- ◆被告人因不满16周岁，不予刑事处罚的；或者被告人是精神病人，在不能辨认或者不能控制自己行为的时候造成危害结果，不予刑事处罚的，**应当判决**宣告被告人**不负刑事责任**
- ◆犯罪嫌疑人自愿如实供述涉嫌犯罪的事实，有重大立功或案件涉及国家重大利益的 ——→ 经最高检核准，公安机关可以撤销案件，检察院可以作出不起诉决定，也可对涉嫌数罪中的一项或多项不起诉

3. 立案管辖

立案机关	案件类型	例 外
检察院	(1)检察院在对诉讼活动实行法律监督中发现的司法工作人员利用职权实施的侵犯公民权利、损害司法公正的犯罪案件: ①非法拘禁案; ②非法搜查案; ③刑讯逼供案; ④暴力取证案; ⑤报复陷害案; ⑥监管人员殴打、体罚、虐待被监管人案; ⑦破坏选举案; (2)对于公安机关管辖的国家机关工作人员利用职权实施的重大犯罪案件,需要由人民检察院直接受理时,经**省级**以上人民检察院决定,可以由人民检察院立案侦查;须按逐级层报制度解决	例外——由公安机关管辖: (1)非法剥夺公民宗教信仰自由罪; (2)侵犯少数民族风俗习惯罪; (3)打击报复会计、统计人员罪
法院	告诉才处理的: (1)侮辱、诽谤案; (2)暴力干涉婚姻自由案; (3)虐待案; (4)侵占案	前三类如果情节严重将成为公诉案件
	被害人有证据证明的轻微**刑事案件**: (1)故意伤害案(轻伤); (2)非法侵入住宅案; (3)侵犯通信自由案; (4)重婚案; (5)遗弃案; (6)生产、销售伪劣商品案; (7)侵犯知识产权案; (8)属于《刑法》分则第4、5章规	(1)严重危害社会秩序和国家利益的生产、销售伪劣商品案、侵犯知识产权案不在此列; (2)这8类案件: ①被害人向公安机关控告的,公安机关应当受理; ②其直接向人民法院起诉的法院亦应当受理; ③对于其中证据不足、可以由公安机关受理的;

续表

立案机关	案件类型	例 外
	定的，对被告人可能判处3年有期徒刑以下刑罚的案件	④人民法院认为对被告人可能判处3年有期徒刑以上刑罚的，**应当移送公安机关**立案侦查
	公诉转自诉案件	有证据证明侵犯公民人身与财产而公安机关不予追究
	被害人对人民检察院不起诉决定不服而向人民法院起诉的案件	例外——由公安机关管辖： (1)伪证罪； (2)拒不执行判决、裁定罪
公安机关	除法律另有规定外，刑事案件应当由公安机关立案侦查	法律另有规定的： (1)由人民检察院**直接立案侦查**的案件； (2)**军队**保卫部门负责侦查的军队内部发生的刑事案件； (3)**监狱**立案侦查的监狱内犯罪的案件； (4)中国海警局侦查的海上发生的刑事案件

口诀巧记 立案管辖

要破案，找公安， 公安部门管得宽； 偷抢拐卖和诈骗， 杀人放火与强奸；
利用职权侵人权， 立案就找检察院； 直接立案不可以， 省级以上先过关；
侮辱诽谤和虐待， 暴力干涉与侵占； 只要不出人命案， 不去法院没人管；
侮辱诽谤别过分， 国家利益不能害； 轻伤重婚遗弃案， 通信住宅知识权；
伪劣商品做与卖， 公安检察不立案； 只要手里有证据， 去找法院也给管；
还有一些他机关， 海上犯罪有海警； 军队只管军内事， 监狱只是管罪犯。

4. 回避制度

<table>
<tr><th>项　目</th><th colspan="2">主要内容</th></tr>
<tr><td>回避的适用人员</td><td colspan="2">(1)审判人员、检察人员、侦查人员；
(2)书记员、翻译人员、鉴定人</td></tr>
<tr><td>回避的期间</td><td colspan="2">可以在刑事诉讼程序开始后的任何诉讼阶段提出，一般要求在第一次庭审前提出</td></tr>
<tr><td>回避申请人</td><td colspan="2">当事人及其法定代理人、辩护人、诉讼代理人
注意：谁申请回避，谁申请复议</td></tr>
<tr><td>回避的理由（法律规定）</td><td colspan="2">(1)本案的当事人或者与当事人有直系血亲、三代以内旁系血亲及姻亲关系；
注意：不限于当事人的“近亲属”，范围还扩大到直系血亲、三代以内旁系血亲及姻亲；
(2)本人或者其近亲属与本案有利害关系的；
(3)担任过本案的证人、鉴定人、勘验人、辩护人、诉讼代理人、翻译人员的；
(4)与本案的诉讼代理人、辩护人有夫妻、父母、子女或者同胞兄弟姐妹关系的；
(5)本人与本案当事人之间存在其他关系，可能影响案件公正处理的</td></tr>
<tr><td rowspan="6">回避的审查与决定</td><td>回避人员</td><td>决定机关</td></tr>
<tr><td>审判人员(包括书记员、翻译人员和鉴定人)</td><td>法院院长</td></tr>
<tr><td>检察人员(包括书记员、司法警察、翻译人员和鉴定人)</td><td>检察长</td></tr>
<tr><td>侦查人员(包括其指定或聘请的翻译人员和鉴定人)</td><td>县级以上公安机关负责人</td></tr>
<tr><td>院长(不包括副职)</td><td>本院审判委员会</td></tr>
<tr><td>检察长和公安机关负责人(不包括副职)</td><td>同级检察院检察委员会</td></tr>
</table>

续表

项　目	主要内容
申请回避的效力	(1)回避的决定一经作出即生效，当事人及其法定代理人可申请复议1次； (2)对侦查人员的回避作出决定前，侦查人员**不能停止**对案件的侦查； (3)侦查人员、检察人员在回避决定前所取得的证据和进行的诉讼行为，可以由作出回避决定机关根据案件具体情况决定其是否有效

注意：翻译人员和鉴定人由哪个机关聘请就由哪个机关决定其回避。

口诀巧记　回避

侦查检察审判人，　其他利害关系人；　回避理由有十一，　回避种类分三种。
审判阶段开庭时，　告知有权当事人；　回避人员分部门，　负责人员做决定。

5. 立案流程图

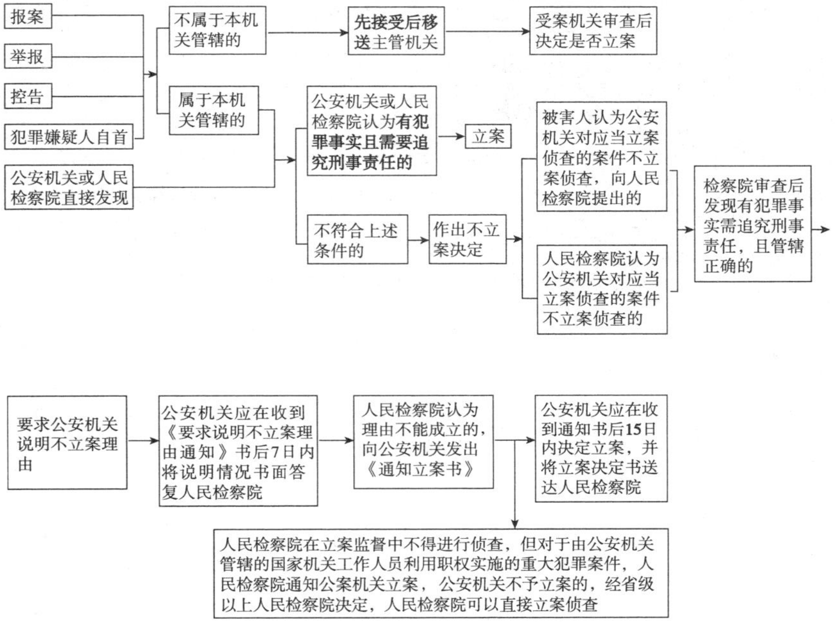

6. 拘留期限与侦查羁押期限

拘留羁押期限

- 公安机关决定和执行的拘留期限为提请批捕时间与审查批捕时间的总和

	公安机关提请批捕	人民检察院审查批捕	总和
一般情况	3日	7日	10日
特殊情况	县以上公安负责人批准，延长1~4日	7日	14日
流窜作案、多次作案、结伙作案	县以上公安负责人批准，延长至30日	7日	37日

- 人民检察院直接受理案件的拘留 → 羁押期限为14日，特殊情况下可以延长1～3日

侦查羁押期限

- 一般羁押期限 → 不超过2个月
- 特殊羁押期限
  - 案情复杂，期限届满不能终结 —上一级检察院批准→ 延长1个月
  - 特殊原因，较长时间内不宜审判 —最高人民检察院报请全国人大常委会批准→ 延期审理
  - （1）交通不便边远地区的重大复杂案件；（2）重大的犯罪集团案件；（3）流窜作案的重大复杂案件；（4）犯罪涉及面广、取证困难的重大复杂案件 —省级人民检察院批准或决定→ 延长2个月
  - 对犯罪嫌疑人可能判处10年以上有期徒刑刑罚，依照《刑事诉讼法》第156条规定延长期限届满，仍不能侦查终结的 —省级人民检察院批准或决定→ 再延长2个月
- 特殊情况
  - （1）在侦查期间，发现犯罪嫌疑人另有重要罪行的，自发现之日起重新计算侦查羁押期限；
  - （2）犯罪嫌疑人不讲真实姓名、住址，身份不明的，侦查羁押期限自查清其身份之日起计算；
  - （3）对被羁押的犯罪嫌疑人作精神病鉴定的时间不计入侦查羁押期限

7. 不起诉情形及其处理方式

类型	适用情形	特有的后继程序	共有的后继程序
法定不起诉	(1)情节显著轻微、危害不大,不认为是犯罪的; (2)犯罪已过追诉时效期限的; (3)经特赦令免除刑罚的; (4)依照刑法告诉才处理的犯罪,没有告诉或者撤回告诉的; (5)犯罪嫌疑人、被告人死亡的,如果法院根据已有证据能够证明被告人不构成犯罪的,而被告人在宣判前死亡的,应当判决宣告其无罪; (6)其他法律规定免予追究刑事责任的; (7)犯罪嫌疑人**没有犯罪事实**	已经追究的,应当按以下方法处理: (1)公诉案件:公安机关和检察院作出不立案决定; (2)自诉案件:法院不应受理; (3)已经立案在侦查阶段:侦查机关应当撤销案件; (4)审查起诉阶段:检察院应当作出不起诉的决定; (5)审判阶段:对于情节显著轻微、危害不大,不认为是犯罪的,应当判决宣告无罪。对于其他情形,**应当裁定终止审理**	(1)公安机关认为检察院不起诉的决定有误,可要求复议,如果意见不被接受,可向上一级检察院提请复核; (2)被害人对检察院不起诉不服,可以自收到决定书后**7**日以内向上一级检察院申诉,请求提起公诉。对检察院维持不起诉决定的,被害人可以向法院起诉。被害人也可以不经申诉,直接向法院起诉
酌定不起诉	对于犯罪情节轻微,依照刑法规定不需要判处刑罚或者免除刑罚: (1)在中国领域外犯罪,依照我国刑法规定应当负刑事责任,但在外国已经受过刑事处罚的; (2)又聋又哑,或者是盲人犯罪的;	(1)酌定不起诉须经检察委员会讨论决定; (2)被不起诉人如果不服,可以自收到决定书后7日以内向检察院申诉。检察院应当作出复查决定,通知被不起诉的人,同时抄送公安机关	

续表

类型	适用情形	特有的后继程序	共有的后继程序
酌定不起诉	(3)因防卫过当或者紧急避险超过必要限度，并造成不应有危害而犯罪的； (4)为犯罪准备工具，制造条件的； (5)在犯罪过程中自动中止或者自动有效地防止犯罪结果发生的； (6)在共同犯罪中，起次要或辅助作用的； (7)被胁迫、被诱骗参加犯罪的； (8)自首或在自首后有立功表现的		
存疑不起诉	因证据不足而不起诉，如补充侦查终结	如有新证据，可撤销，提起公诉	
如实供述不起诉	犯罪嫌疑人自愿如实供述涉嫌犯罪的事实，有重大立功或者案件涉及国家重大利益的		经最高人民检察院核准，公安机关可以撤销案件，人民检察院可以作出不起诉决定，也可以对涉嫌数罪中的一项或者多项不起诉
附条件不起诉	对未成年人《刑法》分则第4章、第5章、第6章可能判处1年有期徒刑以下但有悔罪表现的，可以附条件不起诉	考验期为6个月以上1年以下	

8. 死刑复核程序流程

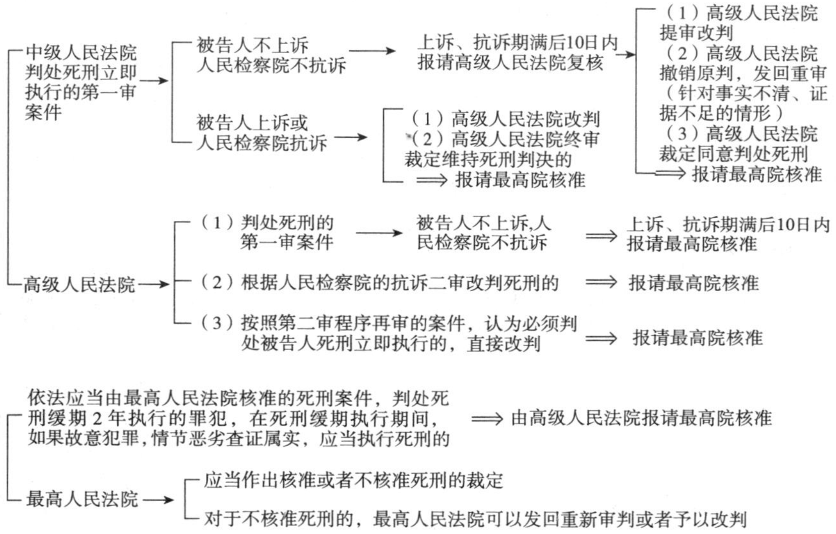

【小贴士】办理死刑复核案件听取辩护律师意见

项目	内　　容
含义	辩护律师要求当面反映意见的,案件承办法官应当及时安排
地点	应当在最高人民法院或者地方人民法院办公场所进行
程序	应当制作笔录,由辩护律师签名后附卷
送达	复核终结后,受委托进行宣判的人民法院应当在宣判后5个工作日内将最高人民法院裁判文书送达辩护律师

9. 审判监督程序

主　体	权　限	提起再审的法定事由
各级人民法院院长和审判委员会	各级人民法院院长提交**审判委**员会处理	发现**本院**已经发生法律效力的判决和裁定在认定事实上或者在适用法律上确有错误
最高人民法院和上级人民法院	有权**提审**或者**指令**下级人民法院**再审**	发现下级人民法院已经发生法律效力的判决和裁定确有错误
最高人民检察院和上级人民检察院	有权按照**审判监督程序**向同级人民法院提出抗诉	(1)有新的证据证明原判决、裁定认定的事实确有错误,可能影响定罪量刑的; (2)据以定罪量刑的证据不确实、不充分、依法应当予以排除,或者证明案件事实的主要证据之间存在矛盾的; (3)原判决、裁定适用法律确有错误的; (4)违反法律规定的诉讼程序,可能影响公正审判的; (5)审判人员在审理该案件的时候,有贪污受贿,徇私舞弊,枉法裁判行为的

10. 各诉讼阶段/程序适用的期限

诉讼阶段/程序	期　限
立案	—
侦查	2~7个月
补充侦查	2次为限,每次1个月
审查起诉	(1)1个月,重大、复杂的案件,可以延长15日; (2)速裁程序须10日内,可能判处有期徒刑超过1年的,可延长至15日

续表

诉讼阶段/程序	期　　限
一审	2个月以内宣判,至迟不得超过3个月;可能判死刑的案件、附带民诉的案件和四类案件可以再延长3个月
自诉	适用普通程序审理的被告人未被羁押的自诉案件,应当在立案后6个月内宣判
简易程序	法院应当在受理后20日以内审结;可能判处有期徒刑超过3年的,可以延长至1个半月
二审	2个月以内审结。四类案件可以再延长2个月,但是最高人民法院受理的上诉、抗诉案件,由最高人民法院决定
再审	在作出提审、再审决定之日起3个月以内审结,需要延长期限的,不得超过6个月

图书在版编目(CIP)数据

最新刑事诉讼法司法解释条文对照与适用要点 / 刘静坤编著. --北京 : 法律出版社, 2021(2021.3 重印)
ISBN 978-7-5197-5384-9

Ⅰ. ①最… Ⅱ. ①刘… Ⅲ. ①刑事诉讼法－法律解释－中国②刑事诉讼法－法律适用－中国 Ⅳ. ①D925.205

中国版本图书馆 CIP 数据核字(2021)第 034416 号

最新刑事诉讼法司法解释
条文对照与适用要点
ZUIXIN XINGSHI SUSONGFA SIFA JIESHI
TIAOWEN DUIZHAO YU SHIYONG YAODIAN

刘静坤 编著

责任编辑 李 群 陈昱希 陈 熙
装帧设计 汪奇峰

编辑统筹 法规出版分社

出版 法律出版社
总发行 中国法律图书有限公司
经销 新华书店
印刷 三河市龙大印装有限公司
责任印制 张建伟

开本 A5
印张 15.625
字数 520 千
版本 2021 年 3 月第 1 版
印次 2021 年 3 月第 2 次印刷

法律出版社/北京市丰台区莲花池西里 7 号(100073)
网址/www.lawpress.com.cn
投稿邮箱/info@lawpress.com.cn
举报维权邮箱/jbwq@lawpress.com.cn
销售热线/400-660-8393
咨询电话/010-63939796

中国法律图书有限公司/北京市丰台区莲花池西里 7 号(100073)
全国各地中法图分、子公司销售电话:
统一销售客服/400-660-8393/6393
第一法律书店/010-83938432/8433 西安分公司/029-85330678 重庆分公司/023-67453036
上海分公司/021-62071639/1636 深圳分公司/0755-83072995

书号:ISBN 978-7-5197-5384-9 **定价**:68.00 元
(如有缺页或倒装,中国法律图书有限公司负责退换)